凝聚隧道及地下工程领域的
先进理论方法、突破性科研成果、前沿关键技术，
记录中国隧道及地下工程修建技术的创新、进步和发展。

"十四五"时期国家重点出版物出版专项规划项目

中国隧道及地下工程修建关键技术研究书系

矿山法隧道智能建造技术

关宝树　关向群　编著

INTELLIGENT
CONSTRUCTION TECHNOLOGY
OF MINE TUNNEL

人民交通出版社

北京

内 容 提 要

本书为《矿山法隧道关键技术》的续篇。面对当前行业"势不可挡"的智能建造热潮，作者基于隧道工程特点，通过梳理分析大量国外智能建造技术应用实例，厘清矿山法隧道智能建造的切入点与着力点，深入阐述了智能建造在山岭隧道中的关键技术、应用概况、发展趋势及存在的问题。

本书脉络清晰、内容翔实、图文并茂，可供从事隧道工程设计、施工的工程技术人员以及信息化技术人员参考，也可作为高等院校相关专业师生的参考图书。

图书在版编目（CIP）数据

矿山法隧道智能建造技术 / 关宝树，关向群编著. — 北京：人民交通出版社股份有限公司，2024.6
ISBN 978-7-114-18984-5

Ⅰ.①矿… Ⅱ.①关…②关… Ⅲ.①智能技术—应用—隧道工程—工程技术 Ⅳ.①U45-39

中国国家版本馆 CIP 数据核字（2023）第 172707 号

Kuangshanfa Suidao Zhineng Jianzao Jishu

书　　名：	矿山法隧道智能建造技术
著 作 者：	关宝树　关向群
责任编辑：	谢海龙
责任校对：	孙国靖　宋佳时
责任印制：	刘高彤
出版发行：	人民交通出版社
地　　址：	（100011）北京市朝阳区安定门外外馆斜街3号
网　　址：	http://www.ccpcl.com.cn
销售电话：	（010）59757973
总 经 销：	人民交通出版社发行部
经　　销：	各地新华书店
印　　刷：	北京印匠彩色印刷有限公司
开　　本：	787×1092　1/16
印　　张：	29.75
字　　数：	680千
版　　次：	2024年6月　第1版
印　　次：	2024年6月　第1次印刷
书　　号：	ISBN 978-7-114-18984-5
定　　价：	180.00元

（有印刷、装订质量问题的图书，由本社负责调换）

作者简介

关宝树

西南交通大学教授，博士生导师。1932年9月出生，1952年进入唐山铁道学院（西南交通大学前身），长期从事隧道及地下工程教学和科研工作。

1993年经国务院学位委员会批准为博士生导师，曾获铁道部火车头奖章、茅以升铁道科学技术奖和詹天佑科技成就奖。从教60年来，为国家培养了一大批隧道与地下工程专业人才，他的许多学生都已成为行业内的领军人物。

关宝树教授注重理论联系实际，主持了关角隧道、高黎贡山隧道、秦岭终南山隧道、乌鞘岭隧道等诸多重大铁路隧道工程的专家论证或专题讨论会。同时，注重引进吸收国外先进技术理念，对实践经验进行总结和提炼，编著出版了《铁路隧道围岩分类》《隧道力学》《隧道施工要点集》《隧道设计要点集》《隧道维修管理要点集》《隧道及地下工程喷混凝土支护技术》《软弱围岩隧道施工技术》《矿山法隧道关键技术》等十余部专著和教材。

作为我国著名的隧道与地下工程专家，关宝树教授曾创造性地提出了铁路隧道设计荷载的统计计算公式及围岩分类标准，是我国地下工程围岩分级的奠基人之一，为我国隧道及地下工程学科的建设与发展做出了重要贡献。

关向群

作者简介

矿 山 法 隧 道 智 能 建 造 技 术

西南交通大学地下工程系博士，一级注册结构工程师，全国注册监理工程师，商务部对外援助项目评审专家，亚洲开发银行独立专家，曾任职于北京城建设计研究院、中国国际工程咨询有限公司，长期从事中国对外援建工程、国际承包工程、EPC 项目的境外设计及咨询管理工作。

受聘担任国际工程管理特约讲师，主讲 EPC 模式的合同、设计、策划与计划、成本优化与风险管控，为中国勘察设计企业走出去提供咨询服务。

2021 年开始写作，关注智能建造中的信息化技术应用，协助关宝树教授整理相关素材。

"隧道老头"谈智能化

《矿山法隧道关键技术》自出版以来，历经7年，在这段时间内，作为国民经济基础设施的智能建造技术得到极大的发展，人工智能（AI）、大数据、物联网（IoT）、信息与通信技术（ICT）、数字化转型（DX）、数字孪生、信息物理系统（CPS）等技术的应用，大幅度提高了基础设施建造的质量及生产效率、施工的自动化程度，助推了基础设施建设生产全过程（测量、调查、设计、施工、维护管理）的智能建造。智能建造已经成为新时代基础设施的常态化建造技术。

《矿山法隧道关键技术》谈的是山岭隧道建造的基本技术，如开挖、支护、衬砌等，智能建造要立足于这些技术来应用、发展，这是智能建造的立足点。本书谈的是用智能（智慧）的方法实现山岭隧道智能建造的技术。因此，可称为《矿山法隧道关键技术》的续篇——《矿山法隧道智能建造技术》。

本书介绍了智能建造在山岭隧道中的关键技术、应用概况、发展趋势及存在的问题。以案例学习作为切入点，重点介绍了国外在隧道领域采用智能建造技术的应用案例，以便读者了解国外应用基础设施采用智能建造技术的一些情况。

就我国而言，基础设施的智能建造已经谈了很多年，不是一个新问题。相比桥梁、大坝等基础设施，矿山法隧道的智能建造技术发展较为迟缓。究其原因，主要在于山岭隧道是修筑在天然的、不确定性突出的地质体中的线状构筑物，与那些确定性的构筑物在智能建造技术上也更具特色。基于本书的编写，希望能助推我国智能建造技术在隧道工程领域的发展。

需要说明的是：本书的内容，主要参考了国外同仁公开发表的资料，作为"隧道老头"，我是时代的落伍者，在智能建造方面，只能书写资料性、案例性的图书，也只是照本宣科，说几句外行话，难免有误，仅供有识者参考。

关宝树

2023 年 9 月

Foreword 自序 2

陪父亲写书

2020年，父亲过90岁生日，在成都，向大家分享了近些年整理的国外隧道工程技术案例集，并为最难的那条铁路建设，提出了智能化隧道的32字箴言，也算是对应矿山法的32字箴言❶：

数据为本，模型为核；远近结合，虚实融合

环境支持，全程管理；人才培育，企业转型

到了2021年，父亲决定将这些资料整理成书，想出一本图多于字，以案例为主的书，因为知识最好的传播方式就是案例学习。

2022年6月，完成第一次稿，提交至出版社。

2023年9月，初排，有了成书的样貌，但父亲认为书太厚了，进行了一些内容的删减，并把维护管理这一章的内容单独拿出来，独立成册，也算和以前出版的设计、施工、维修三本书❷对应，都升级到智能化时代。

2023年底，第二次排版，其间不断地对文字进行修改润色，调整内容，酸甜苦辣交杂，好在一直向好。

2024年4月，第三次排版，重点对图片和版式进行调整。

2024年6月，即将送印出版，着实不易。

---

❶ 32箴言：围岩为本，地质先行，松弛有度，内实外美，排堵协调，重视环境，预防维护，管理到位。

❷ 三本书：《隧道工程设计要点集》《隧道工程施工要点集》《隧道工程维修管理要点集》。

要说明一下，这本书中所有内容的收集、翻译、文字录入以及简单的版式设计，都是父亲一个人每天花费4小时在电脑前查出来和敲出来的。为此，他掌握了好几种office软件工具，这是一位90岁高龄的老人应对智能化的挑战，无疑，他过关啦！

好多人都很惊讶，为什么父亲在这个年龄（1932年生人）还编写这样一本书？我觉得，写书也是他人生的一部分，自离休开始从未间断。当然，这也饱含了他对隧道行业发展的期许，希望这个行业不要"大而不强"，希望大家眼睛看得更多、更远，希望这个行业所有的人都变得更好。

无疑，父亲是写书和讲课的"老手"，但这本书的写作有点不同。"智能化"这个题材实际上是在他的知识范畴之外，但是到了他这个"段位"，他能敏感地识别，什么知识对他所处的行业有用处，这就使他理解的智能化是以实用为目的，反推回来的因需求产生的"智能化"。当然，他为此学习了很多新鲜的知识，比如第一周看到一个案例觉得有趣，第二周就和我谈起教师数据的可靠性，进化的速度很快，不得不叫人佩服。

父亲关于智能化的学习是基于他感兴趣的案例，基于大量的一手资料；我的智能化学习是基于书本、互联网络（如知乎、百度）以及我使用大量电子设备获取的知识资源。我们无疑是不同的，所以也会有分歧。比如：一个案例是否有价值，或者介绍的技术是否已经在工程实践中使用过，系统是否详尽？行业和企业的智能化是"从上到下还是从下到上"，谁会起到重要作用，等等。但我们有些认识是高度统一的，就是智能化是时代的要求，势不可挡，它的应用只是时间问题。学习智能化技术最好的方式是案例学习，智能化的步伐一直向前走，各种系统一直在随着信息技术的发展迭代升级，但一定时期内隧道的基本作业是不会发生变化的，因此，它依然是应用的基础，形式化的、用来看的智能化是没有意义的，不能提高生产效率的智能化是没有意义的。

因此，他认为行业走到今天，能突破的方向主要在智能化和新材料方面。智能化是必然趋势，但不能提高生产效率就没有用，实践应用从案例学习开始，要和最新的信息技术为友。

所以，想为山岭隧道写一本这样的书：

- 有很多图：这里的图不单是照片图、流程图，而是图说、图解式的。
- 有很多实例：这里的实例不单是独立的、泛泛而谈的，而是具有体系性、相互关联，更具参考性的案例集。
- 授人以渔：这本书不是重点，它也不能涵盖智能化的方方面面，仅为抛砖引玉，激发读者去思考，是一本开放式的书。

无论写了什么，怎么写，其实目的只有一个，希望大家在埋头工作的同时，抬头看看世界的变化，想想可能的未来，为把智能化应用到自己的工作中提供一点启发。

这本书有个漫长的写作过程和出版过程。

素材的选择

能写这本书也要感谢信息化时代和信息化技术。

这本书的素材多数来自网络，部分来自出版物，网络时代使我们能够便捷地获取最新的资讯。多数的资料是外文的，除了自己熟悉的语言，机器翻译也提供了助力，当然是在对专业内容理解的基础之上才有用，不能直接使用。

就这本书而言，作者只是"搬书"的二次创作，并不是自己开发的技术和应用的案例。这个世界每天涌现那么多信息，选什么是第一个问题。所以，我们有一个案例选择的标准：

- 已应用的，不是研究中的。
- 最新的研究成果。
- 基于父亲对隧道的认识，认为对目前或未来生产方式有所帮助的。

当然，最终素材服务于观点，观点要有助于实践。书的编写灵魂还是用什么在什么地方表示什么样的观点，这是本书写作的核心，所以，它不只是一本案例集，而是一本系统的书，有观点的书。

书的定位

关于智能建造和智能化时代，宏观上有很多说法，首先是国家政策的导向，其次是社会的发展与技术的进步使然。基础设施方面，丁烈云院士主编的《数字建造》丛书（12册），分为导论、设计、施工、运营维护和实践5卷。日本也出版了《智能建造系统学》，对智能建造的产生背景、应用、制度等多方面进行了系统分析。

相较而言，本书关注的内容比较微观，聚焦于山岭隧道（矿山法）这个垂直细分领域。因此，首先要意识到这个领域的特殊性，所研究的内容也要针对这个特殊性，回到建设流程和基本作业的各个环节。

能不能等着时代的步伐，直接走向智能化？这样想，无疑是荒谬的。尽管大量的技术工作可能要分包，但一个好产品的关键是一个好的产品经理和专业的甲方，因此，只有隧道专业人士才能找出行业的痛点——智能化技术需要解决的场景问题，再由专业人才和信息技术产业（IT）人才通力合作推进。所以，两个领域的人才都要学习，学会在同一种语境下对话，才能达成解决方案。

故,这本书的读者可能是从事隧道专业的人才,也可能是IT人才。

本书并不是一本具体的知识内容介绍,而是带有引领性的。比如第2章介绍BIM,书中只是对作者觉得重要的内容点到为止,具体建立模型和运用模型就需要从其他途径学习。

本书有以下几个特性:

- 参考性:看看别人的智能建造做了什么?
- 提示性:看看我们的智能建造能做点什么?
- 局部性:一方面是作者的诚惶诚恐,毕竟很多事情所知甚少;另一方面是信息技术突飞猛进的发展。

严格地说,阅读本书是有门槛的——你要懂一点隧道地质,懂隧道的基本作业,还需要构建一个新的知识结构。当然,对于有经验的工程师而言,本书的诸多案例还是能够给予启发与思考的。

结构和内容

现在,智能建造是个时髦的话题,其实也是个"理想很丰满,现实很骨感"的问题。在写作的过程中,也是一个不断学习、发现、汇总、凝练、思考的过程,是一个不断深入、探索答案的过程。在这个漫长的过程中,对行业要求什么样的智能化愈加清晰,也思考了很多谁来实现、如何实现的问题,这本书的范围也从技术层面的应用,扩展到人才培养、项目管理升级、HSE管理体系❶、企业转型等。

本书分了6章:

第1章讲了山岭隧道智能建造的概貌。

第2章谈的是智能建造的基础就是三维模型。

第3章概述了智能建造相关的信息化技术,没有这些技术的发展就不会有智能化,尽管土木工作者似乎不需要懂那么多,但是基础的东西往往决定了应用的高度。这一章算是给我们这些老的知识结构的人的科普(遗憾的是写得并不那么通俗)。

第4、5章针对隧道地质调查、施工作业流程涉及的智能化技术的案例,是本书的重点。

第6章谈怎么做得到和其他国家做了什么,给企业管理者以启示。

其中,第3章智能建造信息化技术和第6章智能建造系统与数字化转型是后面加进来的。

---

❶ HSE管理体系:健康(Health)、安全(Safety)和环境(Environment)三位一体的管理体系。

为什么有第 3 章？我看不懂很多东西，当然，我猜父亲也不一定全都懂，但他觉得不重要，我觉得重要。因为很多人会去做技术开发的甲方，总是要知道一点技术概貌吧。我一直以为他不太懂，但我发现他开始和我讲教师数据、机器训练，开始讲这个没用，那个有用。所以，他慢慢在懂。一直以来，做专业和做 IT 的之间都有一个 GAP（隔阂），所以会互相抱怨，前者嫌后者做出的东西不好用，后者说前者的需求提不清楚。要解决这个问题，互相都得往前走一步。也就是说，你最好懂些对方的底层，知道就行，这样对能实现到什么程度会比较清楚。通过案例你能看到别人做出来的东西，再懂点基本技术，就可以判别对方承诺的实现是否可靠。

第 6 章是我们在讨论企业如何能做到智能化，也是源于我做了很多年项目管理工作和管理咨询工作，会比较关注这方面的问题，一个项目成功与否，技术很重要，管理同样重要，外部环境和条件同等重要。

打磨与修改

2022 年 6 月交稿后一直在翻译图上的文字和替换适当的图片，原本希望在一年内出版。但到 2023 年 9 月才初排，有了一本书的样子。的确，出版这样一本书有不小的难度，原稿的内容非常多，有很多译文和中文的说法不尽相同，图说的编排方式对出版社而言也是不小的挑战。及至 2023 年底完成第二遍排版，在排版的同时发现问题进行内容的修改，基本上都成了我和编辑的事情，酸甜苦辣交杂，好在一直向好。2024 年初，三排，重点放在图片和版式上，但这个过程远比计划中漫长。图片的处理过程经历了反复修改与美化，作为一本以图为主的书，我的标准可能也比以往高了一些。

可以说，这本书是"磨"出来的，修改完善花了很大的工夫。当然，也总结了很多经验，也让我们在修改的过程中加深了对智能化的理解，自己的技能也变得更加智能。回顾一下整个修改历程，在解决素材选择和章节构架外，首先面对的是翻译的问题，修改绕口的译文需要过硬的文字功底，这是需要磨的，越写越清楚，脑子越来越清楚，文字也就越来越清楚，那些绕口的地方也就越改越好。其次是多种来源资料表述一致性的问题，需要较强的文字凝练能力；其中，信息化技术对土木工程师而言是跨行业的，很多术语和基本概念都不熟悉，需要耐心的学习。第三个问题就是不同来源的多类型图片的风格统一和版式设计，我一直认为视觉上的赏心悦目也是阅读体验中不可缺少的一部分，体现着作者的编写意图。这些工作使得我们花费了不少精力。

历经两年，终得面世。

问题思考

问题 1：这本书是否有价值？它是否只是一份汇编资料？

为什么要选择这些资料？我们的原则是重视实践经验。案例上以国外最新应用的技术资料为主。这是否涉及崇洋媚外呢？我们已是隧道大国，但大而不强，技术先进性是体现在实践应用中的，国内案例没有选择也是因为了解不深，担心口号太高，借鉴性不足。

这本书是资料汇编而成的，但绝不是一份汇编资料，而是基于汇编资料的二次创作，主要表现在它写什么、表达什么和用什么来表达。

问题 2：这本书有什么观点？

前面所述的 32 字箴言概括了山岭隧道智能化的核心要点。

通过智能建造的案例学习是比较合适的方法。

在技术转型之外，智能建造的实现有赖于社会和企业的通力合作。重视项目管理、企业管理的学习有助于更好地构建智能建造系统。

技术是不断进步的，系统是不断完善和深化的。

问题 3：这本书有什么特点？

一本好看的科技书籍首先是易读的"好看"，其次是美的"好看"。这本书用了很多案例，编排上采用图说形式，包括流程图、照片图以及思维导图，是希望帮助大家更快和更容易地接受和理解。

问题 4：智能建造在目前的现实条件下如何实现？

这是个不得不面对的问题。本书总结了实现智能化的关键要素。可以看到，要完全实现智能建造是个上下并举的工作，需要环境和政策的支持。但因为环境问题而等待，一定会落后于时代。对企业、对项目和对个人而言，都要为实现智能建造积极地动员起来进行实践，在传统业务和常规作业中寻找更安全、更高效、更可靠的信息化替代方式，星星之火终将燎原。这也是为什么本书在介绍生产技术案例之外，还重点介绍了国外相关企业数字化转型的内容。

在写作过程中，发现了身边很多智能化的"小火花"，比如：有一个师兄所在的设计院，投入多年的智能化板块开始盈利；一些地铁项目出现了数字化交付；一些项目大型机械化已经开始应用；有一个师兄所在的科技公司在做地质雷达，其正在编制研发项目管理的软件；类似技术成果的公开出版，如《高速铁路信息模型（BIM）设计》；以及 2023 年隧道与地下工程大会（CTUC）增设了智能建造的主旨报告和学生论坛。

问题5：智能建造时代中个人做什么？

学习和实践。

未来的样貌："3+1"开放结构

我一直很遗憾，就是出版用了很长时间，使得本来书里最新的案例不那么新啦，而现在机器人、Chat GPT❶、Sora❷等将智能的步伐越迈越快，今早看到，大模型已经开始尝试中医号脉。不管是否是噱头，这就是发展趋势。

就本书而言，在写作过程中，把收集的案例同步做了一个案例集（知识库），部分内容和书中案例有所重复，但案例集里的案例要更多一些，并且，这两年最新的案例和资料也都放在了里面。计划是把案例集作为开放式的知识库，不受限于出版的要求和出版的工作流程。案例选择的范围和更新频率是不固定的，实际上几乎每个月都可以有新的内容添加，因为学习和阅读从未终止。案例的来源也希望更多样化。

因此，对应的，在和出版社探讨做成一本电子书或知识库的形式，类似可更新的和添加的小小的"数据库"，最好是开放式的，目的就是收集已落地应用的智能化技术及相关知识。

于是，大家设想了一个"3+1"纸数融合的出版规划。

3本纸质书：

第一本：《矿山法隧道智能建造技术》，概貌隧道智能建造技术。

第二本：《山岭隧道革新的维护管理技术》，隧道工程从大基建走向大维修，也就是更多关注存量资产的保值增值和良好运转，单独成册，现已基本成稿。

第三本：《山岭隧道革新的地质调查技术》，隧道的根本问题在很大程度上是由地质问题决定的，于是将这部分内容拿出来单独成册，现已基本成稿。

1个电子的案例库：

电子阅读：类似电子书的形式，需要订阅。

不断更新的内容：内容按季度更新，目前是国际案例的资料，慢慢也会征集国内案例。

开放式平台：案例集是没有"天花板"的，父亲和我会一直往里面添砖加瓦。更加希望的是，它可以成为一个开放的知识库平台，有更多的人关注和参与，持续更新与成长。在2025年吧。

---

❶ Chat GPT：Chat Generative Pre-trained Transformer，是美国人工智能研究公司 OpenAI 研发的一款聊天机器人程序。
❷ Sora：美国人工智能研究公司 OpenAI 发布的人工智能文生视频大模型。

感谢出版社编辑团队,特别感谢本书的责任编辑谢海龙,以极大的耐心陪伴我完成稿件的修改和润色;感谢我的女儿黄笑釜,提供了排版的美编服务;感谢父亲众多的学生好友,给予资料和精神上的不吝支持;感谢身边亲人,提供服务。

再次希望这本书能起到抛砖引玉的作用。

黄问群

2024 年 5 月

Contents 目录

- **第 1 章　基础设施的智能建造和实现要素** ……………………… 001
  - 1.1　基础设施的智能建造 …………………………………… 002
  - 1.2　实现智能建造的要素 …………………………………… 011

- **第 2 章　三维模型技术** …………………………………………… 025
  - 2.1　概述 ……………………………………………………… 026
  - 2.2　三维模型的建模 ………………………………………… 039
  - 2.3　模型中的数据：对象目录、编码、特性和数据集成 …… 059
  - 2.4　三维模型编制及管理 …………………………………… 069
  - 2.5　三维模型的利用与发展 ………………………………… 076
  - 本章附录 ……………………………………………………… 091

- **第 3 章　智能建造信息化技术** …………………………………… 105
  - 3.1　数据技术 ………………………………………………… 107
  - 3.2　网络化技术 ……………………………………………… 145
  - 3.3　机械自动化技术与智能化技术 ………………………… 164
  - 3.4　智能化技术 ……………………………………………… 179

- 第 4 章　隧道地质调查技术 ·· **207**
  - 4.1　概述 ·· 208
  - 4.2　隧道调查的三维地质模型编制 ·· 210
  - 4.3　地质调查 ··· 220
  - 4.4　围岩条件的调查、分析及评价 ·· 240

- 第 5 章　隧道设计施工技术 ·· **293**
  - 5.1　概述 ·· 294
  - 5.2　开挖爆破技术 ··· 294
  - 5.3　支护技术 ··· 321
  - 5.4　衬砌施工技术 ··· 328
  - 5.5　量测技术 ··· 340
  - 5.6　管理技术 ··· 347
  - 5.7　环境技术 ··· 378

- 第 6 章　智能建造系统与数字化转型 ………………………………………… 385
  - 6.1　数字化转型 …………………………………………………………… 386
  - 6.2　业务层面的转型 ……………………………………………………… 388
  - 6.3　企业层面的转型 ……………………………………………………… 403
  - 6.4　日本山岭隧道智能建造系统近年成果 ……………………………… 418

- 名词术语对照 ………………………………………………………………… 449
- 机构简称对照 ………………………………………………………………… 450
- 参考文献 ……………………………………………………………………… 451
- 后记 …………………………………………………………………………… 453

INTELLIGENT CONSTRUCTION OF MINE TUNNEL

第 1 章
基础设施的智能建造和实现要素

智能建造,我们自问几个问题:

- 为什么要进行智能建造?也就是目标。
- 什么是智能建造?用智能的方法进行建造。什么是智能的方法?主要特征是什么?
- 如何实现智能建造?

1.1 基础设施的智能建造

基础设施的智能建造是什么意思？通俗地说，就是用智能的方法建造各式各样的基础设施。什么是智能的方法？就是利用人的智慧、技能的方法。随着技术的快速发展，人的智慧、技能、素质也随之提高。实际上，基础设施的智能建造，从很早就开始了，我们过去修建的各种类型的基础设施，经常提到的信息化施工、机械化施工等，都属智能建造的范畴，只不过那时候建造方法的智能化程度很低而已。在信息（数据）处理能力受限的当时，也只能如此。截至目前，我们已经进化到智能化、数字化社会，自然而然地，基础设施的建造，也要逐步进化到智能建造常态化的新时代。

从基础设施的智能建造技术定义来看，挪威把智能建造隧道称为数字化隧道（Digitalisation in tunnelling），而奥地利、比利时、法国、德国、意大利、新西兰、瑞士、西班牙、葡萄牙九国则称为建筑信息模型隧道（BIM in tunnel），日本则使用英文 Intelligent Construction（简写为 i-Construction）或建造情报建模和管理（Construction Information Modeling/Management，CIM），尽管叫法不同，但实质是相通的，本书不加区分统称为智能建造。

近年来，世界各国都在鼓励和发展智能建造技术，日本 2012 年提出利用三维模型（3D 模型）提高建设生产系统的效率和质量。智能建造不仅能够提高施工现场的生产效率，也能对基础设施的不同需求提供更精细的服务，并创造出新的价值。同时，由于生产效率的提高和劳动环境的改善，进一步提高了施工现场的安全性。

1.1.1 智能建造的目的和概貌

智能建造是一个在基础设施的建设生产全过程（测量、调查、设计、施工、维护管理）中，以三维模型（三维数据）为核心，以利用新技术、新材料、新工法为手段，以达成省人、省力、省时、省钱为终极目标的建设生产管理系统，如图 1-1 所示。在这个系统中，全过程利用三维模型是基础，其目标如下：

目标一：高质量、高精度的建设生产管理

①三维模型共享数据；②共识决策的迅速化；③通过构筑模型等编制最佳计划；④工期、进度管理的可视化；⑤设计、施工等数据一元化管理；⑥实现建设生产有效率的质量管理；⑦利用完成后的数据实现最佳的维护管理、资产管理。

目标二：高效率的基础设施全生命周期管理

①投资效果可视化（成本管理）的决策迅速化；②设计、施工、维护管理各阶段的数据顺

利传递，实现合理的全生命周期；③设计、施工各阶段的效率化；④实现维护管理省力化。

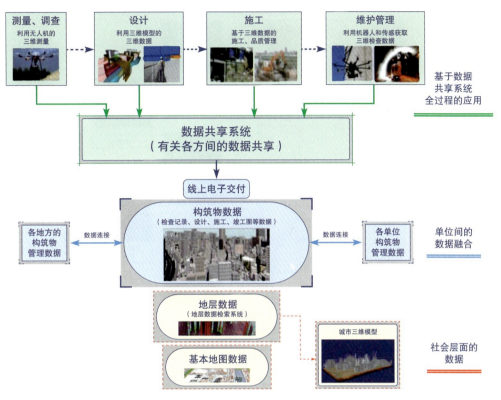

图 1-1 基础设施智能建造系统概貌

目标三：基础设施价值链的扩大

①实现合理、实时的资产评价、资产管理；②构筑物的资产评价迅速化、省力化；③资产管理最佳化；④构筑物利用数据商品化；⑤与传感器连接扩大构筑物的服务；⑥利用大数据，人工智能（Artificial Intelligence，AI）等创建新产业；⑦与基础设施平台融合实现最佳的风险管理；⑧基础设施数据与构筑物连接；⑨实现城市水平的精准模拟。

智能建造系统基于可视化模型、数据和平台，以及社会资源和项目本身，贯穿了基础设施生命期全过程管理，借此可实现基础设施建设的数据共享、可视化、远程化、精确化和效率化，推动了行业的升级。

在智能建造系统中，首先是构筑智能建造平台。该平台由三维模型加上数据框架和应用框架组成，是工程多个阶段和多个子系统的集成。在模型基础上附加了各种数据，数据是基础。其次在这个平台上技术的多种应用，是一个利用数字化技术，如数据、图像、虚拟技术等解决建设生产中的具体问题。最后，是全过程项目管理和资产管理的综合应用，如数字孪生技术。

图 1-2 为集成的智能建造平台示例。

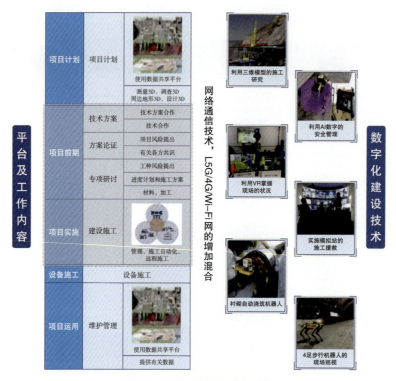

图 1-2 集成的智能建造平台示例

注：L5G—本地 5G；Wi-Fi—无线网络通信技术。

图 1-3 为施工管理中利用虚拟现实（Virtual Reality，VR）的多点虚拟管理技术进行远程管理的示例。

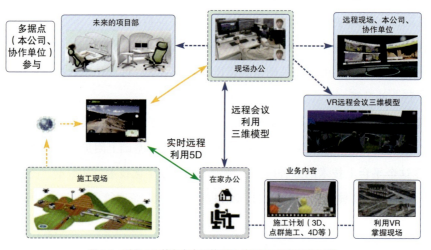

图 1-3 利用 VR 的多点虚拟管理技术进行远程管理的示例

1.1.2 智能建造的主要特征

智能建造的最大特征是以三维模型及三维数据为核心技术，贯穿建设生产管理全过程，图 1-4 表示了建设生产全过程三维模型的利用。

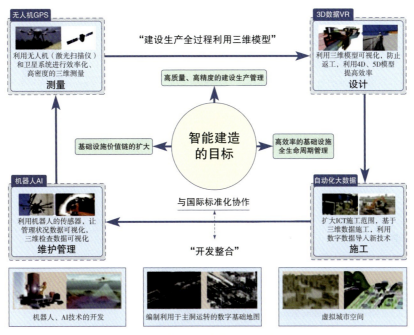

图 1-4 智能建造建设生产全过程三维模型的利用

注：ICT—Information and Communications Technology（信息与通信技术）。

因此，现在的技术与过去以二维图纸为基础的建造系统截然不同，其比较见表 1-1。

过去的技术与现在的技术的比较　　　　表 1-1

建设生产全过程	过去的技术	现在的技术
调查	地表踏勘为主，辅以状况调查	利用 AI、大数据、IoT、图像处理等技术引入地质调查中，实现地质可视化、调查效率化
测量	利用机器测量	利用无人机（激光扫描仪）和卫星系统进行高密度、效率化的三维测量
设计	利用二维图纸设计	利用 3D 模型可视化，利用 4D、5D 模型提高效率
施工	劳动力为主体的施工	利用 ICT，基于三维数据施工，利用数据导入新技术施工
维护管理	人力检查作业	利用机器人和各种传感器，实现三维数据可视化管理
全过程	以二维图纸为主	建设生产全过程与三维模型协作，与国际标准化协作

注：IoT—Internet of Things（物联网）。

智能建造的第一个特征是充分利用 AI、ICT、大数据等数字化技术，通过数字化转型（Digital Transformation，DX）带来的企业变革，实现了新技术的应用，将传统的生产建设系统转变为智能的建造系统。在信息化技术的加持下，智能建造实现了可视化、无人化、远程化、施工模拟、孪生模型管理、全体信息共享等，使得生产建设系统发生了革命性的变革。

智能建造涉及的数字化技术是多种多样的，按工作过程的不同阶段，利用相应的数字化技术，图 1-5 汇总了智能建造数字化技术概貌。

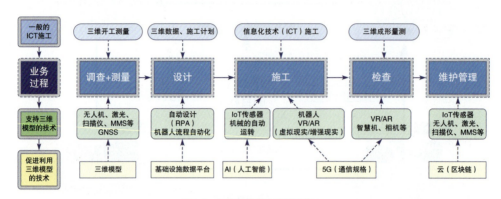

图 1-5　智能建造数字化技术概貌

注：MMS-Mobile Mapping System（移动量测系统）；
　　RPA-Robotic Process Automation（机器人流程自动化）；
　　GNSS-Global Navigation Satellite System（全球导航卫星系统）。

智能建造的第二个特征是把各式各样的系统（设计管理系统、虚拟建造系统、供应链管理系统、运维管理系统）和基础设施数据平台、人才、环境等融合一体，全面促进和实现基础设施建设过程的变革（图 1-6）。

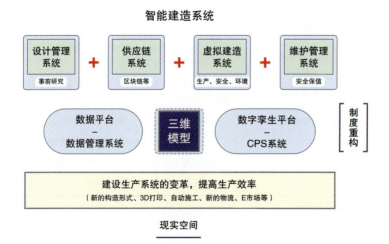

图 1-6　智能建造系统的全貌

注：CPS-Cyber-Physical Systems（信息–物理系统）。

1.1.3 三维模型、数字化施工和智能建造

一般来说，智能建造系统的基础是三维模型，按照生产过程的各阶段划分为设计、施工、竣工和维护管理不同水平的三维模型，不同水平模型在各自阶段起到了不同的作用。设计模型是各水平模型的基础，其余水平模型中的内容和信息数据随着建设进程不断追加。如设计模型中的重点数据是地形数据和初步设计数据；施工模型中的重点数据是开工测量数据和施工图设计数据；竣工模型中的重点数据是施工数据（位置、规格、品质、数量）和维护管理设备的数据、现场传感器数据等。

图 1-7 列举了三维模型在不同阶段下的利用概貌。

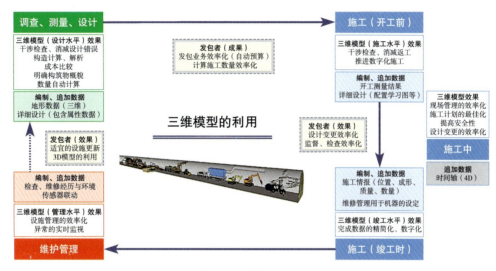

图 1-7 三维模型利用概貌

智能建造使建造生产系统发生了巨大的变革。

山岭隧道设计具有动态性的特点。理想情况下，三维模型下的设计可全方位、多角度展示所需的设计信息。地质调查智能化提高了设计前期输入的准确性；开挖过程中的实时数据及时反馈回设计，在高效的协作平台上，设计变更变得及时，对危险的地质状况而言，无疑争取了宝贵的时间。

数字化施工在向智能化和虚拟化发展。

智能建造过程中，系统能自动检测运行状态，出现变化时能自动调整其参数，以达到最佳状态和具有自组织力，并充分利用信息化技术，实现构件加工或工程建造过程的智能化。如作业流程中基于人工智能（AI）学习判断技术、智能化的施工机械和机器人、可穿戴智能设备等，借助软件支持以及数据交互、云端交互，与施工环境紧密结合，给施工方式带来很大变革。同时，具有可联网能力的移动终端，通过搭载各种操作系统应用于施工过程，可实现实时查阅图

纸、施工方案、三维设计模型、VR 交底、辅助安全管理，使施工管理水平显著提升。就山岭隧道而言，仅 AI 学习的智能诊断、远程操作及智能化的安全管理就给生产建造带来了巨大的价值。

虚拟化指采用计算机仿真与虚拟现实技术，在高性能计算机的支持下，实现计算机群组协同工作，集成施工活动中的人工、材料、物流、设备等多方面的信息参数，将所有的信息参数转化为计算机数据，并将这些数据信息可视化呈现，使观察者可以更直观地发现并解决施工技术问题。

简单来说，虚拟化技术使建造变成了两次建造，即"虚拟＋真实"。通过三维信息模型，在施工开始前检查施工项目的设计计划，并分析、模拟和优化施工方法；建立详细的进度计划和构造方法，提前发现问题，解决问题，以获得最佳的设计和构建方案，并通过可视化技术显示复杂的区域。虚拟施工❶主要目的是评价设计和施工的合理性，解决"这样组织施工是否合理"的问题。其不消耗现实资源和能量，所进行的过程是虚拟的，因此可为工程施工提供有益的经验。通过虚拟施工技术，业主、设计方和施工方可以在策划、投资、设计和施工之前看到并了解施工的过程及结果，如图 1-8 所示。

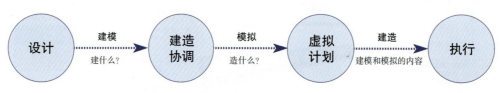

图 1-8　虚拟建造的过程

综上，可以看到，虚拟施工可以增加沟通和协作，减少返工；早期规划确保按计划施工；提高施工安全性；提升工程预算准确性；节省资金；简化构筑物的后期运维，提高客户满意度。虚拟施工技术被应用于施工的全过程。

2013 年，德国政府成立了"大型建筑项目改革委员会"，并以"先虚拟建造，再实体建造"的 10 点计划作为总方针，极大地促进了数字化施工技术的发展。融合 BIM、物联网等的数字化建造技术，目标是建造速度更快（缩短工期），施工效率更高，建造成本更少（降低工程建造和后续维护成本）。

在项目管理方面，数字化技术带来了数字化进度优化、材料采购管理和物流跟踪、工程量统计、项目协同平台、无纸化协同管理平台和施工数据集成管理平台。基于数据共享与协同管理，实现了建造过程的三维可视化管理、进度模拟、智能监测与评估、智能化控制、智能化安全管理等。数字化技术在项目管理中的应用应重视以下四个方面。

---

❶ 虚拟施工：是指实际建造过程在计算机虚拟世界的高仿真在线，Virtnal Construction，VC。

1）分阶段确认，避免返工，保证输入的精度

在模型编制过程中，通过分阶段确认编制的成果，确保质量。在几何模型外，要特别注意需要加载的信息数据内容。要牢记三维模型的意义在于是集成了数据的几何模型，是一切智能化、虚拟化、协同化，甚至产业化的基础。

各阶段模型确认中包含（但不限于）以下内容：

（1）编制模型的目的和要求是否明确？
（2）模型编制中有关各方权责义务成果交付等的合同条款是否适用？
（3）是否充分确认了设计条件，设计成果符合设计条件的要求？
（4）交付的模型成果定义是否合适（如模型的详细度、数据信息等）？

阶段确认的工作流程见图1-9，数据信息确认的要点可采用表1-2记录。

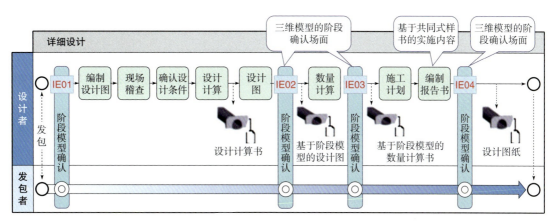

图1-9 阶段确认的工作流程

数据信息的要点　　　　　　　　　　　　　　　表1-2

数据确认要件	场景	确认项目					
		（A）编制模型	（B）赋予数据信息	（C）数量计算	（D）要求作业实施状况	（E）编制数据	（F）其他
IE01	编制计算数量用模型				○	○	○
IE02	编制计算数量用模型	○	○	○			
IE03	中间协商	○	○		○	○	○
IE04	最终交付	○	○		○	○	○

2）事前研究和虚拟设计建造

当二维图纸转变为三维模型，这就出现了一个巨大的载体，可以容纳各种建造数据。生产阶段，不同子系统，供相关方共享。生产建设系统就可以不仅仅局限在施工现场，而是扩展到这个模型，出现虚拟设计和建造（VDC）——事前的仿真模拟。先行于过程提前输入和研究的工作，可大幅度提高建造效率（图1-10）。

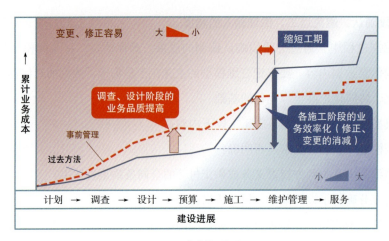

图 1-10　事前管理概貌

在智能建造中，因为模型的存在，智能建造的模拟技术、可视化技术等在设计和施工阶段，对方案优化、专业碰撞、钢筋配置核查、辅助工法选择、施工步骤核查等提供了很大的帮助，可防止后期工程中产生规格变更，减少返工，实现提高工程质量和缩短工期的目的。在维护管理阶段，三维模型携带了前期所有相关的数据信息，大大提高了设备设施的日常检查、维修、灾害应对的效率。

3）基于全体数据的多作业并行处理

多作业并行处理是指在各部门间数据共享基础上的数据处理（图 1-11）。智能化技术处理数据的能力远远超过传统的生产建设系统，特别是大数据的同步计算和分析，提供了更多有价值的信息，进而为施工方案提供了更多的可能性，同时减少了对人工的依赖。多作业并行处理提高了生产效率，降低了生产成本，极大地提升了项目管理的确定性。

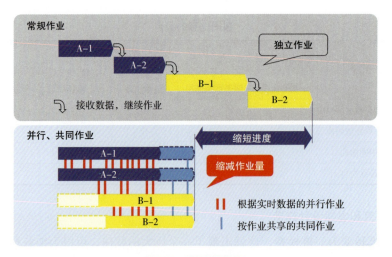

图 1-11　并行处理概貌

智能建造中，设计采购施工一体化的总承包模式（EPC）常用到多作业并行处理。当设计阶段反映了施工承包商的能力和经验，可进一步提高施工质量。当设计阶段反映了维护管理者的经验，维护管理中会对材质和薄弱环节特别关注。同时，设计施工阶段中，积累对维护管理有用的数据，可大大提高维护管理效率。

4）从 PDCA 循环❶到系统的自主进化

PDCA 循环始于传统的全面质量管理，逐步发展成为解决问题的一套科学程序。通过 PDCA 分析现状，发现问题；分析问题中各种影响因素，识别主因；给出解决措施并执行；检查执行结果是否达到了预定的目标；把成功的经验总结出来，制定相应的标准；把没有解决或新出现的问题转入下一个 PDCA 循环去解决。图 1-12 展示了 PDCA 循环概貌。

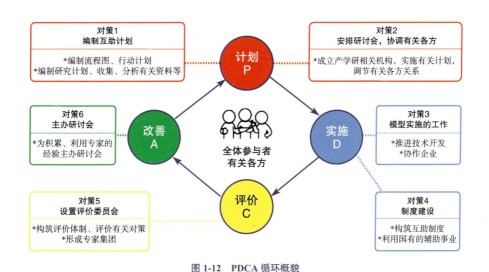

图 1-12　PDCA 循环概貌

智能建造系统中，小到机器学习中的智能判断、项目进度计划优化，大到项目组织的变化、智能建造的落地等都遵循了这一原则，在智能时代，循环前和循环后的修正是自动的，大数据促使了系统的进化和升级。

1.2　实现智能建造的要素

1.2.1　人和企业的智慧——激发企业的活力（竞争力）

实现智能建造的核心要素是"人"（包括企业）。改革总是由一个人或企业的最初构思开始，这就是所谓的智能（智慧），但为实现其构思，还需要许多力量的参与。从构思、规划、调查、设计、施工到维护管理都依靠人，利用规则，通过现场实施来实现，这是建设业的底层逻辑。目前的社会，实现智能建造的工具是多种多样的，如众所周知的 AI、IoT、ICT、机器人、

---

❶ PDCA 循环：质量管理的四个阶段，即 P- 计划，D- 实施，C- 评价，A- 改善。

传感器、VR、AR、MR（混合现实）、3D扫描、3D打印等，都开始普及和应用，所有的工具都需要通过人的使用才能发挥其效果。

反之，进化的技术通过人的使用也会创造出新的技术、新的产业、新的价值，这意味着人的设想能够改变人的认知和活动，成就了所需的技术。新的技术和新的价值又激发了人的智慧和技能，这两者是相互依靠、相互促进的。

这里指的"人"，是指具有知识和技能的人。因此，要想充分发挥智能建造的作用，最重要的是要培育能够积极为实现这个智能建造的创新型人才。培育人才是实现基础设施智能建造的关键，强化各级人才的培育是当务之急。

智能建造是由企业实施的，没有企业的活力，也就没有智能建造，如何激发企业的活力，与培育人才同等重要，要在制度上和管理上予以重视。

因此，从现场水平到实现智能建造，要运用各式各样的创新技术，使现场指挥者、业主、承包商等有关各方融合在一起，形成一个目标一致的团队，激发隧道产业的活力（竞争力）是非常重要的。

1.2.2 形成有魅力的智能化的建设现场

基础设施的智能建造是一个物理空间和网络空间高度融合的建设生产系统——信息-物理系统（CPS）。建设现场泛指系统中的每一个环节。其中，施工现场是建设现场的主体，智能建造就是利用5G、云服务、各种传感器等媒介，操作、控制施工现场的一切生产活动，见图1-13。

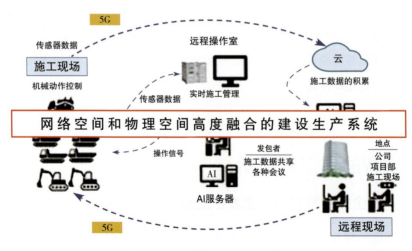

图1-13 有魅力的建设现场的概貌

智能建造的现场应以适应新时代要求的面貌出现，应立足减少人的移动，构筑能够及时利用数据的技术和赋予现场技术人员新的生产力这三个角度，使现场数据和信息可以实现边采集边处理边利用，让有关业务的实施变得简单且便利，实现良好、有效率的工程过程管理，提高行政管理的水平和智能化程度，能够迅速地应对灾害、及时恢复，最终形成新的现场生产力。

现场的智能化包括建设现场网络化、建设数据管理一元化、现场作业可视化、施工管理远程化和信息化施工 5 个方面。

1）建设现场网络化

健全、构筑以 5G 基站为基础的现场网络系统（图 1-14），为实现智能建造提供坚实的环境和可靠的保证。不管是大环境（云服务、5G），还是小环境（企业的活力），目前完全具备了实现建设现场网络化的条件。网络化可以多种形式出现，视现场的具体情况选定，但要注意其数据的共享性。

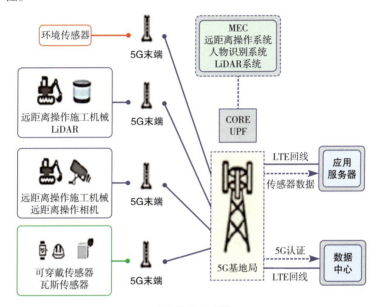

a）构筑的 5G 系统

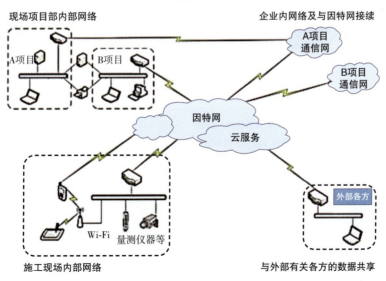

b）施工现场的网络

图 1-14 现场网络系统

注：MEC-边缘计算；LiDAR-激光雷达；CORE UPE-核心网用户面功能；LAN-局域网；LTE-移动宽带技术。

2）建设数据管理一元化

建设数据管理一元化是指基础设施的设计、施工、研究成果、经验等数据信息标准统一、数据质量高、可读性好，数据统一管理，可以最快速度地提供给决策者及有关各方。利用5G等信息技术构筑三维模型和数据信息共享的环境是非常重要的。数据信息从数据传输、共享走向数据管理的时代，数据技术也从数据收集、处理、利用、废弃、管理向智能和知识化方向进化。

目前，建设数据信息存在不同的系统/平台进行管理，一元化管理后，数据管理系统集合了项目所有资料进行统一管理。项目相关方均可根据自身权限进行共享、检索和再利用。图1-15以T-CIM（3D模型的数据一元化）为例，展示了数据共享系统中的内容、相关方、数据渠道和数据利用。该系统包含了以下功能：工程基本数据管理功能；揭示板功能；日程管理功能；合同协议类编制功能；工作流功能；纸面文件管理功能；工程文件等输出、保管功能；线上电子交付功能；远程临场支持功能；数据、系统协作功能。

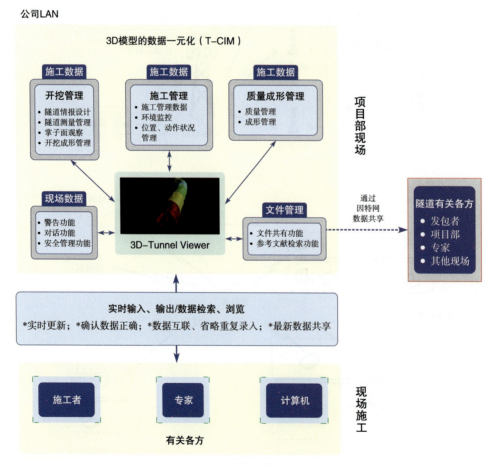

图1-15　数据共享系统概貌

3）现场作业过程可视化

目前，以 VR、AR 为首的数据可视化技术陆续应用。图像、影像设备的精度和解析度显著提高，5G 技术使数据通信环境显著改善，无人机等有关技术的复合利用更拓展了可视化技术的应用，能极大提高作业管理的安全性。可视化技术是实现智能建造的基础技术之一，提高对可视化技术的认识、利用非常重要。

可视化的目的，不仅是让你看到洞内的作业状况，更为重要的是，根据看到的情况，指挥下一步如何做？如对隧道数百米内的作业区间的重型机械和临时设备的配置进行管理（图1-16）。

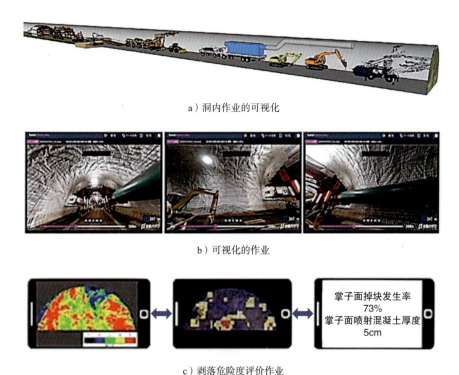

a）洞内作业的可视化

b）可视化的作业

c）剥落危险度评价作业

图 1-16 洞内外作业的可视化概貌

4）施工管理远程化

今后的建设现场会变成什么样子？这是我们需要思考的问题。从目前的发展趋势看，可能与现代化工厂一样，一个中央控制室或远程指挥、控制隧道内外的全部作业（图 1-17）。一个新的建设生产、管理系统正在形成，远程操作和控制已经成为技术发展的主流。

5）信息化施工

随着无人机（UAV）和搭载 ICT 的施工机械的开发和普及，特别是无人机技术的利用开发，改变了过去的量测方法和检查方法。

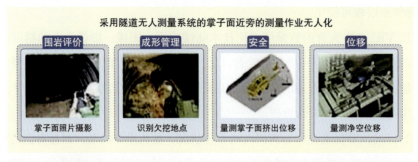

a）远程和现场的掌子面量测

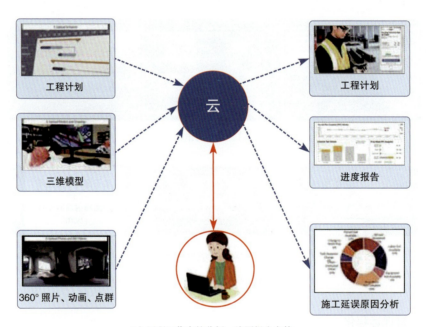

b）远程工作中的分析、编写报告书等

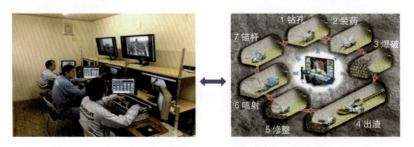

c）中央控制室作业

图 1-17　远程作业概貌

ICT 施工机械分为机械制导（MG）和机械控制（MC）两类。其中，机械制导是在施工机械上搭载传感器和全球导航卫星系统（GNSS）等位置量测装置，把机械位置和设计数据提供给操作人员进行开挖操作，施工精度与操作人员的操作技术有关，而机械控制则是机械自身可根据设计数据自动控制，按设计数据完成开挖，提高了开挖的精度。

信息化施工不单纯指利用 ICT 机械施工，而是在测量、设计、施工、成形管理、检查的各过程中全面利用信息化技术。利用信息化施工实现了"高效、安全、环保"（图 1-18）。

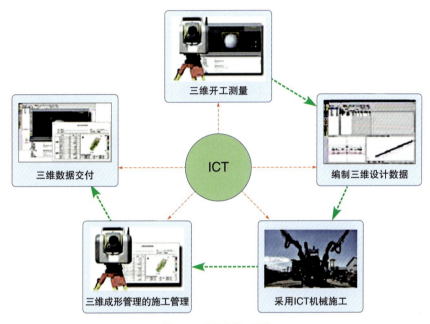

图 1-18　信息化施工概貌

1.2.3　平台、系统以及相关标准（规则）的建设

俗语说得好"没有规矩，不成方圆。"推行智能建造首先要立规矩，这里的规矩指的是平台、系统采用的相关标准（规则）。

1）智能建造规则的编制概况

目前，一些国际组织和国家都在编制有关基础设施智能建造的规则（规范、基准、指南、要领等），来规范基础设施智能建造技术的发展。

（1）ISO 标准 ❶

与智能建造有关的 ISO 标准见表 1-3。

其中 ISO 19650 是一整套关于在基础设施的全生命周期中使用智能建造数据建模进行数据管理的国际标准。

---

❶　ISO 标准：International Organization for Standardization（质量管理体系）。

ISO 有关智能建造的标准　　　　　　　　表1-3

ISO 编号	概要
ISO 29481-1：2016	数据传递手册 - 方法和格式
ISO 29481-2：2012	数据传递手册 - 相互作用的组合
ISO 22263：2008	过程管理 - 过程数据管理的组合
ISO 19650-1	资产生命循环共同作业的实现 - 概念和原则
ISO 19650-2	资产生命循环共同作业的实现 - 资产交付
ISO 16739-1：2018	构筑物数据规格的开发 - 数据模式
ISO/TS 12911：2012	BIM 指南 -BIM 指南框架

（2）以德国为主的 BIM 联盟

德国隧道协会 2019 年 5 月发布的《隧道工程中地下结构 BIM 的数字设计建筑和运用的建议》，旨在推动 BIM 在隧道工程中的应用。基于这一建议，隧道 BIM 工作组已经开始规范地下工程的建模要求，以便标准化到试点项目。该标准解释了对模型结构的基本理解，并为典型隧道对象和相关对象信息提供统一的描述，提出了一种对象编码的基本结构，用于对项目中的单个对象进行明确的识别。

以德国为主的 BIM 联盟先后发布了《掘进机（TBM）隧道 4.0》（2016）、《BIM 隧道及地下结构的数字化设计》（2019）、《建造和运用》（2019）等标准及指南。

（3）挪威隧道协会的数字化隧道

挪威是最早以模型为基础进行地下空间建设的国家之一。挪威数字化隧道的关键是施工驱动、隧道和软件开发人员之间的密切合作，以及来自客户和承包商的项目管理。挪威隧道工程的数字化产业研究开发已经进行多年，挪威隧道协会（NFF）在其中发挥了积极的推动作用。

2018 年，NFF 发起成立了数字化隧道工作组（DigiTUN），其主要目的是收集经验、制定共同实践规划，研究与隧道工业数字化有关的项目。

DigiTUN 工作组的第一个项目是编制出版了《挪威隧道的数字化》，本书从实用角度出发，分享了挪威隧道数字化中获得的知识。

全书分为三个部分：第一部分回顾了基于模型的最重要的学科，涉及工程和构建阶段；第二部分介绍了三大隧道业主和承包商的现状和未来展望；第三部分介绍了挪威地下项目和成功应用的数字处理技术的相关案例。

书中提及的数字化学科按围岩条件、围岩支护、生产数据、机器操作、防水和防冻、技术设施、环境监测进行划分。

（4）日本有关智能建造的基准、要领

日本编制的《智能建造指南》共 10 篇，包括桥梁、隧道、大坝等。该指南历经多次修改，公布了适用于建设生产管理系统各阶段的基准、要领（表 1-4）。

适用于建设生产、管理系统各阶段的基准、要领　　　　　　表 1-4

工作阶段		测量、地质调查	设计	施工	维护管理
合同阶段		公共测量作业准则	设计业务共通规格书	土木构成共通规格书	各种设施
中标、合同、预算	土木构成预算基准		三维数据合同指引		
			土木工程数量计算要领		
			对应土木工程数量计算要领的三维模型编制指引		
编制模型	公共测量标准图式		设计用数值地形图数据编制规格		
			Land XML1.2 为准的三维设计数据交换标准		
			Land XML1.2 为准的三维设计数据交换标准运用指引		
	CAD 制图		三维模型标记标准		
			三维模型标记标准的编制，3DA 模型的指引		
			设计 - 施工数据协作的四维模型利用指引		
			三维模型编制规格		
监督、检查、成果交付	委托业务的调查、检查业务要领		三维模型成果品检查要领		
	详细设计核查要领		三维模型设计核查卡运用指引		
	监督、检查要领			利用三维模型的监督、检查指南	
	电子交付要领		三维模型交付要领		
			设计用数值地形图数据编制电子交付指引		

注：Land XML1.2 指非专有数据标准。

2）数据平台的建设

数据平台是利用数据收集、积累、变换、利用数据的基础平台（图 1-19）。其中，数据收集是利用各式各样的数据源 / 数据服务器收集数据的过程；积累是把收集的数据保存的过程；变换、利用是进行数据加工的过程。目前，对于数据平台的范围理解不一，有的把实现这些功能的一部分称为平台，也有的是指基础平台上加上数据可视化利用。总之，数据平台以统一的形式进行数据整理，有助于快速决策和业务优化，减少重复工作。

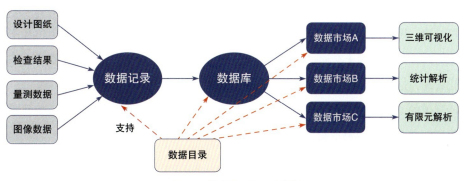

图 1-19　数据平台的构成示例

数据平台内部构造各式各样，根据需求设计。例如数据按钮式的数据表示、目录检索、进行浏览的接口、根据外部系统要求的自动公开的应用程序接口（API）以及预览和视觉化功能等。

智能建造的数据平台是以基础设施数据平台为基础，集成了社会共享数据框架中相关数据，在三维模型上，将项目过程中新的数据集成在数据管理系统中，用以促进数据的流通和利用，见图1-20。

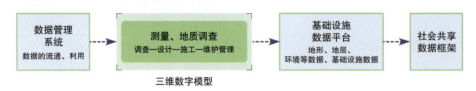

图1-20 智能建造的数据平台

图1-21表示了数据平台集成的数据类型和内容。

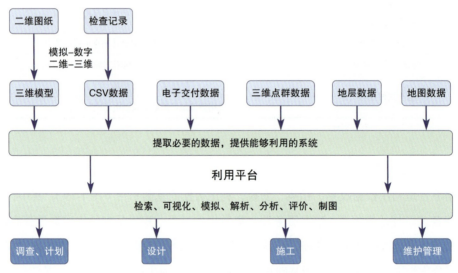

图1-21 通过平台利用基础设施的数据

注：CSV—一种常用的电子文件格式。

图1-22是日本国土交通部构筑的数据平台示例。该平台将三维地图上三维数据和地层数据三维视觉化，用API把有关国土的数据和人、物的移动等经济活动的数据以及气象等自然现象的数据导入，集成在国土交通平台上，可用同一接口登录、检索、显示、下载等，实现数据的一元化管理，进而实现复合的解析，用可视化辅助做出决策。

山岭隧道的IoT平台（IoT-Smart-CIP）是用于山岭隧道施工的平台，以提高安全性和生产效率为目的。它集成了容易取得的人、机械、环境的数据，并据此开发出各种自动管理系统，实现开发系统间的数据协作和共享（图1-23）。

利用机器人和传感器的施工平台见图1-24。

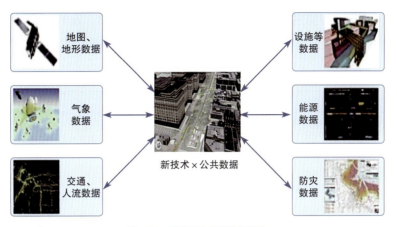

图 1-22　日本国土交通数据平台

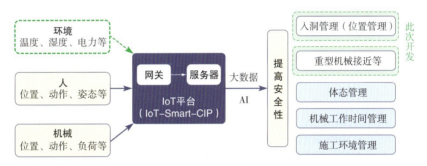

图 1-23　IoT 平台的各种自动管理的利用概貌

图 1-24　利用机器人和传感器的施工平台

1.2.4　人才培育和企业数字化转型（DX）

为培育和利用具有智能建造相关知识和技术的人才，需把智能建造的人才培育作为人力资源开发（Human Resource Development，HRD）的一环，由各级组织、教育机构等实施，学习未来需要的知识和技能。

为此,首先要确立智能建造知识体系和学习目标,见表1-5、表1-6,作为长期性和系统性的工作。培育和选拔人才是智能建造的关键要素,也可能会是最重要的要素。

智能建造知识体系 表1-5

知识框架	内容
建设领域的问题和智能建造	● 学习设计建设领域的问题; ● 学习智能建造的概要和利用目的,以及有关智能建造的决策和智能建造的基准、要领等
智能建造技术体系	● 学习测量和量测、地理信息系统(GIS)的基础知识; ● 学习地质三维模型的基础知识; ● 学习构筑物三维模型的基础知识
智能建造利用体系	● 学习建造的利用项目、业务的公示以及选定和评价方法; ● 学习作为过程监理、有关利用智能建造的事前协议、实施计划书、基于ISO 19650的数据共享以及阶段确认书等; ● 学习在测量、地质、土质调查中的智能建造利用目的和方法编制与有关各方的合同以及智能建造成果物的检查等; ● 学习在施工中智能建造的利用目的、设计图纸的检查、工程事业说明和有关各方的合同以及智能建造成果物的检查等; ● 学习在维护管理中智能建造的利用目的和方法

智能建造学习目标 表1-6

学习目标	内容
入门	● 能够理解有关智能建造利用中使用的术语; ● 能够理解与自身担负的事务工程有关的建设领域中的问题及智能建造的意义
初级	● 学习作为智能建造的基础技术,掌握三维CAD的基本操作方法; ● 在自身担负的工程中能够设定智能建造利用项目及确认接收的资料等
中级	● 作为智能建造的技术,掌握三维CAD的操作方法; ● 能够根据有关基准、要领等使自身担负的事务工程效率化
高级	● 精通智能建造的同时,能够让多数的事务效率化; ● 能够进行智能建造的适宜指挥、指导

其次要建设用于人才培育的实习基地和现场实践基地,人才的培训在于利用环境的实操,并配以真实环境的研修和实习,如图1-25所示。

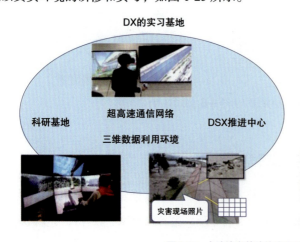

图1-25　人才培育基地的建设示例

本章关注

- 智能建造有三个主要目标,就是高效高质的生产建设系统,高效的全生命周期管理和基础设施价值链的扩大。
- 智能建造的主要特征是利用三维模型和数据,利用最新的数字化技术,把各种系统、人才、环境等融合一体,解决工程实际问题,提高生产效率和质量安全,通过数据化转型带来企业变革。
- 实现智能建造要在行业内和企业内建设相关平台、系统和标准规则,激发企业的活力,充分发挥人和企业的智慧;形成有魅力的智能化建设现场;进行人才培育和企业的数字化转型。

INTELLIGENT CONSTRUCTION OF MINE TUNNEL

第 2 章

三维模型技术

三维模型是智能建造的"骨骼":

- 三维模型和三维数据是智能建造的基础和核心技术。
- 三维模型具有数字化、可视化、模拟性、集成性和优化性的特点,已大量用于工程实践。其包含几何模型、属性数据及参照资料,存在不同的维度、详细度,应用于不同的生产建设阶段。
- 山岭隧道的三维模型关注地形模型、地质模型、构筑物主体模型,及不同用途的统合模型。
- 如果几何模型是单位模型的"骨骼",数据就是它的"肌肉",来自不同阶段、采集的方法、计算的程序和应用、元数据的再生等。只有对数据进行标准化,才能在几何模型的骨架上融合,迁移,再利用。

如前所述，智能建造以三维模型为主导（核心），贯穿于建设、生产、管理的各个阶段（测量、调查、设计、施工、维护管理）。具体来说，就是从测量、调查、设计阶段导入三维模型，而后在施工、维护管理的各阶段中继承和发展，各方在数据平台上共享数据，从而实现"省人、省力、省时、省钱"的目标。

2.1 概述

我国《建筑信息模型应用统一标准》（GB/T 51212—2016）中规定，建筑信息模型（BIM）是指在建设工程及设施全生命周期内，对其物理和功能特性进行数字化表达，并依此设计、施工、运营的过程和结果的总称。本书称之为三维模型。

美国对三维模型的定义是：一个设施（建设项目）物理和功能特性的数字表达；同时也是一个共享的知识资源，可以分享有关设施信息，为该设施从建设到废弃的全生命周期中的所有决策提供可靠依据。在项目的不同阶段，不同利益相关方通过三维模型插入、提取、更新和修改信息，以支持和反映其各自职责的协同作业。

因此，三维模型既是工具，也是技术、方法，是指在建设工程及设施全生命周期内，对其物理和功能特性进行数字化表达，并依此进行设计、施工、运营的过程和结果，是在建设项目的规划、设计、施工和运营过程中进行数据共享、优化、协同与管理的技术和方法。

简而言之，三维模型就是以建设领域为对象，基于建设项目全生命周期的信息化、智能化方法与过程，也就是建设过程的数字化形象表现。

三维模型具有数字化、可视化、模拟性、集成性和优化性的特点。

（1）数字化（Digital）

数字表达是三维模型的基础，三维模型应被理解为一种基于数字模型的协作方法，用于隧道全生命周期的设计、实施和维护管理。

（2）可视化（Visualization）

可视化即"所见所得"的形式，可以将以往线条式的构件转化为一种三维的立体实物图形展示在人们的面前，是一种能够同构件形成互动性和反馈性的可视化呈现。在三维模型中，由于整个过程都是可视化的，所以可视化的结果不仅可以用效果图及结构化报表来展示，更重要的是，项目设计、实施、维护管理过程中的沟通、讨论和决策都可以在可视化的状态下进行。

圣格达公路隧道❶的可视化如图 2-1 所示。

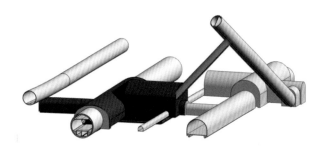

图 2-1　圣格达公路隧道的可视化

（3）模拟性（Simulation）

模拟性指两方面的模拟：一是模拟几何形状，二是模拟不能够在真实世界中进行操作的事物。例如，设计阶段进行的节能模拟、紧急疏散模拟、日照模拟、热能传导模拟等；招投标和施工阶段的 4D 模拟可以根据施工的组织设计进行未来的施工模拟，以确定合理的施工方案；5D 模拟实现成本控制；同样，后期运营阶段模拟日常紧急情况的处理方式，例如地震人员逃生模拟及消防人员疏散模拟等。

（4）集成性（Coordination）

集成数据平台用以实现建设生产过程中人与人之间、专业间和各项工作之间的协调。例如，建造前期对各专业的碰撞问题进行协调。

（5）优化性（Optimality）

整个设计、施工、维护管理的过程就是一个不断优化的过程，当然优化和三维模型并不存在实质性的必然联系，但在三维模型基础上可以进行更好的优化。三维模型提供了建（构）筑物实际存在的信息，包括几何信息、物理信息、规则信息，还提供了建（构）筑物变化以后的信息。三维模型与其配套的各种优化工具使对复杂项目进行优化成为可能。

三维模型的大小和内容是弹性的，由使用目的决定。

模型的使用目的是多样的，小到解决一个局部的专业问题，大到基础设施的全生命周期管理，也可以只是用于公共关系，或者投标的模型。下面列举挪威数字化隧道和德国 BIM 联盟的两个三维模型示例，可窥见一斑。

示例一：挪威的三维模型涉及隧道工程的深部软弱带分布、地质模型的取芯钻孔、隧道纵剖面随深度变化的围岩分布、地质模型中假定的软弱区域、沿隧道的围岩分类、沿隧道走向的涌水限制、含锚杆的扫描图、隧道工程中不同结构类型、地质等级数字制图等内容，用于隧道设计和建设，如图 2-2 所示。

---

❶　圣格达公路隧道：位于瑞士，曾是世界上最长的公路隧道，长 16.32km，建于 1970 年 5 月—1980 年 9 月。

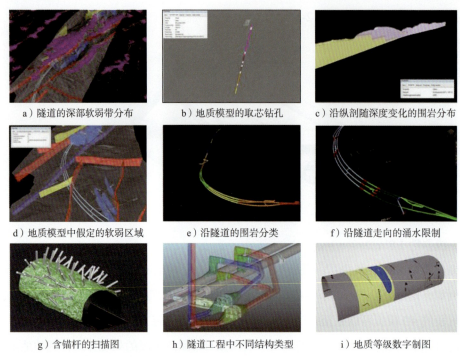

图 2-2 挪威数字化隧道中采用的三维模型示例

示例二：德国 BIM 联盟的隧道三维模型涉及 3D 地下模型、隧道掘进模拟、5D 项目控制、4D 静态分析、3D 围岩建模、投标建模、数字孪生、供应链质量控制、健康和安全、地下建筑设施建模、监控和操作挖掘、隧道掘进控制、GIS 系统集成、合同、运输的模拟和优化等内容，是隧道建设的一个大的集合体，集成了设计、施工、合同多方面信息，可用于隧道全生命周期管理。

图 2-3 表示德国 BIM 联盟采用的三维模型。

图 2-3 德国 BIM 联盟采用的三维模型示例

三维模型已大量应用于建设实践中，从实践来看，三维模型在智能建造中以下方面的应用都有突出的表现：

（1）参与各方迅速取得共识。

（2）易于实现前期的比较优化研究。

（3）易于设计变更。

（4）减少设计错误和返工。

（5）三维模型与信息化施工的数据协作。

（6）保障施工现场的安全。

（7）提高施工可行性并缩短工期。

（8）可靠的维护管理。

（9）建设领域以外的利用。

为实现上述目标（效果）需要解决技术、制度和运用三个方面问题。概括来讲，技术问题包括三维数据的表现方法、模型的详细度、交付的数据形式等；制度方面的问题包括改进导入三维模型的制度、标准等，模型编制和利用过程中相关各方共享模型的方式和约定等；模型运用方面要重视各阶段的利用范围、人才的培养等问题。

三维模型是基础设施智能建造中的核心技术，洞悉三维模型的内涵是非常重要的。三维模型因最终使用目的不同，模型信息包含的内容是可变化的，它可以只是一个解决局部问题的三维表现，也可以是把构筑物形状三维化、信息立体化表现的虚拟综合体。面对基础设施全生命周期的产生和存续，我们自然希望它是一个包含多种并齐全的数据元素，有生命力，不断生长，甚至经过学习训练，可以伴随基础设施全生命周期的存在，这就需要从它的构成谈起。

2.1.1 三维模型的构成

1）三维几何模型

三维几何模型概念极其广义，其构成是通过三维建模技术实现。几何模型是数字化、智能化建造的基础要素，是一切信息的载体。

山岭隧道的三维几何模型从线性模型开始，然后到构筑物模型，而后叠加地形模型、地质模型或土质模型等。构筑物模型中根据不同部位分为主体模型、洞门模型、铺装模型、排水模型和紧急用设备模型等。工程中需要编制什么模型，是根据未来模型的利用目的确定的。

几何模型中的对象分类与属性数据中的层次对应，最小对象为构件。

2）属性数据

属性数据是三维模型一个重要部分，泛指赋予三维几何模型构件的数据，如构件名称、形状、尺寸、物性及物性值（强度、数量等）。

山岭隧道属性数据按照对象分为构造全体（层次1）、构造体（层次2）、构成要素（层次3）和构件（层次4）4个层次。不同层对应不同的属性数据，其对应关系见表2-1。其中，构件（层次4）的内容可以是任意的，按业主要求对必要的构件赋予数据信息即可（图2-4）。详细内容见本章附录1。

不同层次的属性数据　　　　　　　　　表2-1

层次	对象	对象分类	属性数据
层次1	构造全体	山岭隧道	ID：判定对象的软件固有的ID编号 项目分类名：略 判别数据（名称）：隧道名等 位置数据：隧道起点—终点（地点、坐标等）
层次2	构造体	线路中心线 隧道中心线 隧道主体 洞门、洞口 排水设备 避难联络通道 紧急用设备 通风设备 照明设备 电源	ID：判定对象的软件固有的ID编号 项目分类名：略 判别数据（名称）：与二维图纸对应的分类名 规格、式样：构造形式、设备规格等
层次3	构成要素	概要 隧道本体 衬砌、支护、开挖 洞门、洞口 挡墙、边坡对策、明洞	ID：判定对象的软件固有的ID编号 项目分类名：略 判别数据（名称）：与二维图纸对应的分类名 规格、式样：开挖、支护模式、构成要素的种类等
层次4	构件	概要 衬砌、支护 衬砌、仰拱、人行道、支护构造（喷射混凝土、锚杆、钢架、防水板）	ID：判定对象的软件固有的ID编号 项目分类名：略 判别数据（名称）：与二维图纸对应的分类名 规格、式样：构件尺寸、混凝土规格等

图 2-4 山岭隧道详细设计中对象分类、数据信息赋予示例

山岭隧道三维模型的对象属性数据示例如图 2-5 所示。

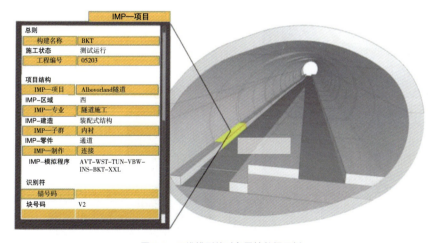

图 2-5 三维模型的对象属性数据示例

图 2-6 及图 2-7 是带有属性数据的三维模型示例。

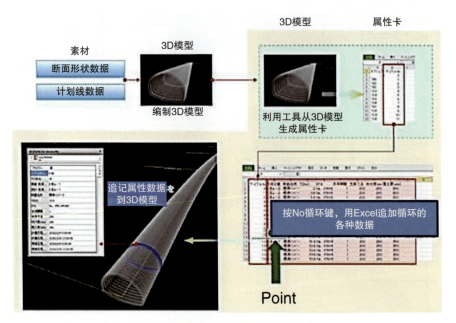

图 2-6　隧道三维模型的施工数据检索示例

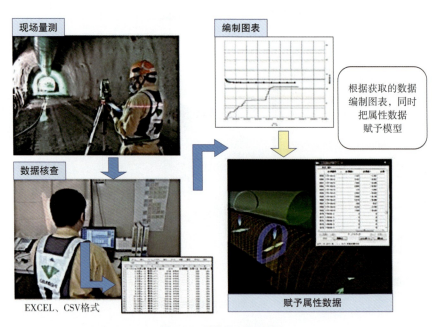

图 2-7　工地的施工信息示例

3）参考资料

参考资料包括设计条件、合同文本、二维图纸等，多以表格形式表示。需注意的是，二维图纸及说明表格的数据归纳在 ATTRIBUTE（属性）文件夹中，而不是 DRAWING（图纸）文件夹。

表 2-2 列出山岭隧道中二维图纸的参考资料和对象分类。

二维图纸的参考资料和对象分类　　　　　　　表 2-2

表示形式	参考资料	对象分类名称	备注
二维图纸	平面图	层次 1：山岭隧道	
	纵断面图	层次 1：山岭隧道 层次 2：道路中心线	
	地质平面图、纵断面图	层次 1：山岭隧道	
	隧道标准横断面图	层次 2：山岭隧道	
	支护详细图	层次 2：山岭隧道	
	主体钢筋图	层次 2：山岭隧道	
	洞门一般图、洞门详图	层次 2：洞门、洞口	
	排水系统图、排水详图	层次 2：排水设备	排水构筑物详细度 100～200
	防水图等	层次 2：隧道主体	
	紧急用设施图、紧急用设施详图	层次 2：紧急用设备	

2.1.2　模型的维度（2D～xD）

长期以来，工程设计一直使用二维图纸表达，即 2D CAD。目前，工程设计正处于从 2D CAD 阶段进入基于多维（3D～xD）模型设计的转换阶段。

如果考虑时间和成本因素，3D 模型可以发展为 4D 或 5D 模型。特别是在隧道领域，由于地质条件的变化和由此产生的成本和工期变化用 4D 和 5D 模型表示清晰明了。采用 4D 模型模拟实际施工，可以在设计阶段发现后期施工阶段所会出现的各种问题，并及早处理，做出合理的施工方案，最大程度地实现资源合理运用。未来，可能会有其他可用的信息，也可以用单独的维度（xD）继续编写，如考虑可持续性发展的维度，进而成为 6D 模型；如果模型用于基础设施全生命周期管理，加入设施管理的因素，则变为 7D 模型。

向运营交付的模型需要将收集到的数据及时调整到运营所需的状态，是各种维度模型内容的集成（图 2-8）。

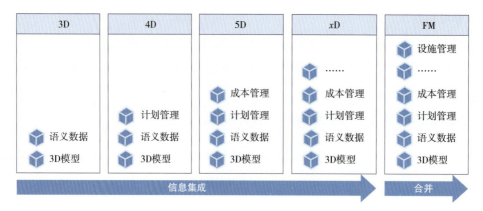

图 2-8　多维模型设计的结构

图 2-9 展示应用 RIB iTWO 程序实现 5D 的例子，其中 3D、4D 和 5D 模型可以在软件中独立的窗口中可见。

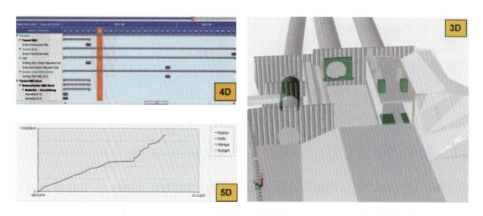

图 2-9　3D、4D、5D 模型示例

近几年基于三维模型的工程管理，主要用于规划、设计阶段的方案评审、火灾模拟、应急疏散、能耗分析以及运营阶段的设施管理。与传统模式相比，三维模型应用于项目管理优势明显，因为三维模型作为基础，上面的数据依托多种数字技术不断拓展其使用价值，实际工作中又可以很轻易地从三维模型中提取所需的信息，这个过程是模型指导相应工作，相应工作的新的数据信息不断反馈回模型，是个持续成长的过程。

2.1.3　模型的详细度

1）几何模型的详细度

几何模型的详细度，各国大多以 ISO 的建议为准，见表 2-3。

几何模型的详细度 表2-3

详细度	备注
详细度 100	有构造部分的存在,但没有表示其形状、尺寸、位置
详细度 200	显示了要素的大致数量、尺寸、形状、位置、方向,但信息还是大致的
详细度 300	要素以具体的尺寸、位置、方向、数量表示
详细度 400	要素包括基于模型内要求的细节,足以制造单个螺栓孔甚至焊缝
详细度 500	要素意味着"可运用",表示完成收尾和设置,实施了位置和现场验证

此外,要素中还包括项目完成后可利用的信息(型号、制造商、购买日期等)。

模型的数据信息深度很大程度上取决于项目需求。详细的建模并不总是明智的,甚至会限制模型的可用性。因此,在项目开始时应该定义对几何和语义信息的最低要求。单个信息水平的描述,已建立起了标准的国际术语(如几何、信息、细节、发展水平等),细节步骤随着项目的进展的增加类似于在更大尺度上增加图纸的细节。

就山岭隧道而言,隧道本体的几何模型基本包含避难硐室、平行导洞及紧急设施设备箱等为隧道的子模型。必要时,洞门的几何子模型可包含洞内附属物。软件中隧道本体的几何模型可以在显示/隐藏、扩大/缩小、回转、移动等指令之间进行切换。

以采用全断面开挖的隧道为例,德国 DAUB 建议的隧道三维模型详细度(LoG❶)(按几何水平划分)见图 2-10。

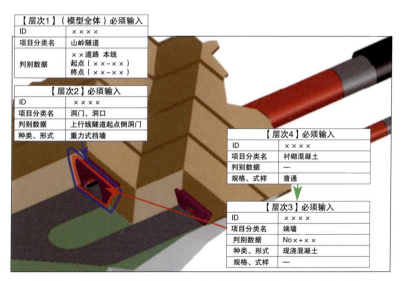

图 2-10 山岭隧道详细设计中的项目分类、数据信息介绍(德国 DAUB 建议)

---

❶ 关于详细度的简称并未统一,德国采用 LoG 表示,通常,数据信息的详细度用 LoI 表示,几何模型的详细度用 LoD 表示。

日本编制的《智能建造指南》中规定隧道采用的三维模型详细度见表2-4。

隧道三维模型的详细度　　　　表2-4

详细度	共同定义	按工种划分的定义	
		隧道模型	示例
100	用符号和线、单纯的形状表示对象位置的模型	表示对象构筑物位置的模型	
200	能够表示构造形式的模型。可以用标准横断面表示挖方,用填土或标准横断面表示结构模型	能够确认构造形式的模型,表示隧道断面的模型。洞口段应表示其位置等	
300	除细部构造、接续部构造外,能够正确表现对象外形形状的模型	是主体构造的模型,包括避难通道等扩幅部的形状模型; 用符号表示具有研究结果的支护模式的范围; 辅助工法模式化,用符号表示其应用范围; 洞口部外形尺寸的模型; 铺装构成和排水等设备模型; 设备洞位置及其形状模型,用符号表示其设置范围	
400	在详细度300基础上加入细部构造、接续部构造及配筋等的模型	在详细度300基础上加入锚杆和配筋的模型,应用对象包括隧道主体、洞口段、设备洞的配筋、内装板、支护模式	
500	能够表现对象现实形状的模型	在设计、施工阶段模型中加入能够反映完成形状的模型	—

隧道通风设备模型的详细度定义见表 2-5。

隧道通风设备模型的详细度定义　　　　表 2-5

详细度	共同定义	工种定义	
		隧道通风设备模型	示例（射流风机）
100	用符号、线、单纯形状表示其位置的模型	—	—
200	了解对象构造形式的模型	了解主要装置的台数、配置、形状的模型	
300	除附带物等细部构造、接续部构造外，正确表示对象外形形状的模型	正确表示各设备、机器的形状，射流风机的形体和基础，能够确认施工方法、维护管理方法的模型	
400	在详细度 300 基础上加入附带物、接续构造及配筋的模型	在详细度 300 基础上，加入主要装置、构成机器的形状，能够用于施工和维护管理适用的模型	

2）数据信息的详细度

数据信息的详细度（LoI）与工程阶段相关，LoI 100 ~ LoI 500 分别对应了工程方案、初步设计、技术设计、施工、维护管理 5 个阶段，见表 2-6。

数据信息的详细度　　　　表 2-6

阶段	数据信息的详细度	说明
工程方案	100	决定方案时的数据
初步设计	200	详细度 100+ 项目种类（名称、形式、用途等）
技术设计	300	详细度 200+ 设计式样（规格、尺寸）
	350	详细度 300+ 后续工程需要的数据（数量、钢材尺寸、施工划分等）
施工	400	详细度 400+ 制品式样、完成式样（竣工的质量等）
维护管理	500	详细度 500+ 维护管理数据

全断面开挖的隧道三维模型详细度示例见表2-7。

全断面开挖的隧道三维模型详细度示例　　　　表 2-7

项目	详细度			
	100	200	300	400
描述	隧道结构的概念性描述。隧道外边界面为理想的开挖线	开挖、外衬、内衬作为独立的模型元件（按设计）表示。通过外衬固定装置的空间图示，另外附有伸缩区的表示，内部的建模包括肩部和填充混凝土作为一个单独的外衬元素	表示精确的尺寸、材料和位置，开挖部分和外壳被部分横截面隔开，加上其他额外需要的部件，如设备洞、竖井或泵站。密封系统作为独立的元件建模。内衬分为拱顶、固定装置、拱肩、填充混凝土和隔板。表现内部装修（道路、轨道上部建筑）	执行阶段需要详细和准确地说明（尺寸）。开挖和壳体分为部分断面和超前长度，作为单个对象的固定手段。将密封系统的建模分为各个部件（密封条、密封圈等）。根据安装方法将连接带分配给各自的模型单元。内衬类似于详细度300。洞门和内部配件的交叉通道的单独建模［电缆管道、布线道路施工或轨道系统（板或道砟）和内置组件］
开挖 顶部 台阶 导洞				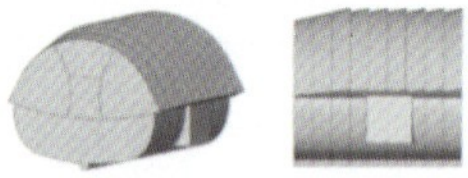
开挖支护 外衬 顶部 拱顶 台阶/导洞				
开挖支护 支护方式 支撑拱门 管棚 锚杆 密封			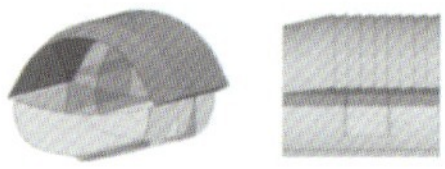	
拱顶 仰拱				
内衬 拱顶 仰拱 隔板 拱肩 填充混凝土				
内部装修 电缆沟 电线 道路上部结构 轨道上部结构		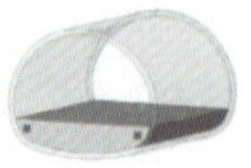		

2.2 三维模型的建模

三维模型是对象的几何集成，是信息的多维集成，更是几何模型与信息的集成。

几何模型的构件（对象或子对象）是固定的，但一个几何模型所包含的内容是由模型的利用目的决定的。利用目的决定了模型的详细度和维度，从这点看，隧道模型因利用目的不同几何模型可能是不同的。三维模型中数据信息的内容和容量是动态增长的，模型使用目的不同，涉及的对象和属性数据也是不同的。

数据信息包括设计本身自带的数据和后面建造阶段收集的各种信息化数据。这是一个动态增长的数据库，关键问题是数据信息的多维集成。

最终的三维模型是一个集合体，按性质可划分为地形模型、地质模型、构筑物模型等，建模的方法和属性详细度的规定多有不同。按照专业划分，各自又有不同的专业模型，统合模型是它们的集成。

2.2.1 地形模型

一般来说，地形模型是基于地图和测量结果建模。

地形模型的纹理图像多数基于数字地图和测量成果，也有基于航空照片和测量成果编制的图像组合而成（图 2-11）。

图 2-11 地形模型组合示例

地形模型测量多采用面量测的三维测量。三维测量因为量测方式不同，量测精度、面密度及量测范围也不同。测量方法是多种多样的，应根据模型用途及要求选定。

测量时首先需要根据测量目的确定对象范围、位置精度、量测对象物的详细度等。地形模型的详细度，不是按前述构筑物模型详细度定义的，而是用测量精度和点密度表示。测量获取的数据为三维点群数据，分辨率取决于量测点密度（量测点间隔）和足迹（量测时的激光直径）。地图信息 1 : 1000、1 : 500 的地形模型三维点群数据空间分辨率从数十米到数十厘米。对应量测点密度及足迹需要选定适宜的激光量测仪器。

表 2-8 介绍了测量精度和点密度。常见的三维测量方法有照片测量和激光测量，具体包括地面激光测量、车载照片测量、航空激光测量、航空照片测量、卫星图像测量等方法，图 2-12 介绍了不同的量测方法对应的点密度。

测量精度和点密度的设定　　　　　　　　表 2-8

项目	设定方法
测量精度	设定地图水准（地图水准，含 1∶250、1∶500、1∶1000、1∶5000、1∶10000 共 5 个水准）
点密度	相当 1m 网格的点数（1m 网格 10 点以上）或设定相当 1 点的格子间距

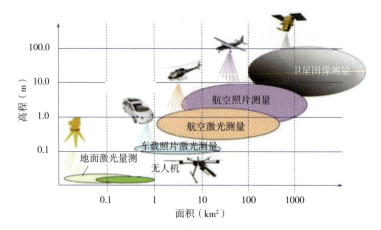

图 2-12　不同测量方法对应的点密度

图 2-13 展示了设计所需要数字地形图及对应的地形三维模型的水准。随着技术的发展，地形模型精度要求也越来越高。

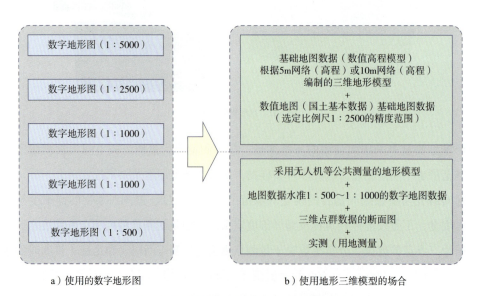

a）使用的数字地形图　　　　　　　b）使用地形三维模型的场合

图 2-13　数字地形图及对应的地形三维模型的水准

2.2.2 地质模型

山岭隧道是修筑在天然地质体中的线状构筑物,沿线的地质条件是变化的,而且难以事前掌握其全貌,多采用推定、解译的方法来判断施工中可能出现的问题。因此在隧道的智能建造中,考虑地质不确定性,构筑和利用三维模型是不可缺少的。

地质模型的构成列于表 2-9,其构成具有不确定性,构成示例见图 2-14。

地质模型的构成 表 2-9

构成要素	说明
三维模型	指三维、立体表现构筑物等形状; 地质模型中指钻孔模型、准三维地层模型、三维地层模型等
数据信息	赋予三维模型的部件(构件)的数据[构件名称、形状、尺寸、物性及物性值(强度等)、数量、其他数据等]; 在地质模型中,地层、围岩分级、地质时代、深度、物理力学特性、示例(颜色划分)、模型编制方法等用一览表表示
参考资料	补充三维模型(或不能编制三维模型的构筑物)的二维图纸等"不能计算机判读的种类"; 在地质模型中,编制三维模型基础的钻孔柱状图、地质断面图、试验结果报告书等

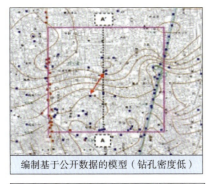

编制基于公开数据的模型(钻孔密度低)

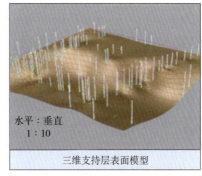

三维支持层表面模型

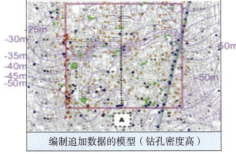

编制追加数据的模型(钻孔密度高)

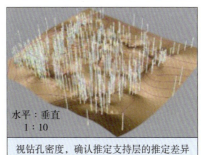

视钻孔密度,确认推定支持层的推定差异

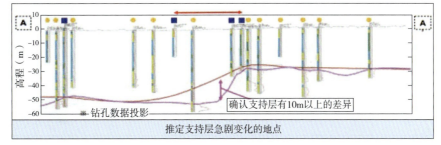

推定支持层急剧变化的地点

图 2-14 三维地质模型构成示例

依上所述，地质模型的种类如下：钻孔模型（调查结果模型、推定、解译模型）（表2-10）、准三维地层模型（纹理模型、准三维地质平面图、准三维地质断面图）（表2-11）、三维地层模型（表面模型、实体模型/柱状体模型、三维像素模型）（表2-12）。

钻孔模型　　　　　　　　　　　　　　　　　　　　　　　　表2-10

种类	概要/示例
钻孔模型	在地质调查业务中，编制钻孔柱状图和土性图等的三维模型，基于钻孔孔口坐标值（经纬度、孔口高程）、钻孔角度、方位、总钻孔长度等各种数据编制而成。钻孔模型把表示地质的柱状体的实体配置在三维空间上，也有把二维柱状图配置在三维空间上
调查结果模型	记载钻孔柱状图的工学地质划分、现场土质划分等地质数据的三维模型
推定、解译模型	加入地质学的解译，基于地层划分的三维模型

准三维地层模型　　　　　　　　　　　　　　　　　　　　　表2-11

种类	概要/示例
准三维地层模型	把地质调查结果的地质平面图和地质断面图配置在空间的三维模型
纹理模型（准三维地质平面图）	贴附有三维地形表面地质平面图和航空照片的三维模型，也称为准三维地质平面图。贴附的二维图像有 JPEG 和 TIFF 格式的图像数据的光栅数据或 CAD 向量数据两类
准三维地质断面图	把二维图纸的地质断面图沿平面图上的断面线配置在三维空间上的三维模型。在隧道调查业务中，围岩的弹性波速度分布图和阻抗比分布图的物理探查的二维图纸可以作为准三维地质断面图加以利用。 在二维地质断面图的水平方向和垂直方向比例不同的场合，要选定合适的比例编制模型

三维地层模型　　　　　　　　　　　　　表 2-12

种类	概要 / 示例
三维地层模型	在地质调查业务中基于复数钻孔柱状图和地质平面图、地质断面图等编制的三维模型
表面模型	是表现地层围岩分类、图的软硬划分等边界面的模型。表面模型对根据地表踏勘和钻孔等获取的直接边界面的数据以外的范围，是根据地质学的解译（地质人员编制的地质纵断面图的地层边界线）和地层层厚等高线图或数学的统计处理等推定的，是含有不确定性的，要予以注意
实体模型	指地层按"立体"表现的三维模型，地层边界是按一个"面"表现的表面模型，侧面部分也是边界面，而且内部也包含地质数据（数据信息）
边界表示模型（Boundary Representation，B-Reps）	三维空间上具有上面、下面、侧面等边界面的中空实体，内部附加地质数据信息构成的三维模型。B-Reps 实体有多边形实体和曲面（NURBS）实体两类。多边形实体是表面的边界面用表面表示。NURBS 实体的表面边界用 NURBS 表面表示。不管哪一个，都是中空的
三维像素模型	所谓"三维像素（Voxel）"是"体积（Volume）"和"画素（Pixel）"的组合。把计算机的二维图像数据用像素表现，作为附加数据，是表现立体物的最小单位，一般称为三维像素模型。作为地层数据和物性值等数据信息附加到各立方体实体模型上，如弹性波速度、阻抗比等物理探查结果和围岩分级评价数据等
柱状体模型	在 XY 平面的地层以正方形实体细分，表示沿深度方向的地层和速度层边界的模型，能够更好表现柱状体（直方体）集合体的地层构成。柱状体模型的上下边界面与表面模型的边界面一致。在柱状体模型上赋予地质、物性值等数据信息

地质的形成受自然因素和人的社会活动影响，其分布和物性是不均质的，本身存在不确定性。山岭隧道一方面身处"不确定性"的地质中，另一方面受地质调查的质量限制，钻孔密度的不同等各种因素的影响，技术人员对地层模型参数的解析和推定受主观因素影响，加大了这种不确定性的影响。

总结地质不确定性的原因，将其分为偶然的不确定性和认识论上的不确定性。前者是与地质、地层相关，是偶然的，具有变动性的特点，变动性包括了时间的变动、空间的变动和个体差。时间的变动指地质、地层构造（风化、断层活动引起的）和地层（压密下沉、液化等）的历史变化；空间的变化指地质、地层的地域差（即使看起来一样的矿物构成，物性等也有差异）；个体差是指同一钻孔取样试验值的离散性。认识论上的不确定性与模型和模型数据有关，是知识不足的不确定性，包含了模型化、参数、判断基准等方面。其中，模型化的不确定性指建模中事项的单纯化、模型的算法、边界条件等存在不确定性；参数的不确定性指调查数据存在不足，建模数据的测量误差和观测误差、建模地点的地质层序列表不准确、建模用的钻孔位置信息精度有误差等；判断基准指编制模型的技术人员对数据的解析，如有无断层的判断受到技术人员判断的影响，这部分误差是要作为不确定性考虑的。

应用三维地质模型时，除编制模型用的地质调查数据外的地点，还常利用空间补间方法推定范围，通过基于物理探查等的物性值数据提高推定精度来降低地质的不确定性。

因此，建议在后续作业中获得新的需要追加的信息，最好进行不确定性的验证。对各阶段之间需要交接的数据，记录下解析方法、空间补充方法的参数、地质解译根据的文献资料、不确定性的评价方法等有关参考资料。

在设计各阶段中，编制地质模型时的种类、对象、内容列于图 2-15。

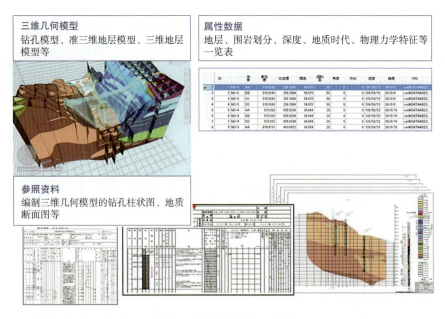

图 2-15 地质模型的构成示例

地质模型编制要领见表 2-13。

地质模型编制要领（山岭隧道）　　　　　　　　　　　　表 2-13

阶段	二维成果等	模型编制对象、内容	模型的主要利用场景
概略设计阶段 （1/500～1/5000）	● 地质（平面）图 ● 各种图纸 ● 基础地图数据数值高程模型 5m/10m 网络 ● 水文调查结果	必要时编制以下内容： （1）纹理模型（准三维地质平面图）； （2）有坐标的纹理模型； （3）必要时，贴附滑坡分布图	● 选定路线研究 ● 有关各方的协议 ● 居民说明 ● 后续调查立案
预备设计阶段 （1/1000～1/10000）	● 地质（平面）图 ● 空中照片判读图 ● 钻孔柱状图 ● 物理探查结果 ● 地质纵断面图 ● 基础地图数据数值高程模型 5m/10m 网络 ● 中心线形 ● 水文调查（水位状况） ● 化学分析（土壤、水质） ● 航空激光测量图 ● 围岩分级图	必要时编制以下模型： （1）纹理模型（准三维地质平面图），也要显示空中照片判读结果； （2）钻孔模型，正确表示打设位置、方位角、打设角等； （3）准三维地质断面图，通过中心线形的垂直曲面，贴附纵断面图； （4）准三维地质断面图，通过中心线形的垂直曲面，贴附横断面图，必要时一并表示物理探查结果	● 路线研究（变更等） ● 有关各方间协议 ● 居民说明 ● 详细调查计划立案 ● 环境保护计划
		视承包的地质调查内容，编制解析模型，示例如下： （1）三维地下水解析模型（水文地质模型），用于涌水预测、对策研究等； （2）三维地层解析模型，用于破碎带等软弱围岩的近接施工等的影响预测	
详细设计阶段 （1/500～1/1000）	● 钻孔柱状图 ● 地质（平面）图 ● 物理探查结果 ● 中心线形 ● 地质纵断面图 ● 地质横断面图 ● 基础地图数据数值高程模型 5m/10m 网络 ● 航空激光测量图 ● 围岩分级图 ● 水文调查结果	必要时编制以下模型： （1）纹理模型（准三维地质平面图），也要显示空中照片判读结果； （2）钻孔模型，正确表示打设位置、方位角、打设角等； （3）准三维地质断面图，通过中心线形的垂直曲面，贴附纵断面图，记载围岩划分和施工注意事项的附带图； （4）准三维地质断面图，通过中心线形的垂直曲面，贴附横断面图，必要时一并表示物理探查结果； （5）掌握重金属分布，进而计算土方量，必要时编制三维模型	● 研究围岩划分 ● 研究施工方法 ● 有关各方协议 ● 补充调查计划立案 ● 施工计划立案 ● 环境影响评价
		视承包的地质调查内容，编制解析模型，示例如下： （1）三维地下水解析模型（水文地质模型），用于涌水预测、对策研究等； （2）三维地层解析模型，用于破碎带等软弱围岩的近接施工等的影响预测	
施工阶段	实施追加调查的场合，必要时发包者要更新地质模型		工法变更、安全对策、有关各方协议、追加调查等
维护管理阶段	基于施工记录，发包者更新地质模型		研讨出现变化的原因，调查、量测计划立案，对策研究等

三维地质模型的编制是按照一定的规则和方法进行的，是个多次循环的过程。编制三维地质模型的工作流及扩充示例见图2-16。

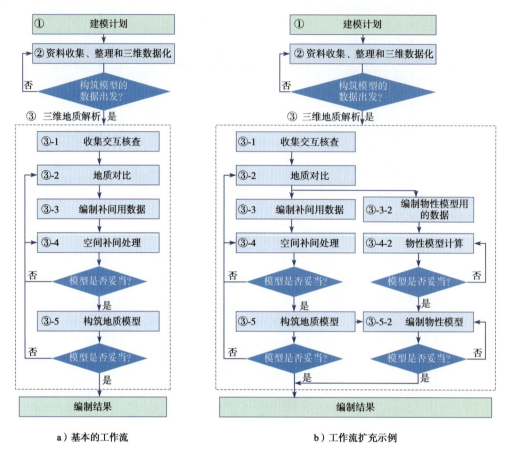

图 2-16 编制三维地质模型的工作流及扩充示例

2.2.3 构筑物主体模型

构筑物的三维建模是利用软件实现的几何模型，在很多BIM软件的书籍里都有长篇论述，不作为本书的重点，这里主要讨论山岭隧道构筑物模型的内容和集成。

1) 立体的三维建模方法

三维立体建模方法可分为线框模型、表面模型、实体模型三类（图2-17）。线框模型只有顶点和棱线，表现立体的轮廓；表面模型能够表现立体的表面，但没有实体，可以求面积不能求体积；实体模型能够表现立体的实体，可以直接求出体积，并用面切出立体的场合，直接通过平面表现断面。在三维模型中多用实体模型对构件建模。

a) 线框模型

b) 表面模型

c) 实体模型

图 2-17 立体模型的表示

2）建模规则

目前没有通用的隧道建模规则，大多是根据项目各方的经验，针对特定项目制定的。尽管项目过程中建模要求可能出现变化或对后续阶段建模要求有所扩展，但有些基本原则是不变的，如在项目开始时的坐标原点不变。当模型的使用目标不同时，对建模或数据信息的水准可以做适当的调整。

就模型本身围岩而言，以下建模规则是共通的：模型结构、坐标原点（整体模型和部分模型）、构造单元及其属性、构造单元和模型的命名、施工构件引入独特的标识码、每个施工构件的标志要求、颜色方案、模型状态的定义（施工状态和完成状态）、模型的容许偏差和预拱度等，线路作为参考因素。

在地下工程中，考虑三维模型服务于项目整个生命周期，建模规则应考虑以下几点：

（1）模型及其构造单元和对象的结构依据项目结构，划分为洞口段、隧道支路、中间起点、硐室等。

（2）特别关注的内容可以单独制作用于协调的模型，把相关构件、专业及专家的内容统一表示在一起，如图 2-18 所示。协调模型有自身的坐标原点，表示洞口段、竖井、硐室、车站结构、联络通道、主隧道。

（3）整个隧道长度内有很多的支护结构，无需采用统一的模型详细度。如果整个隧道统一采用较高的详细度，无疑增加了数据量。根据利用目的的需要可对模型

图 2-18　隧道协调模型示例

进行分段，用不同的详细度表示开挖和支护情况。总体采用一个较低的详细度建模（如详细度 200），特殊段采用较高的详细度，完全可以表示开挖支护的状态（图 2-19）。

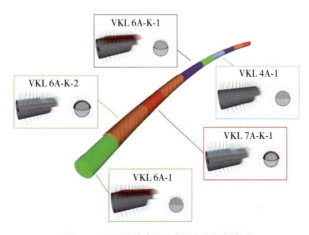

图 2-19　隧道整体中不同详细度分段及模型

（4）衬砌的建模按照类似的方法表示标准块、特殊块、避难硐室等。

（5）临时和永久的辅助施工措施，如围岩冻结、注浆体、临时结构、排水结构、特殊的模板或临时夹具等，要明确与三维模型应用的关系和后续可能在模型中深入和扩展的需求。

（6）施工作业对三维模型明确要求在模型中直接得到二维图纸资料，如从结构模型或围岩模型中得到纵断面。也就是说，三维模型中可切出或投影出二维形状平面，并编制二维图纸，二维形状数据要注明切出位置、出处和其他标注。

表现方法因构筑物而异，但切出位置可用注释平面等矩形、断面编号、断面名称或用测点编号表示（图2-20）。

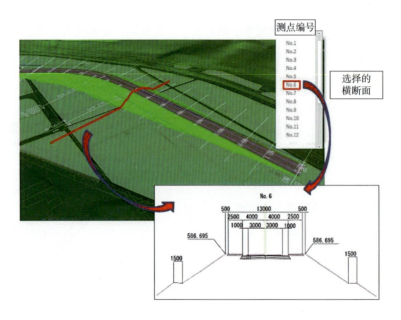

图2-20 切出二维数据的平面位置及二维图纸的示例（尺寸单位：mm）

（7）对地下施工项目来说，将现有对象（构筑物、环境、地质……）的测量数据集成到三维模型中是有意义的。应明确规定对象建模的类型和方式，对于现有模型，可集成来自第三方的数据。

（8）在传统的隧道施工中，对于要表示的几何形状有一个基本的要求。有必要对设计开挖和实际开挖进行区分，根据优先次序或基于模型的施工设计和符合招标要求的模型，做出BIM执行计划（BEP）展示具体开挖断面。

2.2.4 统合模型

因最终使用目的不同，三维模型信息包含的内容是可变化的，它可以只是一个解决局部问题的三维表现，也可以是一个把构筑物形状三维化、信息立体化表现的虚拟的综合体。

在生成模型时，为了节省计算机资源，将部分子模型组装成整体模型是可行的。模型可以是局部复杂结构（洞门结构、停车带等），也可以是最终的标准解决方案（交叉通道、救援区、避难硐室、隧道类型）。

三维模型中几何模型尽管存在详细度，但构件的内容仍然是固定的。数据信息包含设计本身带来的和在建造过程中不断获取的，特别是采用信息化技术带来的，是动态增长的数据库。三维模型是构件的几何集成也是所有信息的多维集成，其内容是变化的。

因模型使用目的不同，用到的构件和数据信息是不同的，当然，拥有全部构件和全部数据信息的三维模型无疑是理想的，但对于前期的投入、使用的便捷以及计算机的算力等要求过高，不一定是适用的。

整体模型可以由局部子模型装配组成，包括几何上和专业上，如围岩条件、环境、隧道、洞门结构、车站建筑、道路建筑、土方工程、专用土木工程、排水、机械和电力、接地的架空线、控制和安全系统等专业模型，可组合成专业协调的模型。信息方面，各方提供的信息采用统一数据格式。

各专业的子模型来自独立的专业，专业之间需要相互兼容（尤其几何模型一致）。例如，现有建（构）筑物、围岩、开挖、结构、隧道等级分布、轨道和道路建设、设备等。

部分子模型和专业子模型集成形成统合模型。

那么，统合模型集成了什么？

第一步：从构件—子对象—对象—对象组，到各个专业，再结合地形和地质模型，装配完成三维几何形体的统合模型。

基本对象为隧道本体及洞门，隧道本体的几何模型基本取隧道形状，包含避难硐室、平行导洞、紧急设施的设备箱等。

必要时洞门的几何模型可包含洞内附属物。支护、锚杆等不需要编制几何模型。

几何模型应能够在表示/非表示、扩大/缩小、回转、移动之间进行切换。

如图 2-21 所示，可以看到不同详细度的"零件"模型。

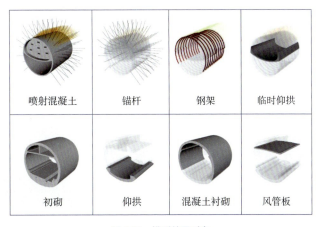

图 2-21 模型的子对象

构件是模型的最小单位，而后集成到子对象—对象—对象组，这样就完成个体对象通过各种装配过程组装成完整产品。需要注意的是，不同详细度对对象组的影响。隧道中重要的主体结构和洞口结构示例见表2-14。

主体结构和洞口结构示例　　　　　　　　表2-14

说明	图示
主体：对应标准断面个体对象通过各种装配过程组装成完整产品图（喷射混凝土、衬砌、仰拱），每种支护用颜色表示。除标准断面外，初期支护、辅助工法等作为属性信息处理。模型不含洞口段和设备洞等的配筋，参照信息处理	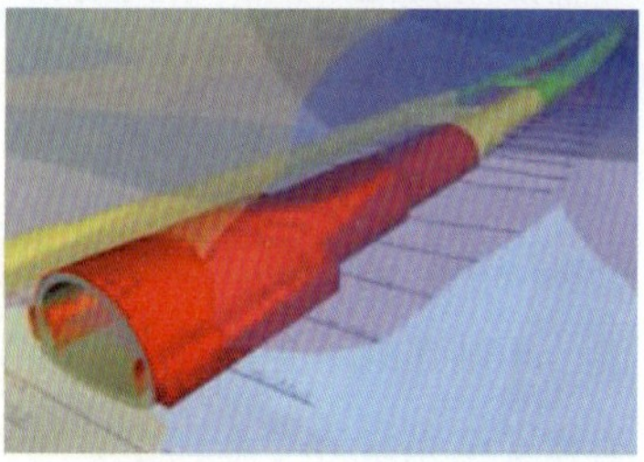
隧道主体、避难硐室、联络通道：详细度200场合的模型	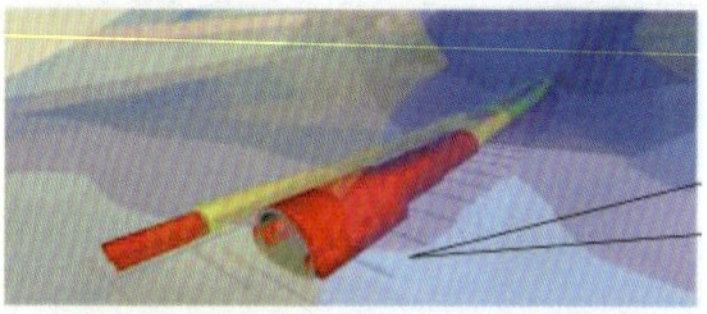
洞门：对应洞门一般图、平面图予以模型化。洞口边坡及挡土墙按土力学基本原则处理。洞门的配筋也不是模型化对象，参照信息处理	
洞口：考虑后续作业的利用，洞口周边的详细度取300。隧道洞口段的构筑物（桥梁）、临时设备等和地上部的土地利用、有无滑坡等，作为附属信息，协商确定	
地形、地质：根据数值高程模型数据，用不规则三角网（TIN）形式编制	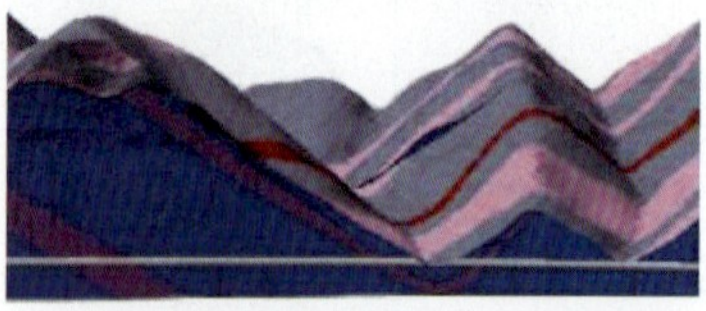
模型范围大的场合，可使用10m网格。以隧道线形为边界面，用地质纵断面编制准三维地质纵断面图	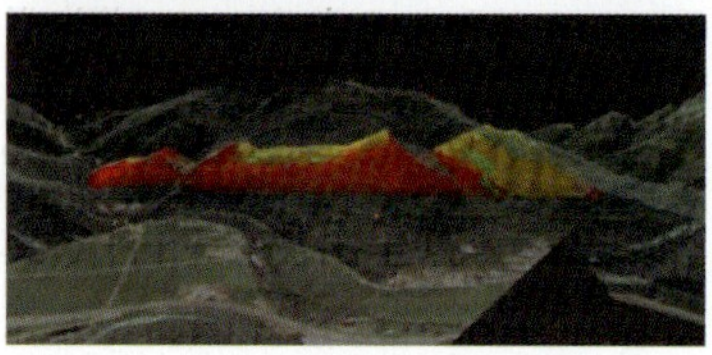

图 2-22 为圣格达隧道的统合模型，该模型集成了不同的专业模型，包括土木和结构、给排水、通风、电缆和设备、制冷专业模型。

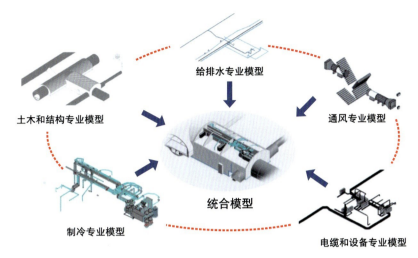

图 2-22　圣格达隧道的统合模型

第二步：统合模型集成了几何模型和数据信息。统合模型对数据的集成如图 2-23 所示。

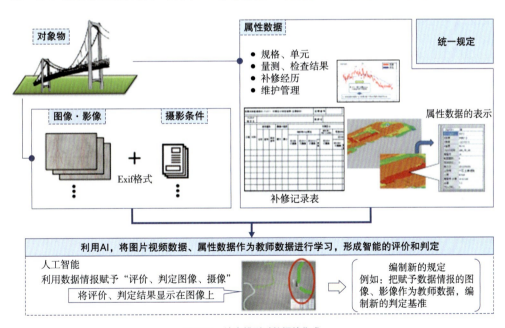

图 2-23　统合模型对数据的集成

在建设生产管理中，三维统合模型的利用示例见图 2-24。

当统合模型用于协调目的，只需保留相关参与方均需要获得的信息，就成为协调模型。因此，在这种方式下，如果协调模型用于专业对图，各专业之间的冲突很容易在早期发现，从而及时修改。当然，根据最终的不同用处，可以指定基于不同目的的协调模型，如用于公共关系的模型，或用于招标的模型。总之，模型的大小和内容是弹性的，由使用目的决定。

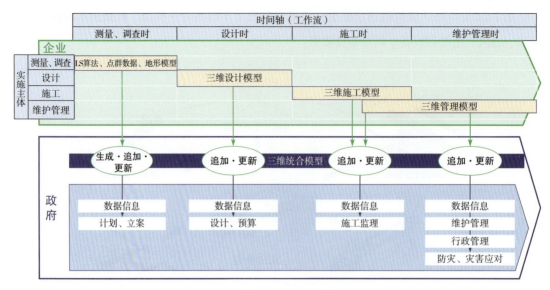

图 2-24 三维统合模型的利用示例

注：LS- 最小二乘法。

2.2.5 不同利用目的分类的模型

三维模型的利用是构筑物的全生命周期，按照建造阶段和不同的利用目标，也可以分为规划模型、设计模型、投标模型、施工模型、维护模型。这里要注意主体模型是一致的，只是详细度的差异，模型上的数据信息原本就是不同的，最初的数据信息不过是模型的内部属性数据和参考资料数据，随着施工的进展，越来越多的外部数据（量测数据、生成数据等）进入模型，模型的内容不断丰富。不同阶段对应的模型见表 2-15。

不同阶段对应的模型　　　　　　表 2-15

规划模型	设计模型	投标模型	施工模型	竣工模型	维护模型
● 施工前概貌	● 地形、地质模型 ● 线框模型 ● 计算模拟 ● 出图 ● 模型的成熟度	● 施工计划 ● 报价	● 施工模拟 ● 施工监控	● 设计模型 　+ 设计变更 　+ 施工信息 ● 由已建立或已建立的模型移交给运营的模型	● 监控 ● 预判 ● 维护保养

表 2-16 中所列的地下工程案例，描述了设计和施工期间可能出现的模型利用场景。设计模型目标是通过专业协调提高设计质量，因此需要创建专业模型进行协调；施工模型模拟的重点是施工过程的模拟；维护模型是竣工模型的升级，可充分利用 VR、AR 等手段；统合模型是整体，协调模型可以是贯穿全过程的。

案例说明　　　　　　　　　　　　　　　　　　　　　　　　　表 2-16

项目阶段 / 案例			模型	
设计前	3.1	现状调查	规划模型	统合模型
	3.2	3D 围岩模型	围岩模型	
设计	4.1	设计变量的调查	设计模型 设计协调模型 优化模型	
	4.2	可视化（公共关系工作）		
	4.3	调查 / 收集数据		
	4.4	协调专业设计工作		
	4.5	设计工作的进度控制		
	4.6	生产设计和设计审批		
	4.7	健康、安全和环保		
	4.8	设计批准		
	4.9	成本估算和成本计算		
施工前	5.1	工程量清单、招标、授标	招标模型	
施工	6.1	施工安排	施工计划模型	
	6.2	运输规划		
	6.3	施工图制作		
	6.4	施工进度控制	施工实施模型	
	6.5	变更管理		
	6.6	为建筑工程开具发票		
	6.7	缺陷管理		

图 2-25 展示了模型的演变递进过程。

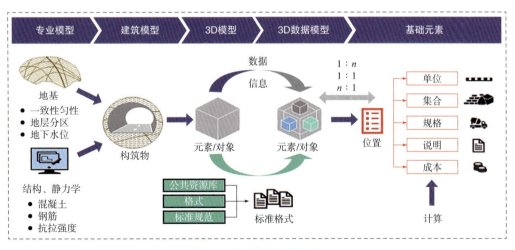

图 2-25　模型的演进递进过程

投标模型需要 4D 模型（图 2-26）。

图 2-26 4D 投标模型示例

投标模型包含方案、初步的施工组织设计和报价。投标模型可直接导出施工计划、图纸和施工方案，当需要直接报价时，投标模型就是 5D 模型（图 2-27）。

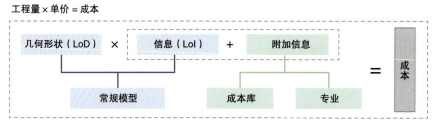

图 2-27 5D 投标模型示例

用于公共关系的模型重点在于可视化表现和各方信息传递，用于相关方协调的模型重点在公共数据环境（CDE）及共享数据平台（图 2-28）。

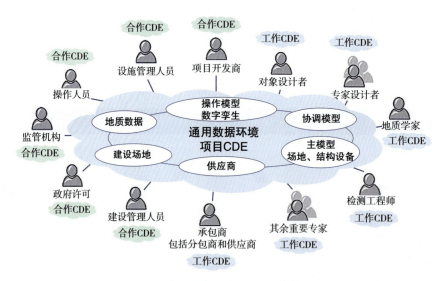

图 2-28 用于公共关系的 6D 模型示例

另外，不同阶段模型的类别也有所不同，三维模型的类别在不同阶段因分析方法导致软件和数据不同，存在不同类别。一般可分为三维点群模型、三维 GIS 模型、几何模型、统合模型。在测量和调查阶段，获得的数据整理、积累、利用主要采用三维点群模型和三维 GIS 模型；在设计和施工阶段，多采用三维模型和三维统合模型；施工中的成形量测、管理，不仅采用三维点群模型，也要利用操作性好的三维 GIS 模型；维护管理过程也多利用三维 GIS 模型。表 2-17 反映了不同阶段对应的模型建议。

不同阶段对应的三维模型建议　　　　　　　　　　　　　　　表 2-17

阶段	三维模型			
测量、调查	三维 GIS 三维点群	三维 GIS 三维点群	三维 GIS 三维点群	三维 GIS 三维点群
设计		三维模型 三维统合	三维模型 三维统合	三维模型 三维统合
施工			三维模型 三维点群 三维统合 三维 GIS	三维模型 三维点群 三维统合 三维 GIS
维护管理	三维 GIS 三维点群（基础数据）	三维 GIS 三维点群（基础数据）	三维 GIS 三维点群（基础数据、成形变化）	三维 GIS 三维点群（基础数据、成形变化）

根据三维点群模型、三维模型、三维 GIS 模型各自的特性进行管理是很重要的。表 2-18 列出最常用的三维 GIS 和三维统合模型在内容、功能、利用阶段及特征的区别。

三维统合模型和三维 GIS 模型对比　　　　　　　　　　　　　表 2-18

类别	内容	功能	利用阶段	特征
三维统合模型	三维模型的统合利用；模型的一体化	对象的详细构造、功能、步骤的构筑；数据信息的综合化	测量、调查 设计 施工 监理	可扩展为 4D 模型；详细模拟
三维 GIS 模型	地理数据的综合管理；数据的层次管理	数据信息的综合化；对象地理空间上的整理、关系明确化	测量、调查 监理 维护管理	观测、量测数据的整理；操作性好；成本低

2.2.6　模型与图纸

三维模型是通过三维建筑模型代替传统的二维图纸表达设计思路，以更高级形式来表现设计的意图。尽管三维模型设计本身以三维形式完全可以表示工程及细节，但因目前成熟度和普及度的因素，现场工地中仍习惯性地大量使用二维图纸。智能建造设计中的二维图纸来自三维模型，如何将图纸和模型对应起来是目前需要关注和解决的问题。

隧道设计施工二维图纸一般包括位置图、平面图、隧道标准断面图、洞门一般图、给排水系统图、洞门构造详图、给排水系统详图、铺装详图、防水图、紧急用设施设备详图等。隧道模型可以对应三维投影图、3DA 平面图、二维图纸等，必要时，也可编制 3DA 平面位置图，见图 2-29。

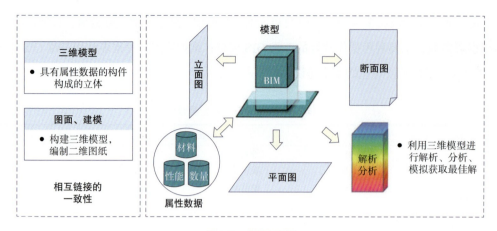

图 2-29 模型与图纸

1）三维投影图

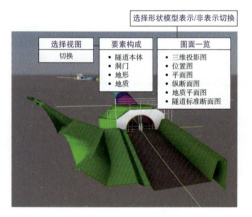

图 2-30 要素构成和图面一览

三维投影图来自三维模型，用于掌握施工目的物的大概形状和位置、测点、主要尺寸等，包括隧道本体、洞门及其他设计需要的模型（地形、地质）内容等。

几何形状中表示了道路中心线、横断线。形状模型由隧道主体、洞门、地形、地质等要素构成，软件中可切换视图，选择要素和图面一览，随时切换到 3DA 平面图（图 2-30）。

基本数据包含施工地点、区间、起终点、测点编号、距离标等，此外能够追加必要的数据信息（图 2-31）。

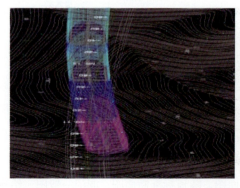 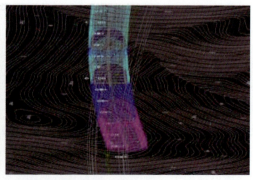

图 2-31 测点编号和构筑物位置的偏离示例

主体模型数据信息有支护模式、规格及形式，有无计算数量的必要性，单位和数量等。支护模式属性用颜色表示（图 2-32），地质信息中围岩划分也用颜色表示（图 2-33）。

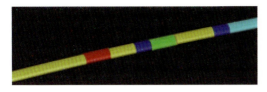
图 2-32 支护模式颜色划分示例

图 2-33 颜色表示的围岩划分示例

2）二维图纸

位置图、纵断面图、地质平面图、地质纵断面图、本体补强钢筋图、支护详图、紧急用设施图等要根据 CAD 制图标准，用二维图纸表示。

二维图纸由三维模型切出，模型的详细度 300。三维模型容易切出的场合，可编制 3DA 平面图。三维模型切出困难的场合，以辅助编制为宜。

软件上直接获得的二维图纸遵循 CAD 制图标准，交付时置于 DRAWING 文件夹。

二维设计成果与三维模型成果对应关系列于表 2-19。

二维设计成果和三维模型成果对应关系　　　　表 2-19

设计种类	设计项目	二维设计成果			三维模型成果		
		成果物	比例尺	参照信息	对象	详细度	摘要
山岭隧道详细设计	设计图	位置图	1∶25000～1∶50000	—	—	—	只用二维图纸
		平面图	0.736111111	○	○	200～300	相当平面图的三维模型
		纵断面图	V=1∶200，H=1∶1000	○	○	300	道路中心线形模型
		地质平面、纵断面图	V=1∶200，H=1∶1000	○	○	300	用采用支护模式范围的记号模型
		隧道标准断面图	1∶50	○	○	300	根据断面形状，编制三维模型
		支护详图	适宜	○	—	—	支护模式详图作为参照信息处理
		主体补强钢筋图	1∶50～1∶100	○	—	—	只用二维图纸
		洞门一般图	1∶50～1∶500	○	○	300	
		洞门构造详图	适宜	○	—	—	配筋图作为参照信息处理
		排水系统图	1∶500 及 1∶1000	○	—	—	只用二维图纸
		排水详图	适宜	○	—	—	背后排水、横向排水管详图作为参照信息处理
		防水图	适宜	○	○	—	应用范围用符号表示模型，详图作为参照信息处理
		铺装详图	适宜	○	—	—	施工缝详图作为外部参照信息处理
		紧急设施	适宜	○	—	—	只用二维图纸
		紧急设施硐室详图	适宜	○	—	—	详图作为参照信息处理
		其他参考图	适宜	○	—	—	只用二维图纸

3）平面图

3DA 平面图是在模型空间内设定的投影面和切断面，用投影面或切断面表示。

在三维模型编制、表示的投影图和断面图有困难的场合，可按二维图纸编制。二维图纸处于三维模型的辅助位置。

地质图的编制方法有：①编制准三维地质平面图、准三维地质纵断面图的方法；②编制三维地层模型的方法。准三维地质平面图是按二维图纸编制的，三维地层模型是从三维地层模型切出地质平面图。

3DA 平面位置的横断面见图 2-34。

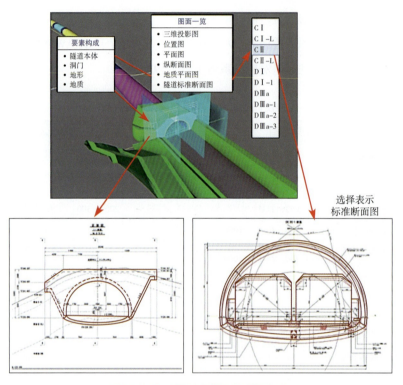

图 2-34 3DA 平面位置图的横断面图示例

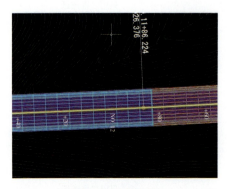

图 2-35 平面图示例

3DA 平面位置图不仅包含 3DA 平面图也包含二维图纸的位置。

平面图中表示隧道本体、洞门的模型几何形状。平面图示例见图 2-35。在地形模型（三维）切出现况地物、等高线等表示困难的场合，可另外准备地形图数据进行重合。

4）隧道洞门断面图

模型几何形状不仅要表示出洞门、地层、岩体划分，还应表示构筑物的基准线。洞门构造详图的信息、内容及配置的记载示例见表2-20。

洞门构造详图的信息记载示例 表2-20

内容	数据项目	信息	备注
洞门	各种构筑物名	○	
	形状	—	用形状模型编制、表示
构造	构筑物的基础形状	—	用形状模型编制、表示
	材质	○	
详图	尺度	○	
	形状图	—	用形状模型编制、表示
	尺寸	○	
	材料表	○	
	数量表	○	
	其他必要的事项	○	

2.3 模型中的数据：对象目录、编码、特性和数据集成

在信息化手段越来越便捷的时代，建造工程中的外部数据来源多样，数据量陡增；模型本身的内部数据来源也多种多样，因而存在数据过载和数据不兼容的问题。这无疑是数据利用上的"拦路虎"。

为了避免数据过载和不兼容的问题，需要制定兼顾国际标准、指南和建议，国内法规、标准、指南和建议，以及国际组织标准的建议、指南、数据结构和信息管理等内容的规则。图2-36展示了上述需要集成的内容，也表示了数据的多种来源。

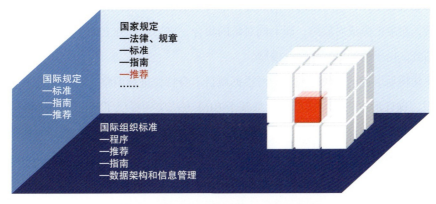

图2-36 国际规定和国际组织标准以及国内规定

数据集成包括两部分的工作，首先是标准化工作。为使对象目录中定义的子对象在设计中被唯一识别，应将模型中的信息标准化。标准化的任务包括：

（1）创建对象目录，具有唯一名字的对象（建筑元素或设备）；

（2）定义项目结构；

（3）定义对象编码；

（4）定义性能和属性；

（5）定义如何处理模型和信息；

（6）定义地下结构模型的利用情况。

其次是不同来源数据（图2-37）的整合。

众所周知，随着三维模型发展和广泛应用，可以看到 ISO、SIA、DIN、ITA、DAUB 等❶规定有不同的阶段、不同的专业，有来自软件的规定，也有来自指南、建议中的规定。将这些不同来源的数据整合在一起，在后续的工作中发挥作用，是数据集成面临的首要挑战。

德国隧道委员会（DAUB）做了大量的工作，在 2019 年出版了隧道 BIM 数字化设计系列之一《BIM 在隧道建造和运行》，介绍了 BIM 基础以及 BIM 在设计准备、设计、建设准备、建设、

图 2-37　不同来源的数据

运营阶段的应用。作为上述文件的补充建议，2020 年 11 月又出版了《模型的需求　第一部分：对象定义、编码和特征》，其包括模型结构、对象目录、特征和属性的介绍。

2.3.1　定义目录结构

在设计阶段的早期阶段，定义一个项目对象的目录结构很重要。不仅要考虑对象未来的利用，还要考虑 3D 模型扩展到 4D 和 5D 模型后的匹配关系。

子对象是基础单元，是对象的不同部分，子对象汇集成对象，对象是独立的包含信息情报的模型元素，对象汇集成对象组，即不同对象的集合，之后形成独立的子模型，子模型是专业模型的各部分，由子模型拼装成专业模型。

子对象建模后形成的参数化模板，可根据项目本身特性进行调整，可用于地下工程建设中的任何模型。这样形成的三维模型为后来基于 BIM 方法应用提供了基础。提供给模型不含歧义的子对象应有下列特性：

（1）属性选项的过滤功能；

---

❶ 代表不同来源的数据标准。

（2）提取数量和计算；

（3）与施工计划中的作业相关联（4D，建设过程模拟）；

（4）工程量清单（BoQ）内容的提取；

（5）与BoQ里的项目相连（5D，费用曲线）；

（6）目标的跟踪和比较；

（7）相关对象或子对象的参考文件、图片、外部数据等。

以下两点非常重要，这也是三维模型应用中一直坚持的原则。

一是为了避免不必要的信息冲突，项目全过程要保证模型作为"唯一信息来源"；

二是项目的所有合作方都纳入模型。

实现上述目标的前提是采用适合通用标准的协作定义模型。

2.3.2 对象目录

对象目录中列明了所有对象和子对象，这是地下结构建模必需的。对象目录的标准化不仅包括子对象的清单，还包括它们的命名、名称缩写、层次结构和独特的位置描述；不仅包含与地下工程有关的子对象，还应该包括在项目开发和执行过程中的相关规程。

图2-38为协同模型的目录结构。对象目录为具有14个层次结构的列表。

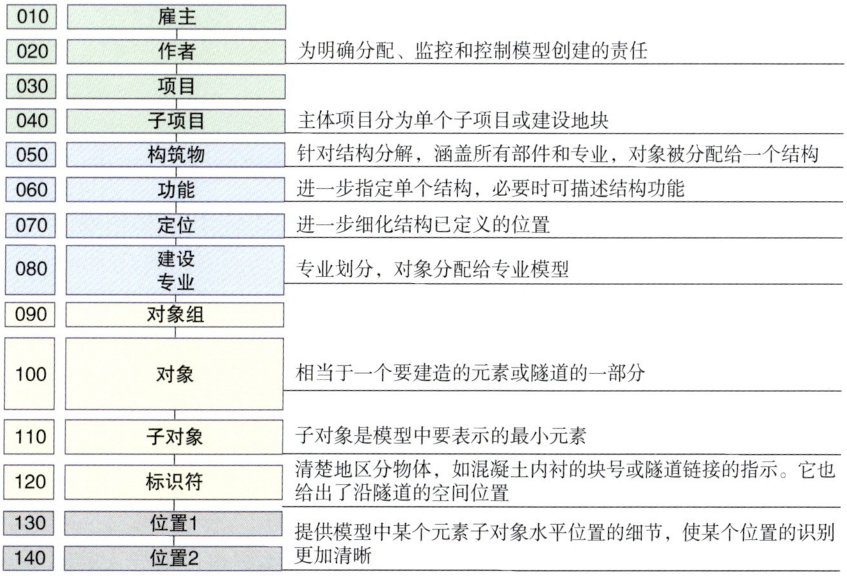

编号	名称	说明
010	雇主	
020	作者	为明确分配、监控和控制模型创建的责任
030	项目	
040	子项目	主体项目分为单个子项目或建设地块
050	构筑物	针对结构分解，涵盖所有部件和专业，对象被分配给一个结构
060	功能	进一步指定单个结构，必要时可描述结构功能
070	定位	进一步细化结构已定义的位置
080	建设专业	专业划分，对象分配给专业模型
090	对象组	
100	对象	相当于一个要建造的元素或隧道的一部分
110	子对象	子对象是模型中要表示的最小元素
120	标识符	清楚地区分物体，如混凝土内衬的块号或隧道链接的指示。它也给出了沿隧道的空间位置
130	位置1	提供模型中某个元素子对象水平位置的细节，使某个位置的识别更加清晰
140	位置2	

图 2-38 目录结构

第一部分（010～040）定义了主要的项目信息，客户和建模执行人。

第二部分（050～080）描述了相关结构的类型、功能、定位以及相应的专业规范。

第三部分（090～120）是子对象到对象再收集到对象组的过程，并进一步通过分配数字辨识唯一定位。

第四部分（130～140）给对象一个更详细和最终的定位位置。详细内容见本章附录2。

对象目录包含隧道主要术语集，包括约200个对象和约100个子对象的对象命名，代码由字母数字缩写构成。

2.3.3 对象编码

编码类似密钥，是带信息的子对象可以在各处调用的密钥。

图2-39展示了5D模型中编码的作用，即将项目划分成有意义的区段，为编码提供基础。编码自动链接到和成本项目或进程有关的对象的密钥。

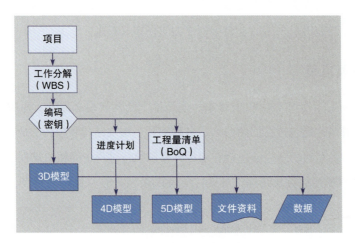

图2-39　5D模型中编码的作用

编码由54个字符组成。对象编码首先与14个目录结构层对应，用数字、字母或事先定义好的缩写表示。各层中，未定义或缺失的信息用"*"号占位。代码结构遵循从粗到细的原则。编码由相关的建模程序根据输入属性自动创建。

生成的编码如图2-40所示，图2-41为对象编码示例。

```
DBxxx_MUAxx_S21xx_TBC_TUN_BAH_NRD_TUB_HRS_BEW_LIM_TM12345_KALO_ULM1
```

图2-40　生成的编码示例

模型创建时基本的项目信息可以直接使用，对象的局部编码也可以导入整体模型中。

2.3.4 性能和属性

属性描述了对象或子对象特定的特征。根据《建筑信息模型（BIM）数据字典标准》（EN ISO 23386），每个特征可以有一个或多个属性，例如用值、单位、N语言描述或N语言命名。表2-21列举了不同层级对应的属性示例。

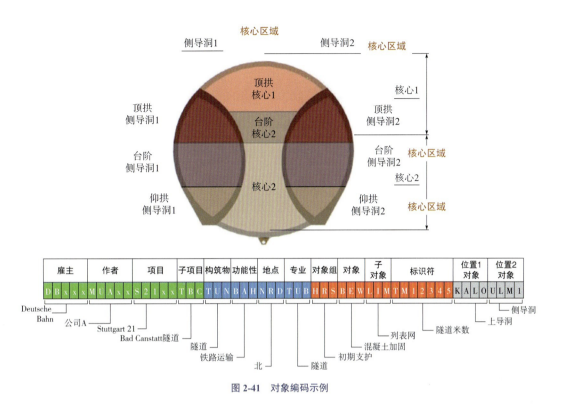

图 2-41 对象编码示例

不同层级对应的属性示例　　　　　　　　　　　　　　　　表 2-21

雇主	Deutsche Bahn
作者	公司 A
项目	Stuttgart 21
子项目	Bad Canstatt 隧道
构筑物	隧道
功能	铁路运输
定位	北
专业	隧道
对象组	初期支护
对象	混凝土加固
子对象	列表网
识别符	隧道米数
位置 1	上导洞
位置 2	侧导洞
对象编码	DBxxx_MUAxx_S21xx_TBC_TUN_BAH_NRD_TUB_HRS_BEW_LIM_TM12345_KALO_ULM1

· 063

对象或子对象的参考特征，按照模型中的最低等级 100 或 110 的水平确定，这与使用情况或详细度紧密相关（图 2-42）。

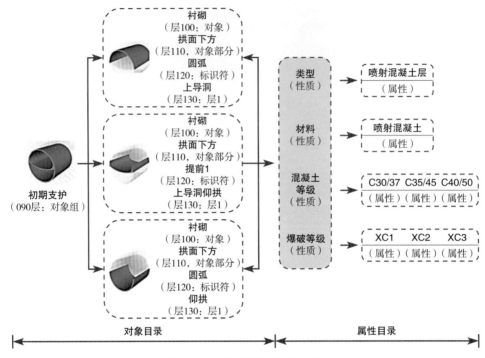

图 2-42 信息在对象组中的主要支护

应为所有对象和子对象引入以下属性：
（1）某水平每个编码片段的特征。
（2）编码片段集成的对象编码的特征。
（3）子对象或对象与工程支付单元对应。
在开发内部对象样本过程中，应考虑对象代码的属性和每个对象或子对象的共同属性。

2.3.5 多维数据集成

多维数据来源的工具、软件多样化，导致数据格式不统一，显然，这与一元化数据管理不同，这是进行数据集成的原因。在模型建立阶段，地形、地质、构筑物的模型建立涉及标准不同、方法不同、软件不同，所形成的数据格式和位置也不同。由图 2-43 可见，集成的目的就是搭建一个平台，使需要的数据都能放进来。

三维模型是将数据作为单一的来源进行集中和管理。因此，在项目中使用了通用数据环境（CDE）。为了高效和安全地进行数据管理，CDE 提供了基于角色的访问权限规则和适用于单个项目的工作流控制数据管理。通过使用 CDE，项目各方之间的信息交换得到保证，其对于几乎所有三维模型案例的实施，各种软件产品之间的模型数据（量化和字母数字信息）交换也是必要的。通常，通过开放与制造商无关的数据交换格式来实现数据交换的目的（图 2-44）。

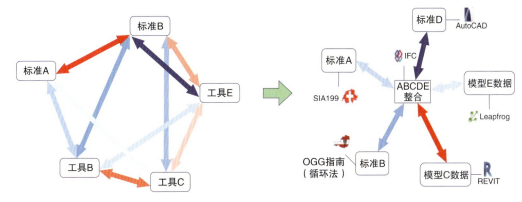

图 2-43　集成数据平台

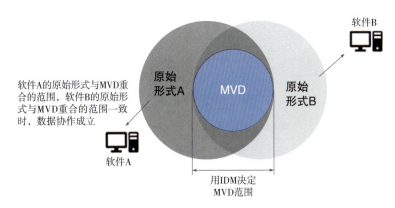

图 2-44　软件间的数据协作

注：MVD-模型视图定义；IDM-信息交付手册。

IFC（Industry Foundation Classes）是 building SMART International（以下简称 bSI）确立的三维模型数据格式，也是 ISO 16739 承认的国际标准。其作为公开的三维模型数据协作的方法，在世界各地得到广泛运用。

在企业间数据交换格式（IFC）可以用于隧道。

传统工程数据往往零散且片段储存在各个不同的地方，数据格式也以各种不同的形式互相搭配，最常见的有图形（施工图、大样图、断面图、流程图等）、文字（各种说明文件）、数字（各种统计、数量或价格数据），这些数据随着工程的推进而不断增加，数据之间的关联性也随之更加复杂。

不同软件之间的原始形式的数据不一定能进行信息交换，但是为了在后期工程中充分利用三维模型，需要合理地传递信息。因此，目前统一使用了 IFC 格式。不同软件之间原始形式的数据通过 IFC 格式进行信息交换。

构筑物模型要求以"IFC2 x3"原始文件交付。

整体的数据集成是渐进式的，即不同数据一步一步地集成；不同数据来源在不同系统下处于不同的文件夹里，有不同的分类标准，要找到它们之间的对应关系，也就是映射，这样才能将数据进行"合并"，即集成。

整体的数据集成可以分为以下两个步骤（图2-45）。

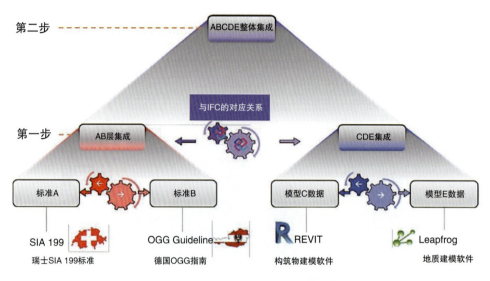

图2-45　数据的集成

第一步，首先是有关标准指南内容的整合。按照瑞士SIA 199标准与德国OGG指南获取的地质数据整合，也就是AB层的整合（图2-46）。整合过程中首先建立新的文件目录，并将两个标准下对应文件目录的数据放进来，弄清不同标准的数据目录对应关系是关键。本质上，不同标准尽管表达形式不同，但针对同一个专业一个构筑物要表现的内容是不变的，最多是偏好或深度上的差异。

其次是关于模型内容的整合，也是软件之间的整合。如REVIT建模软件和Leapfrog地质建模软件的数据整合，这两部分工作是并行的。如地质模型和水文模型、岩土模型的整合（图2-47）。

第二步，第一层整合后的数据信息与模型的整合，以IFC为标准，寻找两者之间的映射关系，完成整合。

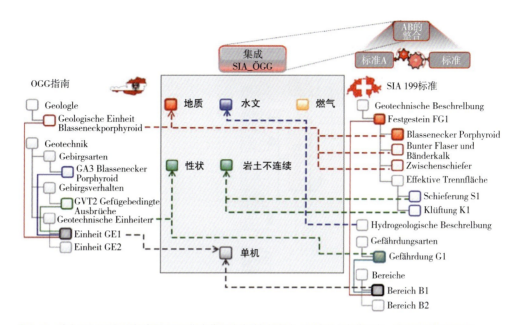

图 2-46 瑞士 SIA199 标准与德国 OGG 指南获取的地质数据整合（图中外文仅作示意，指不同的数据标准）

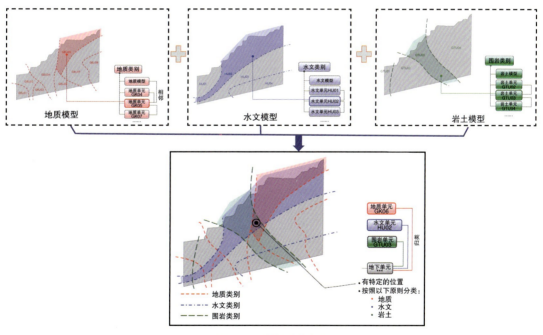

图 2-47 模型内容的整合

图 2-48 展示了 DIN EN ISO 23387 和 IFC 4.3 RC2 之间数据的映射关系。

图 2-49 展示了 OGG 指南地质模型，最后形成以 IFC 文档为基础的三维模型。

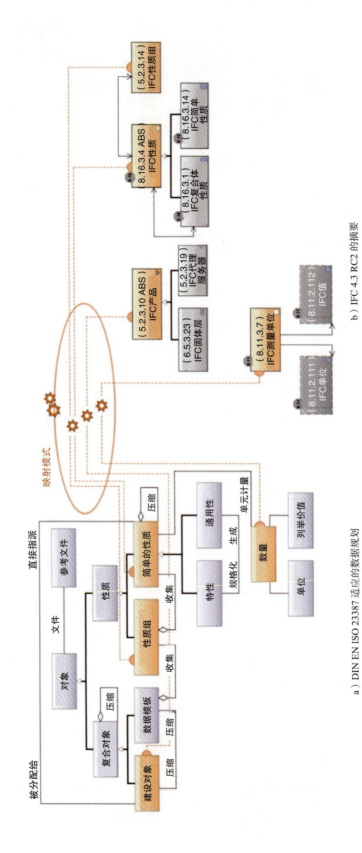

图 2-48　DIN EN ISO 23387 和 IFC 4.3 RC2 之间数据映射关系

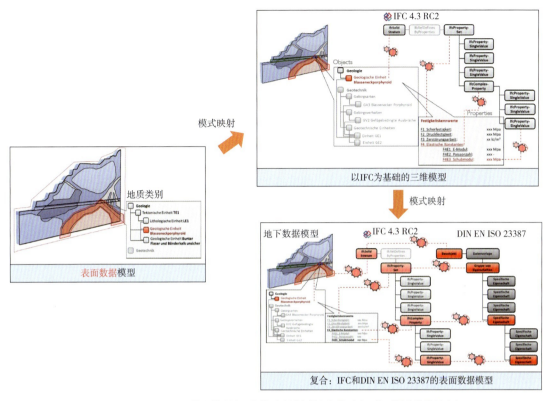

图 2-49　形成以 IFC 文档为基础的三维模型（图中外文仅作示意，指不同的数据标准）

2.4　三维模型编制及管理

从三维模型的类别和其中的数据信息可以看到，对一个工程项目而言，三维模型的利用是多个模型的集成，数据是逐渐追加的，如图 2-50 所示。

编制三维模型包括编制、更新三维模型以及实施利用三维模型的研究两部分内容。图 2-51 表示了三维模型的编制、利用和更新的全部流程。

2.4.1　模型编制流程

智能建造中，不需要改变详细设计的基本流程，但对过去二维图纸实施的项目要用三维模型的业务流程置换。特别是，业务流程中与过去不同的部分要在项目开始时双方签订合同中明示，具体来说，就是要求确定以下内容：

①模型的利用和阶段确认的实施时期；②模型利用项目的实施内容；③模型编制的范围和详细度；④使用的软件及信息共享环境；⑤文件形式、模型编制的方法；⑥电子成果的编制方法等。

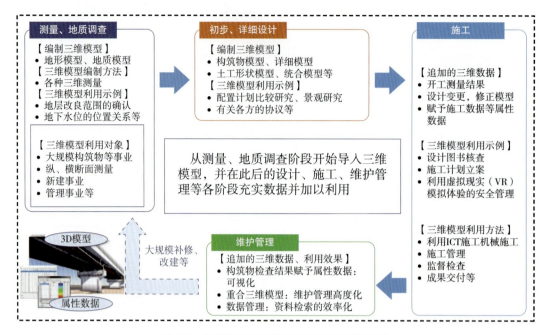

图 2-50 三维模型在各阶段模型的编制和数据的追加

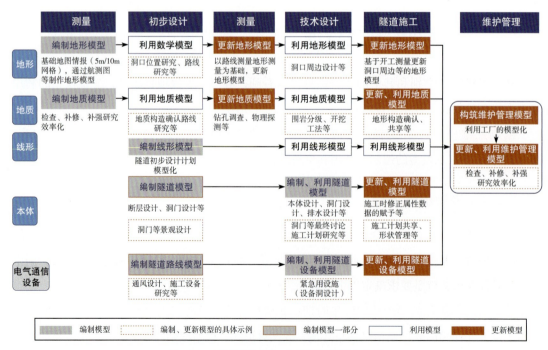

图 2-51 三维模型的编制、利用和更新的全部流程

图 2-52 为按照三维模型的设计业务流程，其明确模型的范围为全过程利用，设计包含构造的几何形状、初始信息、施工信息，以及合同中约定的二维图纸。

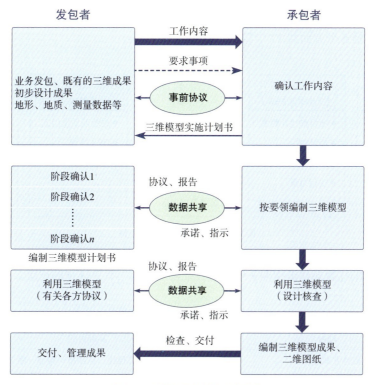

图 2-52　三维模型的设计业务流程

从设计业务流程中可见，三维模型的编制包含发包人和承包人两个方面。在模型编制过程中首先要明确发包人的责任和义务。

2.4.2　明确发包人需求

发包人在发包时要思考和解决以下问题：

（1）利用三维模型要解决什么样的问题？或者说要求怎样的业务效率化？也就是说要明确三维模型的利用目的。

（2）根据三维模型的利用目的，设定在全生命周期各阶段实施三维模型的利用项目。

（3）在发包准备中要进行三维模型利用项目的研究，明确要求的事项。

（4）设定三维模型利用目的及利用项目时，要与后续工程的承包人和设施管理者进行必要的协商，达成有关协议。在设计文件中明示三维模型的利用目的和利用项目。

（5）实施项目时，在适当的时期要进行阶段确认。内容和项目变更时，积极进行合同的变更。

（6）为了无障碍地实施三维模型的确认及指示，要确认承发包人双方的硬件、软件、通信环境的整合情况。

德国 DEAU 用 EIR 文件描述发包人的需求。EIR 对应于 BIM 规范，可理解为需求规范，是发包人用以控制 BIM 设计项目成功与否的核心文件。客户必须清楚地与承包人沟通他们的要求和需求，包括 5 个方面共 17 个需求，见图 2-53。

为什么 （Why）	什么/何时 （What/when）	技术 （How）	过程 （How）	谁 （Who）
● 目标 ● BIM 策略 ● 工程要求	● 项目描述及要求 ● 项目阶段 ● BIM 及完成度 ● 交付对象	● 技术要求 ● 硬件和软件，如有需要 ● 数据交换格式 ● 数据管理平台	● 过程及质量保证 ● BIM 流程 ● 质量保证	● 样本和责任 ● 角色 ● 责任

图 2-53　发包人应该思考的问题

在日本编制的《智能建造指南》中，对三维模型的利用有更详细的规定，见表 2-22。

三维模型利用的项目和实施目的　　表 2-22

阶段	项目	实施目的
设计	设计方案的调查 （计划方案的比较等）	把比较方案的三维模型可视化，从经济、构造、施工、环境、景观、维护管理的观点进行分析、评价
	风险模拟 （地质、噪声、浸水等）	根据地质、土质三维模型掌握地质、土质方面的问题，以便在后续施工中采取减轻风险的对策
	概算的预计 （考虑工区的划分）	利用简易的三维模型预计概算等的成本信息，能够迅速掌握各工区范围的费用情况
	4D 模型施工的研究	合理设定施工发包时的工期以及施工阶段顺利实施承发包者间的协议
	多业务统合的管理和信息共享	对于有关各方共享多业务和施工中的信息，能够迅速而准确地形成共识
施工	利用三维模型的监督、检查的效率化	基于有关基准，对三维模型进行有效率的监督、检查
	利用三维模型变更设计的省力化	易于检索变更三维模型时的协议、地点、内容等信息，让变更协议省力化
	风险模拟 （地质、噪声、浸水等）	依据地质、土质三维模型掌握地质、土质方面的情况，以便在后续施工中采取减轻风险的对策
	对外说明 （有关协议、广告等）	在对外说明中，说明采用三维模型的计划，以便有关各方形成共识

合同约定的工作范围，三维模型利用内容可以从以下内容选择（不限于）：

①利用可视化技术进行设计方案比选（配置计划方案的比较）。

②风险模拟（地质、噪声、浸水、对简易地下构筑物等）。

③数据共享平台。

④对外说明（有关协议、居民说明、广告等）。

⑤4D模型的集成进度管理。

⑥5D模型的成本管理。

⑦其他视业务特性设定的项目。

⑧依据上述项目编制的既有地形及构筑物的三维模型。

2.4.3 模型编制管理

三维模型的编制可以作为单独的项目委托，但大多与设计任务放在一起。如果把三维模型的编制作为单独的合同任务，其管理包含计划、合同、标准、过程、完工报告、交付，与一般的项目管理是一致的。

1）三维模型合同中约定的特殊内容

（1）研究方法和利用范围。

（2）进度表（包含阶段确认时期）。

（3）研究的实施项目。

（4）编制、更新三维模型的对象范围及数据文件（地形、土工、构筑物、统合模型等）。

（5）三维模型种类（表面、实体等）。

（6）三维模型详细度。

（7）赋予的数据信息及参照资料（数据信息及参照资料的内容、赋予方法、赋予数据的更新方法等）。

（8）编制、更新三维模型使用的软件、原始数据的种类。

2）三维模型编制计划书

（1）工程概要。

（2）组织机构。

①编制人员。

②组织机构图。

（3）模型编制进度计划。

（4）三维模型利用范围。

①编制目标和利用范围。

②建模要求，如模型详细度、属性详细度。

③信息化要求（软件、公共数据环境要求、原始数据要求等）。

④模型定义（编码格式要求等）。

⑤编制的质量管理。

⑥信息共享系统。

⑦协调合作机制。

（5）三维模型编制合同及交付。

编制三维模型实施计划可参照 ISO 19650 中关于"数据共享"和"阶段确认"的标准，明确数据管理的具体方法，充分利用文件信息的共享平台。

不同的信息共享系统中的三维数据不一定对应所有的三维模型软件，不同编制者对具体运用方法要在模型编制前取得共识。

三维模型的编制是发包人和承包人共同的工作。除了明确发包人需求、双方责任义务外，双方共享的信息要在项目开始前提前进行约定。这也是保证项目高效、顺利进行的重要因素。设计业务中的承发包人之间共享的信息见表 2-23。

设计业务中的承发包人之间共享的信息　　　　　表 2-23

	业务	阶段确认	共享的信息
共享	设计前期	数据协同、确认实施计划书	三维模型实施计划书；前一阶段编制的三维模型
	中间报告（第 1 次）	确认设计条件	确认设计条件的三维模型
	中间报告（第 2 次）	有关各方协议	确认有关各方协议的三维模型
	中间报告（第 3 次）	数据核查	确认设计核查根据的三维模型（构造细目的核查）
	中间报告（第 4 次）	确认施工计划	确认施工计划的三维模型
确认信息	完成报告时	确认最终成果（合同）、要求事项	三维模型成果、要求事项所要求的三维模型（4D、数量计算等）

三维模型编制合同中要明确三维模型的交付、确认的时间、事项和记录结果。CDE 作为一个用于收集、管理和向整个项目团队分发文档、图形和非图形数据的结构化数据平台，目的是形成项目单一数据源，促进项目各参与方协同工作，减少重复，提高效率。三维模型编制中信息共享系统中文件夹可被任意设定，采用 CDE 工作流程与电子交付系统中协作的文件夹系统共同构成项目的数据管理。

三维模型电子交付的文件夹系统可参考图 2-54。

图 2-54　三维模型电子交付的文件夹系统

3）三维模型编制完工报告书

"三维模型编制完工报告书"的内容（示例）如下：

（1）成果：包括成果一览和成果交付文件形式及阅览方法。

除记入成果一览、交付文件形式等，还记入研究概要、创新内容、编制费用、改进建议、软件的技术开发提议和利用三维模型研讨的实施概要。

（2）创新内容。

（3）三维模型利用的效果。

（4）基准、要领的改善建议。

（5）软件的技术开发建议。

4）三维模型成果的交付

模型交付前要进行核查，确认合同目标（如工作范围、更新范围、详细度、文件形式等）完成度，确认是否有遗漏和不匹配。

"三维模型成果的交付内容"（示例）如下：

①三维模型数据。

②三维模型实施计划书、三维模型实施（变更）计划书。

③三维模型实施报告书。

④三维模型的编制、事前协议。

⑤三维模型核查时的核查卡。

最终以"电子交付要领"作为电子成果交付。

5)阶段确认及核查

为了确保设计成果的质量,承发包人间应对详细设计的成果,以及分阶段编制的三维模型予以确认,具体内容如下:

①三维模型的编制目的、要求是否明确?

②是否是有关各方协议能够利用的三维模型?

③是否充分确认设计条件,并按照设计条件编制的?

④是否可以用于手机核查?

⑤作为成果的三维模型是否合适(模型的详细度、数据信息等)?

⑥特殊要求事项,是否分阶段地予以确认?

编制三维模型过程中,对中间各阶段的三维模型要进行核查和阶段(过程)确认。具体来说,通常要进行以下几方面的核查:

①过去二维图纸的核查项目仍属于核查的内容,利用三维模型要确认是否有与设计不符的情况。

②三维模型的形状准确性。

③用地边界、建筑限界等设计条件作为空间信息,在三维空间上用颜色划分易于明确辨认。

④有关设计条件的核查项目(如地层条件、近接构筑物、障碍物、交叉条件、用地边界、建筑限界、控制点等)。

⑤从三维模型切出的断面图确认与二维图纸是一致的。

⑥三维模型的形状及属性信息(含参照资料)编制正确,电子成果确认正确。

⑦有关设计文件的核查项目(如主体、附属物、钢筋、设备的干涉确认、各构筑物的顶部高度的整合确认、排水坡度的确保、维护管理空间的确保等)。

⑧有关施工计划的核查项目(如施工方法及步骤、施工场地的安全保证等)。

详细内容可参考本章附录3。

2.5 三维模型的利用与发展

2.5.1 三维模型是智能建造的基础,其利用贯穿智能建造的各个环节

从测量、调查到设计、施工、维护管理的建设生产管理系统,都是利用三维数据,以必要的范围、精度的三维数据形成该工程及后续工程的成果。为利用三维数据,从项目初期阶段就要设定三维模型的利用目的,在建设生产管理系统的各阶段,充实和利用三维数据。

测量工作中,根据不同设计阶段(可行性研究设计、初步设计、详细设计)和业主要求的

范围及精度编制地形模型。除对象面积、地域划分外，还要考虑实际的现场条件，选定测量方法，及时记录。地质调查工作中，更新地质模型，钻孔数据等地层数据要利用公共地层数据库。在设计工作中，包括现场地质踏勘、编制合同资料、设计图（初步设计和施工设计图纸）、施工计划（包含 4D 模型）和工程量清单等；设计研究中可视化的三维模型可进行设计核查或用地边界的干涉核查；在临时设施和施工组织计划研究中，设计条件的可视化有利于提高施工计划的合理性，提高后续工程的进度和质量。当然，可视化的三维模型利于工程各方迅速形成共识。施工阶段的模型利用可用于设计图纸的核查、合同、施工方法研究（临时设备计划、施工用地、计划进度表等）、施工管理（质量和安全）、竣工图纸绘制，有利于快速决策和设计变更。利用可视化模型进行质量检查和监督时，便于确认、掌握施工状况，掌握进度和指示，可用于施工现场远程安全检查。维护管理阶段利用的模型分为日常管理型（资产管理和补修、更新时新编制的三维模型）和异常管理模型。对构筑物定期检查，建立构件库及维修数据记录；针对积雪寒冷地域的洞口和边坡的降雪、积雪的部位，既有地下埋设物及地中构筑物等利用可视化模型重点监控，及时发现问题。

在基础设施领域，日本于 2021 年在土方过程开始利用三维模型，2023 年开始把三维模型扩大到中小规模企业中应用。从 2024 年开始，将更进一步利用数据，力图提高建设生产管理的效率，从以纸为前提的制度向以数字技术为前提的高效制度变革（图 2-55）。图 2-56 表示了三维模型应用的演变。

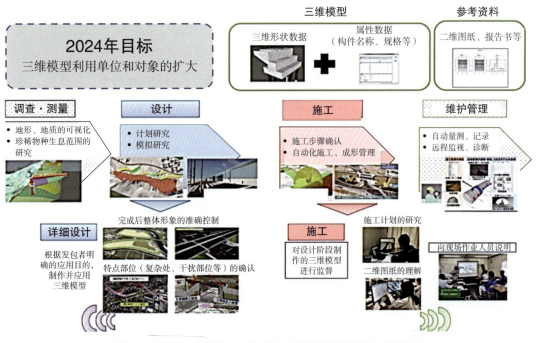

图 2-55　日本政府提出的 2024 年目标：三维模型利用单位和对象的扩大

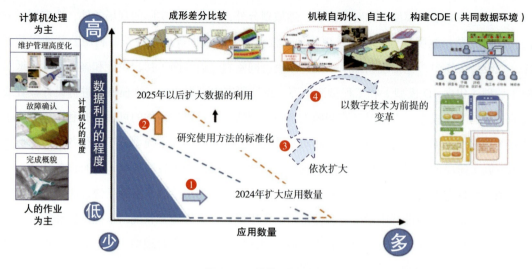

图 2-56　三维模型应用演变

2.5.2　三维模型在设计中的利用

发包人在设计业务中利用三维模型项目，应适当地利用前一阶段编制的三维数据以及在建工程建立的三维模型，并明确其在后续工程的利用及其事项。

为达到设计意图的传递、设计核查、施工计划、检查等目的，要规定数据的标准格式。此外，实施的项目内容需要相关方以合同的方式确定，如现场调查、相关各方编制的协议资料、景观研究、设计图纸（一般图、详细图）、施工计划（包含4D模型等）、工程量计算资料等。

1）初步设计阶段

在初步设计阶段，应基于过去的二维数据进行比较研究，利用三维模型从立体的、多角度的观点出发，确认形状数据，并利用三维软件的自动设计功能，高效地进行方案比较研究。

现场踏勘结果和文献报告中的形状数据可用三维可视化呈现，在后续工程中，数据的利用率和质量均得以提高。

隧道方案设计阶段的三维模型主要应用于以下几方面。

（1）设计条件确认

设计条件可按照表 2-24 确认。

设计条件确认　　　　　　　表 2-24

三维模型编制要点	使用的主要三维模型	详细度	属性数据
（1）主要构筑物的外形形状表示正确，附属设施等的详细度采用200，补充资料作为参照资料赋予； （2）控制物件（如设备洞）等可用简易构筑物和表面表示	地形模型； 地质、土质模型； 线形模型； 土工形状模型； 构筑物模型	200～300	（1）地形、地质条件； （2）现场状况及设施等数据

（2）三维模型设计方案的比较评价

以洞门设计为例，列出三维模型提出比较方案，整理其技术特征、问题进行评价，从经济性、构造性、施工性、环境景观性、维护管理等角度选定洞门位置、形式（图2-57）。

图 2-57　洞门设计中利用三维模型案例

洞门设计中，编制三维模型时的要求见表2-25。

洞门设计的三维模型要求　　　　表 2-25

三维模型编制要点	使用的三维模型种类	详细度	属性数据
（1）正确表现主构筑物的外形形状，附属构件的详细度取200，作为参照资料赋予； （2）用简易构筑物和表面显示出其区域； （3）进行比较研究的范围要模型化	地形模型； 地质、土质模型； 线形模型； 土工形状模型； 构筑物模型	200～300	（1）设计条件数据； （2）地形、地质条件； （3）比较研究结果等的数据

（3）风险模拟（地质、噪声、浸水、对既有构筑物的影响）

利用立体三维模型掌握构筑物与地质构成等的位置关系，以减轻风险为目的而实施。根据钻孔地质断面来编制地质三维模型，围岩分布用不同颜色划分易于识别。但要注意，地质模型是含有不确定性的推定模型，要明确地质调查"质"和"量"的推定方法。

（4）投资估算

利用三维模型计算工程量，根据协议的单价计算概算。计算出的工程量作为属性数据予以确认，力图提高业务的效率。

（5）4D模型施工计划的确认

4D模型指赋予三维模型全部时间的模型。此模型在发包时明确合理的工期及适宜的施工条件，同时，表明传递设计意图的施工计划。此外，还需明确标准的施工方法、施工步骤、施工时的注意事项等。

2）技术设计阶段

在技术设计阶段，需更新之前的三维模型或建立新的三维模型，此时可采用4D模型来提高数据的利用效率。

（1）现场踏勘

设计前应进行现场踏勘，用目视确认设计图纸中的设计范围及有关资料。同时，要掌握地形、地质等自然条件，地理、环境条件等周边状况，并利用三维模型判断、确认并编制施工道路及施工场地、施工设备等现场状况的踏勘结果。

现场踏勘中的确认内容和编制三维模型的要求见表2-26。

现场踏勘的确认内容及三维模型要求　　表2-26

序号	确认内容	确认内容三维模型编制要点	使用的三维模型种类	详细度
1	是否掌握地形、地质、坡面状况；排水、现场、土地利用防护林和土砂灾害指定地等各种状况	线形构件以采用线形模型或简易的构筑物模型为宜；周边的土地利用状况可用表面表示其区域	地形模型；地质、土质模型；线形模型；构筑物模型	～200
2	是否掌握沿线状况、道路利用状况、核查状况等	线形构件采用线形模型或简易构筑物模型为宜	地形模型；线形模型；构筑物模型	～200
3	是否掌握邻近构筑物状况，确认其间隔、构造	线形构件采用线形模型或简易构筑物模型为宜	地形模型；线形模型；构筑物模型	～200
4	是否掌握气象条件	—	—	—
5	是否确认开挖对水源地有无影响	—	—	—
6	是否掌握周边环境状况（日照、噪声、振动、水质污染、土壤污染、水资源利用状况等）			
7	是否掌握障碍物（地下埋设物、下水道、瓦斯、电力、通信及架空线、树木、名胜古迹等）状况	线形构件采用线形模型或简易构筑物模型为宜	地形模型；线形模型；构筑物模型	～200
8	是否掌握施工计划的条件（施工场地、涌水、污水处理、施工用电、具体条件等）	表面模型表示区域；确认施工机械的配置	地形模型；构筑物模型	～200
9	是否确认竣工图；与现场是否一致	—	—	—
10	是否根据合同实施	—	—	—

（2）编制协议资料

编制有关各方的协议资料的确认内容和编制三维模型要求见表2-27。

有关各方协议的确认内容及三维模型要求　　　　表 2-27

序号	确认内容	三维模型编制要点	使用的三维模型	详细度	属性数据
1	是否确认与有关各方的调整内容	调整内容用简易模型表示其位置，并赋予属性数据	地形模型；构筑物模型	～200	有关各方的调整内容
2	是否确定土地所有权者及当地的调整内容	（1）调整内容用简易模型表示，并赋予属性数据；（2）划分地权范围用表面表示其区域	地形模型；构筑物模型	～200	土地所有权者及当地的调整内容
3	是否反映协议的调整事项	—	—	—	—

图 2-58 表示配合Ⅱ线施工的联络通道模型，是与Ⅰ线侧禁止通行的有关各方的协议的三维模型。

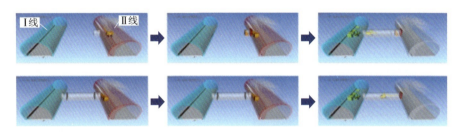

图 2-58　联络通道模型

（3）隧道洞口景观研究

洞口景观研究中，将原先用二维图纸进行的工作利用三维模型呈现，帮助理解洞口及其周边的环境和色彩关系等，易于迅速判断、评价其景观性，见表2-28。

利用三维模型进行方案比选　　　　表 2-28

项目	方案一	方案二	方案三
正视图			
高视角图			
侧视图			
平面图			

洞口景观研究中利用三维模型，可一边改变接近实际面貌的模型一边确认效果，最终制定合理方案。

（4）隧道洞口滑坡对策研究

隧道洞口滑坡对策研究见表2-29。

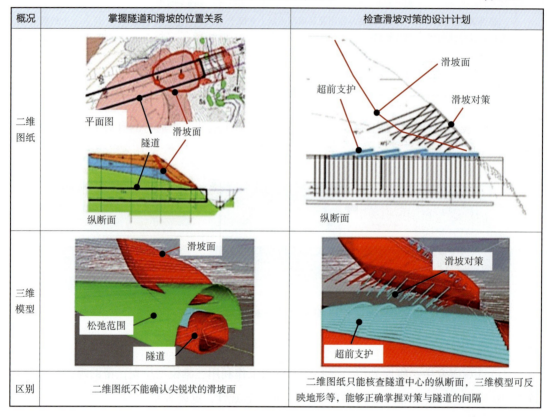

隧道洞口滑坡对策研究　　　　表2-29

（5）相邻构筑物之间关系研究

某工程2期，为掌握邻近1期线的邻近影响，编制了包含1期线隧道的三维模型（图2-59）。该模型在反映线形模型和地质纵断面的同时，包含了构筑物模型中支护构造变化点的分类（以颜色划分），设计时的属性数据（支护、围岩分级、辅助工法）等内容。隧道本体的支护划分以详细度300编制。洞口未表示配筋，仅将外形的尺寸模型化。

因三维模型的建立，1期、2期两方的位置关系清晰可见，能够从视觉上确认邻近影响的范围，从而利于对策研究。同时，模型附有设计信息和注意事项的属性数据，有助于后续施工的各种决策。

图2-60所示案例是隧道洞口构造与桥台结合的三维模型，难以用二维图纸判定的地点能够用三维模型判定。

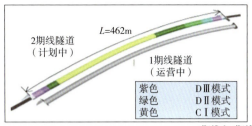
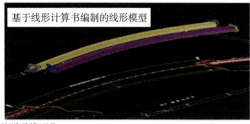
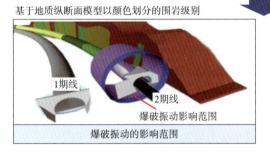
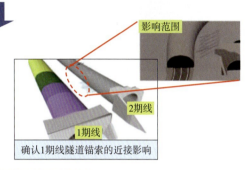

图 2-59　既有邻近构筑物的影响范围的三维模型

（6）隧道附属设施模型化

隧道洞内的排水、监视员通道等附属设施的模型化，便于确认设计条件、建筑限界、紧急停车带的配置（图 2-61）。

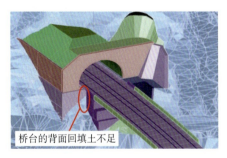
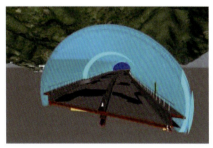

图 2-60　隧道洞口构造与桥台结合的三维模型　　图 2-61　隧道附属设施的三维模型

隧道洞口段的路面排水管及附属设施的配置模型化，可事前确认双方干扰情况，易于确认后续的埋设物等（图 2-62）。

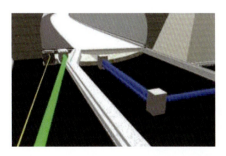
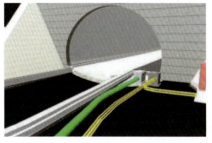

图 2-62　隧道洞口部的路下埋设物

隧道紧急用设施的辅助导洞的形状、位置的三维模型，便于划分隧道主体衬砌的浇筑环节，易于调整围岩状况和涌水等的位置（图2-63）。

图2-63　隧道紧急用设施的三维模型

（7）编制更合理形象的施工计划

施工计划中包含隧道施工方法、施工进度计划和施工场地计划。

三维模型施工计划的编制见表2-30。

三维模型施工计划的编制　　　　　　　　　　　　表2-30

序号	确认内容	编制三维模型要点	使用的模型类型	详细度	属性数据
1	是否反映了协议事项	—	—	—	协议事项记录簿
2	施工方法及步骤是否妥当；其他工区和施工时期的调整是否合适；障碍物和埋设物的拆除、移设是否合理	施工方法、施工步骤分别以编制三维模型为宜；编制设计-施工间信息协作的四维模型	地形模型；土工形状模型；构筑物模型	～200	施工传递的信息
3	施工场地的位置及配置计划、面积是否妥当	以简易的土工形状、构筑物模型为宜	地形模型；土工形状模型；构筑物模型	～200	施工场地概要
4	施工道路的路径是否妥当	以线形模型及简易土工模型为宜	地形模型；线形模型；土工形状模型；构筑物模型	～200	施工道路的使用目的、设计概要信息
5	工区划分是否妥当	—	—	—	—

此外，三维模型再现山岭地域和涵渠地域结合的施工步骤，与山岭隧道的支护、辅助工法的模型化、不同构筑物的结合区间的施工步骤一一对应，可以有效地检查施工步骤的合理性（图2-64）。

（8）工程量计算

利用三维模型计算工程量，计算结果作为属性数据赋予三维模型。

利用隧道主体、洞口等构筑物模型，计算工程量。三维CAD自动计算较之平均断面法计算工程量精度更高（图2-65）。

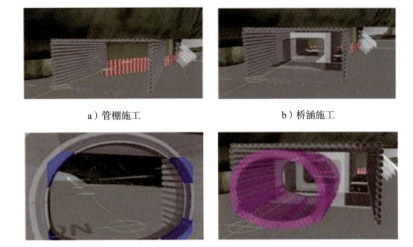

图 2-64 施工计划中利用的三维模型

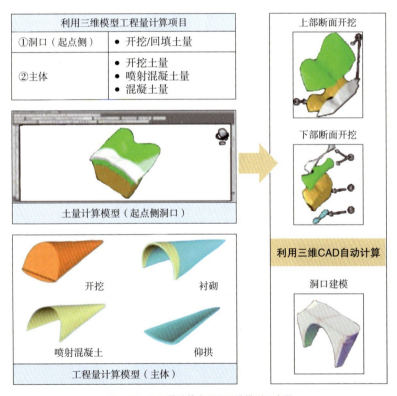

图 2-65 工程量计算中利用三维模型示意图

2.5.3 三维模型在施工中的应用

施工阶段要更新设计阶段交接的三维模型或编制新的三维模型指导施工,提高施工效率及质量。施工阶段产生的各种数据应及时反馈叠加到三维模型中。

以下通过一些案例来说明三维模型在施工中的应用。

1）设计图纸核查

在设计图纸核查中，可利用设计阶段的二维图纸、设计阶段编制的三维模型，开工测量获得的处理数据（点群数据等），将现场地形与设计图对比确认施工图纸。设计图纸中指定的施工材料的质量、规格、数量等的确认可利用远程检查，积极推进新技术利用的省力化。此外，利用激光扫描仪获取周边的点群数据，掌握现场地形、地层高度，以求编制的模型适用于施工计划和安全管理。

2）工作说明，相关方的协议

在工作说明、有关各方的协议中为易于正确传递作业概要、施工方法、安全、环境对策等，要充分利用三维模型。例如作业带的三维模型，如事前能够确认通行车辆的走行、标志、信号机等即可编制安全性高的作业计划（图 2-66）。

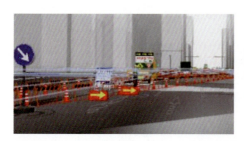

图 2-66　有关各方协议中利用的三维模型示例

3）施工方法（临时设备、施工用地、施工步骤、计划进度等）

临时设备的配置和施工步骤、施工进展状况等均可利用三维模型可视化，以力求计划编制、有关各方间的数据共享并推进项目管理的效率化（图 2-67）。

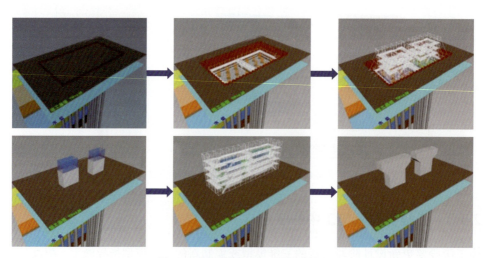

图 2-67　施工方法中利用三维模型示例

将获得的成形数据反映在三维模型中与现场情况比较，利于阶段确认及成形管理。

4）施工管理（质量、成形、安全）

利用三维测量数据、三维模型、通信设备等技术手段使得 ICT 施工和阶段确认、成形量测、安全管理的效率和精度更高。在坡面的成形管理中，用无人机（UAV）获得的点群数据在微机画面上进行成形量测、监督检查（图 2-68）。

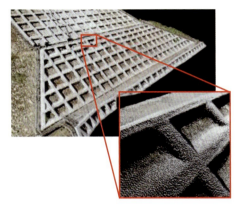
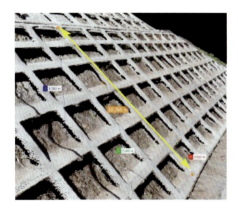

a）点群数据模型　　　　　　　　　　b）三维浏览软件量测

图 2-68　施工管理利用的三维模型示例

5）已完成部分的检查

利用三维测量和 ICT 施工获得的施工数据等三维模型，计算已完成部分的工作量，利于已完成部分的检查。

6）竣工图

隧道的三维模型辅以掌子面观察记录等作为属性数据，力图实现施工管理效率化，此数据可用于后续维护管理（图 2-69）。

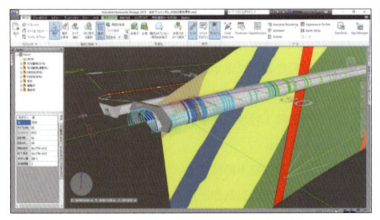

图 2-69　竣工三维模型示例

2.5.4 三维模型利用的方向

未来推进三维模型利用的方向聚焦在通过项目管理升级实现高效、高质量的建设，通过业务升级（建设业），发展成为有实力的产业，创新承发包方式，保证安全工作的劳动环境等。

1）实现高效、高质量的建设——项目管理升级

（1）成果用数据保管在共同的平台中。必要的数据承发包人不论是谁，不论在何处都能访问、共享。

（2）利用三维模型等，以过程间的风险数据传递为前提的设计、预算、承包、合同的制度。

（3）利用共享协作平台，加强与发包人的协调管理，进而推进项目顺利进行。

（4）开放的基础设施产业。

（5）建设产业加上过去的测量单位、设计单位、承包人等，从相关产业中获取数据和新技术。

2）发展成为有实力的产业——产业升级（建设业）

（1）建立能够吸纳相关产业的制度。

（2）与研究机构协作，推进技术开发。

（3）健全推进数字化转型基础的通信环境等设施。

3）创新承发包方式

（1）以三维模型为前提的设计、预算、合同制度。

（2）采用施工效率化的（预制等）设计。

（3）选定考虑全生命周期成本（LCC）的设计。

（4）导入事业全体最佳化的技术。

（5）以利用信息化施工、数字化转型为先导。

（6）通过数字化转型的推进，获取隐性知识，继承熟练者的技术。

4）安全工作的劳动环境

（1）以利用数据为前提的、有效率的施工管理、检查、交付。

（2）采用能够认证满足性能的技术。

（3）构筑承发包人在云服务器上确认过去成果的技术。

（4）用可视化的方式评价和推进生产效率的提高和工作方式的改革。

为实现上述需求，有关各方应继续开展表2-31所列的研究项目。

未来三维模型的研究项目　　　　　　　　　表 2-31

三维模型研究项目	研究概要	项目要求
数据管理方法的标准化	以分析现状的发包者数据管理现状为基础，力求项目内的数据管理方法标准化，必要时，更改有关基准	• 发包人数据管理的现状分析； • 策划项目数据管理方法的标准方案（包含平台的访问权、更新规则等）； • 改进高效的数据管理交付方法
以数据为本的三维模型利用方法	整理管理数据对实施事业中的问题，在指南中列出为解决这些问题而利用三维模型的具体场合和方法	• 研究事业管理统合模型的利用方法； • 研究项目内的三维模型利用方法； • 进行 ISO 19650 的调查
数据管理系统间的协作	考虑提高管理数据的检索便利性，力图各系统间的协作	• 各系统的整备、更新； • 整理项目的各系统的利用流程
构筑数据管理平台	构筑能够实现标准化的数据管理方法的平台	• 构筑数字化转型数据中心； • 数据中心的试行； • 适宜升级平台
提高招标书精度	为了不发生因现场不一致的施工中的重大返工和变更协议，招标书中应有明确规定	• 精查详细设计中 3D 交付式样； • 研究设计中利用测量 3D 式样； • 适宜改定各基准、要领； • 分析起因与现场不一致的变更协议地点
风险数据的交接方法	施工时的返工和变更协议的原因可视化，以制定后续施工实施没有返工的对策，整理风险数据的传递方法	• 根据 4D 设计向施工传递设计意图的方法； • 研究向后续施工引入地质风险继承的方法； • 分析施工中发生事故的地点（按数据管理、发包书的精度、发包方法等分别列出）； • 按原因整理对应风险及传递的方法
合同文件	作为实现劳动方的工具，研究包含三维模型的合同方法	• 三维模型合同的研究
三维模型预算	提高利用三维模型进行预算作业的效率化	• 研究对应三维模型设计的预算方法； • 改进土木施工预算系统； • 研究未来的三维模型预算方法
数据形式的标准化	为了能够在不同软件间交换需要的数据，要实施 bSI/OCF	• 实施土木 IFC 检定； • 收集及对应 IFC4.3 的数据； • 实施 OCF 检定（J-LandXML）
教育能力开发	为了能够有效利用三维模型，编制研修计划，提供案例研究	• 扩充发包人的研修计划； • 扩充三维模型的案例集
监督检查的效率化	研究利用三维数据效率化方法	• 利用 ICT 施工的发包人的监督、检查过程的效率化； • 依次扩展 ICT 施工对象
维护管理的效率化	研究利用施工中、维护管理中的数据，实施有效管理的方法	• 研究利用三维数据的业务效率化； • 整理维护管理协议的数据
设计核查的效率化	研究企业主导的设计核查的高效方法	• 研究与设计程序等的开发状况的对应方法
3D 建模的效率化	研究企业主导的 3D 建模的高效方法	• 软件安装； • 研究与设计程序等的开发状况的对应方法
可视化设计方案的比较评价	利用配置计划等的事业计划的三维模型可视化，根据经济性、构造性、施工性、环境景观性、维护管理等，进行合理评价、分析	• 地形起伏大而复杂，只用二维图纸很难进行合理评价的场合； • 在抗震设计中，只用二维图纸难以评价施工性、景观性的场合

续上表

三维模型研究项目	研究概要	项目要求
风险模拟（地质、噪声、浸水、对既有构筑物的影响等）	利用地质、土质模型易于掌握地质、土质方面的问题，以减轻后续施工风险	● 后续施工返工影响大的场合
对外说明（有关各方的协议、居民说明、广告等）	易于理解利用三维模型的项目计划，形成共识	● 地形和对象的形状复杂，难以说明完成形状的场合
计算概算施工费	把概算单价等成本数据引入简易的三维模型，能够迅速掌握概算	● 工区划分作业繁杂的场合
研究4D模型的施工计划等	以合理设定发包时的工期，在施工阶段顺利达成承发包人间协议为目的	● 施工条件繁杂，只用二维图纸难以达成协议的场合
整合类同业务、施工的施工管理及数据共享	在类同业务、施工中共享数据，迅速达成共识，顺利实施没有返工的项目	● 类同业务、施工的调整事项多，或者达成共识的必要性高的场合
编制既有地形及地物的三维数据（测量业务）	获取现况地形的点群数据，编制三维数据，引入后续施工的详细设计	● 掌握地形复杂场合的必要性高的场合

注：IFC—国际协同联盟（IAI）建立的标准名称。
　　OCF—物联网相关标准名称。

本章附录

附录 1：模型属性数据的层次内容

层次 1   附表 1

对象 （构造全体）	数据信息	
山岭隧道	ID	判别各对象的软件固有的 ID 编号
	对象分类名	山岭隧道
	判别数据	判别数据 1：隧道名（例：关越隧道）
		判别数据 2：路线名（例：关越公路）
		判别数据 3： 隧道起点（地点）（例：××县××镇） 隧道终点（地点）（例：××县××镇） 隧道起点（坐标）（例：36×××，138×××） 隧道起点（坐标）（例：36×××，138×××）

层次 2   附表 2

对象 （构造分类）	数据信息	
山岭隧道	ID	判别各对象的软件固有 ID 编号
	对象分类名	线路中心线
	判别数据（名称）	判别数据：判别复数线路中心线的名称、编号（例如上行线路中心线）
	规格、式样	—
隧道中心线	ID	判别各对象的软件固有 ID 编号
	对象分类名	隧道中心线
	判别数据（名称）	判别数据：判别复数隧道中心线的名称、编号（例如上行隧道中心线）
	规格、式样	—
隧道主体	ID	判别各对象的软件固有 ID 编号
	对象分类名	隧道主体
	判别数据（名称）	判别数据：判别复数隧道主体的名称、编号（例如上行隧道主体）
	规格、式样	长度、隧道级别
洞门、洞口	ID	判别各对象的软件固有 ID 编号
	对象分类名	洞门、洞口
	判别数据（名称）	判别数据：判别复数洞门、洞口的名称、编号（例如上行线隧道起点侧洞门）
	规格、式样	洞门、洞口类型（例如重力式、半重力式、端墙式、削足式等）

续上表

对象 （构造分类）	数据信息	
排水设备	ID	判别各对象的软件固有 ID 编号
	对象分类名	排水设备
	判别数据（名称）	判别情况：判别复数排水设备的名称、编号（例如上行线侧沟、路基排水管、排水沟）
	规格、式样	排水设备的种类：路面排水、路基排水、背面排水
避难联络通道	ID	判别各对象的软件固有 ID 编号
	对象分类名	避难联络通道
	判别数据（名称）	判别数据：判别复数联络通道的名称、编号（例如避难联络通道）
	规格、式样	—
紧急用设备	ID	判别各对象的软件固有 ID 编号
	对象分类名	紧急用设备
	判别数据（名称）	判别数据：判别复数紧急用设备的名称、编号（例如紧急电话、火灾报知器、通报设备、诱导显示板等）
	规格、式样	形式（例如紧急用设备的规格）
避风设备	ID	判别各对象的软件固有 ID 编号
	对象分类名	通风设备
	判别数据（名称）	判别数据：判别复数通风设备的名称、编号（例如射流风机、送排风设备）
	规格、式样	形式（例如通风设备的规格）
照明	ID	判别各对象的软件固有 ID 编号
	对象分类名	照明
	判别数据（名称）	判别数据：判别复数照明的名称、编号（例如照明灯）
	规格、式样	形式（例如照明灯的规格）
电源设备	ID	判别各对象的软件固有 ID 编号
	对象分类名	电源设备
	判别数据（名称）	判别数据：判别复数电源设备的名称、编号
	规格、式样	形式（例如电源设备的规格）

层次 3　　　　　　　　　　　　　　　　　　附表 3

对象 （构成要素）	数据信息	
层次 3	隧道主体	
衬砌、支护构造	ID	判别各对象的软件固有 ID 编号
	对象分类名	衬砌、支护构造
	判别数据（名称）	判别数据 1：断面 NO［例如标准断面（××）］
		判别数据 2：位置数据（例如上行线 TN/NO ●●＋○○○～●●＋○○）
	规格、式样	开挖划分（例如 CⅡ），支护模式（例如 CⅡ-b）
		断面规格（例如标准部、紧急停车带）

续上表

对象 （构成要素）	数据信息	
开挖辅助	ID	判别各对象的软件固有 ID 编号
	对象分类名	开挖辅助
	判别数据（名称）	判别数据：判别辅助工法的名称、编号（例如测点编号、或距洞口的长度）
	规格、式样	辅助工法的种类（例如排水管、长钢管超前支护）
层次 3	洞门、洞口	
重力式挡墙	ID	判别各对象的软件固有 ID 编号
	对象分类名	重力式挡墙
	判别数据（名称）	判别数据：位置数据（例如 NO●●＋○○○～●●＋○○）
	规格、式样	—
端墙	ID	判别各对象的软件固有 ID 编号
	对象分类名	端墙
	判别数据（名称）	判别数据：位置数据（例如 NO●●＋○○○～●●＋○○）
	规格、式样	—
拱形端墙	ID	判别各对象的软件固有 ID 编号
	对象分类名	拱形端墙
	判别数据（名称）	判别数据：位置数据（例如 NO●●＋○○○～●●＋○○）
	规格、式样	—
洞口辅助	ID	判别各对象的软件固有 ID 编号
	对象分类名	洞口辅助
	判别数据（名称）	判别数据：判别辅助工法的名称、编号
	规格、式样	辅助工法的类型（例如排水管、长钢管超前支护）
坡面对策	ID	判别各对象的软件固有 ID 编号
	对象分类名	坡面对策（洞门、洞口）
	判别数据（名称）	判别数据：判别辅助工法的名称、编号
	规格、式样	辅助工法的类型（例如排水管、长钢管超前支护）
层次 3	排水设备	
侧沟	ID	判别各对象的软件固有 ID 编号
	对象分类名	侧沟
	判别数据（名称）	—
	规格、式样	制品规格
集水井	ID	判别各对象的软件固有 ID 编号
	对象分类名	集水井
	判别数据（名称）	—
	规格、式样	形式

续上表

对象 （构成要素）		数据信息
地下集水沟	ID	判别各对象的软件固有 ID 编号
	对象分类名	地下集水沟
	判别数据（名称）	—
	规格、式样	有集水管、无集水管，集体沟的种类
中央排水沟	ID	判别各对象的软件固有 ID 编号
	对象分类名	中央排水沟
	判别数据（名称）	—
	规格、式样	集水管的种类（例如高密度聚乙烯管，$\phi 150$）
横向排水沟	ID	判别各对象的软件固有 ID 编号
	对象分类名	横向排水沟
	判别数据（名称）	—
	规格、式样	集水管种类［例如高密度聚乙烯管，$\phi 300$（无孔管）］
背后排水管材	ID	判别各对象的软件固有 ID 编号
	对象分类名	背后排水管材
	判别数据（名称）	—
	规格、式样	集水管种类（例如聚酯管，$\phi 30 \times 3$）

层次 4　　　　　　　　　　　　　　　　附表 4

对象 （构件分类）		数据信息
层次 4		衬砌、支护构造
衬砌	ID	判别各对象的软件固有 ID 编号
	对象分类名	衬砌
	判别数据	—
	规格、式样	断面规格（例如标准部、紧急停车带）
		衬砌厚度（例如 30cm）
		混凝土规格（例如普通、高强）
仰拱	ID	判别各对象的软件固有 ID 编号
	对象分类名	仰拱
	判别数据	—
	规格、式样	断面规格（例如标准部、紧急停车带）
		仰拱厚度（例如 50cm）
		混凝土规格（例如普通、高强）

续上表

对象 （构件分类）	数据信息	
人行道构造	ID	判别各对象的软件固有 ID 编号
	对象分类名	人行道构造
	判别数据	—
	规格、式样	混凝土规格（例如普通）
支护构造 （混凝土）	ID	判别各对象的软件固有 ID 编号
	对象分类名	支护构造（混凝土）
	判别数据	—
	规格、式样	初次喷射厚度、二次喷射厚度（例如 10cm）
		混凝土规格（例如普通、高强）
支护构造 （金属网）	ID	判别各对象的软件固有 ID 编号
	对象分类名	支护构造（金属网）
	判别数据	—
	规格、式样	设置范围（例如仅上部断面、全断面）
		金属网规格（例如 $\phi 5 \times 150 \times 150$）
支护构造 （锚杆）	ID	判别各对象的软件固有 ID 编号
	对象分类名	支护构造（锚杆）
	判别数据	—
	规格、式样	长度、间距、打设范围
		锚杆规格（例如异形棒钢 D22，$L=2000$，SD345）
支护构造 （钢架）	ID	判别各对象的软件固有 ID 编号
	对象分类名	支护构造（钢架）
	判别数据	—
	规格、式样	断面规格（例如标准、紧急停车带）
		间距、架设范围
		钢架规格（例如 $H125 \times 125 \times 7 \times 10$，SS400）
防水板	ID	判别各对象的软件固有 ID 编号
	对象分类名	防水板
	判别数据	—
	规格、式样	素材（例如橡胶沥青单层，合成橡胶单层、塑料系积层）
		形状尺寸、板厚
隔热材	ID	判别各对象的软件固有 ID 编号
	对象分类名	隔热材
	判别数据	—
	规格、式样	素材
		隔热材厚度（例如 $t=20\text{mm}$）

续上表

对象（构件分类）		数据信息
补强钢筋	ID	判别各对象的软件固有ID编号
	对象分类名	补强钢筋
	判别数据	—
	规格、式样	钢筋的规格、式样等
层次4		开挖辅助工法
小导管	ID	判别各对象的软件固有ID编号
	对象分类名	小导管
	判别数据	—
	规格、式样	钢管的种类、尺寸、注浆材的种类
长钢管超前支护	ID	判别各对象的软件固有ID编号
	对象分类名	长钢管超前支护
	判别数据	—
	规格、式样	钢管的种类、尺寸、注浆材的种类
排水管	ID	判别各对象的软件固有ID编号
	对象分类名	排水管
	判别数据	—
	规格、式样	排水管的尺寸、种类
掌子面喷混凝土	ID	判别各对象的软件固有ID编号
	对象分类名	掌子面喷混凝土
	判别数据	—
	规格、式样	混凝土、砂浆的规格
掌子面锚杆	ID	判别各对象的软件固有ID编号
	对象分类名	掌子面锚杆
	判别数据	—
	规格、式样	锚杆规格（例如锚杆直径、长度）
临时仰拱	ID	判别各对象的软件固有ID编号
	对象分类名	临时仰拱
	判别数据	—
	规格、式样	混凝土规格
侧壁导坑	ID	判别各对象的软件固有ID编号
	对象分类名	侧壁导坑
	判别数据	—
	规格、式样	混凝土规格

续上表

对象（构件分类）	数据信息	
层次 3	各式洞门	
混凝土	ID	判别各对象的软件固有 ID 编号
	对象分类名	混凝土
	判别数据	—
	规格、式样	混凝土规格
钢筋	ID	判别各对象的软件固有 ID 编号
	对象分类名	钢筋
	判别数据	—
	规格、式样	钢筋规格、式样
层次 4	洞口辅助	
垂直锚杆	ID	判别各对象的软件固有 ID 编号
	对象分类名	垂直锚杆
	判别数据	—
	规格、式样	锚杆规格
管栅	ID	判别各对象的软件固有 ID 编号
	对象分类名	管栅
	判别数据	—
	规格、式样	钢管种类、尺寸
小导管	ID	判别各对象的软件固有 ID 编号
	对象分类名	小导管
	判别数据	—
	规格、式样	钢管种类、尺寸、注浆材种类
长钢管超前支护	ID	判别各对象的软件固有 ID 编号
	对象分类名	长钢管超前支护
	判别数据	—
	规格、式样	钢管种类、尺寸、注浆材的种类
层次 4	边坡（洞门、洞口）	
垂直锚杆	ID	判别各对象的软件固有 ID 编号
	对象分类名	垂直锚杆
	判别数据	—
	规格、式样	锚杆规格
混凝土	ID	判别各对象的软件固有 ID 编号
	对象分类名	混凝土
	判别数据	—
	规格、式样	混凝土、砂浆规格

续上表

对象（构件分类）		数据信息
边坡部位锚杆	ID	判别各对象的软件固有 ID 编号
	对象分类名	边坡部位锚杆
	判别数据	—
	规格、式样	锚杆规格
填土	ID	判别各对象的软件固有 ID 编号
	对象分类名	填土
	判别数据	—
	规格、式样	—
偏压挡墙	ID	判别各对象的软件固有 ID 编号
	对象分类名	偏压挡墙
	判别数据	—
	规格、式样	混凝土规格
抗滑桩	ID	判别各对象的软件固有 ID 编号
	对象分类名	抗滑桩
	判别数据	—
	规格、式样	桩的种类、尺寸
锚固	ID	判别各对象的软件固有 ID 编号
	对象分类名	锚固
	判别数据	—
	规格、式样	锚固种类
改良地层	ID	判别各对象的软件固有 ID 编号
	对象分类名	改良地层
	判别数据	—
	规格、式样	工法的种类（例如注浆法）
		设计基准强度
排水管	ID	判别各对象的软件固有 ID 编号
	对象分类名	排水管
	判别数据	—
	规格、式样	排水管种类、尺寸

附录 2：编码示意

编码示意　　　　　　　　　　　　　　　　　附表 5

010 层：雇主		020 层：作者	
缺省数字编号	5	缺省数字编号	5
自动生成的代码段建议	模型中一般的项目信息	自动生成的代码段建议	模型中一般的项目信息
例子		例子	
客户	Deutsche Bahn	客户	Muster A 公司
代码段	DBxxx	代码段	MUAxx
050 层：结构		060 层：功能性	
缺省数字编号	3	缺省数字编号	3
自动生成的代码段建议	选择列表或可自由定义的条目	自动生成的代码段建议	选择列表或可自由定义的条目
例子		例子	
结构	隧道	功能性	铁路运输
代码段	TUN	代码段	BAH
030 层：项目		040 层：部分项目	
缺省数字编号	5	缺省数字编号	3
自动生成的代码段建议	模型中一般的项目信息	自动生成的代码段建议	模型中一般的项目信息
例子		例子	
项目	Stuttgart 21	部分项目	Bad Cannstatt 隧道
代码段	S21xx	代码段	TBC
070 层：定位位置		080 层：专业	
缺省数字编号	3	缺省数字编号	3
自动生成的代码段建议	选择列表或可自由定义的条目	自动生成的代码段建议	选择列表或可自由定义的条目
例子		例子	
位置	北方	专业	隧道
代码段	NRD	代码段	TUB
090 层：对象组		100 层：对象	
缺省数字编号	3	缺省数字编号	3
自动生成的代码段建议	选择列表或可自由定义的条目	自动生成的代码段建议	选择列表或可自由定义的条目
例子		例子	
对象组	开挖支护	对象	混凝土
代码段	HRS	代码段	BEW

续上表

110 层：子对象		120 层：标识符	
缺省数字编号	3	缺省数字编号	7
自动生成的代码段建议	选择列表或可自由定义的条目	自动生成的代码段建议	选择列表或可自由定义的条目
例子		例子	
部分对象	网格列表	项标识符	隧道延米
代码段	LIM	代码段	TM12345
130 层：位置1-对象		140 层：位置2-对象	
缺省数字编号	4	缺省数字编号	4
自动生成的代码段建议	选择列表或可自由定义的条目	自动生成的代码段建议	选择列表或可自由定义的条目
例子		例子	
位置1-对象	拱顶	位置2-对象	侧导洞1
代码段	KALO	代码段	ULM1

附录 3：部分隧道设计核查卡

用 BIM/CIM 模型设计对过去二维图纸核查项目一览表　　附表 6

核查项目	序号	核查内容
全体	1	能够确认用地边界，设计与模型的坐标值是否一致？
	2	中心线坐标、计划高程是否能够确认？
	3	能够确认地下水位，与设计值是否一致？
	4	能够确认柱状图，与设计值是否一致？
	5	能够确认建筑限界，与设计条件是否一致？
	6	三维构筑物模型的基本尺寸，与设计值是否一致？
	7	能够确认各构筑物的拱顶高度、路面高程，与设计值是否一致？
	8	三维模型上的配筋模型与配筋图的配置尺寸、钢筋直径是否一致？
	9	三维模型上的钢筋和构筑物的保护层与设计值是否一致？
	10	地形模型的范围、详细度是否合适？是否表示出地形模型的依据资料？
	11	地质、土质模型，与柱状图是否整合？是否表示出含有的不确定性？
	12	是否能够确认与明挖地段的近接构筑物的关系？
	13	是否能够确认与埋设物和障碍物的关系？

确认用 BIM/CIM 模型正确编制场合时的核查项目一览表　　附表 7

核查项目	序号	核查内容
全体	1	是否正确设定地理坐标系、单位系？
	2	是否是基于事前协议决定编制、利用的模型？
	3	是否是按利用目的要求的详细度编制的模型？
	4	是否提出模型变更范围和需要的构件及周边构造？
	5	模型有没有扭曲和离散等不整合情况？
	6	确认赋予的数据信息的内容是否正确？
	7	确认数据信息的链接是否问题？
	8	对象有没有重叠？
	9	有没有变更从三维模型切出的 3DA 断面？
	10	所采用的 3DA 断面是否进行红黄核查？
	11	实体分解表面时，面是否能够闭合？
	12	是否赋予施工上的注意事项、报送数据等？
	13	标记设计条件、文字规格等是否合适？
	14	注释的内容、文字规格等是否合适？
	15	是否对使用材料明示或注释？
三维信息模型编制	16	是否追加表示道路中心线和构筑物中心线等构筑物基准线的几何形状？
	17	模型的管理数据是否与各构筑物的 3DA 模型相结合？
	18	注释的颜色与画面及形状模型的颜色是否是类似的颜色？
	19	属性是否通过形状模型或标注查询来表示？
	20	是否编制 3DA 平面位置图？
	21	3DA 平面图的保存视图是否设定合理？
	22	构成的构件分别是否用明显的颜色加以区分？
	23	设计变更地点用红色和亮度表示了吗？
	24	注释的平面与切出的 3DA 平面图的位置、投影面是否一致？
	25	3DA 平面图是否能够通过选择 3DA 平面图或选择所显示的图名来显示？
	26	三维投影图设定是否能够俯览全体的视图？
	27	三维投影图上，是否能够扩大/缩小、表示/非表示的切换、移动、回转形状模型？

确认正确编制电子成果时的核查项目一览表　　　　　附表 8

核查项目	序号	核查内容
全体	1	是否按"土木设计业务的电子交付要领"等编制？
	2	是否按电子成果的根目录正下方的"ICON"文件夹及其下方的"CIM"文件夹等编制？
	3	是否按"CIM"文件夹正下方的 DOCUMENT、CIM-MODEL、INTEGRATED 等文件夹编制？
	4	是否按"CIM-MODEL"文件夹正下方"ALIGNMENT-GEOMETRY"D 文件夹编制？
	5	各文件夹的名称是否用半角英语数字表示？
	6	容纳的路径长（文件夹名+文件名的长度）是否在 255 字符以内？
	7	目前的软件制品是对应 IFC 和 LandXML1.2 的三维数据交换步骤的模型，与原始文件结合是否也能容纳同一形式的模型？
	8	在详细设计中，编制地形模型时，也是与 LandXML1.2 交换编制对应的，是否能容纳原始文件？
	9	在详细设计中编制构筑物模型，也是 IFC2×3 对应的，是否能容纳原始文件？
	10	在详细设计中编制统合模型时，与其对应的文件夹是否能容纳原始文件？
	11	编制其他需要的三维模型时，与其对应的文件夹是否能容纳原始文件？
	12	确认记载的三维模型都能容纳到全部文件夹中？
DOCUMENT 文件夹	13	"CIM 模型核查时的核查卡"中的文件名 CHECK.PDF 能否以 PGF 格式容纳在 DOCUMENT 文件夹中？
	14	确认能否用"CIM 模型核查时的核查卡"核查时容纳设计图等？
	15	确认能否以文件名"PRICON.×××"的 XLS 或以 XLS 格式容纳到"DOCUMENT"文件夹中？
	16	确认文件名"CIMPLA00-mm.PDF"以 PDF 格式容纳到"DOCUMENT"文件夹中？
	17	确认文件名"CIMPLAnn-mm.PDF"以 PDF 格式容纳到"DOCUMENT"文件夹中？
	18	确认文件名"CIMREP-mm.PDF"以 PDF 格式容纳到"DOCUMENT"文件夹中？
CIM-MODEL 文件夹	19	确认容纳的三维模型，测地系以世界测地系，投影法以边坡直角坐标系，基准水准面以 T.P 表示，使用单位以 m 或 mm 编制的？
	20	三维模型大体上分为土工形状模型及线形模型、地形模型、构筑物模型、地质、土质模型等，是否分别容纳到对应的文件夹中？
	21	编制的模型文件夹单位没有分别的场合，是否记入"CIM 模型编制、事前协议卡"中？

本章关注

- 三维模型的编制可以是一个独立的任务（合同），对其内容和要求要在前期进行深入的探讨，要牢记这是智能建造的基石。基石类的工作不能简单地照本宣科，要时刻自问：为什么编制？编制什么？交付标准是什么？
- 随着三维模型的演变，它的利用贯穿智能建造的各个环节。
- 三维模型利用方向随信息技术的发展会变得更加多样且全面。未来会聚焦于通过项目管理升级实现高效率、高质量的建设；促进建设业的产业升级，创新承发包方式，保证安全工作的劳动环境等。

INTELLIGENT CONSTRUCTION OF MINE TUNNEL

第 3 章
智能建造信息化技术

数据是智能建造的"肌肉",因信息化技术在智能建造系统中有了种种展现:

- 智能建造中的信息化技术关键为 DOI,即数字化是基础,在线化是关键,智能化是核心。

- 结合基础建设,特别是从山岭隧道建设中的数字化和数字化应用出发,将这个时代智能化发展中相关的内容总结为四化技术:信息情报数字化、工程万物网络化、施工机械自动化、决策管理智能化。

如前所述，基础设施的智能建造系统依靠多种多样的技术支持才能实现。随着信息技术的发展和制造业的工业化、智能化，众所周知的 AI、IoT、ICT、机器人、传感器、VR、AR、MR、3D 扫描、3D 打印、数字孪生等众多技术日渐成熟，开始在工程领域应用和普及。近年来，除了工程上的局部应用，各国纷纷推出基础设施智能建造系统，其应用涉及了国家、行业、企业的不同层面。

智能建造系统是由多种多样的数字技术组成，并且是与时俱进的，应用中可以根据基础设施对象不同以及智能化目标选择不同的技术。上述技术的综合利用构成了智能建造系统，也成为企业数字化转型技术的基本内容，数字化转型在技术之外更多的是意识，这两者之和才能完成企业真正的数字化转型。

智能建造技术是通过数字化、数字化应用和数字化转型三个阶段实现的。起点是因现场需求和问题出现的场景，基础是信息化技术的发展。如何把信息化基础技术融合到智能建造中，实现"跨界"，是智能建造技术的基础支撑。

智能建造中信息化技术被简略概括为 DOI，如图 3-1 所示。

图 3-1　智能化技术的 DOI

尽管土木工程中不同类别构筑物面对的技术侧重点不同，如公共建筑中的参数化设计、生成设计等在基础设施建设中就鲜有用到，山岭隧道中隧道本体及附属构件规整，地质变化复杂，其对应关注的技术重点也有所不同，但智能化的信息化技术是共通的。

现代信息技术包括微电子技术、光电子技术、通信技术、网络技术、传感技术、控制值技术、虚拟现实技术等，是借助以微电子为基础的计算机技术和电信技术的集合而形成的手段，对声音、图像、文字、数字和各种传感信号的信息进行获取、加工、处理、传输和使用的能动技术。

本章从基础设施建设中数字化和数字化应用出发，重点介绍以下"四化"技术的概要：

（1）信息情报数字化。

（2）工程万物网络化。

（3）施工机械自动化。

（4）决策管理智能化。

如果采用比喻的说法，三维模型构筑了智能建造的"骨骼"，数据是它的"肌肉"，网络是它的"神经"，人工智能是它的"大脑"，而机械是它可以灵活操作的"四肢"。信息化使得智能建造能听、能看、能说、能想、能做，最终成为一个整体，在一定程度上自动运行，自主决策，改变了产业。

本章是为土木工程师理解智能建造系统所做的数字技术介绍，并非数字技术的专业书籍，用词不妥之处以专业文章论述为准。

3.1 数据技术

在大数据和人工智能技术爆发的背景下，数字社会成了各国的发展战略，诸多国家在近年公布了全面而具体的数据战略，并根据这些战略强力推进，数字化也成为国际竞争力的基础。

美国2019年6月公布了数据的治理、管理、保护、利用的文件；欧盟2020年2月公布了欧洲数据战略；英国2020年也推出了数据利用的变革，确保数据安全的技术对策等。2023年中国提出了《数字中国建设整体布局规划》，明确数字中国建设按照"2522"的整体框架进行布局，即夯实数字基础设施和数据资源体系"两大基础"，推进数字技术与经济、政治、文化、社会、生态文明建设"五位一体"深度融合，强化数字技术创新体系和数字安全屏障"两大能力"，优化数字化发展国内国际"两个环境"。

为了实现"创造新价值"这一数据战略的终极目标，广泛收集数据是第一位的。因此，在数据战略中作为对象的数据，包括封闭数据和实时数据等，是"包含在数字世界中通过网络等能够联系和交换的从数值到形式化的信息和知识的全部概念"。

数据战略是基于数字化技术的发展，其目标是在物理空间（现实空间）和网络空间（虚拟空间）高度融合的系统（数字孪生）内，兼顾经济发展与解决社会问题，创造新的价值。图3-2是日本推出"社会5.0"（Society5.0）的数据战略框架结构。参照Society5.0的体系结构，描述了对应的数据战略体系结构，包括利用数据、重点领域、规则、利用环境、协作基础、数据以及基础设施等内容，确定了相关的数据联系规则等，是支撑整个数字基础设施的基础。

3.1.1 数据技术概要

数字化是指将各类复杂多变的信息转变为可以度量的数据，并加以处理的过程。它包括数据的采集、传输、存储、计算和应用。数据是数字化的基础和核心，是数字化成长的基本要素，数据的质量也直接决定了数字化的深度和广度。模型和数据是智能建造的核心。

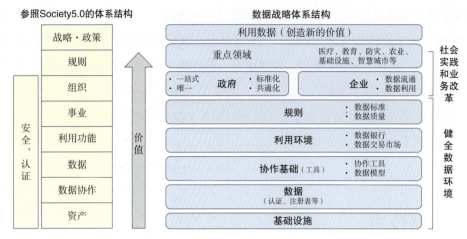

图 3-2 日本 Society5.0 数据战略框架结构

1）数据、大数据

数据是指对客观事件进行记录并可以鉴别的符号，是可识别的、抽象的符号，可以是狭义的数字，也可以是具有一定意义的文字、字母、数字符号的组合、图形、图像、视频、音频等，是客观事物的属性、数量、位置及其相互关系的抽象表示。

数据经过加工后就成为信息。在计算机科学中，数据能输入计算机并被计算机程序处理，是一定意义的数字、字母、符号和模拟量等的统称。

信息与数据既有联系，又有区别。数据是信息的表现形式和载体，信息是数据的内涵，加载于数据之上，对数据做具有含义的解释。数据是符号性和物理性的，信息是对数据进行加工处理之后所得到的并对决策产生影响的数据，是逻辑性和观念性的。数据本身没有意义，数据只有对实体行为产生影响时才成为信息。

在不同的信息系统中，数据的选择、类型、数量、采集方法、详细程度、可信度等，取决于系统应用目标、功能、结构和数据处理、管理与分析的要求。

大数据（Big Data）就是各种数据的集合体，是数据、采集、处理、利用、废弃的管理系统。大数据的 5V 特点如图 3-3 所示。一方面指数据量大，且超出常规计算设备的处理能力；另一方面指处理数据的过程复杂。大数据本身不仅是一个固定的主体，更是一个跨越很多信息技术边界的动态活动。

大数据是互联网发展到现今阶段的一种表象或特征，在以云计算为代表的技术创新下，这些原本看起来很难收集和使用的数据开始容易被利用起来，通过各行各业的不断创新，为人类创造更多的价值。大数

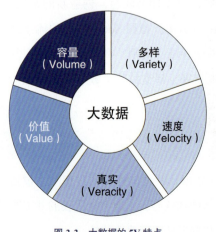

图 3-3 大数据的 5V 特点

据技术的战略意义不在于掌握庞大的数据信息，而在于对这些含有意义的数据进行专业化处理。

在大数据时代，数据可以从各种地方提取，自身还可以演变、进化。文字可以是数据，方位、沟通、感觉均可以是数据。大数据指全体而不是抽样，数据处理中要效率而不要绝对精确，要相关而不要因果，大数据处理意味着最终结果是由数据导向确定的。

数据化不是数字化，它是一种把现象转变为可制表分析的量化过程。数字化是把模拟数据变成计算机可读的数据（用 0 和 1 表示的二进制码），和数据化有本质上的不同。

量化一切，是数据化的核心。大数据的核心动力来源于人类测量、记录和分析世界的渴望。计量和记录共同促进了数据的诞生。计算机的出现带来了数字测量和存储设备，大大提高了数据化的效率，也使得数学分析挖掘出数据更大的价值变成可能。简言之，数字化带来了数据化。

数据可以反复使用，可以用于不同目的，可以被处理后重组成新的数据，可以扩展内容，其价值是由使用目的决定的。数据的基本用途为信息的收集和处理提供了依据。数据的价值是其所有可能用途的总和。

2）多元异构数据

基础设施建设中的大数据是海量的、多源异构的，具有异构、自治、复杂、演化的特征。

多源异构数据是一种复合型数据。"多源"指一个数据的整体具有多个数据持有方，具有多个来源；"异构"指整体数据包含不同的数据成分，内容类型不同、特征不同，既有离散型数据，又含有混合型数据，既包含了结构化数据，也包含了非结构化数据。最底层的数据异构有四个，分别是视频数据、图像数据、声音数据和结构化的图表数据，数据类型如图 3-4 所示。

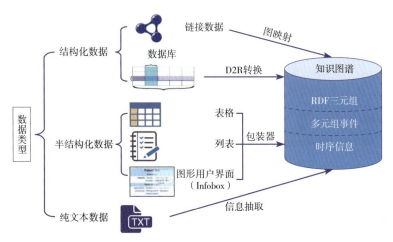

图 3-4 数据类型

注：RDF–Resource Description Framework（资源描述框架），是一种资源描述语言。
D2R–将数据库转换为 RDF。

3）数据质量

数据利用作为活动的基础，数据有问题也会影响新的服务出现的时间和成本，保证数据质量是极其重要的。

数据质量是数据管理的重要因素，国际数据管理协会（DAMA）的《数据管理知识体系指南》（DMBOK）和美国 CMMI 协会的《数据管理成熟度模型》（DMM）都占有重要地位。数据质量管理能够迅速收集数据，降低数据收集成本；易于数据更新和回避其中的问题，易于内部利用数据，易于数据公开，推动数据利用。

正确性（Accuracy）
完全性（Completeness）
一贯性（Consistency）
可靠性（Credibility）
最新性（Currentness）
可访问性（Accessibility）
适用性（Compliance）
机密性（Confidentiality）
效率性（Efficiency）
精度（Precision）
可追溯（Traceability）
可读性（Understandability）
可用性（Availability）
可携带（Portability）
可回收（Recoverability）

图 3-5　数据质量的要求

数据质量管理应以国际标准数据质量模型（ISO/IEC 25012）❶、数据质量的测量（ISO/IEC 25024)❷、数据管理过程评价（ISO 8000-61)❸为基础，关注数据质量评价、服务质量评价以及管理过程三个角度。

数据自身的质量，ISO/IEC 25012 规定了数据质量的要求，见图 3-5。

ISO/IEC 25024 规定了服务过程的评估按照数据的生命周期，见图 3-6。

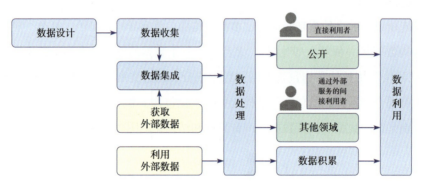

图 3-6　数据的生命周期

ISO 8000 是有关数据质量的国际标准，其适用范围是"定义与数据质量有关的数据特性"，其中 Parts 1～Parts 99 为数据质量一般要求（General data quality）；Parts 100～Parts 199 为主数据质量（Master data quality）；Parts 200～Parts 299 为商业交易的个别场合的交换数据质量（Transaction data quality）；Parts 300～Parts 399 为产品数据质量（Product data quality）。ISO 8000 的数据管理体系如图 3-7 所示。

构成数据质量管理过程是以数据质量管理为核心的运用，如图 3-8 所示。

主数据质量管理框架是以主数据为核心的运用，如图 3-9 所示。

---

❶ ISO/IEC 25012：软件工程 - 软件产品质量要求和评估 (SQuaRE)- 数据质量模型，Software engineering - Software product quality requirements and evaluation (SQuaRE) - Data quality model。

❷ ISO/IEC 25024：系统和软件工程 - 系统和软件质量要求和评价 (SQuaRE)- 数据质量的测量，Systems and software engineering - Systems and software Quality Requirements and Evaluation (SQuaRE) - Measurement of data quality。

❸ ISO 8000-61：数据质量 - 第 61 部分：数据质量管理 - 流程参考模式，Data quality - Part 61: Data quality management: Process reference model。

总体框架

Part1 概述	Part2 词汇表
Part8 信息和数据质量：概念和测量	

数据质量管理

Part60 数据质量管理：概述
Part61 数据质量管理：参考模型的过程

主数据

Part100 特征数据的数据交换：概述		
Part110 特征数据的数据交换：语法、语义、编码和符合数据规范	Part115 主数据：交换质量标识符 语法、语义和决议要求	
Part120 主数据：特征数据交换（来源）	Part130 主数据：特征数据交换（精确度）	Part140 主数据：特征数据交换（完整性）
Part150 质量管理框架		

工程信息

Part311 形状生产数据质量应用指南（PSQ-S）

图 3-7　ISO 8000 的数据管理体系

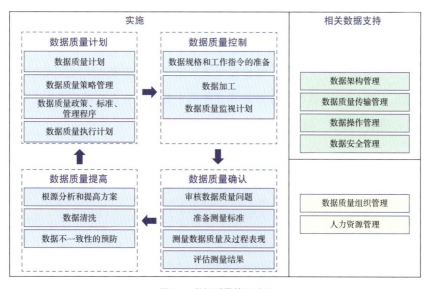

图 3-8　数据质量管理过程

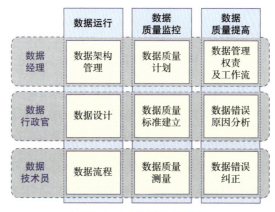

图 3-9　主数据质量管理框架

数据质量管理模型（Interoperability Maturity Assessment of a Public Service，IMAPS）用于评估公共机构提供的数字服务的成熟度，如图 3-10 所示。

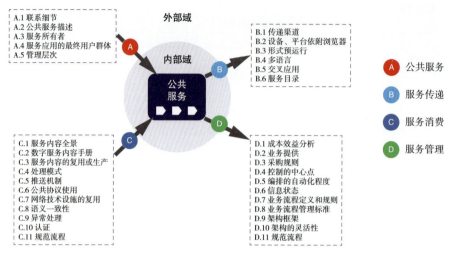

图 3-10　数据质量管理模型（IMAPS）

4）大数据技术概要

大数据技术主要包括数据采集、数据预处理、数据存储、数据挖掘分析、数据可视化、数据安全与隐私（图 3-11）。新的数据处理模式使得大数据拥有更强的决策力、洞察发现力和流程化的能力，适应了海量、高增长率和多样化的信息资产。

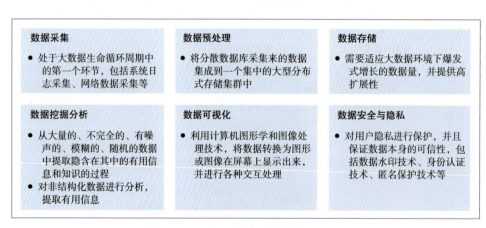

图 3-11　大数据的主要技术

数据采集就是把不同来源、格式、特点性质的数据在逻辑上或物理上集中。信息收集是从数据对象中抽象出数据分析所需特征信息，以合适的收集方法存入数据库。

数据存储是大数据的核心环节，分为文件系统和数据库系统。结构化数据一般采用关系型数据库系统存储，而半结构化、非结构化数据可以采取文件系统或非关系型数据库系统存储。数据储存类型包括软件定义存储、云存储、网络附加存储、对象存储、文件存储、块存储等多种方式。云存储是通过互联网云环境使存储资源汇集和共享及云计算。

数据分析过程一般包括数据收集、数据处理、数据建模、数据分析以及数据可视化，见图3-12。

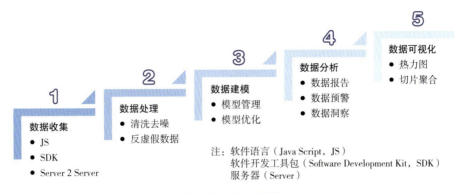

图 3-12　数据分析过程

数据的预处理指数据规约、清理（不完整、有噪声或不一致的信息）和变化，将数据转换成适用于数据挖掘的形式。在数据挖掘中，至少60%的费用可能要花费在数据收集阶段，而60%以上的精力和时间是花在数据预处理上。

工程大数据分析和数据挖掘离不开统计分析、机器学习和数据挖掘等分析技术，主要分析方法有回归、分类、聚类、降维。数据挖掘是指对大量数据加以分类整理并挑选出相关信息的过程。与统计和分析不同的，数据挖掘一般没有预设主题，是在现有数据上面进行基于各种算法的计算，从而达到预测的效果，满足一些高级别数据分析的需求。在科学领域，数据挖掘用于从现代试验与观察方法所产生的庞大数据集之中提取信息。在项目管理中，数据挖掘有助于决策制订。数据挖掘是一个反复循环的过程，如果没有达到预期目标，都需要回到前面的步骤，重新调整并执行。数据挖掘涉及多种算法。算法是大数据管理与计算的核心，基本算法设计思想包含概率算法、I/O有效算法和并行算法。在统计分析方法、神经网络算法、遗传算法、决策树方法、模糊集方法等基础上，提出定性定量不确定性转换模型——云模型，并形成了云理论。

工程信息具有海量性、异构性、高速性特点，覆盖项目全寿命期，对数据的一致性、存储性、可访问性要求较高，需要强大的数据计算和分析能力，更因为强调图形运算等特征，给数据中心处理平台的计算能力、储存能力、决策能力、管理能力提出了更高的要求，数据存储更多借助云，数据加工引入云计算、雾计算、边缘计算等。

云计算作为一种新兴的计算模型，透过网络将庞大的计算序自动分拆成无数个较小的子程序，再交由多个服务器所组成的庞大系统经搜寻和计算分析之后，将处理结果回传给用户。利用互联网可随时随地、按需、便捷地访问共享资源池（如计算设施、存储设施、应用程序等）。在施工过程中，云计算提供工程数据集中式处理服务，例如：现有的施工现场人员安全控制可以将从视频、定位基站等设施得到的工人安全行为数据上传到云端大型计算机平台进行处理，通过预训练形成的人员安全监测模型（如危险区域电子围挡的划定、不安全行为规则模型导入等），实现对人员实时位置监控，对工人不安全行为（如不佩戴安全帽、进入危险区域等）的预警。资源的高度集中整合使得云计算具有很高的通用性，针对工地现场各要素都可实现安全管理。

从技术上看，大数据与云计算的关系就像一枚硬币的正反面一样密不可分。大数据必然无法用单台的计算机进行处理，必须采用分布式架构。它的特点在于对海量数据进行分布式数据挖掘，但它必须依托云计算的分布式处理、分布式数据库和云存储、虚拟化技术。

大数据基本技术框架见图3-13。

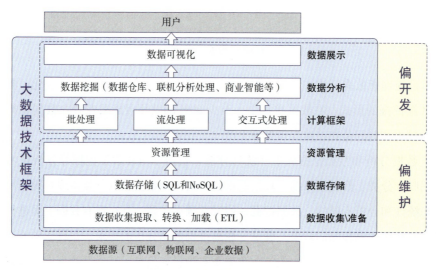

图3-13 大数据基本技术框架

5）数据可视化技术

2010年后数据可视化工具以表格、图形、地图等可视化元素为主，数据可通过过滤、提取、数据联动、跳转、高亮等分析手段进行动态分析。可视化工具可以提供多种数据展现形式、图形渲染形式，丰富的人机交互方式，支持商业逻辑的动态脚本引擎等。数据联动、过滤、提取、刷取、关联、变换等技术让用户能够掌握信息，发现问题，找到答案，并采取行动。

数据可视化分析和数据挖掘的目标都是从数据中获取信息与知识，但是手段不同。数据可视化分析是将数据呈现给用户以易于感知的图形符号，让用户交互地理解数据。数据挖掘是通过计算机自动或者半自动地获取数据隐藏的知识，并将获取的知识直接提供给用户。数据可视化可以看到交互界面，更适合于探索性地分析数据。

数据可视化包含三个分支：科学可视化（Scientific Visualization，Sci Vis）和信息可视化（Information Visualization，Info Vis），以及后来演化出的可视化分析（Visual Analytics Science and Technology，VAST）。

数据可视化允许利用图形、图像处理、计算机视觉以及用户界面，通过表达、建模以及对立体、表面、属性、动画的显示,对数据加以可视化,从不同维度观察数据(图3-14)。与立体建模等特殊的技术方法相比,数据可视化所涵盖的技术方法要广泛得多。

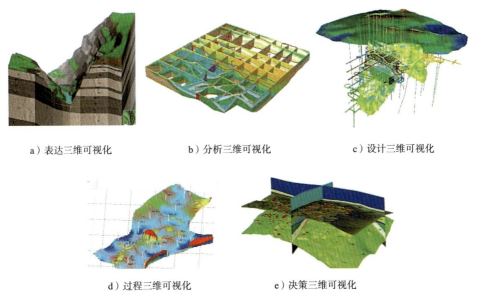

图 3-14 不同维度的数据可视化

(1)科学可视化,最初指作为科学计算组成部分的可视化,也就是科学与工程实践当中对于计算机建模和模拟的运用,面向的是科学和工程领域数据,如空间坐标和几何信息的三维空间测量数据、计算机仿真数据。重点探索如何以几何、拓扑和形状特征来呈现数据中蕴含的规律。科学可视化的主要过程是建模和渲染,建模把数据映射成物体的几何图元。

(2)信息可视化的处理对象是非结构化、非几何的抽象数据,旨在为许多应用领域之中抽象的异质性数据集的分析工作提供支持,如文本数据,其核心挑战是针对大尺度高维复杂数据如何减少视觉混淆对信息的干扰。

(3)可视化分析学被定义为以可视交互界面为基础的分析推理科学,将图形学、数据挖掘、人机交互等技术融合在一起,形成人脑智能和机器智能优势互补和相互提升。

3.1.2 智能建造中的数据和数据平台

1)智能建造的数据来源

建设生产管理系统的数据首先来自分散的子系统,其中最重要的是地理信息系统(GIS)、建筑信息化模型(BIM)系统和其他的分散数据系统。在BIM系统中,数据来自不同的生产阶段,获取数据的手段是多种多样的。智能建造系统的一个重要目标是开发社会基础设施数据一体化处理的平台(图3-15)。

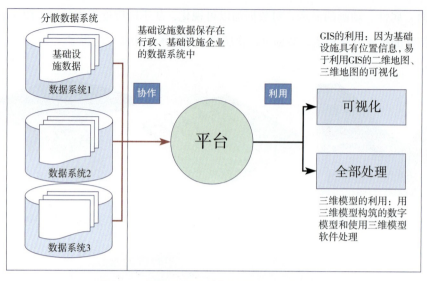

图 3-15　开发基础设施数据平台需要的 ICT 单元技术

（1）GIS 系统

GIS 系统提供了地域、国土、地球等数据，使用二维/三维地图表达。GIS 主要研究空间信息获取、管理、查询、分析、共享、应用和可视化表达。基础设施可视化时，最好把设施周围的环境也一并可视化。除可视化外，GIS 还具有保存、获取、分析地域、国土以及地球空间信息的功能，最重要的功能是可以把各式各样事物的空间信息组合在一起。基于信息的组合，易于确认、理解事物的分布模式和多事物间的关系。

GIS 保存的空间信息数据有两个特征：

一是所有的数据都附带位置信息。此位置信息，原则上经纬度可以变换，因此，GIS 数据可在二维地图上可视化，加上高度的位置信息就成为三维地图。

二是数据能够分层划分每个事物的种类。层中放置同一种类的事物的数据，用层单位把数据可视化，分析不同层的数据就能够分析事物之间的关系。

（2）BIM 系统

BIM 是构筑建设产业信息化的基础，BIM 数字模型根据工程进展又分为设计模型、施工模型和维护管理模型。

就项目而言，BIM 数据包含了建筑从调查、设计、施工到维护管理各个阶段的所有数据。数据的来源有调查数据、设计数据、传感器数据、机器数据等多种多样。模型上的数据还分为过程数据、结果数据和两者叠加的多维数据。过程数据准确地反映最终结果数据，是建造过程中网络化环境下对整个结果数据进行物化分割的完整记录。值得注意的是，这些数据是动态的，是动态记录整个建造过程的数据活动，而不仅仅是结果的静态表现（图 3-16）。

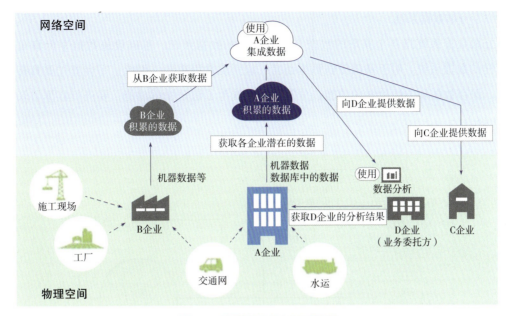

图 3-16 基础设施建设中的数据来源

当 BIM 的设计模型叠加了 GIS 中的位置信息，通过可视化手段，基本可以完整、形象地呈现工程的状态。

BIM 系统中的数据一是来自模型的调查和设计数据，二是来自生产建设过程中产生的数据，当然还有未来构筑物运行维护期间不断产生的数据。这些数据伴随着构筑物从生到死的全生命过程。建设过程产生的数据获取的技术是多种多样的，图 3-17 表示了物理空间和网络空间中获取、利用数据的传感技术。

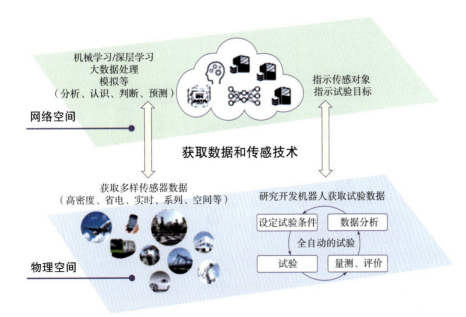

图 3-17 获取、利用数据的传感技术

（3）分散数据系统

分散数据系统指各个获取的数据与平台接续的数据系统。基础设施数据平台集成了各式各样的数据系统。对于基础设施数据而言，检索功能很重要。因此，平台首先要具有获取数据、保存数据和方便检索的功能。分散数据系统为了满足检索功能，要进行数据目录设计（图3-18）。

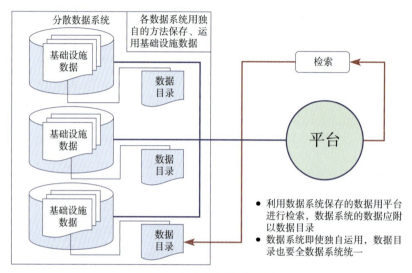

图3-18　分散数据系统的连接

目前，不同业主各自保存自己的数据，有不同的数据系统。数据利用首先要完成企业之间的数据共享和利用，包括数据的提供、获取和保存，如图3-19所示。

图3-19　企业之间的数据共享和利用

2)从数据到数据利用

三维模型中含有的大量数据,在模型利用中数据方面出现过很多问题,如数据缺失,历史数据获取困难,可靠性不强;大量重复;中小型企业采购和处理数据软件成本高,自身拥有的数据过少,难以使用;数据量过大导致网络传输困难,模型共享困难等。图3-20展示了三维模型利用中遇到的问题和解决对策。

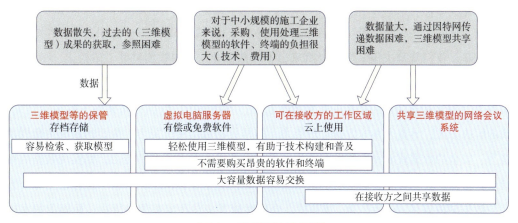

图3-20 三维模型利用的问题

注:虚拟电脑服务器即采用虚拟桌面(Virtual Desktop Infrastructure,VDI)技术,远程操作服务器上的虚拟电脑。

为此,需建立数据中心,构筑各个层面的数据平台,促进数据的处理和利用。

基础设施建设中数据的利用是基于数据平台上的数据共享。从数据技术来看,数据从采集到利用的过程可见图3-21。

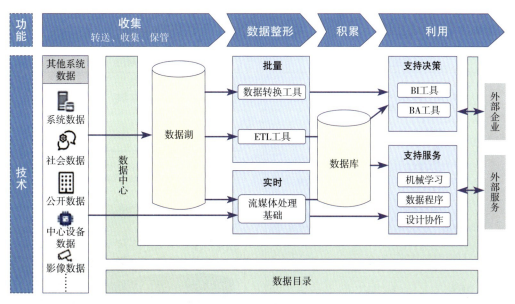

图3-21 数据从采集到利用的过程

注:BI-商业智能;BA-商业分析。

数据利用基于利用目的，也就是目前常说的"基于场景的解决方案"。数据利用中有三项基本工作：工作数据分析（基于算法和 AI）、数据的开放共享和数据服务。为实现数据开发与共享，各系统数据经多种数据汇集方式，集合到数据库、数据仓库、数据湖、大数据平台，最终形成数据中台。数据而后通过各种应用接口（API）进行应用。

数据库是按照数据结构来组织、存储和管理数据的数据集合。随着数据库规模变大，不同的数据库之间很难做到数据共享，数据之间的集成与分析也存在非常大的挑战。因此出现了一个面向主题的、集成的、相对稳定的、反映历史变化的数据集合——数据仓库，容纳更加庞大的数据集，支持管理决策。数据湖将来自不同数据源、不同数据类型（结构化、半结构化、非结构化）的数据，以原始格式存储进行存储的系统，并按原样存储数据，数据湖是一个集中存储各类结构化和非结构化数据的大型数据仓库，本质是由"数据存储架构+数据处理工具"组成的解决方案，具备完善的数据管理能力、多样化的数据分析能力、全面的数据生命周期管理能力、安全的数据获取和数据发布能力。数据湖能给企业带来多种能力，如实现数据的集中式管理，帮助企业构建更多优化后的运营模型，也能为企业提供预测分析、推荐模型等。数据仓库与数据湖就好像"仓库"和"湖泊"，仓库存储了来自特定来源的货物；而湖泊的水来自河流、溪流和其他来源，并且是原始数据。而后数据构建了一整套包含数据管理、分析和服务于一体的数据中台，在此实现了数据的共享和利用。

数据中心是企业用于存储、管理数据的物理基础设施，包含了服务器、存储设备、网络设备等 IT 基础架构，为数据管理提供了硬件支撑。数据中心的核心功能是对企业数据进行中心化存储、统一管理。数据中台置于数据中心之上，它以数据为核心，致力于构建统一、标准化的数据能力，是我们通常意义上的"数据平台"。数据平台涵盖了数据整形、管理和利用，图 3-22 表示了数据平台上的目录功能，API 集成和可视化功能，是人机交互的界面。

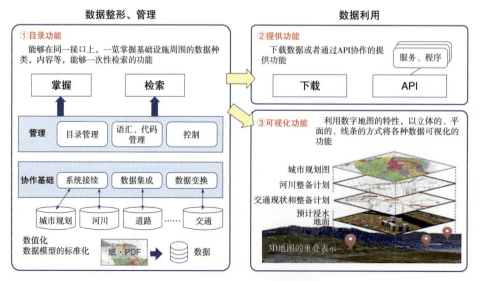

图 3-22　数据平台上的目录、利用和可视化

建设数据平台的第一步是规划统一的企业数据架构，将企业内各类离散数据进行统一规划，确定中心数据仓库和数据集市场，然后针对不同业务场景，构建标准化的数据集成模型、数据服务模型。使不同系统的数据能够互联互通。在数据治理方面，数据平台将不同系统的数据集成在统一的平台，建立数据标准、数据评估体系、数据安全体系，对内部数据进行集中治理，确保数据质量可控、数据应用可信。数据平台还具备企业级的数据应用和分析能力，可以对内外部数据进行采集、清洗、转换，构建高质量分析数据集，并通过报表、分析模型、数据可视化等方式帮助企业进行业务决策和优化，利用 AI 等先进技术进行智能分析。此外，数据中台还向不同部门和外部系统开放服务接口，实现数据服务化，可对内提供精准客户画像等数据服务，对外开放数据产品，构建以数据为核心的生态圈。数据平台构建了企业数据管理和应用的枢纽平台，有助于释放数据价值，推动业务创新，它是进行数字化转型的重要基础，也是提升企业核心竞争力的关键所在。数据中台不是一个标准化的产品，是一整套策略和解决方案的集合。

从服务项目的数据平台看，基于设计环境、作业人员、机械等数据（信息）从获取到利用分为获取数据层、协作基础层和应用程序层三个层级，如图 3-23 所示。

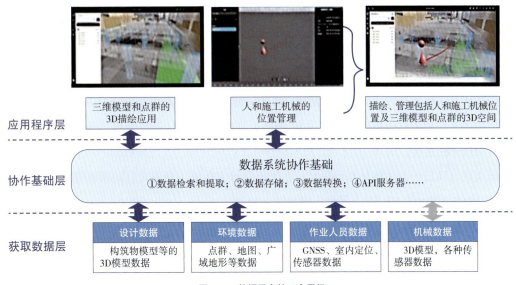

图 3-23　数据平台的三个层级

协作基础层就是后面介绍的数据平台。这里提一下数据导入时的数据架构。数据架构由作为业务核心的核心数据、以核心数据为中心构成的数据模型以及用于数据模型所表现的数据利用基础三个要素组成。核心数据是指在事业活动中使用的各种数据中处于中心位置的数据，以核心数据为中心连接各个数据。为了实现事业目标，从数据中创造价值，数据被定义为不可或缺的数据。数据模型是整理数据结构和关系的概念图。以核心数据为中心，表现在事业中使用的数据之间的关系。通过对数据模型的整理和共享，可以实现对数据关系性的共同理解。数据利用基础是指收集、积累并利用事业所需数据的平台。其中涉及了多种数据技术，见表 3-1。

. 121

多种数据技术 表 3-1

功能		技术	说明
收集	转送、收集	数据集	接续社内外的各式各样系统和数据利用基础,把数据源和数据湖、数据仓库的数据传送的结构
	保管	数据湖	从各种各样的数据源中,不经过数据加工和转换的形式保存数据的领域
整形		数据应用程序	没有技术能力的分析者和商业用户,方便快捷地确认数据和整形的工具
		ETL 工具	自动处理各种各样的数据整形的工具,主要由 IT 工程师等进行处理设计和构建
		流媒体处理基础	将 IoT 设备等产生的大量数据真实存储限时处理、灵活运用的机制。是用于按目的存储加工后的结构化数据的领域,是用于利用从多个数据源收集的数据进行分析的保存场所
累积		数据仓库	加工完了的结构化数据,按目的积累的领域。利用从数据源设计的数据,进行分析而保存的场所
利用		数据目录	数据的含义、结构和生成方式信息被称为元数据,管理元数据的机制
		BI 工具	用数据转换工具和 ETL 工具输入整形的数据,进行可视化,利用于决策的工具
		BA 工具	利用数据应用程序和 ETL 工具,输入整形的数据,进行分析处理、统计分析和预测,最佳化的工具
		机器学习	系统输入大量的学习数据,通过反复学习,生成规则和回合,进行词和名等的技术。关于统计和分析、机器学习结果等的外部企业方案和外部服务等的合作
		数据协作	关于统计和分析、机器学习结果等的外部企业方案和外部服务等的合作

建设数字平台是数据湖和 IoT、BI、AI 一体发挥功能的数据基础和应用程序群的集成基础。在数据基础上,数字平台集成规划、设计、报价、施工管理、设施管理(FM)支持服务以及人事、财务等工作相关的所有数据,通过 BI 进行可视化,通过 AI 进行分析、预测和决策,采用各种应用程序相连接,用 AI 进行项目技术和事务工作的管理,实现对数据的高度利用。如在设计领域实现结构设计的估算和断面研究;在生产领域实现施工管理人员的预测等;与合作公司共享材料设备的物流安装情况。平台示例见图 3-24。

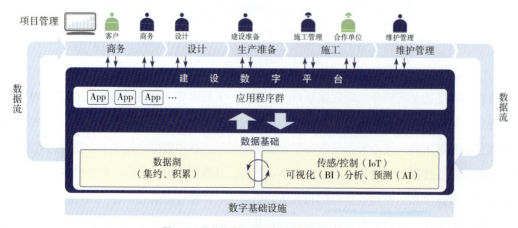

图 3-24　构筑物全过程生产管理数字平台示例

数据利用全过程中，表象是数据利用的各种 API，底层是数据，数据的质量和准确性一方面靠大数据的技术来平滑实现，另一方面，数据获取有其基本的原则。

数据获取（采集）有三条基本原则，见图 3-25。这三条原则看似简单，但在实践中又常常被违反。

> 原则①：已经取过一次的数据就不要再取第二次。
> 原则②：已经输入过一次的数据就不要再输入第二次。
> 原则③：能自动获取、输入的数据要自动输入。

图 3-25　数据采集的三个基本原则

数据利用可极大地提高施工效率，表现如下：

（1）利用数据技术掌握更多的现场情况，提高施工效率

由于近年通信技术的进步，数据获取、积累、利用的技术发生很大的变化。例如动画/图像获取技术和传感技术的发展；伴随 BIM/CIM 的普及带来数据精致化和多样化、数据量的增加，通信速度的提高；伴随因特网普及云计算能力的提高；AI 和有限元（FEM）等解析技术的发展等。

（2）利用数据分析辅助决策提高施工效率

数字化技术中数据是可更新、可追溯和可集成的，有助于进行"比熟练技能劳动者经验更高的施工技术分析"的研究。预测性的数据分析分为响应型、诊断型和战略型。响应型提供了适用的商业报表，诊断型进行比较分析和趋势分析，战略型提供了智能引擎和预测模型。基于数据的现场管理确定性大大提高，数据库在后期的维护管理和更新阶段也能得到极大的利用，如施工过程中数据的可视化在施工管理中的利用；异常发生时，同类、类似风险的设备故障和维护经历的历史数据的利用。

（3）通过可视化技术提高施工效率

数据利用贯穿山岭隧道全生命周期全过程，具体利用的案例在后续章节详细介绍。本章仅介绍了智能建造中的数据循环、数据平台和视频、图片数据的利用。

3）数据循环与数据共享

数据利用的目标是更多的输入、类比和预测，是将建设生产管理系统中产生的数据应用于其他阶段或流程。认识生产管理流程中各阶段的数据管理目标，才能进行有效地进行数据管理和数据利用。

建设生产管理系统由不同层级的子系统组成，基础的子系统是具体项目不同阶段的工作，而后是项目的建设的全过程和全生命周期，类似于工程项目管理中的工作任务分解（WBS）。智能建造系统中，要理解生产管理的阶段任务分解和目标；理解各个阶段的数据的循环以及数据在不同子系统或上下层级的系统之间中流动，在各个子系统或系统间的循环，也就是说数据生

于哪里？用于哪里？为了什么目标需要什么数据？数据分类方式可以有很多种，如按照专业，按照阶段，按照软件划分等等，本书根据数据流动的范围，数据利用的目标和数据使用者分为数据的小循环、中循环和大循环。图 3-26 表示了建设生产管理系统中的数据循环。

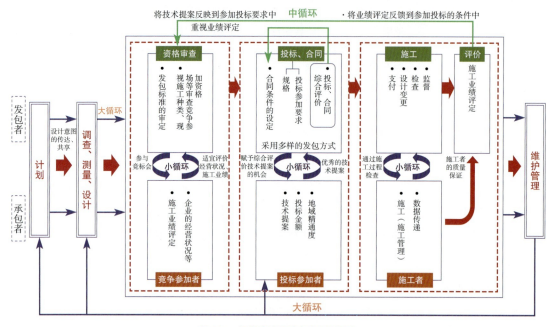

图 3-26　智能建造系统中的数据循环

数据大循环遵循数据的 PDCA 管理循环，涵盖了数据中循环和小循环中的相关数据，通过数据平台的共享，改变基础设施的"使用方法"和"存在方式"，实现产业的"智能"和数据利用，是产业的升级。就产业而言，数据大循环基于数据战略中的顶层设计，政府层面的"中央大循环"和地方或项目相关的"地方大循环"都很重要。数据大循环示例如图 3-27 所示。

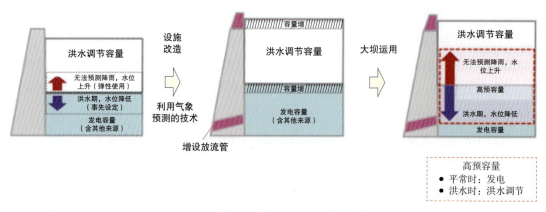

图 3-27　数据大循环示例（利用最新的气象预测技术的大坝改造）

扩展思考：

（1）利用维护管理数据，优化全生命周期成本（LCC）的讨论。

（2）通用过去的调查数据和施工数据，掌握、规避未来的风险（长大边坡、隧道、大坝）。

数据中循环包括开挖、喷射、支护等阶段的施工自动化，是在测量、调查、设计、施工的一系列流程中利用三维模型积累共享数据，旨在提高建设阶段之间的协作，是面向既定目标"生产方法"的改革。基于数据的流程再造改变了基础设施的建设生产管理系统，如更多的和更清晰的事前工作，更多更好的设计方案和施工方案的优化等。数据中循环示例如图 3-28 所示。

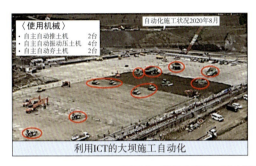

图 3-28　数据中循环示例（红圈内为自动化施工机械）

数据小循环指采用远程化工作，简化工程文件，利用云调查。如施工故障的事前预报、无人机测量等，利用已经存在的数据，通过减少流通数据的重复，减少返工，缩减工作，实现具体工作的高效化和省人化。数据小循环示例如图 3-29 所示。

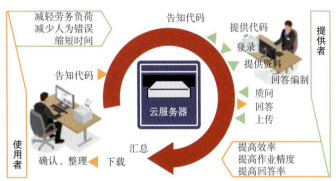

a）利用远程临场实现业务效率化　　　　　　b）利用云的调查效率化

图 3-29　数据小循环示例

生产管理系统各阶段数据循环的内容如图 3-30 所示。

4）数据利用环境

智能建造系统数据平台以基础设施为对象，使用性质上要求数据平台可以实现长期利用。为此，数据平台要有一个良好的数据利用基础环境。

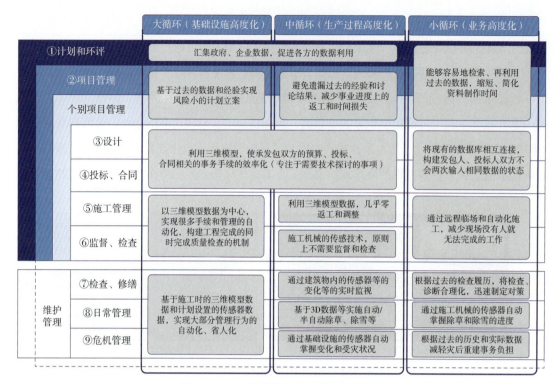

图 3-30　生产管理系统各阶段数据循环的内容

理想的数据基础环境包含以下内容：

（1）社会的基础数据标准化

政府、地方以及承担公共领域的企业等的数据，在量、质、利用环境上都要具有一定的标准和数量，为此需要改造和完善数据生成过程和数据输出接口（传感器等功能）。

（2）数据共享的基础（工具）普及化

在各领域以及跨领域之间，横向完善连接庞大数据的应用程序接口（API）和数据目录等数据连接，是实现数据跨组织、跨行业流转的重要前提，也是数据价值最大化的基础。

（3）数据的利用环境

数据的利用环境有四个层面：一是国家层面；二是项目层面；三是建立政府和企业共享的技术和数据协作平台；四是推进数字化、远程化的位置信息的共同规则（统一坐标），整合各阶段的信息，促进数据流通。要实现数据共享，需要出台刺激企业数据向全社会开放利用的激励机制，建立数据银行、数据交易市场等数据环境。

（4）数据治理的规则（数据治理/信任框架等）

制定数据的标准和品质等的数据联系所需的规则；数字市场的竞争规则和知识产权保护规则，数字安全规则等。

5）智能建造系统中的数据共享和数据平台

数据平台是数据协作服务的基础结构。数据平台上的数据收集、积累和变换是数据利用的基础。数据收集利用各式各样的数据源/数据服务器收集数据；数据积累把收集的数据保存；数据变换定义了数据构造并进行数据加工。数据平台提供数据处理规则、数据联合及转换等工具。

智能建造系统的数据平台以基础设施数据平台为基础，集成了社会共享数据框架中相关数据，将项目过程新的数据集成在数据管理系统中用以促进数据信息的流通和利用。基础设施数据平台位于社会共享数据框架之上，集合了项目中关于地形、地质、环境等调查数据及基础设施建设总社会共享数据系统中的公共数据，还常包含了企业历史项目的相关数据和知识总结，是企业级知识管理的数据库（图3-31）。

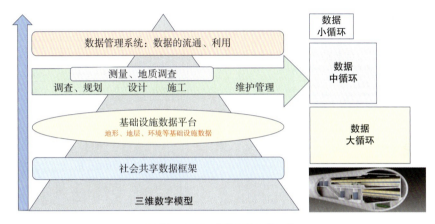

图3-31 智能建造系统的数据平台

数据平台共享功能需求统一的资源目录管理；全面灵活的数据采集；集中式数据质量管控和安全便捷的数据交换共享服务。

数据平台的开发以数据使用目的和使用者而定，数据共享的基础是来自各方的数据，共享环境包括承发包者之间、发包者内部、对外的公开数据共享（图3-32）。

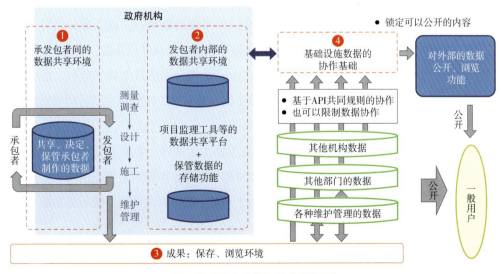

图3-32 数据共享基础及数据共享环境

图 3-33 是日本国土交通省❶构筑的数据平台概貌，该数据平台以国土地理院的三维地形模型数据为依据，具有三维地图上的三维数据和地层情报的三维视觉化功能；用应用程序接口（API）把有关地理的数据和人、物的移动等经济活动的数据和气象等自然现象的数据连接，用同一接口检索、显示和下载；可实现模拟数据平台上登录的信息直接发送等功能。此外，还有 NEXCO 东日本❷的智能管理平台（SMH），首都高速道路❸的 i-DREAM 等利用位置情报的平台。

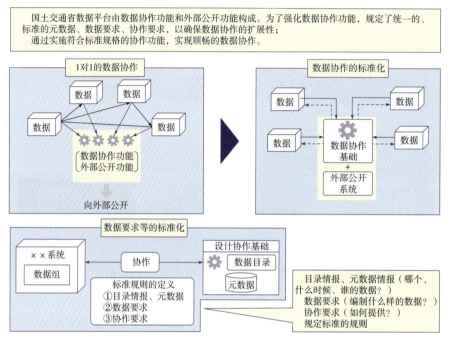

图 3-33　数据平台概貌

该数据平台只是最初级的，它完成了项目内、外系统的数据一元化管理，应用于工程管理、监理、维护管理、防灾等各个方面。图 3-34 可见数据一元化管理概貌。

基础设施数据平台位于社会共享数据框架之上，是集合了项目中关于地形、地质、环境等调查数据及基础设施建设总社会共享数据系统中的公共数据，还常包含了公司历史项目的相关数据和知识总结，是企业级知识管理的数据库。

图 3-35 是应用于项目的数据共享平台，以三维模型为基础，集成了贯穿项目从规划、设计、施工到维护管理全过程的所有数据，是各方根据权限共享不同内容信息的统一平台，极大地促进了数据的流通和利用。数据共享平台具备工程基本数据管理功能、揭示板功能、日程管

---

❶ 日本国土交通省：日本的中央省厅之一。
❷ NEXCO 东日本：东日本高速公路株式会社。
❸ 首都高速道路：日本首都高速道路株式会社。

理功能、合同协议编制功能、工作流功能、文件管理功能、图纸功能、线上电子交付功能、远程临场支持功能以及数据、系统协作功能等。

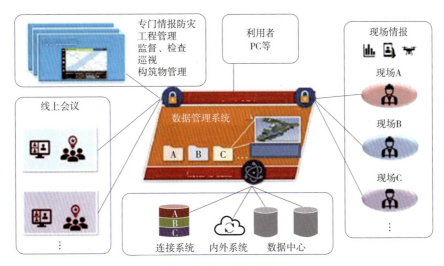

图 3-34 数据一元化管理概貌

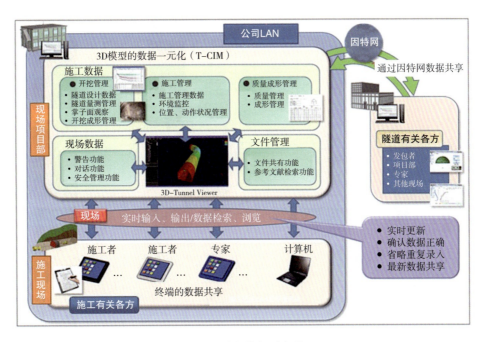

图 3-35 数据共享平台概貌

数据共享平台的功能之一是实现数据管理一元化，据此就能够对数据进行复合解析，用可视化辅助做出决策。i-DREAMs 数据平台是一个很好的案例，该平台以 GIS 为基础，集成各过程中获取的属性数据的同时，利用 MMS 获取的点群数据，与二维空间及三维空间连接，视目的和用途的不同进行管理和利用（图 3-36）。

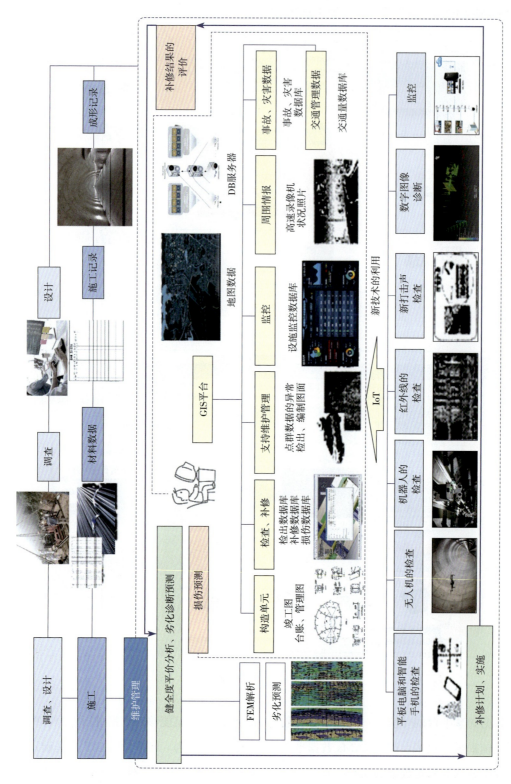

图 3-36 i-DREAMs 数据平台全体概貌

建设和维护管理现场各方数据共享利用的方法，视其目的有多种选择。以三维模型为基础的大容量数据共享系统及施工机械的自动控制、自动编制与量测数据组合的热图等的数据利用是必需的，为了收集施工管理需要数据的设备和实时处理收集数据，提供现场判断需要数据的应用程序和系统的开发也是重要的。对ICT机械而言，为保证施工精度和成形管理，还需编制基于利用机械控制（MC）和机械制导（MG）的成形管理要领。在芬兰，ICT机械施工的过程中利用的三维模型的用语已经体系化，编制模型的要求、数据交换的形式都做出了明确规定，以确保模型利用的便利性。

3.1.3 智能建造中图片和视频数据及数据利用

数据类别是多种多样的，图片和视频数据（Photo & Video Data，PVD）一直是智能建造的重要内容。随着ICT的快速普及，以虚拟现实（VR）、增强现实（AR）为首的数据可视化技术也陆续应用。图像分析和解析技术显著进步，图片、视频设备的精度/解像度，第五代移动通信（5G）等数据通信环境的显著改善，无人机等有关技术的复合利用都使智能建造变得更加友好，也出现了大量的可视化数据。在美国可视化的数据范围包括相机、录像机的PVD和相机、录像机以外可视化编制的PVD。土木工程领域中PVD利用以记录为主，效力"与目视同等"。施工时的现场状况的摄像和检查时的损伤地点的摄像等，主要用于"确认和记录"，近年来，PVD也被用于"判别、诊断"，但利用PVD的体系研究还不充分，尚无健全的应用环境。

PVD的利用示例很多，表3-2列举了施工和维护管理中的一些示例。

PVD的利用示例　　　　　　　　　　　　　　　表3-2

阶段	目的	利用示例
施工	成形检查	基准高度和限界的量测，确认量测值是否满足要求
	现场安全管理	作业人员和机器配置的可视化，根据作业人员、机器的距离判定安全性
维护管理	掌握裂缝	裂缝的可视化、裂缝宽度的量测、损伤程度的判定
	掌握路面凹凸	凹凸的可视化、量测、铺装质量等级的评价
	掌握河川水位等	掌握河川的水位和超水位状况等

1）PVD利用的基本方法

近年来，很多现场开始广泛利用PVD，实时了解现场状况，进行安全管理、质量检查、数据分析和评价等，利用方法中不仅通过PVD记录对象状态，还与AI和VR/AR等技术结合进行分析、诊断和决策，大大提高了现场生产力。

PVD利用首先要明确目标，即这些PVD如何可视化、如何利用和利用什么？PVD利用体系研究，一是明确PVD基本构架；二是明确PVD利用的基本构架。

（1）明确 PVD 基本构架

PVD 的基本构架由以下三个要素构成：

①对象：实物空间和虚拟空间的"像"

按照实物空间和虚拟空间的"像"和数字化处理后可视化"状态"分类。实物空间和虚拟空间的像的具体内容划分为位置、形状、文字、记号、模样、亮度、颜色。通过数字化、处理的可视化"状态"的具体内容划分为声音、温度、速度、浓度。

②条件：拍摄、可视化的手段、方法和条件

拍摄、可视化条件由 PVD 的利用目的设定。按前面的划分，有关拍摄设定的条件有日期和时间、图片数据特性、拍摄条件、构造和位置 GPS 等。拍摄条件包括拍摄状况（温度、湿度等），以上条件都标注在 PVD 上。有关"状态"的拍摄、可视化条件见表 3-3。

"状态"的拍摄、可视化条件　　　　　　　　　　　　　　　　表 3-3

数据	目的	规定摄像、可视化条件的规范例
声音	噪声测定	噪声环境基准的评价手册（基准时间带、等效噪声水平）
温度	混凝土构筑物变异调查	混凝土构筑物变异调查手册（摄像仪器、时刻、气象条件、摄像距离等）
速度	流速测定	海洋数据中心流速计数据格式（观测时间、经纬度等）
速度	水文观测	水文观测业务规范（平均流速、水深、距左右岸的距离等）
速度	振动的加速度	加速度传感器的数据模型及低消费电力无线通信（加速度值、量测时刻等）
浓度	水文观测	水文观测业务规范［生物需氧量（BOD）、固体悬浮物浓度（SS）、透明度、浊度等］

③对象的属性数据：拍摄对象和可视化对象的形式和表示管理状况的数据

拍摄、可视化对象中要附以有关对象的属性数据，并与 AI 等分析技术，对对象的内容进行"评价、判定"。PVD 中的属性数据是有效数据的关键。

（2）明确基本构架

可视化对象和状态从利用的角度可分为内容、目标和判别方法。

表 3-4 列举了拍摄和可视化对象，按利用目的划分的具体示例。

按目的划分的具体示例　　　　　　　　　　　　　　　　表 3-4

项目	拍摄、可视化对象	内容	目标	判别方法
现实空间和虚拟空间	位置	掌握铺装面的裂缝位置，表示在地图上	用 AI 判别施工现场的重型机械和作业人员，掌握轨迹（变化）	设计编制的 3D/CAD 和制造后的实物，采用 AI 重叠确认其位置差异
现实空间和虚拟空间	形状	根据图片掌握裂缝形状	掌握裂缝的变化	设计编制的 3D/CAD 和制造后的实物，采用 AI 重叠确认其形状差异
现实空间和虚拟空间	文字、记号、模样	根据图片掌握量测仪器的刻度		

续上表

项目	拍摄、可视化对象	内容	目标	判别方法
现实空间和虚拟空间	亮度	机器人自动测定照明设备的照度	采用图片、视频进行交通量调查，根据车辆通过时的辉度值变化认识移动体	评价混凝土浇筑缝，根据浇筑缝的辉度分布判别状态
	颜色	根据锈的颜色掌握构筑物的腐蚀程度	根据排水管的水的颜色变化，掌握土砂灾害的预兆	根据汽车装载相机、摄像信号机，判定灯的颜色
状态	声音	施工噪声可视化，掌握噪声的分布	设置防声设备，模拟声音的变化	进行隧道检查，打击声数据可视化，异常地点可视化
	温度	规划人工卫星的红外线掌握热的状况	常时监视火山监视相机的红外线图片，识别喷火图像	根据红外线图片，掌握坡面、构筑物的变化（浮动、剥离）
	速度	解析监控系统（CCTV）图片，掌握河川的流速、流量	解析图片和振动，量测桥梁的挠度，掌握位移值	图片解析混凝土浇筑速度，判别坍落度是否超过容许值
	浓度	量测、图示污染浓度	图示粉尘、甲烷浓度变化，确认实时变化	根据坝内浓度变化，取水分析

表 3-5 列举了 PVD 属性数据利用的示例在三维模型中属性数据的利用，PVD 属性数据是共同的。

PVD 属性数据的利用示例   表 3-5

目的	使用的属性数据	属性数据的使用示例
设计、施工：山岭隧道施工中的监督、检查	洞内位移等的量测数据	掌子面照片、洞内位移等量测数据、三维模型表示、用于监督、检查
管理：地下埋设管的可视化	地下埋设管（瓦斯、上水道、下水道、通信等）	按颜色划分各种管网，用 AR 设备显示
管理：隧道补修经历的可视化	记录裂缝等状况的台账	裂缝等数据用全息透镜显示，历史数据的 3D 模型，与现状图片比较判断危险性
管理：道路附属物的检查	输入检查数据的台账	根据台账的记录和检查对象的图片，提出特定待查对象与以前的数据比较

2）获取数据的相关量测技术

（1）获取 PVD 技术

获取 PVD 技术是多种多样的，包含了测量方式和设备、三位点群数据处理、仪器的自动读取、文字的自动识别等，不同的使用目的，如施工管理、维护管理、成形管理、自动化等，选择相应技术。硬件部分主要还是靠传统的位移、应力等传感仪器和设备，也就是数据采集器；数据的分析主要通过软件进行；数据的传递依靠网络，现场的设备演变具有现场可视化监测能力。表 3-6 对此进行了一个简要的归纳。

拍摄和可视化对象的主要技术 表 3-6

拍摄和可视化对象		主要技术/示例（包括开发中的）	主要利用目的
位置	主要技术	照片测量、激光测量、三维点群数据处理等的位置获取	施工时的安全管理；成形检查；维护管理
	主要示例	根据现场图片掌握作业人员及主要机器的位置	
形状	主要技术	照片测量、激光测量、三维点群数据处理，图片、视频的判读等获取形状； 采用 AI 的形状自动认识； AR 技术	施工管理；维护管理
	主要示例	掌握裂缝和凹凸形状； 电柱、钢轨、架线的自动识别； 现场图片与 AR 重合	
文字、记号、模样	主要技术	采用 AI 的文字自动认识	长期监视
	主要示例	量测仪器的自动读取	
亮度	主要技术	利用照度计测定； 根据图片获取亮度	照明设备的维护管理
	主要示例	用图片掌握隧道内的亮度	
颜色	主要技术	利用彩色传感器测定； 根据图片获取色相、彩度	维护管理；自动运转
	主要示例	信号机的识别和信号颜色的自动识别	
位置+形状	主要示例	与相机图片接合，构成三维位置形状，用厘米单位掌握位置和对象物间的距离； 根据激光和相机，以毫米单位掌握路面的凹凸	成形检查；维护管理

（2）现场可视化监测（On-Site Visualization，OSV）及应用

传统的现场位移监测包括地表沉降、拱顶下沉、收敛变形、地质和支护观测等内容，涉及位移、应力、环境等多种因素。信息流的传递从技术人员采集→量测仪器→计算机终端→专业人员评价。传统监测可应付正常的使用环境，但存在数据通信延迟、人员疏忽、突发事件、预算不足等情况。相比之下，OSV 技术展现了极大的优势。

OSV 在监视区域内设置具有视觉结果表示功能的变异（位移、倾斜等）量测装置。量测装置可设置在任意地点，出现位移变化时，发光二极管（LED）灯光颜色发生变化，远程技术人员可以轻易识别，具有监测省人化、数据真实化、数据采集大量化等多个优势。

什么样的监测数据可以可视化？应该说，能够定量量测的数据都能够可视化，但监测什么项目要视工程内容、风险状况、成本能力和适用的仪器设备等来选择。近年日本各大企业 OSV 技术应用非常普遍，多采用通用电子设备，还涌现了很多采用特殊构架设计的小装置，不依赖电力的简单装置，甚至还利用各种材料如镜子、光纤维等。下面分享一些案例供参考。

①利用通用电子设备的示例。

通用电子设备指传感器、倾斜仪、全站仪、无线接收器、应力仪、环境监测计等传统量测的常用设备,如图 3-37 所示。

a)传感器

b)无线接收器

图 3-37 通用电子监测设备

②倾斜计用于计算拱顶下沉,监测洞口围岩变形。

③可携式倾斜计监测明挖车站的中间桩施工。

④采用特殊构造设计的装置的示例(图 3-38)。

a)利用全站仪测量净空位移

b)设置模板,混凝土浇筑压力监视

c)内埋置应力计监视衬砌应力

d)混凝土养护期温度和湿度的可视化

图 3-38

e）水的酸碱度监测

f）净空位移监测

g）洞口坡面监测

h）围岩改良变形监测

图 3-38　采用特殊构造设计装置的示例

光位移计随位移增量，LED显示颜色发生（蓝、绿、黄、红等）变化，可以直观地看出位移的变化，用于洞口位移监测、坡面监测、围岩改良变形监测。图 3-39 中，设置了能够可视化量测桩间相对位移的机械式装置，由于利用太阳光，无须电力。

图 3-39　光位移计用于 OSV 监测

洞口上部的镜子能反射出伴随开挖周边围岩的微细倾斜［图 3-40 a)］。配置小型 LED 条件下，观测点距所到洞口坡面的距离约 150m。

图 3-40 b）利用光纤维确认混凝土浇筑是否完全到达拱顶。当从泵送到注入混凝土充填到达拱顶部时，埋有传感器的信号被遮断，可确认已完成充填。充填状况可在计算机中明显表示。

a）利用镜的倾斜可视化　　　　　　b）利用光纤维确认衬砌混凝土浇筑状况

图 3-40　其他方式的示例

在采用 OSV 技术时，有一些注意的事项，如对数据的时间间隔、数据模式要求和时间变化率，量测精度、场所、采用的方法及设备使用的规定，涉及视觉认可距离、可视化部分的范围、观测者的数量等多种因素，注意事项总结列于表 3-7。

OSV 实施时的注意事项　　　　　　　　　　　　　表 3-7

量测可视化数据的种类		数据样本和可视化时间的间隔
• 表现构筑物主体的数据（位移、相对位移、倾斜、应变、应力、温度等）； • 附属构筑物的数据（夹具的健全性等）； • 有关水的数据（水压、水位、水量等）； • 有关环境的数据（水质、重金属的含有量、有毒气体浓度等）； • 其他		完全实时； 1s； 10s； 1min； 其他
可视化数据模式	• 元数据； • 数据的时间变化率	视觉识别的距离： 1m 以内； 10m 以内； 100m 以内； 在 100m 以上
量测的精度要求	• 高； • 中； • 低	可视化部分的大小： 1mm 左右； 1cm 左右； 10cm 左右； 1m 左右； 在 1m 以上
量测场所	• 观测者能够看到的地点； • 观测者不能看到的地点	观测者数： 数人； 数十人； 数百人； 在数百人以上
可视化场所	• 量测场所或其近旁； • 观测者易于分辨的场所	
可视化方法	• 用光的颜色传递； • 用光的亮度传递； • 用形状传递； • 用文字传递	
可视化数据的公开度	• 仅施工有关各方可见； • 一般公开	

（3）与 PVD 相关的量测技术发展趋势

获取 PVD 依赖于量测技术。智能时代，量测技术也在不断升级演变（图3-41）。传统的量测技术，即狭义的量测技术本质是传感，其主要指物理量的量测，如常见的相机拍摄图像、GPS 位置数据、振动传感器等。广义的量测技术，用于掌握交通堵塞、异常通知等，是自主的传感技术，用于机器人、自动运转、运用自动化等。这种与 AI 技术的融合带来量测技术快速发展，不仅直接关系到仪器设备的发展，也将量测技术与建造过程中及时解决各种问题、创造价值的行为联系起来。

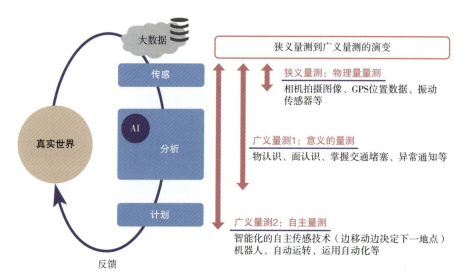

图 3-41　量测技术的演变

就量测技术本身而言，面临的技术挑战是通过高度化、多面化、广域化、更广泛、更深入、更快速地把握真实世界的状况和状态。量测的多面化是超越人类五感的"超五感"，把握人类的内心世界和想法等正在成为目标。量测的广域化是通过与小尺寸、低耗电量、廉价、易维护等价值联动来实现。量测的高度化是实现有意义的量测和自律性量测。社会量测将以高度化、多面化、广域化的综合形式不断发展（必须考虑保护有关人类行为数据的隐私），其重点是从作为个别要素技术新的量测方法和仪器的创造和发展，以及将其综合起来的广义的量测技术的高度化两方面着手。

3）可视化数据处理的软件

近年，在土木构筑物中，BIM/CIM 已经成为数据集成的主要工具。其中，Geo-Graphia 是适应时代需求而开发的具有地下数据三维可视化功能的软件，其结构如图3-42所示。它是

图 3-42　Geo-Graphia 结构

地下数据的一元化管理工具,也是三维可视化软件。作为把与围岩和地下水有关的数据进行可视化和知识化的集成管理工具,涉及的数据包括构筑物地形、地质数据、数值解析结果、量测结果等,数据一元化管理在上述数据之外还融入了与地下有关的相关知识,上述内容同时实现可视化。

(1) Geo-Graphia 实现的功能

①实现了从构筑地质模型到解析计算无缝衔接

Geo-Graphia 软件能够有效率地完成以地下为对象的三维数值解析;网络自动生成对应地质构造的物性值分割单元;能够设定考虑施工便利性的解析步骤,迅速设定初始条件和边界条件。数值解析结果用彩色方式可视化呈现,同时,解析结果与全体地下数据图中重合可见,如图 3-43 所示。

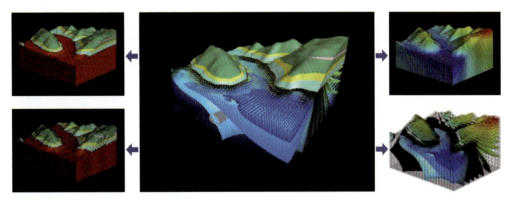

图 3-43 从构筑地质模型到解析计算

②实现了隧道信息化(ICT)施工

利用 Geo-Graphia 三维可视化功能,易于对以下信息及时掌握,有效地协助隧道施工信息化施工和管理者决策(图 3-44)。

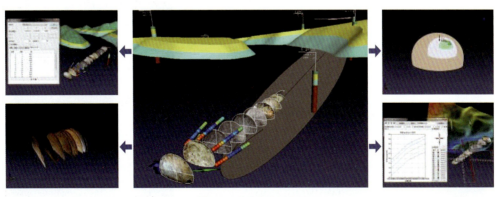

图 3-44 隧道信息化施工

a. 基于观察结果和探查结果,随时更新地质模型,预测隧道前方的地质和危险性。

b. 能够把量测探查结果用三维模型表示。

c.能够把数值解析结果与地质模型和观察、量测结果进行比较研究。

d.能够有效收集和管理隧道施工中产生的各种数据,为维护管理服务提供基础。

Geo-Graphia软件的工作基于有效的通信环境,不同阶段的工作内容是不同的,包括建模、输入、比较、更新、输出的迭代过程,施工前编制模型,插入图纸信息和地形、地质模型;施工中输入量测、观察、探查结果,更新地质模型;必要时要大幅度更新地质模型,变更断面、支护模式、表示数字解析结果;施工后输出后续管理需要的数据。

Geo-Graphia工作流程如图3-45所示。

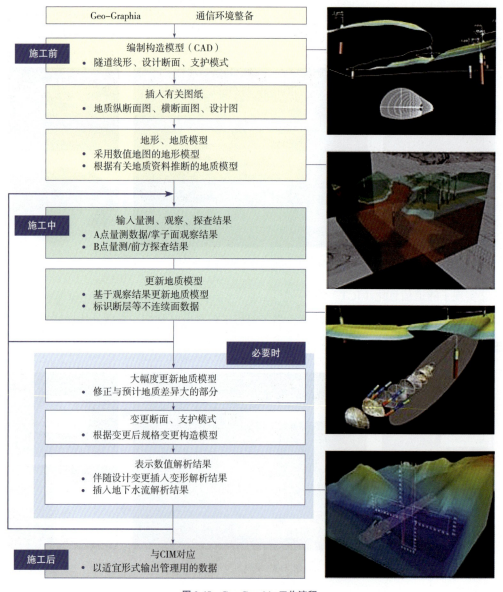

图3-45 Geo-Graphia工作流程

③实现了地质、构筑物的数据一元化管理

Geo-Graphia 软件可以对钻孔数据、探查数据、横断面图、纵断面图、文献资料等与地下有关的数据进行一元化管理。各种数据用 Geo-Graphia 进行管理；地质模型和解析结果、量测结果等视要求表示，如图 3-46 所示。

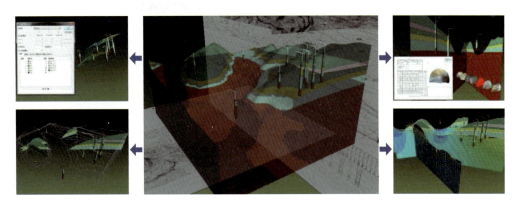

图 3-46 地质、构筑物的数据一元化管理

④体现了 BIM/CIM 的概念

随施工的进行要更新数据，根据施工中的量测结果和监控数据、数值解析等预测结果进行管理。使用 Geo-Graphia 软件管理的数据，能够按 CIM 要求的统一规格输出（图 3-47）。

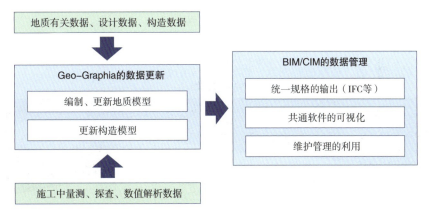

图 3-47 满足 CIM 要求的统一规格数据输出

⑤呈现了综合的可视化概貌

在可视化图面中，综合了地表面形状、地质构造模型、数值解析结果、数值解析模型、观察数据、探查数据、图纸、资料、CAD 数据、不连续面数据、量测数据、钻孔数据，完整地表示了隧道自身和周边静态和动态变化的概貌，为项目管理、动态变更提供了极大便利，如图 3-48 所示。

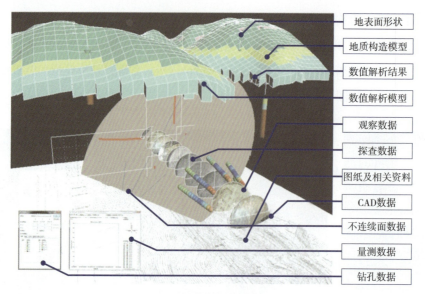

图 3-48 综合的可视化概貌

（2）软件功能

① CAD 功能

a. 导入 DXF 格式的图面数据（图 3-49），用三维模型表示（图 3-50）。

b. DXF 格式数据为二进制数据，能够在模型间导出。

c. 利用导入的构筑物图纸、DXF 格式数据，可直接编制隧道和地下发电站等构筑物。

d. 可同时表示构筑物和地质模型，确认其关联性。

e. 能够把照片和地质观察结果贴附到目标上，分别确认其相关性。

f. 能够读取纵断面、横断面等图纸，也能够把文献数据作为空间数据管理。

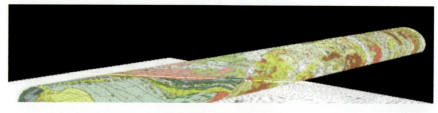

图 3-49 DXF 格式的图面数据

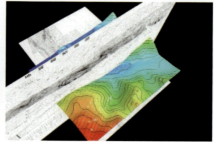

图 3-50 三维模型

②表面模型功能

a. 导入激光扫描获取的点群数据,进行消除噪声处理,编制表面模型。

b. 导入数值地图数据、DXF 文件、XYZ 数据等编制表面模型,如图 3-51 所示。

c. 在图上可量测任意区间的距离和坡度。

d. 可编制任意区间的纵断面和横断面图。

e. 采用地形解析软件分析地形特征(图 3-52)。

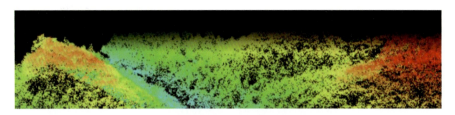

图 3-51 表面模型

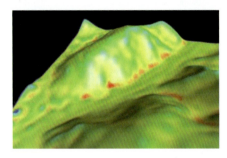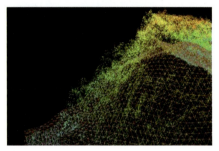

图 3-52 地形特征分析

③地质模型功能

a. 读取既有钻孔数据和地质纵断面图等进行保管、标示。

b. 基于钻孔数据和纵断面图,设定各地层的上限面、下限面、地质边界面。

c. 参考生成的模型定义新的边界面,修正地质的推定结果。

d. 定义走向、倾斜、裂隙并表示,裂隙群可以立体网络表示。

e. 指定钻孔间和任意坐标,表示切断面。

f. 确认地质分布和构筑物等位置关系(图 3-53)。

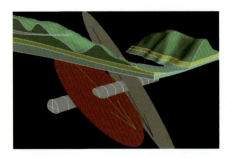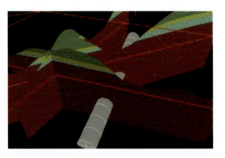

图 3-53 地质模型

④实体模型功能

a. 自动生成解析用的网络。

b. 基于地质边界面的实体模型(图 3-54)。

c. 基于地质边界面的三维像素模型。

d. 定义断面的挤出模型。

e. 解析结果的可视化。

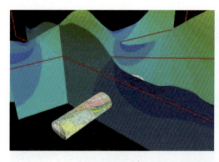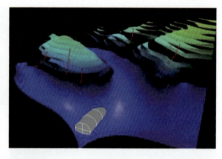

图 3-54　实体模型

⑤量测管理功能

a. 隧道变形量测、围岩位移量测(图 3-55)等结果的三维图像和历时变化图表示。

b. 前方探查结果、注浆量等表示。

c. 掌子面观察结果和钻孔数据或地质模型和量测结果同时表示,研究变形原因。

d. 量测结果与地质数据、解析结果的比较(图 3-56)。

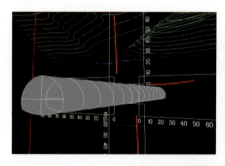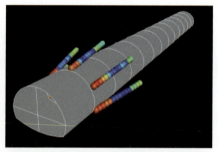

图 3-55　隧道变形量测、围岩位移量测

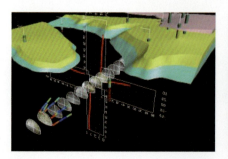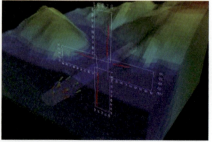

图 3-56　掌子面观察结果和钻孔数据与量测结果比较

3.2 网络化技术

智能建造的目标之一就是构建数据同步映射的数字工地,达到建造过程的可计算、可分析、可优化和可控制。其中,工程物联网是实现智能感知、传输、分析和决策控制,建立数字工地的关键性技术,具体包括用于采集的感知技术,用于连接的网络通信技术以及物联网成网等信息处理技术。

3.2.1 感知技术和工程感知内容

感知技术包含不同类型的数据采集技术,用以实时测量或感知工程要素的状态与变化,同时转化为可传输、可处理、可存储的电子信号或其他形式的信息,是实现工程物联网中建造过程自动监测和自动控制的首要环节,其实现主要依靠信息传感设备。

1)主要感知技术

(1)射频识别

射频识别(Radio Frequency Identification,RFID)技术是利用射频信号,通过交变磁场或电磁场实现无接触信号传递,并通过所传递的信号进行识别的技术,是物联网关键技术之一。

在物体上所贴的RFID标签(图3-57、图3-58),具有读取远距离(几米至几十米)、穿透能力强(可以通过包装箱直接读取信息)、无磨损、非接触、抗污染、效率高(可同时处理多个标签)、信息量大等特点。

图 3-57 RFID 标签

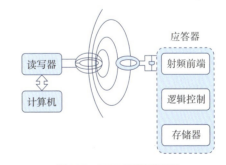

图 3-58 RFID 系统工作原理

RFID系统由标签(射频卡)、阅读器、天线组成。阅读器通过发送一定频率的射频信号,当射频卡进入发射天线工作区域时产生感应电流,射频卡获得能量被激活。射频卡将自身编码等信息通过卡内置天线发送出去。系统接收天线收到从射频卡发送来的载波信号,经天线调节器传送到阅读器,阅读器对接收的信号进行解调和解码然后送到后台主系统进行相关处理;主系统针对不同的约定做出相应的处理和控制,发出指令信号控制执行动作。

所有阅读器都由高频接口和控制单元两个模块组成。高频接口包含发送器和接收器，发送器产生高频发射功率，启动射频卡并提供能量，同时对发射信号进行调制，将数据传送给射频卡，接收器接收和解调来自射频卡的高频信号。不同射频识别系统的高频接口设计具有一些差异。阅读器控制单元实现与应用系统软件通信，执行软件发来的命令。

（2）蓝牙（Bluetooth）

蓝牙技术是采用低能耗无线电通信技术来实现语音、数据和视频传输，其传输速率可达1Mb/s，以时分方式进行全双工通信，通信距离为10m左右，配置功率放大器可以使通信距离进一步增加。蓝牙采用跳频技术，能够有效地减少同频干扰，提高通信的安全性；采用前向纠错编码技术，以便在远距离通信时减少随机噪声的干扰；采用FM调制❶方式，使设备变得更为简单可靠。蓝牙与因特网之间的通信，使得家庭和办公室的设备不需要电缆也能够实现互通互联。

（3）传感器（Sensor）

传感器负责物联网信息的采集，是实现对现实世界感知的基础，是物联网服务和应用的技术。传感器一般由敏感元件、转换元件、变换电路、辅助电源四部分构成。其中，敏感元件直接接收测量，用于输出被测量有关的物理量信号，敏感元件主要包括热敏、光敏、湿敏、气敏、力敏、声敏、磁敏、色敏、味敏、放射性敏感十大类。工程中常用的物理传感器见表3-8。转换元件用于将敏感元件输出的物理量信号转换为电信号。变换电路用于将转换元件输出电信号进行放大、调制等处理。辅助电源用于为系统（主要是敏感元件和转换元件）提供能量。

物理传感器种类　　　　　　　　　　　表3-8

分类	子项
力学传感器	加速度计
	陀螺仪
	位移传感器
	流量传感器
	压力传感器
	惯性传感器
电磁学传感器	电场传感器
	磁通传感器
	磁阻传感器
	磁场强度传感器
热学传感器	热导传感器
	热流传感器
	温湿度传感器

---

❶ FM调制：一种电子通信中的调制方式。

续上表

分类	子项
光学传感器	可见光传感器
	红外传感器
	激光传感器
声学传感器	噪声传感器
	超声波传感器

传感器是实现自动检测和自动控制的首要环节。

第一代是结构型传感器,它利用结构参量变化来感受和转化信号。第二代是固体型传感器,这种传感器由半导体、电介质、磁性材料等固体元件构成,是利用材料某些特性制成。如利用热电效应、霍尔效应、光敏效应,分别制成热电偶传感器、霍尔传感器、光敏传感器。第三代传感器是发展起来的智能型传感器,是微型计算机技术与检测技术相结合的产物,使传感器具有一定的人工智能。

物联网中的传感器节点如图3-59所示。节点具有感知能力、计算能力和通信能力,也就是在传统传感器基础上,增加了协同、计算、通信功能。

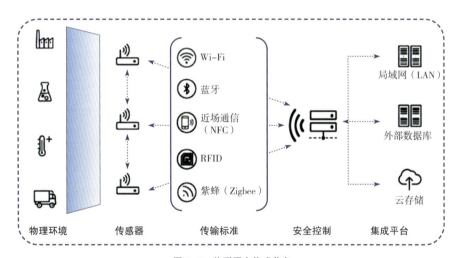

图3-59 物联网中传感节点

(4)激光扫描

激光扫描器是一种光学距离传感器,用于危险区域的灵活防护,通过出入控制,实现访问保护。通过发射无害激光和连续分析反射,扫描器可根据编程的保护区域,检测其中的人和物,并进行反应。

工程实践中,常用于非安全相关测量或检测任务(如确定距离、位置或轮廓)、危险区域警示线、检查用于机器和人员保护的伸出长度等。

不同感知技术描述见表3-9。

不同感知技术描述　　　　　　　　　　表3-9

技术类别	技术名称	技术描述
传感器技术	力学感知	测量机械、构件或土体关键性部位的局部应力、变形等情况，常用技术包括应变仪、位移计、土压力盒等
	环境感知	采集建造或运营过程中的环境指标，主要包括噪声、地质、气候
	人体感知	感知人体的心率、体温、肌电、心电关节运动角度、力矩、加速度等多个指标，判断人员的工作、生理和心理状态
	位置感知	定位建造场景中人员、机械、材料等工程要素的位置，常用技术包括GPS、超宽带（UWB）、RFID、激光定位仪、激光测距仪、惯性测量单元（Intertial Measurement Unit, IMU）等
机器视觉技术	质量检测	快速检测工地建造表现质量问题，如混凝土裂缝检测、墙体质量检测等
	身份及材料识别	快速识别工地人员身份及材料类型
	目标定位与跟踪	快速定位工程要素的位置，跟踪其运动轨迹并分析其运动趋势
	人员姿态与行为	快速定位工人作业的姿态与行为，判别工人操作是否合格和是否处于安全状态
扫描建模技术	三维激光扫描	激光扫描通过连续发射激光，将空间信息以点云形式记录，具体运用涉及工程建模、测量、变形检测、进度检测、土地测绘、结构预拼装等多个方面
	图像快速建模	图像建模通过连续图片的采集建立工程场景模型，相比激光扫描模型，图像建模更加快速，同时适用于大规模的工程场景
	即时定位与地图构建（SLAM）	利用激光测距、超声波测距或机器视觉同步完成定位与周围环境地图的构建
质量检测技术	雷达检测	雷达检测是利用电磁波探测介质内部特性和分布规律的一种方法，常应用于岩土工程勘察、工程质量检测、结构质量检测等
	太赫兹探伤	太赫兹（THz）包含了0.1～10THz的电磁波，其技术优势体现在能够迅速对样品组成的细微变化做出分析鉴别，同时受环境干扰小，太赫兹技术已经在医疗、农业、公共安全等领域应用

2）工程中的感知内容

（1）施工人员劳务信息、作业状态以及健康状态的感知

①入场人员身份识别：普遍应用的是RFID标签和人脸识别，还有指纹识别、声音识别、虹膜识别、指静脉识别等更为先进的身份认证技术。

②人员位置：依靠定位技术包括超宽带（UWB）、惯性测量单元（IMU）、无线网络（Wi-Fi）、蓝牙、红外线、超声波、地磁信号、机器视觉、即时定位与地图构建（SLAM）、北斗卫星定位等。

③施工人员的姿态和行为：感知有助于识别工人的不安全行为，如是否佩戴安全帽等，也可以帮助判断工人的施工操作是否正确，如图3-60所示。人员姿态和行为的感知是同时进行的，利用机器视觉感知施工现场人员的姿态和行为是最常见的方式，也可以利用动作追踪技术和可穿戴设备。施工工人往往是群体作业，针对不同的作业类型在群体层面进行感知，将更加有利于提高现场人员的管理效率。无论采取何种感知技术，都应注重工程人员的行为隐私保护。

RFID因其低成本、低功耗、传输范围广等优点发展成施工现场应用最广泛的定位技术。

图 3-60　施工人员姿态检测

（2）工程机械和器具的感知

物联网技术的应用可以有效监管机械位置、运行状态及执行动作。

机械位置的感知技术与人员定位技术基本相同，比较成熟的是依靠绝对值编码器（Encoder）、北斗卫星定位和 IMU 等方法。机械运行状态的感知包括温度、速度、受力、电磁和位移等状态的感知，可以依靠机械内置的传感器完成，如负载力矩指示器（LMI）是一种普遍应用在感应起重机倾覆力矩的传感器。大部分的施工事故都发生在机械操作过程中，感知机械运行时执行的动作是必要的，如其中姿态、挖土动作等，利用机器视觉进行姿态动作捕捉的方法依然使用。除此之外，还可以利用多种传感器集成来捕获机械关键的执行动作，少数研究尝试将定位标签部署在起重机的关键部件和负载表面，用于跟踪起重机零件和负载的运动姿态。整体而言，基于多重传感器融合感知的技术受到建筑环境的影响较小，在长期使用中较为耐用，可以更全面地捕获机械设备的执行动作。

（3）工程材料的感知

主要包括材料识别及参数（材料型号、生产地、规格等）的获取、数量的统计和位置的跟踪，针对工程构件还需要进行质量的监测、检测和拼装精度的控制。

材料中嵌入式芯片、粘贴二维码或 RFID 标签，可获取材料运输过程中的运输信息，材料到现场以后的使用情况等。利用 RFID 和 GPS 技术进行施工现场资源的跟踪已经得到了广泛的应用。同时，一些项目开发了基于 Zigbee 的无线传感器网络和接收信号强度指示器（RSSI）的系统来解决环境更加复杂的施工现场资源跟踪问题。

工程构件作为工程实体的基础，其质量检测可以利用位移、应力、应变、超声波等传感器，也可以利用探测雷达、太赫兹、激光扫描等无损检测技术。

对装配式建筑而言，构件的拼装精度直接影响工程质量，可以利用激光定位仪、激光测距仪等技术严格控制构件的拼装位置。机器视觉技术利用不同的训练网络可以实现不同的功能，也可以利用它完成施工现场材料感知工作的部分内容。

（4）工程方法的感知

工程方法指工程建造规划、设计、施工方案，施工组织实施过程，建造工艺流程，实施标准等。工程方法是以一段时间为载体的过程而不是实物,要想准确感知"法",大多采用的都是"间接感知"。

"间接感知"指利用传感器、定位、RFID 等技术对"法的产品"和工程其他要素进行感知并计算分析,以生成施工流程和施工计划的对比情况,并验证实际施工方法是否正确等结果,从而作为优化施工流程与方法的依据。"间接感知"具体技术包括电子巡检、智能巡检、关键时间感知、智能旁站等。电子巡检可以利用 RFID 或 TM 卡等移动识别技术,将施工流程中的信息自动准确记录下来。例如,随时读取突发事件点,并将突发点信息及读取时间保存为一条记录,该记录与施工计划进行对比就可以得出漏检、误点等信息,从而判断实际的施工进程。智能巡检(图 3-61)是一种系统性技术,能够自动设置巡检区间,对 GPS、RFID 等感知到的信息进行计算分析,并与预设的施工计划对比,达到实时校验施工流程的目的。换言之,智能巡检可以自动感知工程变更点,并实时形成数据报告反馈给现场管理人员。关键时间感知是基于多重感知设备的多源信息采集,结合事件关联模型和优化算法对施工流程中的关键时间进行感知和分析的一种技术。智能旁站则是利用机器视觉对施工流程进行监督,从而判断实际进程是否符合施工计划的一种技术。

图 3-61 智能巡检

除此以外,"法"还包括了对于"法的产品"的感知,即对仍处于建设状态的施工半成品的感知,一般聚焦于结构健康的监测。例如,采用应力 - 应变、超声波等传感器对建筑结构的变形和受力进行实时监测;利用机器视觉、探测雷达、太赫兹探伤、激光扫描、声光成像等技术进行结构成形质量检测。

(5)工程环境的感知

包括工程施工场地的地质、水温、气象、噪声条件和地下障碍物等作业环境,施工项目周边存在的建筑物、道路、设施等构成的周边空间环境,以及施工场地内部的结构、设施、建筑等构成的空间环境。

①作业环境主要感知内容包括风速、尘埃、气体、光照、温度等气候条件及噪声环境,相应可利用风速计、尘埃感应器、气体检测设备、光照强度感应设备、温度计、分贝计等多种检测设备和传感器进行感知。对于地质条件而言,可以利用已经发展成熟的位移、沉降、变形、压力、应力-应变、荷载、温湿度、水位等岩土工程监测传感器以及探地雷达等各种测量设备,对地下土体进行自动感知、测量和数据采集工作。例如,地表观测可以利用 GPS 和布设水准测网来完成;水下施工时,声光成像技术可以感知水下环境并形成 3D 影像。

②周围环境和现场空间环境的感知,可以利用机器视觉、三维激光扫描、图像快速建模和

SLAM 等技术。激光扫描通过连续发射激光,将空间信息以点云数据记录,目前已经广泛应用到工程建模、测量、变形监测、进度测量及土地测绘等多个方面。图像快速建模通过连续图片的采集形成工程场景模型,相比于激光扫描建模,图像建模更加快速且适用于大规模的工程场景。SLAM 技术可以利用激光测距、超声波测距或机器视觉同步完成周围环境地图的构建。

(6)工程成品的感知

维护管理阶段建筑产品的感知是针对成品,区别于施工阶段由不同工艺、工法所形成的临时施工产品或在制品。维护管理阶段成品的感知尤为重要,具体通过嵌入式设备、智能传感器、机器视觉技术以及可穿戴设备实现对建筑运行状态、监控状态、能耗状态以及使用者状态的感知。通过数据的集成分析与判断,提高人与建筑产品之间的信息交换,保障运行阶段的安全性、舒适性、便利性和节能性的要求。针对目前工程感知要素、感知内容及感知技术,总结见表 3-10。

感知要素、感知内容及感知技术　　　　表 3-10

感知要素	感知内容	感知技术
人	身份	RFID 卡、人脸识别、指纹识别、声音识别、虹膜识别、指静脉识别
	位置	RFID、GPS、IMU、UWB、WLAN、Wi-Fi、蓝牙、红外线、超声波、磁信号、机器视觉、SLAM
	行为	机器视觉、动作跟踪、UWB、低功耗模式(PSM)、可穿戴设备
	体征状态	机器视觉、低功耗模式、可穿戴设备
机	位置	编码器、GPS、IMU、RFID、机器视觉
	运行状态	帧中继的控制层面协议、内置传感器
	执行状态	机器视觉、传感器集成、定位技术
料	材料识别及相关参数	内置芯片、二维码、RFID、机器视觉
	材料跟踪	RFID+GPS、Zigbee+RSSI、机器视觉
	构件拼装精度	激光定位仪、激光测距仪、IMU、机器视觉
	构件质量监测	探测雷达、太赫兹、激光扫描、机器视觉
法	工艺、工法	间接感知电子巡检、智能巡检、关键事件感知;智能旁站
环	作业环境	风速计、分贝计、尘埃感应器、气体监测设备、光照强度感应设备等多种传感器、GPS、探地雷达
	周边、现场空间环境	三维激光扫描、图像快速建模、声光成像、机器视觉、SLAM
品	产品的运行状态	嵌入式传感设备、机器视觉

3.2.2 网络通信技术

网络通信技术常见的有蓝牙、红外线通信(IrDA)、Wi-Fi、ZigBee、RFID、UWB、NFC、无线通信标准(Wireless-Hart)等。

1）综合布线

物联网的信息采集、传输和应用都离不开综合布线系统，布线技术是物联网系统工程的基本技术，更是数字化城市、智能建造、智能家居的基础。其主要包括光缆、电力缆等。即使在各种无线传输系统中，各个基站之间也需要安全可靠的电缆或者光缆布线系统连接。

光缆布线就是把光纤通信看作以光导纤维（光缆）为传输连接的"有线"光通信。

电力线通信 PLC 是指利用电力线本身和输电网或配电网作为介质实现信息高速传输的一种通信技术，应用的主要目的是降低通信网络建设费用和运营成本。该技术把载有信息的高频加载于电流，然后用电线的传输接收信息的适配器，再把高频从电源中分离出来并传递到计算机或电话以实际信息传递。窄带 PLC 提供传输速率不超过 100kb/s 的通信服务，适合于各类自动化和控制应用以及少量的语音信道。宽带 PLC 系统能够提供 2Mb/s 以上的数据传输速率，同时提供包括电话和因特网接入在内的多种电信服务。低压配电网上的宽带 PLC 技术被认为是解决通信网络"最后一公里"问题比较经济和便利的技术方案，通常被称为 PLC 接入网络，适用于建筑物和室内设备之间的各种通信。在物联网时代，特别适合小区和智能家居内部人与物和物与物之间的通信。

现场总线是连接现场设备和控制系统之间的一种开放、全数字化、双向传输、多分支的通信网络，主要解决工程现场的施工辅助设备、工程机械等设施间的数字通信以及这些现场设施和控制系统之间的信息传递问题。其是工地通信网络化的基础，具有节省硬件数量与投资、安装费用、维护开销；用户具有高度的系统集成主动权、系统的准确性与可靠性高的优点。

现场总线主要技术特点有：系统的开放性；互操作性与互用性；现场设备的智能化与功能自治性；系统结构的高度分散性；现场环境的适应性。

2）网络传输

以太网是一种计算机局域网技术，提供了一种无缝集成到新的多媒体的途径。实时以太网 TSN 标准化可满足工程环境中对时间敏感的需求，增加了以太网技术在施工过程中的适用性。以太网满足了不同设备之间的交互、建造应用过程中其他网络的传输，驱动企业内部信息网络与现场控制系统网络的无缝融合。

利用无线技术进行传感器组网以及数据传输的技术，具有节省布线与维护成本、组网简单（支持自组网，不需要考虑线长、节点数等制约）的优点。无线网络主要考虑因素有带宽、传输距离以及功耗。Wireless Hart 和 ISA00.11.a（无线传感网络国际标准）技术用于工程环境感知、过程测量与控制。Wi-Fi 和 Zigbee 也是施工过程中的常用技术，前者侧重高速率，后者侧重低功耗。此外，移动宽带技术（LTE）、低功率广域无线技术（NB-IoT、LTE-M、LoRa）等也在工程中有相应的应用。

5G 网络具有超高的频谱利用率，目前已实现推广应用，其推动了智能交通和智能电网的发展，在物联网技术应用中起到关键作用。目前，5G 网络的接入速率，使 AR 技术得到更广泛的应用。这也意味着即使缺乏足够经验的工人,远程工程师只需要通过手中的平板电脑(Pad)或者相关 AR 眼镜就能立刻获取相关工况,并进行最优工程决策。当然,还将促成更加安全可信赖的网络架构,实现网络自动化管理等。

当网络通信不再是传统的基于金字塔分层模型的控制层级,取而代之的是基于分布式的全新模式(图 3-62)。随着各种智能设备的引入,不同管理层级均可实现个性化的智能感知、分析,以及基于控制技术的灵活多样的决策,不同管理层级将需要不同的网络通信技术:

①工序级涉及的服务器设备往往采用工程总线技术连接;
②工地级项目应用一般采用有线网络和无线网络相结合的方式;
③企业级信息传送一般采用无线网络上传至企业云端。

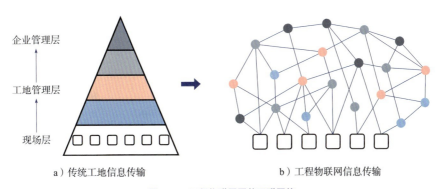

a)传统工地信息传输　　　　　　b)工程物联网信息传输

图 3-62　工程物联网网状互联网络

复杂工况下(如超深地下工程、超密集结构区域等)有线网络难以布设,无线自成组网的方式往往都是最佳选择。5G 会使传输更加快速、可靠。

3.2.3 传感器网络技术

传感器网络技术通过感知技术将感知到的内容连接起来。综合了传感器技术、嵌入式计算技术、现代网络及无线通信技术、分布式信息处理技术等,能够通过与各类集成化的微型传感器协作,实时监测、感知和采集各种环境或检测对象的信息,通过嵌入式系统对信息进行处理,并通过随机自组织无线网络以多跳(Multi-hop)中继方式将所感知信息传送到用户终端,从而真正实现"无所不在的计算"理念。

传感网是由各种传感器(光、电、温度、湿度、压力等)与中低速的近距离无线通信技术构成的一个独立网络,是由多个具有有线/无线通信与计算能力的低功耗、小体积的微小传感器节点构成的网络系统。

一个典型的传感器网络结构通常由传感器节点、接收发送器、因特网或通信卫星、任务管理节点等组成。传感器节点散布在指定的感知区域内,实时感知、采集和处理网络覆盖区域中的信息,并通过"多跳"把数据传送到接收发送器,接收发送器也可以用同样的方式将信息发送给各节点。接收发送器直接与因特网或通信卫星相连，通过因特网或通信卫星实现任务管理节点与传感器之间的通信。在节点损坏失效等问题出现的情况下，系统能够自动调整，从而确保整个系统的通信正常。

无线传感网络一般由在空间分布的和独立的网络节点组成。节点包含有传感器来监控节点的物理或环境条件，如温度、声音、振动、压力、运动或污染物等。每个节点通常带有无线电收发器或其他无线通信设备，通过网络把传感数据传输给数据库或用户。

无线传感网的关键技术是网络拓扑，能满足可靠性要求高的需求。传感网常用网络拓扑结构如图3-63所示。使用时，要注意系统功耗、设备的供电、控制节点的能耗，选择有休眠功能、能耗低的处理器。还要注意具备良好的兼容性，实现与各种现场设备的快速连接。国际电气和电子工程师联合会（IEEE）的1451工作组（IEEE1451）建立了一个智能传感器即插即用的标准，使所有符合标准的传感器能和其他系统一起工作。

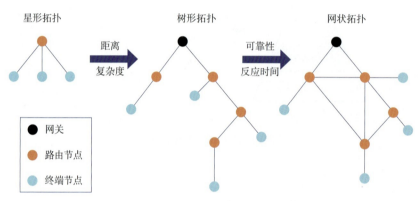

图3-63 传感网常用网络拓扑结构示意图

3.2.4 物联网技术

物联网是新一代信息技术的重要组成部分，即"万物相连的互联网"（Internet of Things，IoT），是互联网基础上的延伸和扩展的网络，将各种信息传感设备与互联网结合起来而形成的一个巨大网络，实现在任何时间、任何地点，人、机、物的互联互通。物联网的核心和基础仍然是互联网，是在互联网基础上的延伸和扩展的网络；其用户端延伸和扩展到了任何物品与物品之间，实现信息交换和通信。

因此，物联网的定义是通过射频识别、红外感应器、全球定位系统、激光扫描器等信息传感设备，按约定的协议，把任何物品与互联网相连接，进行信息交换和通信，以实现对物品的智能化识别、定位、跟踪、监控和管理的一种网络。物联网主要涉及的关键技术包括射频识别（RFID）技术、传感器技术、传感器网络技术、网络通信技术等。

物联网技术是打造数字工地、实现服务型建造和云建造等新的建筑生产模式的关键性技术。

各种信息网络之间是有所不同但又互相关联。传感网、物联网、泛在网各有定位。传感网是泛在网和物联网的组成部分，物联网是泛在网发展的物联阶段（图3-64）。通信网、互联网、物联网之间相互协同、融合是泛在网发展的目标。也就是

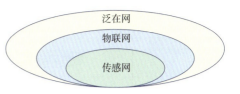

图 3-64　传感网、物联网和泛在网的关系

说，通信网、互联网、物联网各自的发展是泛在网初级发展阶段，泛在网的最终目标是各种网络的高度融合和协同。各种网络技术特征对比见表3-11。

各种网络技术特征对比　　表3-11

类型	链接主体	信息采集	信息传输	信息处理	社会状态
物联网	人与物，物与物	自动	数字化，网络化	智能化	现实
传感网	物与物，人与物	自动	数字化，网络化	智能化	现实
互联网	人与人	人工	数字化，网络化	交换	虚拟
泛在网	人与人，人与物，物与物	自动，人工	数字化，网络化	智能化交换	现实，虚拟

网络之间的架构见图3-65、图3-66。

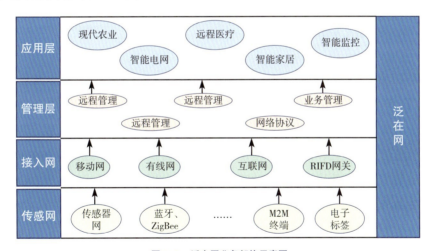

图 3-65　泛在网业务架构示意图

注：M2M–Machine to Machine，指机器与机器对话。

1）工程物联网

在许多方面，工业物联网（Industrial Internet of Things，IIoT）发展都领先于传统物联网（IoT）。工业物联网的核心技术主要包括：

①感知控制技术，即传感器、多媒体、工业控制等；

②网络通信技术，即工业以太网、短距离无线通信等；

③信息处理技术，即数据清洗、分析、存储等；

④安全管理技术，即加密认证，防火墙等。

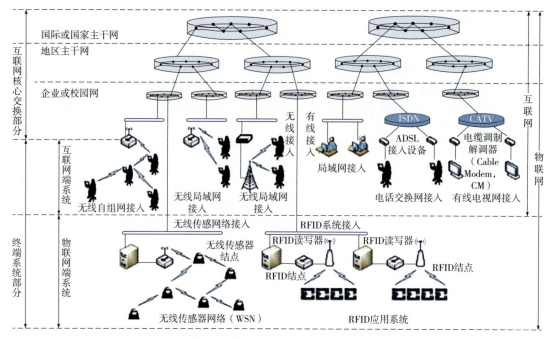

图 3-66 互联网、物联网、传感网等各种网络链接的架构示意图

注：ISDN-Integrated Services Digital Network，数字电话网络国际标准。
ADSL-Asymmetric Digital Subscriber Line，数字用户线路的一种。
CATV-Cable Television，有线电视网络。

工程物联网晚于工业物联网。工程物联网的目标是建造工序协同优化，建造环境实时响应，建造资源合理配置以及建造过程的按需执行，建立服务驱动型的新工程生态体系。工程物联网涉及"人、机、料、法、环、品"的工程感知要素。通过工程要素的泛在感知与连接，使之成为支撑信息化、数字化、智能化工地建设的一套综合技术体系。这套综合技术体系包含硬件、软件、网络、云平台及其与之相关的感知、通信、分析和控制技术。工程物联网建立在上述技术组合的基础上，实现工程实体与虚体之间数据的无缝交互，作用于建筑生产的全要素、全产业链以及全生命周期。

实现这一目标的关键在于工程数据的获取与基层、工程信息的建模与分析以及工程知识的积累与复用。因此，工程物联网的本质特征是构建一套工程物理空间与数字空间基于数据自动流动的泛在感知、异构互联、虚实映射、分析决策、精准执行、优化自治的闭环体系，解决建设生产过程中的复杂性和不确定性，减少建造过程信息损失，同时提高资源的配置效率，工程物联网的主要特征如图 3-67 所示。

数据流动就是将蕴含在工程中的潜在信息经过传感器采集转化为显形数据，通过现场网络传输到后台虚拟工地中，进行安全、质量、进度、环保等管理需求分析，形成最优决策方案，最终作用在现场的人及相关控制设备上，形成一次完整的数据流动闭环。

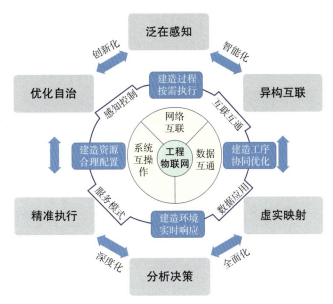

图 3-67 工程物联网的主要特征

泛在感知是工程数据获取的基础。工程实施过程中的隐形数据暗含在实际工程中的方方面面，包括现场人员、机械设备、原料及构件、工艺及工法、施工环境、建筑产品等工程要素状态信息。泛在感知通过传感器等数据采集手段，传递到工程模型中，使数据可查、可溯、可分析。泛在感知是数据的初级采集加工，是一个数据自动流动闭环的起点。

异构互联是工程数据传输的前提。工程建造包括大量的异构硬件（如各类传感器等）、异构软件（如 BIM、ANSYS、MES 等）、异构数据（如模拟量、数字量、开关量、视频、图片格式文件等）及异构网络（如现场总线、Zigbee、Wi-Fi 等），通过统一定义数据接口、协议和中间件技术，形成便捷、快速的工程物联网信息通道。异构互联为数据传输的各个环节的深度融合。

虚实映射是工程数据表达的方法。工程实施过程中的资源和数据映射到数字空间，在虚拟空间进行"人、机、料、法、环、品"全要素的抽象建模、施工流程仿真、信息集成与分析等操作。为了提高建模效率，基于 BIM 技术、图片快速建模、激光扫描建模等技术被应用到工程物联网中，为管理决策提供可视化的载体。

分析决策是工程数据处理的手段。分析将感知到的数据转化为认知信息，发现工程实体状态在时空域和逻辑域的内在因果性和关联性关系。大量的显性数据需要经过有效化加工、情景化加工、归一化加工以及细分化加工等数据处理技术，转变为工程决策能够理解的数据。在这一环节工程物联网平台能够集成分析来自不同工程要素的信息形成最优决策。分析决策并最终形成最优策略是工程物联网的核心环节。

精准执行是工程数据价值的体现。在数字空间分析并形成的决策最终会作用到物理空间，工程现场人员、机械设备和辅助设施以数据的形式接收。决策的结果，作用在工地现场，使得整个建造更高效、更安全、更可靠，现场调度也更加合理。

优化自治是工程数据应用的效果。工程物联网平台具有自主优化与提升的能力，通过对工程要素各类数据的积累，建立不同类型的工程知识库（如 BIM 模型库、项目风险库、管理资源库等）对历史经验进行类比使用。在这个过程中，系统的实施面向工程要素不断迭代优化，达到最优目标，最终实现系统自治目的。

有别于工业物联网，工程感知对象多样并变的。这是因为建造过程易出现局部异常，工程具有唯一性，建造环境复杂，信号屏蔽的特点。图 3-68 总结了工程物联网和工业物联网在感知特点、过程特点、任务特点、环境特点的区别。

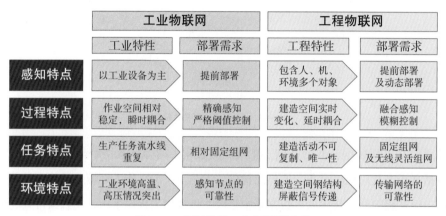

图 3-68　工程物联网与工业物联网的比较

2）工程物联网的体系构架

物联网的三类应用框架都在智能建造中有所应用。

①基于 RFID 的应用框架，主要应以电子标签、EPC 编码❶为基础，在互联网的基础上形成实物互联网，实现对各种物品的跟踪和管理。其系统结构由信息采集系统、PML 信息服务器❷、产品命名服务器、应用管理系统共同组成。

②基于传感网络的应用框架，由一组无线传感器组成，共同协作完成对设定好的周边环境状况等进行监控。

③基于 M2M 的应用框架，即物对物应用框架，通信的方式主要有无限通信和有限通信两种方式。

构建工程物联网需要集成并应用各种感知通信技术、计算机技术、控制技术及其相关的硬件、软件。物联网由对象层、泛在感知层、网络通信层、信息处理层和决策控制层组成（图 3-69）。

---

❶ EPC 编码：Electronic Product Code，是一种电子产品编码系统。
❷ PML 信息服务器：用于存储每个生产商产品的服务器。

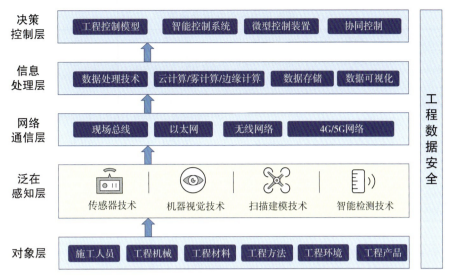

图 3-69 工程物联网泛在感知技术（部分）

物联网技术分为四个层次对应不同技术：感知技术指用于物联网底层感知信息的技术，包括 RFID 技术、传感器技术、GPS 定位技术、多媒体信息采集技术及二维码技术等；传输技术指能够汇聚感知数据，并实现物联网数据传输的技术，它包括移动通信网、互联网、无线网络、短距离无线通信等，短距离无线通信主要有无线局域网、蓝牙、NFC 技术和红外传输技术、ZigBee、RFID；支撑技术用于物联网数据处理和利用的技术，它包括云计算技术、嵌入式系统、人工智能技术、数据库与数据挖掘技术等；应用技术指用于支持物联网应用系统运行的技术。应用层主要根据行业的特点，借助互联网技术手段，开发并形成各类行业应用解决方案，构建智能化的行业应用。

前面对基础技术分别进行了介绍，而物联网技术则是综合技术的集成。网络资源进行业务信息的传送，是互联网、移动通信网应用的延伸，是自动化控制、遥控遥测及信息应用技术的综合体现。

3.2.5 网络化技术的工程利用

1）智能建造利用的数据通信技术和远程量测技术

数据通信存在多种方法，是远程和数据间的通信，是智能建造的"经络"。计算机普及前，主要是用纸和文件记录的模拟数据，转记和光学复写或电话和邮送等模拟通信技术进行数据通信。计算机时代，网络普及前是利用既有的模拟电话回线、调制解调器和邮件等进行数字数据的交换。网络普及后，各种数字数据的交换都成为可能。对集约数据的获取，因特网是高效的。

在智能建造中必须考虑的数据交换需求列于表 3-12。

智能建造中的数据交换需求 表 3-12

需求	种类	数据量	实时性	方法	备注
获取远程的数据	从声音到动画，多种多样	文字场合：少；动画场合：多	视紧急性，多种多样	收发器、电话、因特网、专用回线	
现场量测观测	数值、照片、动画	多	掌握灾害场合：需要；积累用场合：不需要	配线、记忆媒体、无线回线、因特网	
图面等记录数据	CAD 数据、照片、扫描图像	中～多	不需要	因特网	
数据检索	多种多样的数字数据	多种多样	以后需要	因特网	需要高速性
数据系统协作、共享、发布	多种多样的数字数据	多	以后需要	因特网	构筑上，多对多、网络对网络

与社会基础有关的数据类别见表 3-13。

与社会基础有关的数据类别 表 3-13

对象	数据类别
社会基础构筑物	位移、加速度、应变、力、应力、损伤
河川、港湾	水位、潮位、流量、波高
道路	交通量
地层	构成、硬度值、振动
气象	温度、湿度、降水量、日照

从设置在构筑物的传感器和观测机器获取数据时，为每个传感器和机器配置接续机器是不现实的，因此要研究与因特网的最佳通信方法（图 3-70）。随着接续数据交换机器的增加，配线的管理变得繁琐，采用电波的无线接续方法成为最好的选择。

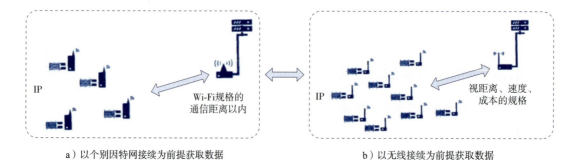

a）以个别因特网接续为前提获取数据　　　　b）以无线接续为前提获取数据

图 3-70　视需要的无线通信利用的优点

无线通信技术收集和积累了大量从远程量测传输过来的数据，是智能建造不可缺少的。智能建造采用的无线通信技术的种类和特点列于表 3-14。

智能建造和关系密切的通信的分类 表3-14

通称	使用形态	频率带	带域	速度	到达范围	成本
5G	移动体通信	2.5～5GHz 24～50GHz	～400	～4Gbps	数百米	通信费
4G	移动体通信	1～3GHz	～20	～1.7Gbps	数千米	通信费
Wi-Fi	无线LAN	1～3GHz	～20	～10Gbps	数十米	
LPWA	IoT	400MHz～1GHz	～500kHz（LoRa）	～22kbps（LoRa）	数千米	

注：LPWA–Low Power Wide Area，低比特率进行长距离通信的无线网络。

2）基于网络的智慧工地

物联网技术应用到了智慧工地管理系统中，通过搜集并分析终端传感器生成的数据，为企业提供此前无法掌握的相关洞察力和理解力，而当"物"具备更强的自主能力时，则可以更全面地考虑以更低出错率自动决策下一步，实现"物"的自我反应、自我感知、自我协作。

传统企业的竞争力在于生产和服务能力，物联网将竞争范围扩展到通过使用这些产品或服务而创造的信息和数据。物联网能够大幅度降低设备个别运算和数据存储的成本，通过数据分析帮助企业决策者更清晰地了解客户、产品和市场，动态响应产品需求、实时优化供应链等。

当下，实时分析、机器学习、无线传感网络、嵌入式系统等多重技术融合推进着物联网的演化发展，使智慧工地整体解决方案更加成熟。在工业领域，物联网的应用以工业物联网（IIoT）著称。麦肯锡的研究报告显示，到2025年，物联网每年将创造4万亿～11万亿美元的经济价值，或占到世界经济的11%。其中，工业物联网利用将占到近70%，是物联网的主战场。物联网在工业领域的应用并非从零开始，传感器等物联网技术已在工业领域应用了几十年，而在近年芯片技术、通信技术、微电子技术等快速发展的背景下，工业物联网已经能够降本增效、实时获取准确数据，通过机器与传感器和控制系统网络的连接，实现对设备网络、各类资产和生产流程更加高效地控制和管理，为施工、制造等带来了巨大变革。目前，工业物联网的典型应用包括故障监测和预测、远程诊断和处理、施工现场分析和管理以及能耗优化等方面，已初见成效，前景可期。

智慧工地方案采用先进的信息化和物联网技术，依托一体化的集成平台，实现工程项目数据统一管理，形成项目管理层面的完整数据资源池，充分利用物联网和BIM等数字化技术，对施工现场"人、机、料、法、环"等关键管理要素做到全面感知和实时互联（图3-71），实现施工项目管理的自动化、智能化、可视化，打通从一线操作到远程监管的数据链条，实现各业务环节的智能化、互联网化管理，提升现场的精益生产管理水平，打通信息化"最后一公里"。

图 3-71 智慧工地方案对现场关键管理要素的全面感知和实时互联

（1）人的管理——实名上岗，全员考勤，防范用工风险

劳务实名管理系统，以身份证作为实名制信息来源，集成门禁技术、人脸识别等技术，对施工现场从业人员进行实名制管理。通过安全培训实名签到与安全培训箱数据集成，记录人员的安全培训信息。提供预警分析，实现劳务用工和薪资发放分析提醒。利用视频监控、智能安全帽、射频等设备对危险作业区的人员进行定位和报警。

（2）料的管理——对料场全过程监督，防范弄虚作假、跑冒滴漏

在物料管理方面，打造物料管理系统（图3-72），涵盖二维码收/发料系统、智能地磅管理系统、智能仓库系统等成熟产品，实现物料从订货通知、发货、运输、现场验收、材料领用等环节的全方位、电子化管控，提高多方协作效率，监控物料运输状态，堵塞物料验收环节管理漏洞，防范弄虚作假。

图 3-72 智慧工地现场物料管理系统

（3）机的管理——设备远程动态监控，生产用量实时监督

如拌和站的动态监控（图3-73）包括：

①设备定位与油耗监控：通过安装GPS车载设备实现施工生产设备、运输车辆的准确定位，系统自动记录各设备车辆的运行轨迹，实时监控设备、车辆的实际行车过程及油耗情况。

②拌和站生产监控：水泥混凝土拌和站、沥青混凝土拌和站、稳定土拌和站等生产过程数据通过智能采集，对拌和时间及材料用量实时监控、对设备产能进行分析，对材料用量误差进行分析与预警。

 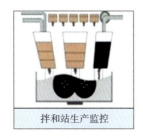 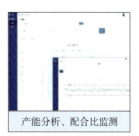

拌和站设备联网　　拌和站生产监控　　产能分析、配合比监测

图 3-73　拌和站的动态监控

（4）法的管理——促进安全质量合规检查，提升工程实体质量

在现场安全管理方面，移动巡检包采用移动互联网技术手段，通过移动端手机应用程序（App），实现安全质量巡检随手拍、随时报、随时处理、随时查询。实现项目建设全过程中的安全质量隐患排查、上报、监控、整治、验证、消除、统计等工作的闭环管理，杜绝安全质量事故的发生，确保在建项目安全质量及施工管理等全过程处于可控状态。如图 3-74 所示。

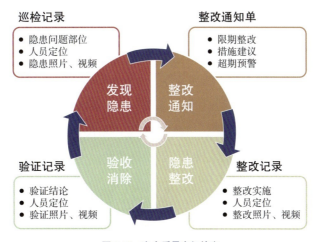

图 3-74　安全质量合规检查

（5）环境的管理——施工环境监测，建设绿色工地

工地环境监测系统对工地固定监测点的扬尘、噪声、气象参数等环境监测数据进行采集、存储、加工和统计分析。该系统能够帮助监督部门及时准确掌握建设工地的环境质量状况和工程施工过程对环境的影响程度。

智慧工地平台具有的价值至少包括以下四个方面：

①技术改造：精确设计、施工模拟、智能感知，让技术精益求精。

②管理变革：实现进程管理、主动监测、可视化监控，带来管理变革。

③卓越绩效：降低管理成本，堵塞管理漏洞，提升管理效率，防控管理风险。
④科学决策：实施过程标准化、运营过程精细化，确保项目决策。

3.3 机械自动化技术与智能化技术

施工机械通过实现高度自主性的机械和机械与人的紧密互动，实现可靠的机械自动化技术，由人工智能技术带来的机械自动、自主行为，称为智能化技术。机械自动化技术与智能化技术是密不可分的。目前的发展方向：一方面是大型施工机械的功能集合，简化工序，节省劳动力，降低危险作业的风险；另一方面是机器人的引入与机器人技术的应用，如生产过程中使用机器人进行焊接、涂装、装配、检修、巡检、砌砖、搬运等各项工作。

从基础设施全生命周期来看，施工机械智能化的另一方面，还体现在故障诊断、产品寿命预估等环节上。借助大数据、物联网、深度学习等，企业能够对工程机械产品的基本状态进行实时掌握，并及时发现故障，加以应对。同时，企业还能获取机械的运行数据，进一步发挥这些数据的价值。

施工机械不仅是工具而且会上升为劳动力，未来可期。

3.3.1 施工机械自动化技术

施工机械自动化技术是复合技术的集合体，由远程操作室和施工机械组成，远程操作室位于安全区域，室内配有远程操作系统、影像系统、通信系统等；施工机械位于各自的作业区域，机械上配置了通信系统、固定相机、移动相机车、无人中继车等（图3-75）。机械自动化技术涉及了数据技术、图像技术、通信技术、智能技术等。

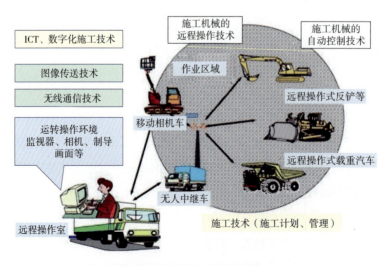

图3-75 施工机械自动化技术概貌

现场机械多数是远程控制的，施工作业区域内基本上是无人的（也称为无人化施工技术）。远程操作的目标是实现通过远程操作的机械了解周围的环境，自主行动、自动进行各种作业，操作人员能够体验到如同在现场一样的操作。其中，触觉、力度等在内的感觉信息通过实时传输的传感器技术、大容量、低延迟的双向通信技术等实现，最终成为半自主或全自主行动的自主系统。

实现施工机械自动化的最基础是装备的感知技术和智能控制技术。其中，智能控制技术是在控制理论发展的新阶段，以智能控制为核心对机械运动和工作过程进行控制的技术。智能控制系统具备一定的智能行为，如自学习、自适应、自组织等。智能控制技术是集传统的机械制造技术、计算机技术、现代控制技术、传感检测技术、网络通信技术和光机电技术等于一体的现代制造业的基础技术，具有高精度、高效率、柔性自动化等特点。

1）施工机械的传感技术

施工机械自动化指操作者确认作业、施工机械自动进行的行为，是传感和控制的行为。传感器量测周围状况或自身状态，量测光量、力、位置、速度等的物理量及其变化量，并把量测值转化为信号和情报。施工机械的自动化传感技术，根据量测对象的不同，分为施工机械自身的传感和施工机械周围状况的传感两类，前者称为内置传感器，后者称为外置传感器（表3-15）。

内置传感器和外置传感器 表3-15

分类	传感对象	传感器
内置传感器	施工机械内部的状况、状态（如臂的角度、履带的回转数等）	电位计、惯性传感器等
外置传感器	施工机械周围的状况、状态（如作业对象的位置等）	相机、全站仪等

主要传感器有以下种类，见表3-16。

传感器种类 表3-16

传感器种类	传感的物理量	传感数据	传感器
位置、角度传感器	位移、力、光、电压	位置、角度	限位开关、IMU、转速表传感器、陀螺仪等
速度、角速度传感器		速度、角速度	
加速度、角加速度传感器		加速度、角加速度	
距离传感器	光（电磁波）、声波	存在的有无；距离（三维位置）	激光距离计、超声波传感器
视觉传感器	光（电磁波）	存在的有无；形状；颜色（纹理）；距离（三维位置）	相机、RGB-D相机
绝对位置传感器	距卫星的距离	绝对位置	GNSS

续上表

传感器种类	传感的物理量	传感数据	传感器
触觉传感器	压力、力、振动	接触的有无	触觉传感器
力传感器	压力、力、振动	力、压力	压力传感器
温度传感器	温度	温度	测温体、热电偶

注：1. IMU（Inertial Measurement Unit）是加速度传感器、角速度传感器集成的一个惯性测量单元。
2. RGB-D 传感器是彩色（RGB）相机和量测深度（Depth）距离传感器成为一体的传感器。

上述传感技术应用较多的是相机。相机价格便宜，使用简易。近年由于无人机等的普及，采用搭载相机的无人机对施工现场进行全貌摄像的照片量测也逐渐增多，已开始用于施工管理。

在智能建造中，相机可用来进行物体识别、立体摄像和照片测量等。最多的应用是 1 台相机多个地点照片测量；三角测量用 2 台相机摄取立体影像，获取距离数据。相机也可以把光的检测数据记录在照片上，根据光的波长的不同和强度，分为红、蓝、绿 3 种颜色的强弱，因为物体各自具有固有的颜色，人可以按照颜色的不同来判别物体的种类。

施工机械自动化中，用图像处理检测物体是非常重要的，例如作业中人与施工机械接近的场合，根据搭载在施工机械上的相机图像检测出人的位置，就能够采用回避危险等措施。在作业者周围存在施工机械的环境中，根据搭载相机的施工机械的图像检测出物体，利用 AI 技术中基于深度学习的图片识别自动判断图像中存在的物体。

使用的相机视其用途，按表 3-17 配置，各类相机概貌见图 3-76。

各类相机按机械类型的配置   表 3-17

名称	用途	机械类别			
		BH	BD	DT	VR
车载相机	搭载机械上，监视作业的相机	○		△■	
移动相机	用局部监视相机监视作业，视作业状况移动的相机	○	○	■	○
	监视运输道路、上坡、曲线等地点的相机	■	■	○	■
固定相机	监视作业地点的局部，视作业状况不移动的相机	○	○	○	○
	监视运输道路、上坡、曲线等地点的相机	■	■	○	■
	监视临时弃渣场地和有人、无人作业的场地的相机			○	
高处相机	映射作业全体，确认作业状况和机械隔离状况的相机	●	●	●	●
定位相机	用于影像无线装置照准和标志照准的相机	○	○	○	○

注：BH-反铲挖掘机；BD-推土机；DT-载重汽车；VR-振动；○-作为专用机械配置；△-作为专用机械有时配置；●-作为通用设备设置；■-利用时配置。

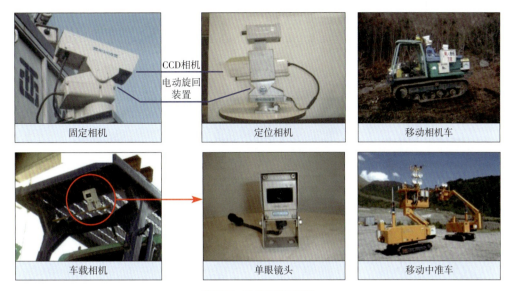

图 3-76　各类相机的概貌

注：CCD—Charge Coupled Device（电荷耦合元件）。

实际施工作业中，要做相机配置的位置方案，选择合适的视点，保障采集的数据量。相机配置方案中要注意以下几点：

①各类机械应使用 2 台以上的相机。

②要形成立体配置。

③配置时要考虑没有死角。

④注意不同作业情况之间的共享可用。

⑤特别要考虑有人作业的区域。

2）施工机械的自动化技术

近年来，施工机械自动化的研究开发及其应用的案例逐步增加。以日本为例，日本鹿岛建设株式会社开发出的建设生产系统（ACSEL），可根据平板电脑末端发送作业指令，让自动化的施工机械自动运转，以实现最少的人员和多数施工机械同时工作；大成株式会社开发出 T-iROBO 系列的各种施工机械自动化技术；大林组株式会社在混凝土大坝施工中导入混凝土的自动传输系统。这些实践意义重大，显著地提高了生产效率（目前相关技术仍在不断研究开发和完善）。

目前施工机械自动化主要采用机械制导（MG）或机械控制（MC）的远程操作方式。

机械制导是采用全站仪和 GNSS 等量测技术，计算出施工机械的位置和施工数据与三维设计数据的差分，把这些施工数据提示给操作人员的系统。这些数据可显示在施工机械操作台的监视器上，操作人员一边确认一边操作施工机械，就能够正确地进行施工。

机械控制是在机械制导中，根据设计数据自动控制施工机械技术的系统。在开挖中可以防止超（欠）挖，正确地按照设计轮廓开挖。

目前采用最多的远程操作式施工机械如图 3-77 所示。

推土机

载重汽车

振动碾压机

反铲挖掘机

搬运机

振动控制杆方式机器人

图 3-77　远程操作式施工机械

施工机械自动化技术，实际上就是一个各种技术有机地组合在一起的集合体。视技术发展和环境的变化，可以采用不同技术组合的技术群，实现机械的自动化施工。

目前采用的自动化施工的操作方式，一般可按表 3-18 分类。

施工机械自动化施工的操作方式分类　　　　　表 3-18

项目	直接操作方式	直接和中继操作方式	网络型操作方式
概要	操作者直接目视远程操作型施工机械	操作者一边根据监视器中用相机捕捉的远程操作型施工机械的图像，一边进行远程操作的方式。远程操作和图像传送是 1∶1 的通信	操作者一边根据监视器中用相机捕捉的远程操作型施工机械的图像，一边进行远程操作的方式。所有数据都集约化，用网络传送，是 1∶n 的通信
系统概貌	现场操作者　无线传输　远程操作型施工机械	●直接方式：操作室—摄像—远程操作机械 ●中继方式：中继车（中继局）—摄像—远程操作机械—操作室	中继局—网络LAN—光缆—操作室

续上表

项目	直接操作方式	直接和中继操作方式	网络型操作方式
标准	● 操作距离在 0～50m，而且能够直接目视操作； ● 操作者在比机械更高的位置操作； ● 作业简单	直接方式的场合： ● 操作距离在 50～300m，而且要确保无障碍物； ● 所有的工种都可采用 中继方式的场合： ● 操作室距中继车的操作距离在 1km 以内，而且没有障碍物； ● 从中继车到施工机械的操作距离在 50～300m 以内； ● 操作室到机械间有 1 处障碍物； ● 所有的工种都可采用	● 操作距离不管有无障碍物都在 600m 以上； ● 采用电缆能够进行超长距离的操作（可达 30km）； ● 不管通视条件如何，操作距离（500m 左右）视障碍物数，可设置中继车； ● 所有工种都可采用
操作用无线	● 特定小电力无线局域网（429MHz）； ● 简易无线局域网（348MHz）； ● 业务用无线局域网（424MHz）		● 小电力数据通信系统无线局域网（2.48GHz 带 无线 LAN、25GHz 带无线 LAN）； ● 全部无线局（5GHz 带 无线 LAN）
影像传送用无线	● 简易无线局域网（500GHz 带）； ● 小电力无线通信系统无线局域网（4GHz）		
准备时间	1 天左右	● 直接方式 7 天左右； ● 中继方式 10 天左右	10 天左右（受使用的机械台数和传送数据数的影响）
优点	● 易于配置； ● 是最简便的方法； ● 无需改造远程操作型施工机械	● 所有工种都可采用； ● 操作、图像都是模拟传送，传送几乎没有延迟； ● 图像传送使用专用无线，是标准画质，画质鲜明； ● 应用最多	● 所有工种都可采用； ● 没有通道容量（ch），也没有混信和邻接工区的问题； ● 因为具有移交的功能，可简化构筑中继； ● 中继站回数没有限制； ● 操作距离没有限制； ● 与光纤维电缆并用，能够进行超长距离的远程操作
缺点	● 操作距离非常短； ● 受死角和操作距离的影响，作业效率低	● 操作距离距操作室或中继车在 300m 以内； ● 中继设备复杂； ● 中继方式要准备操作室—中继车和中继车—施工机械各自的无线网络； ● 施工机械多的场合，要考虑通道容量（ch）和混信的影响； ● 中继方式，一般来说成本最高	● 图像要进行数字变换传送，比通常的图像要差些； ● 图像需压缩，会发生传送延迟； ● 所有的数据变换数字，1 波传送，出现混信的场合，也都下载了； ● 系统发生故障的场合，与其他方式相比较，原因难以查定； ● 无中继的操作距离的自动化施工成本最高

由表 3-18 可以看出，自动化施工采用的设备大体上有远程操作式施工机械、特殊的附属设备、远程操作室、移动式中继车（超远程操作等）、图像设备、无线设备和施工管理设备等。

有关各项设备的详细情况，可参考有关文献，不再赘述。

3）位置推定和走行控制技术

施工机械自动化与制造业机器人控制以及无人搬送车等的自动化基本原理是一致的，因此，施工机械自动化技术也都包含在机器人技术范围内。区别在于其对象面临的环境是室外的自然环境，构筑的基础设施不是量产的产品而是定制的个性的单品，这就使工程机械传感内容和以及软弱地层上的动作等变得复杂，与工厂内的机器人有了很大差异，这点需要特别注意。

例如，自身是移动的机械（本节把移动的机械称为移动体）的载重汽车等自动走行技术与工厂内的无人搬送车和现在研究开发的汽车移动体的自动走行技术大部分是共通的。包括走行机理的考察，目标走行路线的计划，移动体自身位置推定，走行路线控制，障碍物识别和冲突回避等。但与工厂的环境相比，载重汽车的工作环境是室外环境，进行位置推定和回避障碍物时，对各种传感器的要求高；走行路面存在不平整、软弱地层等状况，走行控制也比较困难等。因此，施工机械的自动化要考虑施工现场特有的状况，目标精度等寻求最佳的设备匹配。

（1）位置推定

施工机械等移动体的自动化的基本技术是位置推定。移动体的位置推定的代表性技术有：

①用马达回转和 IMU 等内部传感器获取位置的方法；

②用搭载距离传感器和图像传感器的外界提取环境特征，根据相对位置推定自身位置的方法；

③用 GNSS❶ 和已知位置的地图推定位置的方法。

在屋内多采用融合①和②的方法提高位置精度，但现在由于施工机械自动化和 MC、MG 的利用，多采用 GNSS 方法。

（2）走行控制

移动体的感应控制是实现工程机械自动化的基础功能之一。

工程机械在施工现场进行施工或在灾害现场进行作业时，所处环境有可能是软弱地层，要考虑软弱地层的施工机械的控制。

施工机械自动化，特别是汽车和液压铲的自动走行，首先事前获取的环境数据和搭载在移动体上的传感器数据，推定自己的位置，计划走行路线和动作，其中采用路线计划的动作部分，是机器人工学和人工智能（AI）结合的方法。

4）钻爆法施工机械智能化

钻爆法隧道施工主要施工机械有凿岩台车（图 3-78）、湿喷台车（图 3-79）、锚注台车（图 3-80）。

---

❶ 在室外环境中，由于能够接收来自卫星的信号，所以基于卫星定位的位置推定被广泛使用。特别是近年来，人们所熟知的美国的 GPS（Global Positioning System）系统、日本的准天顶卫星系统（QZSS）、俄罗斯的全球导航卫星定位系统（GLONAss）和欧盟的伽利略卫星导航系统（Galileo）等都可以利用卫星定位的位置推测，这些系统统称为全球定位卫星系统（Global Navigation Satellite System，GNSS）。

图 3-78 凿岩台车

图 3-79 湿喷台车

以上机械国内近年产品不断升级,开始在工程中普及应用,其智能化程度、稳定性不断提高。

隧道施工中,出渣作业占了整个掘进作业循环时间的40%,因此对装渣运输机械的选用是提高掘进工作的重点。装渣运输机械主要有立爪、蟹爪及立蟹爪装渣机、正装侧卸式装载机。国外的先进运输机械和牵引设备正由有轨向无轨发展,通过隧道装渣系统实现快速施工,提高了工作效率。

图 3-80 锚注台车

主要的运输车辆有斗车、斗式列车、槽式矿车、梭式矿车、梭式汽车、自卸汽车和带式输送机等。

3.3.2 机器人——未来的"民工队"

1)概述

建筑机器人从发明到现今经历了一百多年的发展,历经了机械传动和液压传动两代,目前,机器人化的施工机械被称为第三代,是施工机械发展的里程碑。

在制造领域,新一轮技术革命的核心是物理信息系统,即物理与信息领域的高度交叉与整合。随着微型传感器(Sensor)、处理器(Processing Unit)、执行器(Actuator)等系统被嵌入设备、工作和材料中,以工业机器人为代表的制造工具开始获得识别、监测、感知以及学习能力,逐渐实现智能感知、系统运行与组织能力的全面升级。

1987年国际标准化组织对机器人的定义:

(1)机器人的动作机构具有类似于人或其他生物的某些器官(肢体、感受等)的功能。

(2)机器人具有通用性,可从事多种工作,可灵活改变工作程序。

(3)机器人具有一定程度的智能,如记忆、感知、推理、决策、学习等。

(4)机器人具有独立性、完整的机器人系统,在工作中可不依赖人的干预。

应该说"机器人是一种具有高度灵活性的自动化机器,这种机器除能工作外,还具备了一些与人或生物相似的智能，如感知、规划、动作和协同能力"。也就是说机器人越来越往人的方向走，不是形体，而是大脑拥有了智能，随着学习不断变得更加聪明，这就是我们对机器人的期望，使机器人代替工人，工地成为无人化现场。

到了20世纪90年代，工业机器人技术开始向建设生产领域渗透，促进了建设生产过程中机械自动化、自主化技术的应用。建筑机器人能遥控、自动和半自动控制，可以在自然环境中进行多种作业，其中以自然作业为最重要特征。建筑机器人的种类很多，其涉及的共性技术可归纳为操作技术、节能技术和故障自行诊断技术。工业机器人技术的发展阶段见图3-81。

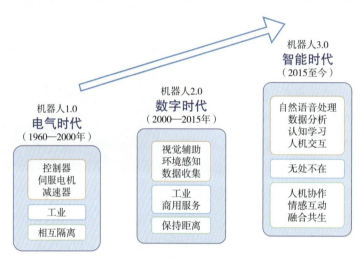

图 3-81　工业机器人技术的发展阶段

建筑机器人面临的问题比工业机器人复杂得多，包括：

（1）需要具备较大的承载能力和作业空间。

（2）在非结构化环境的工作中，建筑机器人需要具有较高的智能性以及广泛的适应性。如现场需要复杂的导航能力，脚手架上或深沟中的移动作业、避障能力。基于传感器的智能感知技术是提高建筑机器人智能性和适应性的关键环节。传感器要适应非结构化，也需要考虑高温等恶劣天气条件、充满灰尘的空气、极度的振动等环境条件对传感器响应度的影响，保证建筑机器人的建造精度。

（3）面临更严峻的安全性挑战。碰撞、磨损、偏移都可能造成灾难性的后果，因此，需要更加完备的实时监测与预警系统。往往采用人机协作的模型来完成复杂的建造任务。

（4）编程方面有很大差异。工业机器人流水线通常采用现场编程的方式，一次编程完成后机器人便可进行重复作业，但这种模式并不适合复杂多变的建造过程。建筑机器人变成以离线编程为基础，需要与高度智能化的现场建立实时链接以及实时反馈，以适应复杂的现场施工环境。

建筑机器人与工业机器人的共性技术包括人机协作控制、智能感知与传感器的环境性控制、非结构化环境的精准作业、建筑机器人施工工艺以及建筑工程施工的智能监测等。图3-82展示了机器人的"听、说、看、运动、思考"背后的技术概貌。

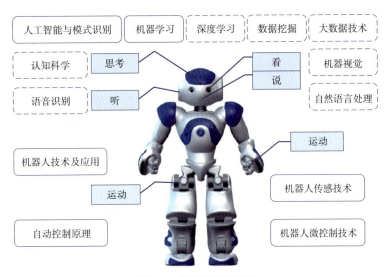

图 3-82 机器人的关键技术

2）建筑机器人的类别

根据建筑机器人在建筑全生命周期的使用环节和用途，表 3-19 对建筑机器人进行较为详细的分类。

建筑机器人的分类　　　　　　　　表 3-19

分类	名称	用途	细目
前期调研机器人	调研机器人	自动化现场测量与施工进度监测	移动机器人
			空中机器人
建造机器人	预制建造机器人	预制板	预制板机器人
		预制结构	预制钢结构机器人
			预制混凝土结构机器人
			预制木结构机器人
	现场建造机器人	地面和地基工作	挖掘机器人
		常规施工机械	机器人常规施工机械
		钢筋加工生产和定位	钢筋加固生产机器人
			钢筋定位机器人
		钢结构	3D 桁架、钢结构自动组建机器人
			钢焊机器人
		混凝土结构	混凝土机器人
		搬运	现场运输机器人
			砌砖机器人
			建筑结构装配飞行机器人
			集群机器人和自组装建筑结构

续上表

分类	名称	用途	细目
建造机器人	现场建造机器人	装修	立面安装机器人
			铺砖机器人
			内部整理机器人
		喷涂	外墙涂装机器人
			防火涂料机器人
		辅助	人形建筑机器人
			可穿戴机器人及辅助装置
维护管理机器人	维护管理机器人	服务、维护和检查	服务、维护和检查机器人
		翻新和回收	翻新机器人
			回收机器人
破拆机器人	破拆机器人	拆除	拆除机器人

3）机器人的组成

机器人的构造由感应器（传感器部分）、处理器（控制部分）、效应器（机械本体）三部分组成，划分为六个子系统：驱动系统、机械结构系统、感知系统、机器人环境交互系统、人机交互系统、控制系统。

4）机器人的关键技术概要

机器人是一种高精度的数控设备，能在 0.02～0.05mm 的精度下以任意角度 A、B、C 的姿态达到空间中的任意位置 X、Y、Z。

机器人控制技术是"大脑"，硬件装备是"身体"。自动控制的核心是通过传感器对一个系统的输出进行检测，然后反馈给某种类型的控制器，并用控制执行器完成操作。反馈系统的核心是输出控制的过程，建筑机器人通过软件与编程实现这一过程的逻辑控制，而机器人的控制器、执行器与传感器为实现这一过程提供硬件基础，两者缺一不可（图 3-83）。

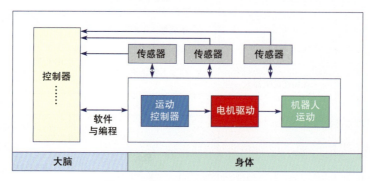

图 3-83 机器人的"大脑"与"身体"

（1）控制共性技术

智能控制技术主要是对人脑模拟，采用数学模型、数学运算与计算机技术替代传统的人工操作，能够对智能化系统进行操作，保证控制问题得到更好地解决；同时具有较强的组织能力，解决问题程序模拟人类大脑的思维方式，能够帮助有关人员更好地解决复杂问题。

控制技术中最重要的是软件与编程、协同技术及定位技术。

①软件与编程

a. 在线编程：现场和遥感式（视觉传感器）。

b. 离线编程：三维建模，模拟现实工作环境，在虚拟环境中设计与模拟机器人运动轨迹，并根据机器碰撞诊断、限位等情况调整轨迹，最后自动生成机器人程序。一般具有几何建模、基本模型库、运动学建模、工作单元布局、路径规划、自动变成、多协调编程和仿真功能。

c. 自主编程：计算机主动控制机器人运动路径的编程技术，基于机器视觉集的发展和各种跟踪测量传感技术日益成熟，有基于结构光（光传感器）的自主编程、基于双目视觉的自主编程和基于多传感器（位移、力、视觉信息等）信息融合的自主编程。

d. 增强现实辅助编程：虚拟和现实互动，有虚拟机器人仿真和真实机器人验证等。

②协同技术

a. 机器人协同分为多机器人协同和人机协同。

多机器人协同中群体结构体系有集中式、分布式和分层式。任务规划包括任务分配和运动规划，协作机制与群体体系结构、个体体系结构、感知、通信和学习等方面密切相关。多系统信息交互得益于互联网和物联网通信技术的发展。无意识协作中的群合作机器人系统鲁棒性突出，对外部动态环境具有更强大的反应和适应能力，机器人行为之间的全局一致性相对较低。通常适用于对精度和效率没有严苛要求的任务，如停车场清理、岩石样本收集、货物搬运等在比较开阔的环境中进行大量的重复操作任务。蚁群算法及相关行为规则是研究中最为成熟的方法，相关研究借鉴蚁群觅食时的信息传递与协作机制，解决了未知环境下的多机器人任务分配等问题。通过这种仿生研究，使多机器人系统具有了散开、聚拢、觅食和轨迹跟踪等能力。有意识合作也被称为基于规划的合作，任务分配是关键。

b. 人机协作中，机器加强了人的能力。人主要负责"定性"判断，而机器则负责"定量"计算。研究人、计算机以及它们之间互相影响的技术（HMI）❶、人机之间的信息交互为实现人机协作提供了前提条件。通过人机交互，人能充分及时地了解机器人的系统状态和所处环境信息，并且以简洁、高效的方式及时对机器人的自主行为产生影响。

---

❶ HMI：Human Machine Interface（人机接口）。

③定位技术

机器人导航是定位技术中最基本的环节。机器人定位系统是由内部位置传感器和外部传感器共同组成。内部传感器针对机器人自身状态和位置进行监测，如里程计、角轴编码器、陀螺仪、倾角传感器、角度电位器等。外部传感器主要用于构建环境地图，如激光、雷达、摄像头等。相对定位包括惯性导航和测程法两种主要类型。可依据运动学模型自我推测机器人的航迹，绝对定位常见地图匹配、GPS定位等，导航信标定位主要采用三视距法和三视角法进行位置计算，对环境条件要求较高，例如基于航迹推测与绝对信息矫正的组合，能够互补，有效提高定位精度和稳定性。

复杂的现场环境以相对定位为主，绝对定位为辅。

（2）装备共性技术

①集成硬件系统

a.控制器：用于计算并控制所需的信号的组件，如可编程逻辑控制器（PLC）。

b.执行器：改变过程的被控变量的装置，如气动夹具、电动机、抓手、钻头、打磨器等。

c.传感器：能感应被测量的信息，并将感应到的信息按一定规律转变为电信号或其他所需形式的信息输出的监测装置。一类是感应机器人发出的电信号（数字或模拟）；另一类是感应环境中的信号（压力、加速度、位移、温度、流量、距离和视觉识别等）。

②移动技术

运动机构是移动技术的核心执行部件。自动化领域移动机器人包括轮式机器人、履带式机器人、步行机器人等；在建筑领域，分为轨道式移动技术和移动平台式移动技术。

a.轨道式移动技术以不同类型的导轨为引导，增大机器人本体在特定方向上的移动范围。主要技术是依赖机器人行走轴的带动，有地面行走轴、侧挂行走轴、吊挂行走轴。目前主要应用于结构化的工厂或实验室环境，实际上机器人轨道移动技术不仅可以用于上述预制生产中，在施工现场也能发挥巨大作用。

b.移动平台式移动技术一般分为轮式、履带式和步行式，无固定轨迹限制。

经过近几十年的发展，机器人形成成熟的硬件与控制体系，实现了从轴角度精确控制、扭矩荷载控制、到视觉识别控制、牵引编程示教等非线性智能化控制。在稳定的控制系统保障下，机器人拥有可靠的定位工具。机器人赋予了设计师以直接进行加工和建造的能力，大大降低了数据转化和施工交流的时间成本，降低了施工质量的不确定性，极大提高了设计与建造的效率。

5）隧道监测机器人

以下介绍几种典型的隧道监测机器人。

隧道检测车搭载相机的小型移动机器人。如图3-84所示，机器人配备了一个机械臂，其上配备了回声锤，所有的组成部分都由计算机控制，通过分析回声判断衬砌是否存在空洞和掉块。该机器人的核心是计算机控制系统，可以从两个不同的检查系统对结构的变化和衬砌缺陷进行评估。测量传感器安装在卡车上，使其能够在不同地势平坦运行，同时配备了 6 个激光相机，每对激光相机可以检查 2m 宽隧道，精度在 1min，可直径 9m 的隧道中以最高分辨率进行检查。检测车辆装备有激光传感器和 CCD 相机，能直接生成隧道表面地图，并通过专门的视觉软件检测裂缝。

图 3-84　搭载相机的小型移动机器人

隧道智能巡检机器人（图 3-85）集机械、电子计算机、移动通信技术于一体，机器人安装在离隧道壁地面 2m 左右的轨道上，运行速度为 25km/h，可实现在隧道全线范围内的移动巡检。巡检中能够连续采集、传输、存储现场图像、声音、温度等数据，通过数据实时分析判断运行车辆是否存在违章行为以及对隧道内事故状态的监测预判。它能在采集现场声音的同时实现紧急状态下远程控制站与机器人本体附近区域之间的双向通信。同时机器人还具有终点自动换向、限位停止、定点矫正等功能，不影响车辆的通行。

图 3-85　隧道智能巡检机器人

由上面的例子可以看出激光技术、计算机图像识别系统，以及回声测试系统在隧道机器人领域得到了应用，不仅应用于隧道的检测、隧道通风，还应用到了隧道养护方面，如隧道清洗机器人（图 3-86）、隧道线缆机器人（图 3-87）。对于断面较小的线缆隧道，可采用小型线缆机器人，对隧道的线缆进行检测。

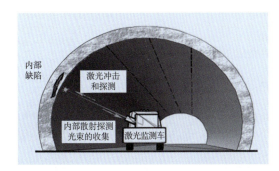 

图 3-86　隧道清洗机器人

图 3-87 隧道线缆机器人

3.3.3 工厂装配式 + 现场机械化（工业生产 + 机器人）

早期的探索是将生产从工地转移到工厂，工厂依然以人力劳动为主，更多是一种流水线组织而不是真正的自动化。20 世纪 70 年代，日本清水建设株式会社设立建筑机器人研究团队，随后出现单工种机器人，可将施工现场的复杂性同步考虑，实现现场拆除、测量、挖掘、铺设、运输、焊接、喷漆、检查、维护等现场作业。早期机器人手动控制、自动化成分低，上下游工序不能实现协同，虽局部实现机器换人的目的，但实质上没有明显提升建造生产效率。

随后，一体化自主建造工地（Integrated Automated Construction Sites）成为提高现场建造效率和自动化程度的解决方案。其基本理念是采用工程化的流水线生产模式来组织工地的建造过程，即可以像预制工厂一样合理组织生产。1985 年前后，出现第一个大型一体化自主建造工地，有序整合了早期单工种机器人与其他控制和操作系统，为现场建造提供了一个系统化组织的遮蔽空间，使现场作业能够不受天气等因素的影响。

伴随环境智能感知、云计算、网络通信和网络控制等系统工程被引入建筑建造领域，建造机器人具有计算、通信、精准控制和远程协作功能。建设全生命周期、全建造流程的信息集成过程推动产业向高度智能化发展。发展阶段对比见表 3-20。

发展阶段对比　　　　表 3-20

阶段	特点	图示
Society 4.0	人通过访问获得服务，根据人的判断进行操作： ①伴随商圈（需要）和产业（供给）间隔的发生，基础设施变得非效率化； ②利用规模经济等的低成本化是产业的基调，消费者享受划一的"物"； ③提高操作的精度，需要付出很大的劳力才能提高附加值	

续上表

阶段	特点	图示
Society 5.0	在网络空间上掌握物理空间的状况，进行判断，在网络空间上一边进行模拟，一边反映到物理空间： ①不受人的制约，一边利用机器人和AI使社会全体效率化，一边解决社会问题； ②以匹配精度作为产业基调，何时、何地、何人都能享受个别最佳化的"物"； ③操作高度自动化，力求高度的判断，一边增大提供的价值，一边削减物理空间的成本	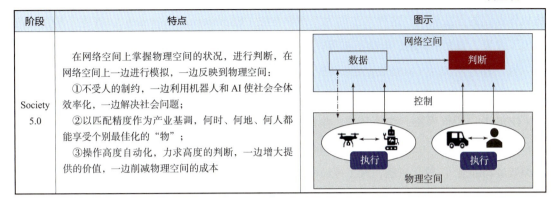

智能建造面对"工厂"和"现场"两种核心生产环境。

一方面，通过"数字工厂"建立建筑智能化生产系统，"数字工厂"作为一种基础设施通过网络化分布实现建筑的高效、定制化生产。

另一方面，"现场智能建造"通过智能感知、监测以及人机互动技术将现场建造机器人、3D打印机器人等设备应用于建筑现场施工过程，通过工厂与现场的网络互联和有机协作形成高度灵活、个性化、网络化的建筑产业链。

建筑机器人是智能建造的未来，目的是提高生产效率、避免资源浪费和解决建筑行业高度依赖人力资源的落后现状，并提升基础设施产品品质，推动行业从碎片化、粗放化、劳动密集型生产方式向集成化、精细化技术及其密集型生产方式的转型升级。

3.4 智能化技术

前面章节已经讨论过数字化、网络化和机械化，本节重点介绍智能化中的人工智能和数字孪生，这些内容并不是独立的，而是彼此关联，章节编排上力图按照技术特点的重点因素和技术进化的顺序进行分类。

3.4.1 人工智能（AI）：工程大脑，大数据趋势的工程决策

1）概况

就其本质而言，人工智能是对人思维过程的模拟。对于人的思维模拟可以从以下两条道路进行：

（1）结构模拟，仿照人脑的结构机制，制造出"类人脑"的机器；

（2）功能模拟，暂时撇开人脑的内部结构，而对其功能过程进行模拟。

因此，人工智能在计算机上实现也有2种不同的方式：

一种是采用传统的编程技术，使系统呈现智能的效果，而不考虑所用方法是否与人或动物机体所用的方法相同。这种方法称为工程学方法（Engineering Approach），其在一些领域内作出了成果，如文字识别、电脑下棋等。

另一种是模拟法（Modeling Approach），它不仅要看效果，还要求实现方法也和人类或生物机体所用的方法相同或相类似。研究方法通过大脑模拟（控制论和计算神经科学）、符号处理（GOFAI）、子符号法、统计学法、集成方法（智能 Agent 范式）进行。遗传算法（Generic Algorithm，GA）和人工神经网络（Artificial Neural Network，ANN）均属后一类型。遗传算法模拟人类或生物的遗传-进化机制，人工神经网络则是模拟人类或动物大脑中神经细胞的活动方式。

其中，数据是迈向 AI 的关键。在大数据出现后，形成了计算机解决问题的新思路，即：

深度学习 + 大数据 = 人工智能 AI

从传统学习和建模推理思路转移到基于统计学的思路，简单来说就是只要有足够多的数据，计算机就能通过自我学习、自我训练，形成了类似人脑一样的智能处理和分析能力。

AI 技术的发展始于 20 世纪 50 年代，其发展阶段见图 3-88。

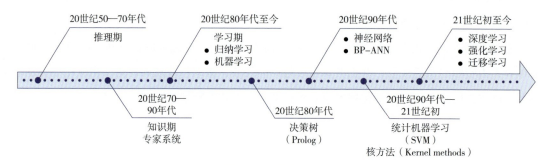

图 3-88 AI 的发展阶段

AI 并非孤立的处在，它与大数据、物联网、云计算休戚相关，如图 3-89 所示。

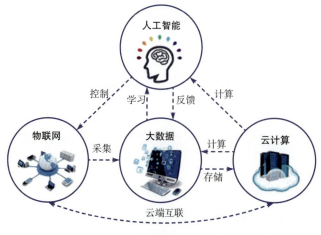

图 3-89 AI、大数据、物联网、云计算

AI 的目标是提高效率，节省人力，创造价值，主要用于：

①数据的处理，包括海量数据的采集、筛选、清洗、分析等。

②信号的传输，包括人与物、物与物之间的指令传输、交互。

③重复性工作，包括重复性的体力劳动和重复性的脑力劳动。

AI 的研究领域及应用范围十分广泛，如自动定理证明、推理、模式识别、专家知识系统、智能机器人、学习、自然语言理解等。在很多方面它已经超出了人的能力。

AI 在基础设施建造领域的应用无所不在，它不是一个独立的技术，而是一个综合且友好的技术，前面谈到的数字化、网络化、自动化，都因 AI 技术的发展出现了大的飞跃。

模式识别是 AI 这门学科中最基本也是最重要的一部分，包括文字识别（读）、语音识别（听）、语音合成（说）、自然语言理解与计算机图形识别。简单来说，它让计算机能够认识它周围的事物，使人与计算机的交流更加自然与方便。

在 AI 的应用当中最有趣的应该就是机器人了。其实机器人的范围很广，不仅包括各种智能机器人，还包括一些用于工业生产、用于代替人类劳动的机器人，现在的机器人技术在制造只有某一种功能的机器人方面取得了很大的成果，制造业生产线商已经大量使用。模式识别为智能机器人的研究提供了必要条件，它使机器人开始能够像人一样与外面的世界进行交流。

专家系统从早期的 AI 时代走到今天，为工程决策提供了巨大的助力，它基于行业知识库，由设计者根据这些知识之间的特有关系和职业人员的经验，设计出一个系统，这个系统不仅能够为使用者提供这个行业知识的查询、建议等服务，更重要的是作为一个 AI 系统具有自动推理、学习的能力。

在 AI 技术发展的促进下，工程建设系统可以更加清晰地看到更多的细节，拥有更好的劳动力和更聪明的大脑，很大程度降低了工程的不确定性和生产决策效率，智能建造中的生产和项目管理、监督都变得与以往不同。

2）AI 关键技术

（1）AI 的架构

AI 的架构分为应用层、技术层和基础层，如图 3-90 所示。

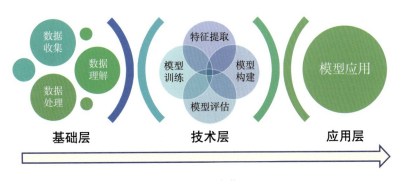

图 3-90　AI 架构

应用层聚焦在 AI 和各行业各领域的结合；技术层是算法、模型和技术开发；基础层则是计算能力和数据资源。从 AI 的结构很容易可以看出来，AI 的核心是基础层，即计算能力和持续的数据流，技术层的核心主要在于特征提取和模型与算法选择。图 3-91 展示了 AI 基础层涵盖 AI 算力、算法平台与数据资源模块。

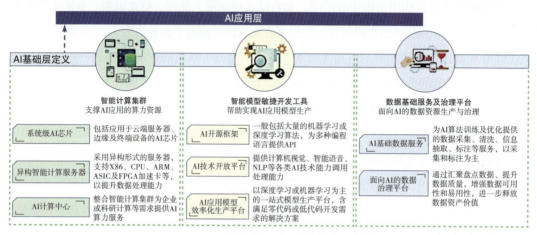

图 3-91　AI 基础层中算力、算法平台与数据资源模块

Ridgelinez 公司❶有一个数据利用框架（表 3-21），分为项目课题、数据、分析模型三层框架，按照课题设定、数据输入、AI 模型分析、分析结果、封装 5 个步骤来规划整体形象，在这个过程中一边审视"想做的事"和"能做的事"，一边推进项目，是一个循环迭代进化的过程。

数据利用框架　　　　　　　　　　　　　　　　　　　表 3-21

项目	研究内容	图示
项目课题	● 解决课题明确化 ● 设定目标值 ● 费用对效果 ● 开发者、利用者运用部署明确化	整合性 ⑤封装 ⇔ ①课题设定 PoC（概念验证） ④分析结果　②数据输入 ③AI模型分析
数据	● 学习数据的有无、量、质 ● 学习数据的整理方法、时间、费用 ● 分析结果的验证方法、阈值的设定 ● 与硬件设备协作	
分析模型	● 精度和分析时间等的要素定义 ● 分析模型开发的难易度 ● 开发模型需要的资源、时间、费用	

从技术与技能的角度来看，需要将专业知识与数据科学和 AI 知识完美融合。但是，并不是把各个专家聚集在一起就能顺利推进项目。拥有专业知识的技术人员，如果能够理解 AI 的

---

❶　Ridgelinez 公司：日本富士通的子公司。

本质，就能够正确地找出哪些问题需要发挥 AI 的长处，哪些问题不需要发挥人工智能的长处，提高判断时效性和可行性的准确度。因此，了解 AI 和大数据的基础知识成为智能建造重要的一环。

（2）关键技术

①机器视觉技术

机器视觉技术是使用机器代替人眼来做测量和判断。其原理是通过机器视觉产品（图像摄取装置：CMOS 和 CCD）将被摄取目标转换成图像信号，传送给专用的图像处理系统，得到被摄目标的形态信息，根据像素分布和亮度、颜色等信息，转变成数字化信号，图像处理系统对这些信号进行各种运算来抽取目标的特征，进而根据判别的结果来控制现场设备动作。

机器视觉是对人工智能的"认识"和"理解"，是一项综合技术，涉及图像处理、机械工程技术、控制、电光源照明、光学成像、传感器、模拟与数字视频技术、计算机软硬件技术（图像增强和分析算法、图像卡、I/O 卡等）。主要研究内容有目标制导的图像处理，图像处理和分析的并行算法，从二维图像提取三维信息，序列图像分析和运动参数求值，视觉知识的表示，视觉系统的知识库等。

一个典型的机器视觉系统由机器视觉照明、机器视觉镜头、机器视觉高速相机、机器视觉图像采集卡、机器视觉处理器组成。

机器视觉的应用主要有检测和机器人视觉两个方面。其中，检测又可分为高精度定量检测和不用量器的定性或半定量检测。机器人视觉用于指引机器人在大范围内的操作和行动，如从料斗送出的杂乱工件堆中拣取工件并按一定的方位放在传输带或其他设备上（即料斗拣取问题）。至于小范围内的操作和行动，还需要借助于触觉传感技术。

如图 3-92 所示，为避免施工机械与工作人员接触事故，相机系统利用 AI 技术可根据相机摄像分析施工机械与作业人员之间的距离进行及时提醒。为确保分析速度，简化事前校准，降低系统成本可采用单眼相机拍摄，精度与立体相机相似。该系统目前已应用在施工机械附近作业较多的山岭隧道施工中。

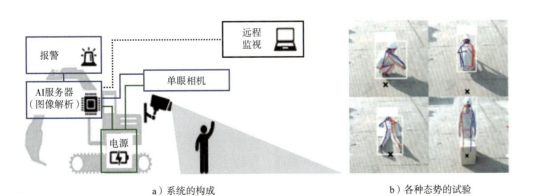

a）系统的构成　　　　　　　　b）各种态势的试验

图 3-92　施工机械和作业人员回避接触的 AI 相机系统

②机器学习和深度学习技术

在没有或者很少先验知识下,从大数据中学习知识(感知模型)解决"知其然而不知其所以然"的问题,是 AI 的一个重要突破。

计算机中的"学习(Learning)"被称为"机器学习(Machine Learning,ML)"。机器学习是指通过发现数据背后隐藏的规律性和特异性,用计算机实现与人类同等程度甚至更高的学习能力的技术。机器学习的处理大致分为"学习"步骤和"推理"步骤,利用数据让计算机进行某种学习、推论的机制就是"机器学习"。它涉及统计学、系统辨识、逼近理论、神经网络、优化理论、计算机科学、脑科学等诸多领域,是 AI 技术的核心。

机器学习一般分为有教师学习、无教师学习和深度学习(图 3-93)。在土木建筑领域,多采用有教师学习(图 3-94),有教师学习里目前最多的是深度学习。有教师学习和无教师学习概要见表 3-22。

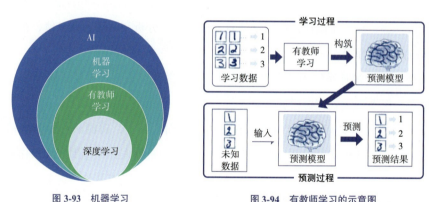

图 3-93 机器学习　　　　　图 3-94 有教师学习的示意图

有教师学习和无教师学习概要　　　　表 3-22

学习方法的分类	概要
有教师学习	学习用数据赋予正解值答案的方法。利用此数据编制学习模型。对没有正确答案的新数据进行分类和预测。应用有包括自然语言处理、垃圾邮件过滤、手写文字识别、故障诊断等
无教师学习	学习数据没有被赋予答案等信息。学习隐藏在数据本身的结构造和规律。其中包括聚焦和数据维度压缩技术等

为解决早期神经网络过拟合、人为设计特征提取和训练难等问题,机器学习领域诞生了一个新的分支,即深度学习研究。深度学习通过人工神经网络实现,对传统特征选择与提取框架的突破,对包括语音处理、自然语言处理、计算机视觉等众多领域产生重要的影响。深度学习最先在语音处理领域取得突破性进展并广泛应用。自然语言处理领域各种任务广泛运用深度学习,包括词性和语义标准、文章分类及其翻译、自动问答等。在图像识别和行为识别方面,计算机视觉领域应用深度学习的理论和方法可以实现图像场景的自动化识别和分类,具体应用包括人脸识别、多尺度变换融合图像、物体检测、图像语义分割、姿态估计、行人跟踪等。这些

应用延伸到建设工程领域，通过工程大数据提供的训练样本，帮助现场作业人员实现行为监测、风险预测预警等管理任务。深度学习模型构建见图 3-95，生成任务算法见图 3-96。

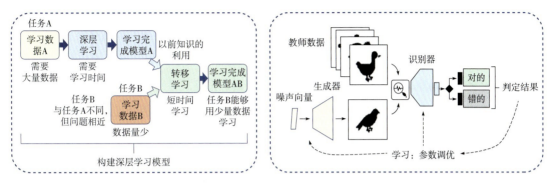

图 3-95　深层学习模型　　　　　　　　图 3-96　生成任务算法（GAN）概要

AI 通过学习进化，逐渐对事物形成判断和预测。AI 的判断和预测见图 3-97 和图 3-98。

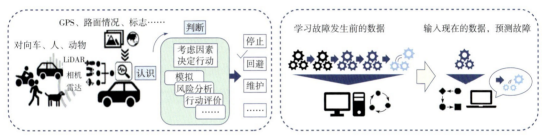

图 3-97　AI 的判断　　　　　　　　图 3-98　AI 的预测

机器人的学习也是基于 AI 的学习技术。人教育普通机器人，AI 机器人通过试行错误进行纠正和学习，类似于人在试错过程中用身体记住的身体知识。

③自然语言处理

自然语言处理主要研究实现人与计算机之间用自然语言进行有效通信的各种理论和方法，主要包括机器翻译、机器阅读理解（语义）和问答系统等。使用示例见图 3-99。

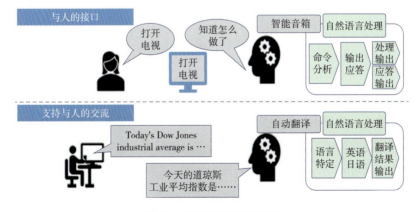

图 3-99　自然语言测量使用示例

④人机交互

人机交互主要研究人和计算机之间的信息交换，主要包括人到计算机和计算机到人的两部分信息交换，是 AI 领域的重要的外围技术。人机交互是与认知心理学、人机工程学、多媒体技术、虚拟现实技术等密切相关的综合学科。传统的人与计算机之间的信息交换主要依靠交互设备进行，主要包括键盘、鼠标、操纵杆、数据装备、眼动跟踪器、位置跟踪器、数据手套、压力笔等输入设备，以及打印机、绘图仪、显示器、头盔式显示器、音箱等输出设备。人机交互技术除了传统的基本交互和图形交互外，还包括语音交互、情感交互、体感交互及脑机交互等技术。

⑤ VR/AR/MR

虚拟现实（VR）与增强现实（AR）是以计算机为核心的新型视听技术。结合相关科学技术，在一定范围内生成与真实环境在视觉、听觉、触感等方面高度近似的数字化环境。用户借助必要的装备与数字化环境中的对象进行交互，相互影响，获得近似真实环境的感受和体验，通过显示设备、跟踪定位设备、触力觉交互设备、数据获取设备、专用芯片等实现。

VR 是将现实中没有的世界或难以体验的状况通过计算机动画（CG）技术在虚拟空间上创造的技术。AR 是将计算机制作的影像和图像重叠在眼前的现实世界上增强现实世界的技术。混合现实（MR）是将现实空间和虚拟空间混合起来，展现现实物体和虚拟物体实时相互影响的新空间方法（图 3-100）。

a）VR　　　　　　　　　b）AR　　　　　　　　　c）MR

图 3-100　VR、AR、MR 示例

注：HMD–头戴式显示器（Head Mounted Display）。

从技术特征角度，按照不同处理阶段，虚拟现实 / 增强现实分为获取与建模技术、分析与利用技术、交换与分发技术、展示与交互技术以及技术标准与评价体系五个方面。对应的研究内容及难点列于图 3-101。

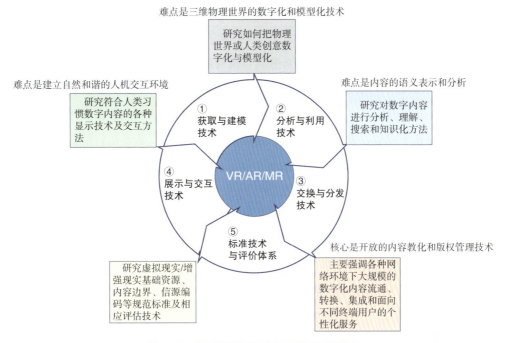

图 3-101　虚拟现实和增强现实的研究内容及难点

3）AI 的工程应用

在建设业中引入 AI 必须明确导入目的以及为了实现这个目的所需要积累的数据，今后要收集什么样的数据？如何利用这些数据等，这些问题都应该经过充分讨论，取得共识。

AI 的研究方向是多样的，如图 3-102 所示。

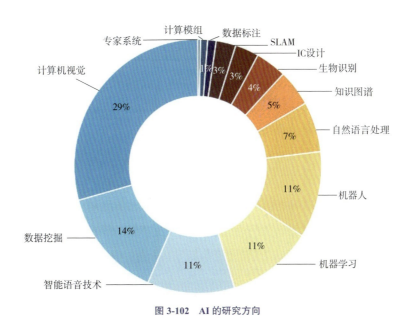

图 3-102　AI 的研究方向

注：IC 设计 – Integrated Circuit Design，集成电路设计。

AI 在建设业中应用的先决条件是拥有大量高质量的数据，特别是在地质领域。AI 只有在拥有大量数据和知识的情况下才能产生真正的价值。工程应用中多把大数据与 AI 统筹考虑来解决与经验性有关的问题，如隧道的围岩分级。现有的技术管理和保管庞大的数据一直是个难题，但是 AI 中机器学习及发展使得以往被认为不可能的和庞大数据管理和分析成为可能，这使得企业在大量数据的基础上有效率地分析整理进而提取出有用的数据成为可能。特别是 2012 年深度学习技术问世以来，图像识别精度得到了极大提高，人工进行的图像、声音等大数据的分析和整理工作已被计算机替代。

目前，建造过程和现场产生的大数据的分析尚需人的参与以及 AI 等分析、认知技术的参与。数据的采集、数量、可靠程度，历史经验转化为结构化数据，算法的不确定等都使人工智能看似美好，实际应用不足。在建设业中实际应用 AI 并在工程中上取得显著效果的事例虽然不多，但为了提高各种业务的生产效率和提高建设现场的安全性，已开始了 AI 的利用。下面简单介绍 AI 在工程建设中的一些应用。

（1）图片、视频数据（PVD）的智能化利用

AI 的出现使得作为数据的传统 PVD 利用出现了变化，数据的作用从记录转变为对变化、发展趋势的智能评价。三维信息模型中统合模型集成了这些三维点群模型，AI 中数据的可视化使得数据的利用更加友好，实现了虚拟空间中的模拟演示；同时，AI 深度学习后形成不断进化的判断大大提高了决策的效率，提供了更多经验丰富的智能"总工"。这个过程即数据→信息→智能化（Data—Information—Intelligence），如图 3-103 所示。

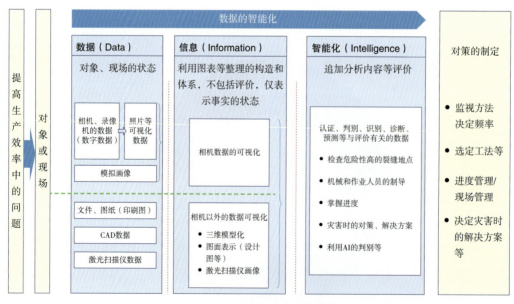

图 3-103　图片、视频数据的智能化利用

（2）利用深度学习可以识别人和物的不安全行为

在现场施工阶段，安全措施识别、危险位置识别、危险动作识别有助于现场的安全管理。

①安全措施识别

基于深度学习的计算机视觉能有效识别现场作业人员是否正确佩戴安全帽和安全绳。首先采集大量视频画面，并进行标注作为训练样本；然后采用 Faster R-CNN❶ 对样本进行学习，得到模型；接着对工地现场视频进行实时动态提取，并利用得到的模型识别每一帧静态画面中现场作业人员是否正确佩戴安全帽的状况。深度学习能在不同的拍摄距离、天气状况、光照条件、人员姿势和身体露出比例下，准确地识别未佩戴安全帽的人员，为现场安全管理提供帮助，如图3-104所示。

图 3-104　AI 助力安全管理

②危险位置识别

识别现场作业人员与危险区域控制位置关系，采用高斯混合模型识别现场作业人员和作业机械，采用模糊推理评估工人的安全级别，并依据安全等级对相应的人员进行警示提醒。

③危险动作识别

基于深度学习的计算机视觉动态识别危险行为，如易跌落受伤动作。首先，采用 CNN 对公司视频数据进行训练，得到以线段和节点表示的人体骨骼集合参数模型；然后，根据给定参数中各分量的取值范围描述目标动作。该模型将现场作业人员的实时动作与预先定义的施工行为前置动作参数比较，判断作业人员的动作是否属于施工行为前置动作，从而判断该作业人员是否采取目标施工行为。该方法将复杂的动作识别算法转化为相对简单的数值加以计算比较，减少计算量和计算时间，实现了对现场作业人员不安全行为的实时预警。

在识别物的不安全状态中，常见的吊装作业、空间碰撞、设备超载、结构受损等都是工程施工中可能发生安全事故的原因。由于施工现场的复杂性，管理人员很难通过人工检查发现所有潜在的不安全状态，深度学习对物的安全状态展开监测和预警大有可为。

---

❶ Faster R-CNN：一种经典的目标检测方法。

④起吊作业中可能的空间碰撞

在吊车关键部位（如底盘、吊臂）设置传感器，通过传感器数据了解吊车的实时姿态（地盘旋转角度、吊臂抬升角度、吊臂伸长长度等），然后采用现场激光扫描得到的点云数据判断是否存在空间碰撞问题，即比较吊车实时姿态数据和现场环境点云数据在虚拟环境下拟合。

⑤危险环境识别

结合空间定位技术实时获取现场作业人员与危险环境的空间位置和属性信息，并通过图像语义提取场景中的行为个体、位置区域和安全风险三个维度信息。这些不同维度的信息可以通过深度学习进行分析，获得施工现场环境风险的深层次、多维度关联规则，从而对现场作业人员的安全进行实时预警。

（3）机器学习的应用

决定施工机械位置的机器学习是施工机械自动化的基础，也是机器学习的重要部分。在作业者周围存在施工机械的环境中，为自动决定施工机械的行动，如前所述，要根据搭载在施工机械上的相机图像，检出周围存在的物体是很重要的。此时，图像中存在的物体是人还是施工机械，或者是人和施工机械要有自动判断的功能，为了自动解析获得的情报，可用 AI 技术。

例如，在混凝土构筑物的检查中，检查人员多采用听用锤敲击的声音的检查方法。打击声检查能够调查混凝土内部的变异，但为检出缺陷需要熟练的检查人员。在打击声检查中，作业自身的危险性也大，因此，组合应用图像处理技术、音响信号处理技术、AI 技术，开发出打击声自动检查系统。此系统沿隧道形状可能变形的部分设置拱形框架。把打击声用锤、录音打击声的麦克风、搭载获取图像的 RGB-D 传感器组成的检查系统（图 3-105），进行检查作业。

图 3-105　隧道衬砌非破坏检查系统

在进行检查的场合，人是靠近混凝土表面敲击，而检查系统是在机构面和控制面间动作，根据音响信号判定变异的方法。采用有教师学习的方法，为对应车走行和风的声音等杂音，要在消除杂音上下功夫（图 3-106）；采用无教师学习的方法时，用分离正常声音和异常声音的方法上下功夫（图 3-107）。

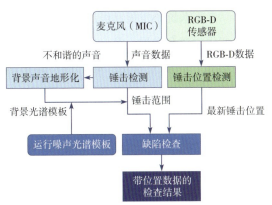

图 3-106 有教师学习的变异判定

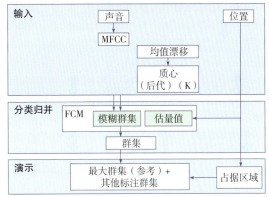

图 3-107 无教师学习的变异判定

注：MFCC-Mel Frequency Cepstrum Coefficient，Mel 频率倒谱系数。
FCM-Fuzzy C-Means，模糊 C 均值算法。

（4）新一代的专家系统：AI 的判断和预测

专家系统是早期 AI 的一个重要分支，它可以看作一类具有专门知识和经验的计算机智能程序系统，一种模拟人类专家解决领域问题的计算机程序系统。一般采用 AI 中的知识表示和知识推理技术来模拟通常由领域专家才能解决的复杂问题。在现场决策方面可以极大地提高效率。

一个完整的专家系统由知识库、推理机、解释器、用户界面、开发者界面（专家界面）等组成。一套理论知识需要在一个完整的架构上才能推理完成。知识库是专家系统设计所应用的规则集合，包含规则所联系的事实及数据，它们的全体构成知识库。推理机是一组用来控制、协调整个系统的程序。是在一定的控制策略下，系统根据问题信息（用户与专家系统交流的信息）及知识库中的知识执行对问题进行求解。历史记录是系统中用来存储用户信息查询记录的部分。解释器用于提供系统推理的信息。

存放知识和运用知识进行问题求解是专家系统的两个最基本的功能。计算机能运用专家的领域知识，需要一定知识表示方式——基于规则的产生式系统。产生式系统主要由综合数据库、知识库和推理机 3 个部分组成，综合数据库包含求解问题的世界范围内的事实和结论。知识库包含所有用"如果〈前提〉，于是〈结果〉"形式表达的知识规则。推理机（又称规则解释器）的任务是运用控制策略找到可以应用的规则，如同专家解决问题的思维方式，知识库就是通过推理机来实现其价值的。

专家系统的基本结构如图 3-108 所示，其中箭头方向为数据流动的方向。专家系统的基本工作流程是：用户通过人机界面回答系统的提问，推理机将用户输入的信息与知识库中各个规则的条件进行匹配，并把被匹配规则的结论存入综合数据库中。最后，专家系统将得出最终结论呈现给用户。在这里，专家系统还可以通过解释器向用户解释以下问题：系统为什么要向用户提出该问题（Why）？计算机是如何得出最终结论的（How）？

专家系统的发展已经历了三代，正向第四代过渡和发展。第一代力图求解专门的问题，高度专业化；第二代针对单学科，是专业型和应用型的系统。第三代专家系统属多学科综合型，采用多种 AI 语言，综合采用各种知识表示方法和多种推理机制及控制策略，并开始运用各种知识工程语言、架构及开发工具和环境。第四代专家系统开始采用大型多专家协作系统、多种知识表示、综合知识库、自组织解题机制、多学科协同解题与并行推理、专家系统工具与环境、人工神经网络知识获取及学习机制等最新 AI 技术来实现具有多知识库、多主体的专家系统。

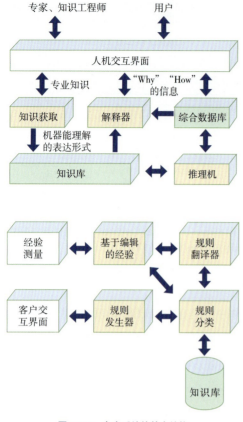

图 3-108　专家系统的基本结构

我们以一个专家系统为例，V0.0 版本是无系统的个体知识集合，凭经验完成工作。V1.0 初步建立流程系统并植入确定性规则实现流程系统控制。V2.0 形成相对独立的数据库，对协同的工作流程进行系统控制，完成知识规则跨系统交互。V3.0 中知识库初步具备基于数据的学习功能，实现与数据的交互学习，可以控制系统的工作流程。V4.5 知识库向专家系统发展，规则、知识、逻辑动态更新并通过与数据交互学习，对系统进行持续赋能，是专家系统与多系统的集成。V5.0 基于长期学习和专家系统的发展，与系统流程的交互与固化，实现 AI 自主执行工作。

新一代的专家系统中，因 AI 和深度学习的介入，除了领域专家外还引入了 AI 专家，以数据处理方式和深度学习方式获得，其经验对应模糊数据库和模糊推理机，专家系统演化为开放和生长的结构（图 3-109）。

专家系统能为用户带来明显的经济效益，用比较经济的方法执行任务而不需要有经验的专家，可以极大地减少劳务开支和培养费用。由于软件易于复制和推广，

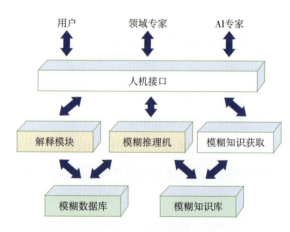

图 3-109　开放和生长的专家系统结构

所以专家系统能够广泛传播专家知识和经验。图 3-110 介绍了利用专家系统的 AI 检测为智能建造系统提供助力。

图 3-110 AI 检测为智能建造系统提供更大的助力

近年来专家系统逐渐成熟，广泛应用。甚至在某些应用领域，还超过人类专家。在工程领域，利用专家系统的案例贯穿工程建设各个阶段。

AI 的开发前景是广阔的，未来的技术社会会走向以人为中心的 AI 社会，我们今后希望开发的 AI 技术是会更容易实现的，能够和人合作的，在真实世界值得信任的。AI 技术必将为智能建造系统提供更大的助力。

3.4.2 数字孪生

可以说数字孪生技术其实已经走过了几十年的发展历程，只不过以前没有这样命名，而是走到了一定的发展阶段，人们意识到可以给这种技术起一个更确切的名字。实际上，自从有了诸如 CAD 等数字化的"创作"手段，就有了数字孪生的源头，有了 CAE❶ 仿真手段，就让数字虚体和物理实体走得更近；有了系统仿真，可以让数字虚体更像物理实体，直至有了比较系统的数字样机技术。现在，人们发现在数字世界里做了这么多年的数字设计、仿真结果，越来越虚实融合，数字虚体越来越赋能物理实体系统。数字孪生是在现有数字化技术、仿真技术基础上发展的新阶段。

---

❶ CAE：Computer Aided Engineering，计算机辅助设计。

1）认识数字孪生

（1）数字孪生概述

数字孪生是指充分利用物理模型、传感器、运行历史等数据，集成多学科、多尺度的仿真过程，它作为虚拟空间中对实体产品的镜像，反映了相对应物理实体产品的全生命周期过程；也可以在数字虚拟世界，预测将来发生的事件，是一个先进的模拟技术。数字孪生最为重要的启发意义在于实现了现实物理世界向网络物理系统的反馈。

简单来说，数字孪生指的是将物理世界中的实际对象，以数字化方式拷贝到数字世界中，是物理对象、流程或服务的数字表示。本质上，它是一种计算机程序，用真实世界的数据创建可以预测产品流程模拟。通过软件界面将数字化后真实运行的物体实际情况在数字孪生体上定位并在软件界面中呈现，使不在场的人在计算机中可以随时随地去观察、管理和检测。

数字孪生中存在两个空间——物理空间和虚拟空间；两个物体——实体和数字孪生体。二者之间以数据和信息的交互接口连接（或成为互动系统）。使用从现实世界收集的各种数据，在计算机上再现现实世界。数字孪生的组成如图 3-111 所示。

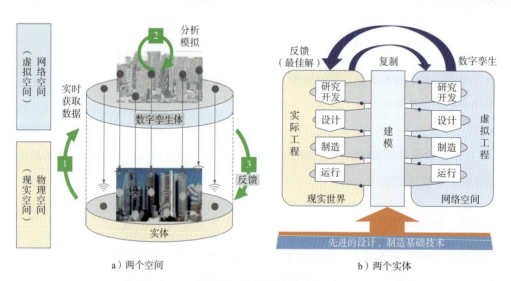

a）两个空间　　　　　　　　　　b）两个实体

图 3-111　数字孪生的组成

图 3-112 可以看到数字孪生结构中包含了实体、模型、数据、AI 判断、数字孪生体应用以及可视化界面等。

数字孪生体是动态的，它不仅仅是物理世界的镜像，也要接收物理世界实时信息，反过来实时驱动物理世界。实体和孪生体之间的数据流动是双向的，通过结合机器学习、大数据、物联网、5G、区块链等新兴技术，数字孪生可以对物理对象进行实时建模、监控、分析、预测、控制调整及一定程度的改造，可以反映全生命周期内各对象的动态变化。

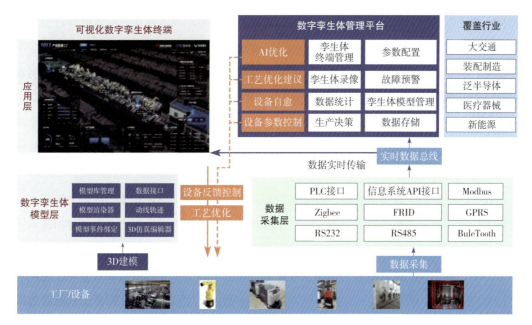

图 3-112　数字孪生结构示意图

①数字孪生典型特点：

a.互操作性：具备以多样的数字模型映射物理实体的能力，能够在不同数字模型之间转换、合并和建立"表达"的等同性。

b.可扩展性：具备集成、添加和替换数字模型的能力，能够针对多尺度、多物理、多层级的模型内容进行扩展。

c.实时性：包括外观、状态、属性、内在机理。

d.高保真性：要求虚体和实体不仅要保持几何结构的高度仿真，在状态、相态和时态上也要仿真。

②数字孪生几种类型：

a.数字孪生原型（DTP），这是在创建物理产品之前进行的。

b.数字孪生实例（DTI），在产品制造完成后完成，以便对不同的使用场景进行测试。

c.数字孪生聚合（DTA），收集 DTI 信息以确定产品的功能、运行预测和测试操作参数。

③数字孪生容易混淆的几个概念：

a.数字孪生与虚拟现实不同。虚拟现实是虚拟的，数字孪生是真的现实，也就是说是和现实是紧密结合的，它的条件现状的获取来自于现实。无论实际表达的场景还是场景中的实践等，它是和现实一一对应的，所以说数字孪生对状态的获取等方面有很高的要求。

b.数字孪生与仿真不同。仿真是一种实验技术。其过程包括建立仿真模型和进行仿真实验两个主要步骤。仿真模型是被仿真对象的相似物或其结构形式。通过实验可观察系统模型各变量变化的全过程。寻求系统的最优结构和参数。根据不同的需求，可以利用计算机进行数学仿真实验，也可以是半实物仿真实验和全物理的仿真实验。不同程度的仿真可信度和造价、实现时间存在差异。数字孪生是计算机的数学仿真。传统的建模与仿真（M&S）是一个独立单元建模仿真。而数字孪生是单元化的集成，并非孤立的模型仿真个体，数字孪生是将有的物理实体对象的数字模型，通过实测、仿真和数据分析来实时感知、诊断、预测物理实体对象的状态，通过优化和指令来调控物理实体对象的行为。仿真技术只是创建和运行数字孪生体中的其中一项核心技术。数字孪生技术的应用领域更为广泛，使用模拟也更为精准，其价值是传统仿真所不可替代的。

c. 数字孪生不同于数字孪生体。数字孪生是采用信息技术对物理实体的组成、特征、功能和性能进行数字化定义和建模的过程。数字孪生体是指在计算机虚拟空间存在的与物理实体完全等价的信息模型，可以基于数字孪生体对物理实体进行仿真分析和优化。数字孪生是技术、过程、方法，数字孪生体是对象、模型和数据。

值得注意的是，数字孪生可以简单也可以复杂。数字孪生可以根据使用者需求的简单或复杂程度，确定不同数量的数据，以满足模型模拟现实世界的精确程度。

（2）CPS 网络物理空间的虚实双向动态连接

进入 21 世纪，美国和德国均提出了信息-物理系统（Cyber-Physical System，CPS），作为先进制造业的核心支撑技术。CPS 的目标就是实现物理世界和信息世界的交互融合。通过大数据分析、AI 等新一代信息技术对虚拟世界的仿真分析和预测，以最优的结果驱动物理世界的运行。

CPS 是一个综合计算、通信、控制、网络和物理环境的多维复杂系统，以大数据、网络与海量计算为依托，通过 3C（Computing、Communication、Control）技术的有机融合与深度协作，实现大型工程系统的实时感知、动态控制和信息服务。CPS 本质上是一个具有控制属性的网络，把通信放在与计算和控制同等地位上，因此，网络内部设备的远程协调能力、自治能力、控制对象的种类和数量，特别是网络规模上远超以往。

CPS 多维复杂系统如图 3-113 所示。

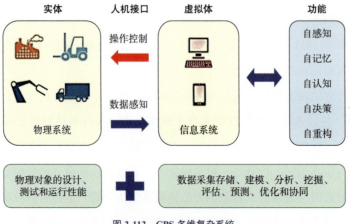

图 3-113　CPS 多维复杂系统

CPS将计算、网络和物理进程结合在一起。系统监测物理进程并可控制其改变，这就改变了现实世界中物理进程自然发生的状态，因此，CPS是一种人为物理系统或者说是一种将人类和物理世界相结合得更为复杂的系统。美国国家科学基金会（NSF）认为，CPS将让整个世界互联起来，如同互联网改变了人与人的互动一样，CPS将会改变人与物理世界的互动。

CPS是通过现实（物理）空间中的传感器和网络的各种数据，收集到虚拟（网上）空间，对数据进行分析和解析，并将结果反馈给现实空间的系统（图3-114）。

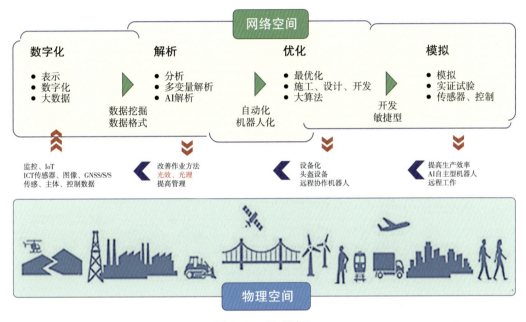

图 3-114　CPS 概念图

CPS系统主要分为感知层、网络层和控制层3个部分。感知层主要是由传感器、控制器和采集器等设备组成。生产流程中的传感器负责搜集数据、传递信号。传感器提供的实际运营环境数据和企业的生产经营数据（如物料清单、设计图纸等）合并形成数字孪生的数据来源。传感器通过集成技术（包括边缘计算、通信接口等）实现物理世界和数字世界之间的数据传输。利用分析技术开展算法模拟和可视化程序，进行数据分析。基于上述数据与信息，建立物理实体和流程的数字化模型，通过模型计算物理和生产流程是否出现错误偏差，从而得出解决错误偏差的方式。基于模型计算结果，通过控制器调整和纠正错误。

物理空间与网络空间的映射如图 3-115 所示。

从物理空间到信息空间的信息流动，首先必须通过各种类型的传感器将各种物理量转变成模拟量，再通过模拟/数字转换器变成数字量，从而为信息空间所接受。从这个意义上说，传感器网络也可视为 CPS 的一部分。海量运算是 CPS 接入设备的普遍特征。从计算性能的角度出发，把一些高端的 CPS 应用比作客户机/服务器架构的话，那么物联网则可视为客户机服务器。物联网中的物品不具备控制和自治能力，通信也大都发生在物品与服务器之间，物品之间无法进行协同。从这个角度来说物联网也可以看作 CPS 的一种简化应用，或者说，CPS 让物联网的定义和概念明晰起来。在物联网中主要是通过 RFID 与读写器之间的通信，人并没有介入其中。

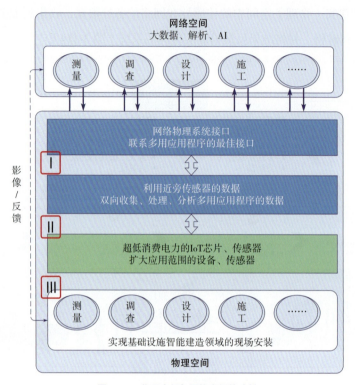

图 3-115　物理空间与网络空间的映射

大数据、AI 高度融合的技术，实质上是利用 CPS 实现智能建造技术的一个侧面，其基础是大数据。利用各种传感器把基础设施的各种数据、情报提供接口反映到物理空间中，再利用大数据、AI 等分析技术，寻求最佳解决对策，再反馈到现实空间予以实施。

CPS 与数字孪生既有联系也有区别。CPS 主要以传感器（Sensor）和促动器（Actuator）为主要模块构建，偏向一些科学原理的验证，而非工程应用的优化；在实际工作中，真正采用 CPS 概念去指导工程实践的情况，主要限于难以用传统工程系统清晰描述过于复杂的系统。数字孪生则是以数据（Data）和模型（Models）为主要元素构建的 MBSE（Model-Based Systems Engineering），显然更适合采用 AI 和大数据等新的计算能力。

数字孪生的本质就是在信息世界对物理世界的等价映射，因此数字孪生更好地诠释了 CPS，成为实现 CPS 的最佳技术。从 CPS 和数字孪生的内涵来看，都是为了描述信息空间与物理世界融合的状态，CPS 更偏向科学原理的验证，数字孪生更适合工程应用的优化，更能够降低复杂工程系统建设的费用。数字孪生体的出现为实现 CPS 提供了清晰的思路、方法及实施途径。以物理实体建模产生的静态模型为基础，通过实时数据采集、数据集成和监控，动态跟踪物理实体的工作状态和工作进展（如采集测量结果、追溯信息等），将物理空间中的物理实体在信息空间进行全要素重建，形成具有感知、分析、决策、执行能力的数字孪生体。因此，从这个角度看，数字孪生体是 CPS 的关键核心技术。

图 3-116 诠释了计算机技术发展的四个阶段，现在的第四阶段就是 CPS。

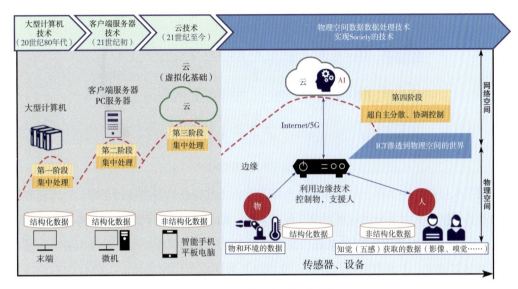

图 3-116　计算机发展的四个阶段

图 3-117 解释了物理实体、数字孪生体和各种模型之间同步和交互的关系。

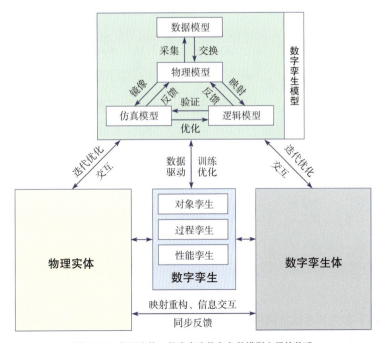

图 3-117　物理实体、数字孪生体和各种模型之间的关系

（3）数字孪生的架构及关键技术

数字孪生是感知、传输、计算、建模、仿真等一系列技术的集成融合。

一个完整的数字孪生包括物理层、数据层、模型层、功能层，分别对应着数字孪生的5个要素——物理对象、对象数据、动态模型、功能模块（应用能力），如图3-118所示。

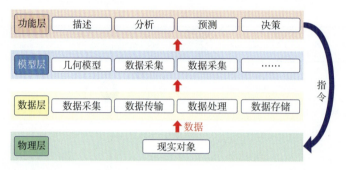

图3-118 数字孪生体的体系结构

物理层既包括物理实体，也包括实体内部及互相之间存在的各类运行逻辑、生产流程等已存在的逻辑规则；其对象分为有形对象（包括人体、物品、物理空间等）和无形对象（如业务流程）。数据层是数字孪生应用的基础，来源于物理空间中的固有数据，以及由各类传感器实时采集到的多模式、多类型的运行数据。模型层是数字孪生应用的核心，既包含对应已知物理对象的机理模型，也包含大量的数据驱动模型。其中，动态是模型的关键，动态意味着这些模型需要具备自我学习、自主调整的能力。在模型层中，模型的构建技术是数字孪生的关键技术，本质是通过数字化技术构建一个多维度的模型，即数字孪生体。按模型层维度划分，孪生体可分为几何模型、物理模型、规则模型等，如图3-119所示。

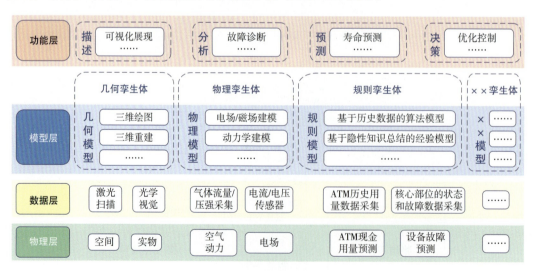

图3-119 数字孪生体类型

功能层是数字孪生的直接价值体现，通过将模拟仿真得到的结果、可视化服务等封装在一起，提供给业务系统应用。其核心要素功能模块则是指由各类模型形成的半自主性的子系统，或者说是一个数字孪生的小型实例。半自主性是指这些功能模块可以独立设计、创新，但在设计时需要遵守共同的设计规则，使其互相之间保持一定的统一性。这种特征使得数字孪生的模块既可以灵活地扩展、排除、替换或修改，又可以通过再次组合的方式，实现复杂应用、构成成熟完整的数字孪生体系。最终，通过功能模块的搭配组合，解决特定应用场景中某类具体问题的解决方案，在归纳总结后会沉淀为一套专业知识体系，这便是数字孪生可对外提供的应用能力，也可称为应用模式。因为其内部的模型和模块具有的半自主特性，使得形成的模式可以在一定程度上实现自适应调整。

数字孪生的关键技术包括数值建模技术、数字化技术、AI技术、人机交互技术以及将信息连接起来的物联网云平台支持、数据和应用的集成能力及平台等。数据是数字孪生最核心的要素，孪生数据是数字孪生运行的核心驱动。孪生数据多种多样，包括物理实体、虚拟模型、服务系统的相关数据，以及领域知识及其融合数据，并随着实时数据的产生不断更新与优化。在虚拟空间对现实物理映射的多概率仿真离不开算法模型、云计算和AI的开发。仿真和模拟、数据分析和机器学习是数据孪生最关键的技术。动态性互动也是关键技术之一，包括物理目标之间（数字线性技术）、数字目标之间（物联网和仿真中）、人机之间（可视化与虚拟现实）的动态性互动。

（4）数字孪生的发展阶段

一个数字孪生系统，其成长发育必然经过数化、互动、先知、先觉和共智等几个环节。按照其所能实现的功能来分，大致可分为4个发展阶段。

①数字化仿真阶段，数字孪生对物理空间进行精准的数字化复现，并通过物联网实现物理空间与数字空间之间的虚实互动。这一阶段，数据的传递并不一定需要完全实时，数据可在较短的周期内进行局部汇集和周期性传递，物理世界对数字世界的数据输入以及数字世界对物理世界的能动改造基本依赖于物联网硬件设备。这一阶段最核心的技术是建模技术及物联网感知技术。

②分析诊断阶段，数据的传递需要达到实时同步的程度。将数据驱动模型融入物理世界的精准仿真数字模型中，对物理空间进行全周期的动态监控，根据实际业务需求，逐步建立业务知识图谱，构建各类可复用的功能模块，对所涉数据进行分析、理解，并对已发生或即将发生的问题做出诊断、预警及调整，实现对物理世界的状态跟踪、分析和问题诊断等功能。

这一阶段的重点在于结合使用机理模型及数据分析型的数据驱动模型，核心技术除了物联网相关技术外，主要会运用到统计计算、大数据分析、知识图谱、计算机视觉等相关技术。

③学习预测阶段，实现了学习预测功能的数字孪生能通过将感知数据的分析结果与动态行业词典相结合进行自我学习更新，并根据已知的物理对象运行模式，在数字空间中预测、模拟并调试潜在未发觉的及未来可能出现的物理对象的新运行模式。在建立对未来发展的预测之后，数字孪生将预测内容以人类可以理解、感知的方式呈现于数字空间中。

这一阶段的核心是由多个复杂的数据驱动模型构成、具有主动学习功能的半自主型功能模块，这需要数字孪生做到类人一般灵活地感知并理解物理世界，而后根据理解学习到的已知知识，推理获取未知知识，所涉及的核心技术集中于机器学习、自然语言处理、计算机视觉、人机交互等领域。

④决策自治阶段的数字孪生基本可以称为是一个成熟的数字孪生体系。其拥有不同功能及发展方向，但遵循共同设计规则的功能模块，可实现一个面向不同层级的业务应用能力，这些能力与一些相对复杂、独立的功能模块在数字空间中实现了交互沟通并共享智能结果。其中，具有"中枢神经"处理功能的模块则通过对各类智能推理结果的进一步归集、梳理与分析，实现对物理世界复杂状态的预判，并自发地提出决策性建议和预见性改造，并根据实际情况不断调整和完善自身体系。在这一过程中，数据类型愈发复杂多样且逐渐接近物理世界的核心，同时必然会产生大量跨系统的异地数据交换甚至涉及数字交易。这一阶段的核心技术除了大数据、机器学习等 AI 技术外，必然还包括云计算、区块链及高级别隐私保护等技术领域。

2）数字孪生的应用

2020 版《数字孪生白皮书》（华安证券研究所）概括了数字孪生技术广泛的应用领域（图 3-120）。

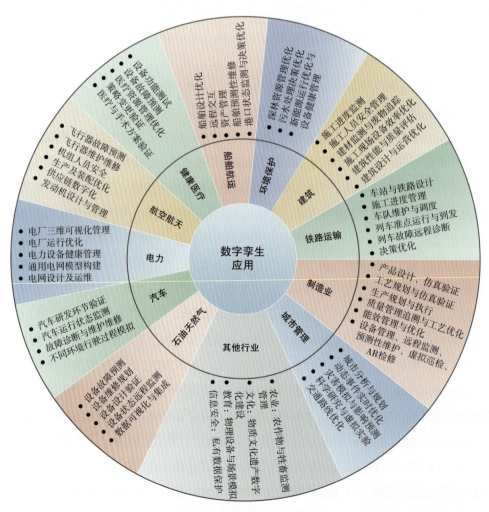

图 3-120　数字孪生应用范围

数字孪生常用于模拟、预测和监控，从制造业的实践看，其技术意义在于：

（1）产品创新设计

数字孪生通过设计工具、仿真工具、物联网、虚拟现实等各种数字化的手段，将物理设备的各种属性映射到虚拟空间中，打破了物理条件的限制，更便于优化设计、制造和服务。工程师们可以在虚拟空间调试、试验，让机器的运行效果达到最佳。

（2）分析和预测能力

通过对运行数据进行连续采集和智能分析，预测维护工作的最佳时间点，也可以提供维护周期的参考依据，为工程检测分析提供故障点和故障概率的参考。

（3）经验数字化

针对大型设备运行过程中出现的各种故障特征，将传感器的历史数据通过机器学习训练出针对不同故障现象的数字化特征模型，结合专家处理记录，将其形成对设备未来故障状态进行判决的依据，形成自动化的智能诊断和判决。

基础设施建造的全生命周期中，数字孪生的应用可以无所不在。

设计阶段的数字孪生包含产品所有设计元素的信息。它可以在设计阶段预测构筑物的各项物理性能及整体性能，并在虚拟环境中对构筑物进行调整或优化，用于设计规划、设计优化与变更，计算模拟，动态展示，仿真、预测和优化。通过结合多物理场仿真、数据分析和机器学习功能，数字化双胞胎不再需要搭建实体原型，即可展示设计变更、使用场景、环境条件和其他无限变量所带来的影响。在计划、设计过程中，引入数字空间上的模拟成为可能，不仅降低成本，还能够加速产品开发。设计的关键技术是数字建模和仿真计算。

建造阶段的数字孪生包括虚拟施工（计划）和仿真模拟。如产品仿真模拟、虚拟试验、生产仿真模拟、运输仿真模拟、运维仿真模拟、组织仿真模拟、流程仿真模拟、质量、安全监控，虚拟调试等；还可大大提高协调效率，如与设计的及时变更，与相关方的高效协调，在统一平台上，工程真实可现。

运营阶段的数字孪生面向使用方，基于物理传感器等信息对具体产品的实际特性进行提取与分析，实现预测性维护等功能，也可以通过产品的实际运行信息反馈指导产品的设计方案。为此，结合物理传感器输入数据进行快速、实时的仿真与预测是数字孪生在性能管理中的重要技术。

数字孪生便于用户研究产品生命周期延长、制造和流程改进以及产品开发和原型测试的解决方案。在这种情况下，数字孪生可以虚拟地表示一个问题，因此可以在程序中而不是在现实世界中设计和测试解决方案。

尽管在基础设施建设中的应用还是比较粗浅，但数字孪生的技术意义是不可估量的，它使得我们在生产建设以及产品的全生命周期中的行为变得：

①更便捷、更适合创新

通过设计工具、仿真工具、物联网、虚拟现实等数字化手段，将物理设备的各种属性映射到虚拟空间中，形成可拆解、可复制、可转移、可修改、可删除、可重复操作的数字镜像，这极大加速了操作人员对物理实体的了解，可以让很多原来由于受到物理条件限制，必须依赖于真实的物理实体而无法完成的操作，如模拟仿真、批量复制、虚拟装配等成为触手可及的工具，更能激发人们去探索新的途径来优化设计、制造和服务。

②更全面地测量

传统的测量方法，必须依赖于价格不菲的物理测量工具，如传感器、采集系统、监测系统等，才能够得到有效的测量结果，而这无疑会限制测量覆盖的范围，对于很多无法直接采集到的测量值指标，往往无能为力，而数字孪生技术，可以借助于物联网和大数据，通过采集有限的物理传感器指标的直接数据，并借助大样本库，通过机器学习推测出一些原本无法直接测量的指标。

③更全面的分析和预测能力

现有的产品生命周期管理很少能够实现精准的预测，因此往往无法对隐藏在表象下的问题提前进行预判，而数字孪生结合物联网的数据采集，大数据的处理和 AI 的建模分析，实现对当前状态的评估，对过去发生问题的诊断，以及对未来趋势的预测，并给予分析，模拟各种可能性，提供更全面的决策支持。

日本山岭隧道数字孪生技术应用已提到战略高度。

鹿岛建设株式会社将数字孪生作为数字化转型的核心任务之一。

大成建设株式会社提出构建数字孪生，利用基于集成数据的多种 API 进行高效施工管理，实现施工管理自动化、施工机械自动化，在现实空间的施工现场达到场所、工作、过程间的相互协作，提高生产效率，进行工作方式改革。

清水建设株式会社的土木工程建设系统（Shimz xxR Vision）（图 3-121）利用最新的 XR（VR、AR、MR）技术实现网络建造和实体建造的融合，符合企业"从计划、订单到施工、设施管理全部数字化"的理念。

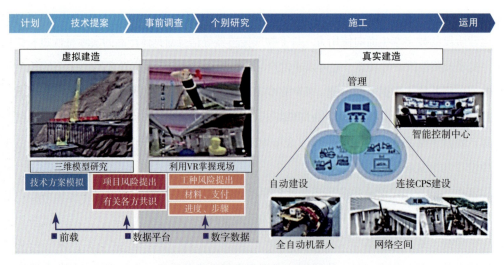

图 3-121　Shimz xxR Vision 系统框架

本章关注

- 工程中的数据来自分散的子系统，智能建造系统的一个重要目标就是开发多方共享的数据平台，通过数据计划实现数据利用。
- 万物互联首先基于工程感知，而后是网络通信技术。物联网技术是智慧工地管理的基础。
- 机械化和智能化是密不可分的，山岭隧道建设机械化之后逐步走向智能化这一过程更是如此，更先进的机械、更多的辅助机器人将成为崭新的生产力，引领建设现场走向远程化和无人化。
- 智能化谈的是效率和决策，前者在很多方面都超过了人类，后者是基于深度学习和大数据的决策。AI 在建设领域应用广泛，它不是一个独立的技术，数字化、网络化和自动化都因 AI 技术的发展出现大的飞跃。
- 数字孪生尽管在基础设施建设中的应用还比较粗浅，但其技术意义不可估量。

INTELLIGENT CONSTRUCTION OF MINE TUNNEL

第 4 章

隧道地质调查技术

高度重视地质调查，怎么都不为过：

- 智能建造中，案例学习是值得推荐的方法。本章开始，主要列举一些已在工程中应用的案例，抛砖引玉，启发读者对智能化技术应用场景和方法的思考。

- 地质的不确定性是隧道设计、施工最大的敌人，是形成隧道风险的根源。为了减小地质不确定性对工程的影响，高度重视地质调查，将地质风险调查置于首位是极其必要的。

- 隧道的智能建造与其他工程相比发展比较迟缓，其根本原因在于地质的不确定性。目前的地质调查中，已经开始把 AI、大数据、IoT、图像处理等技术应用到地质调查中，在地质可视化、调查效率方面取得成效。

4.1 概述

隧道的智能建造与其他工程相比发展比较迟缓，根本原因在于隧道是修筑在天然地质体中的线状构筑物，地质不确定性是影响隧道智能建造的基本因素，目前对地质不确定性的评估多数还是依靠经验。

为降低地质不确定性带来的影响，除健全、完善设计及施工前的一般调查外，更重要的是进行施工中掌子面前方探查，其作为施工计划的组成部分。

从调查现状出发，隧道地质调查应把重点放在以下几个方面。

①影响施工风险的地质不确定性因素。

②获取与围岩分类、分级、三维建模有关的地质要素，为初步设计奠定良好的基础。

③以掌子面前方探查为主，施工中利用围岩模型切实掌握掌子面前方的围岩和地下水状况，确保施工安全并顺利施工。

④利用新技术提供高质量且数量众多的地质调查数据，从而实现高质量的智能建造。

众所周知，隧道面临的地质是极为不匀质的，其沿着隧道前进方向不断变化，因此仅根据事前调查掌握全貌是极为困难的。因此，在地质风险管理中要尽可能地收集、利用有效的地质数据，例如详细的地形图（航空激光测量图）、过去的钻孔报告、事前的周边调查和设计报告及施工记录等。

由于作业早期阶段很难进行现场的地质调查。因此，对此阶段收集的地形、地质、地下水等资料的分析至关重要。

地质调查是根据地形、地质、钻孔、物探等调查资料或报告，从而推断地质、围岩的性状或岩状等，其成果包括钻孔数据、地层物性数据、地形判读图、地质平面图、地质纵断面图、围岩分级及物性分布图等。

若直接确认地质有困难，则在各阶段要以必要的精度，进行精细的地质调查。调查不足或调查精度低，将会遗漏重要地质风险。因此，提高资料调查、地质踏勘、地质构造分析等的精度至关重要。

在目前的地质调查现状中，已开始把AI、大数据、IoT、图像处理等技术引入地质调查中，在地质可视化、调查效率化方面取得一定的效果。

地质调查作业流程见图4-1。

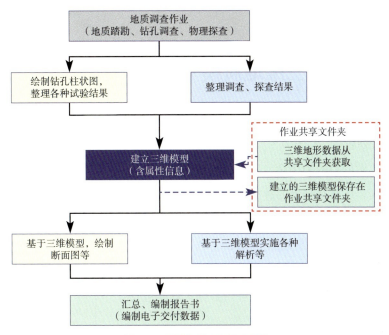

图 4-1　地质调查作业流程示意图

（1）地质模型

围岩三维模型的建立以地表地质踏勘、物理探查和钻孔调查等的结果为主，调查数量、模型化地层数及构造的复杂性不同，建模时间有很大不同。地下水分布等必要信息也应反映在三维模型中。

地表地质踏勘、原位试验和室内试验的数据，要作为属性数据信息赋予三维模型。

在隧道调查中，除沿中心线的调查外，还要进行洞口附近的边坡调查和小埋深地段的调查等。该调查与隧道本体调查目的不同，需建立与隧道不同的围岩模型。

（2）地质平面、纵断面

地质平面图、地质纵断面图、物理探查结果断面图等均沿隧道中心线进行二维图纸的绘制。该类成果均按三维模型建立，其中，高程线、距离标、表题、电子简略柱状图等均按图面要求整理。

（3）围岩分级

岩石试验、原位试验等试验结果要明确表示。基于物性值推定围岩物性的代表值，也要反映到三维模型中，同时赋予地层名、岩类、单轴抗压强度、围岩级别等属性信息。

（4）解析

在隧道调查中，要进行以隧道变形、掉块为主的解析，以及对周边影响的解析。基于该解析建立相应的三维模型。

4.2 隧道调查的三维地质模型编制

三维地质模型的基本工作流程包括以下 4 个阶段（图 4-2）。

（1）建模计划阶段

根据项目要求的目的和用途，研究三维地质模型的对象和范围，表面、实体模型等的种类、分辨率、空间插值算法等，建立三维地质模型的方法。

（2）资料收集整理与三维数据化阶段

收集、分类、整理构筑模型所需的资料，给出坐标信息，将其三维数据化。如果收集到足够的数据，就能进行三维地质分析。

（3）三维地质解析阶段

③-1 数据交叉检查：对数据进行三维交叉检查，修正或废弃，保留修正及驳回的记录。

③-2 地质对比：进行三维空间的地层对比。地质构造的信息不充分的情况，地质形成史和地质构造学等。

③-3 编制插值用数据：从地质对比数据提取用于计算表面模型等的坐标数据集。

③-4 处理空间插值：应用空间插值算法，创建三维地质模型。检查制作的三维模型的形状在地质学上是否妥当。

③-5 构筑地质模型：基于地质层序判定建立三维地质模型。根据需要编制地层实体模型和固体模型。最终检查三维地质模型的形状在地质学上是否妥当。

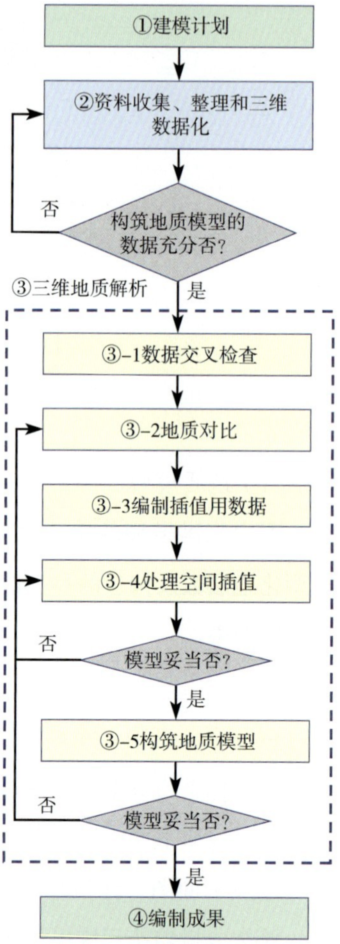

图 4-2 三维地质模型的基本工作流程图

（4）编制成果阶段

利用构筑的三维地质模型，进行地质剖面、平面图等图纸输出，编制数据交换用的三维模型、编制三维可视化资料、模拟等使用的二次利用数据输出。

①模型编制成果有：

a.施工前，编制地质平面图、地质切片图、地质纵、横断面图（围岩分级、弹性波探查速度层分布、围岩级别分布等）、边坡评价图（滑坡地形分布图、不稳定土砂分布图）。

b.施工时，编制地质平面图、地质切片图、地质纵横断面图（围岩分级、弹性波探查速度层分布、围岩级别分布等），掌子面观察台账。

c.维护管理阶段，编制地质平面图、地质断面图，检查台账。

②模型编制过程中，要注意以下几点：

a.与隧道的长度相比，钻孔调查的范围始终是有限的，要借助地表地质勘察和物理勘探的结果。如果地层边界有异常变化，有必要进行追加调查。

b.考虑根据围岩状况的路线变更决定建模范围。

c.在讨论包括相邻道路和地下基础设施配置等的情况下，需要采集和验证已有的地层信息，对隧道施工中涉及的既有构筑物进行建模。

d.为了研究维护管理阶段的变异原因，需要更新根据施工记录的地质模型。

下面以一个案例介绍三维模型编制的过程。

本例调查地点的地质层序见表4-1。

地质层序表　　　　　　　　　　　　　　表4-1

时代		记号	地质区分	地层名
第四纪	现世	B	表层土	盛土层
	完新世	Ac	冲积层	黏性土层
	更新世	Dv1	洪积层1层	火山灰层
		Dg2	洪积层2层	砾质土层
		Dc3	洪积层3层	黏性土层
		Ds3		砂质土层
		Dg3		砾质土层
		Dc4	洪积层4层	黏性土层
		Ds4		砂质土层
		Dg4		砾质土层
		Dc5	洪积层5层	黏性土层
		Ds5		砂质土层
		Dg5		砾质土层

调查以隧道下部1D（D-隧道直径）区间下端为开挖深度，进行了8个钻孔调查，根据调查的8个钻孔结果和既往调查的16个钻孔结果，编制了纵向地质断面图。

根据地质调查结果，确定了以隧道施工位置为中心的东西方向1200m，南北方向5000m的编制范围，编制了三维地质模型。

编制的地形模型，利用了既有高程数据（5m网格）编制的表面模型。地质模型编制包括了钻孔模型、准三维地质断面图、三维地质模型中的表面模型和实体模型。

本次调查位于台地，地势平坦，起伏不大，比较稳定。图4-3为编制的地质模型，水平方向与垂直方向的比例是1∶20。钻孔模型中红色代表本次调查，绿色为历史调查。

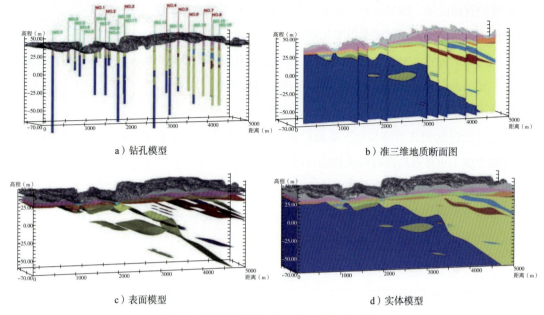

图 4-3 地质模型（水平方向：垂直方向 =1：20）

地质模型可视化包括了隧道与地质的叠加。

将实体模型用隧道规划线进行分割，隧道施工位置如图 4-4 所示。可视化模型中，横方向的地质与隧道的关系如图 4-5 所示，同时也可显示现场透水试验地点、地层平衡水位（图 4-6、图 4-7）。

针对不同围岩编制不同的地质、地形模型，编制的过程是相同的，首先进行地质风险分析，而后进行模型构筑的计划和准备，最后进行模型编制。

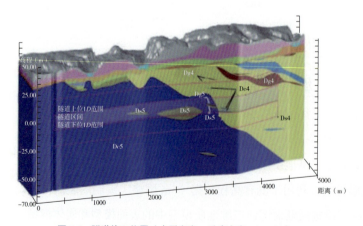

图 4-4 隧道施工位置（水平方向：垂直方向 =1：20）

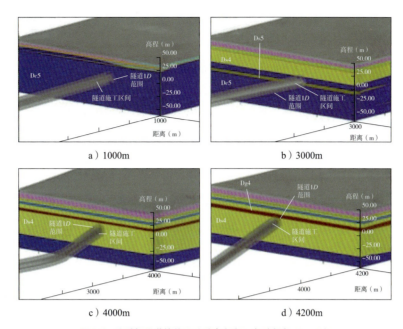

图 4-5 地质与隧道的关系（垂直方向：水平方向 =1：1）

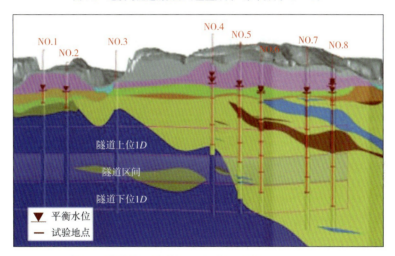

图 4-6 现场透水试验地点（水平方向：垂直方向 =1：20）

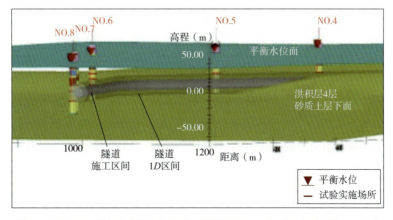

图 4-7 洪积层 4 层砂质图层的平衡水位与隧道的关系（水平方向：垂直方向 =1：1）

4.2.1 块状围岩模型的编制

1）地质风险分析

块状围岩起点侧是花岗岩，终点侧有流纹岩等火山岩分布，两者有贯入接触关系。

首先对块状围岩起点侧洞口、终点侧洞口、一般地段和地质分界处四部分的地质风险逐一分析。起点侧洞口段（部位1）风险有深层风化造成的脆弱化、不稳定化、涌水从掌子面流出；终点侧洞口段（部位2）风险有岩裂隙面张开，松弛造成剥落，伴有堆积物的巨石的不稳定化；一般地段（部位3）地质风险有岩裂隙岩块剥落；地质分界处（部位4）的风险是由于热水变质脆弱部不稳定化，水从掌子面流出，突发涌水。

2）模型编制计划和准备

（1）提取地质特征，如裂隙分布、风化深度、巨石分布、变质分布。

（2）地下水赋存状况调查。

（3）编制模型分为部位1花岗岩深层风化段、部位2岩堆和不稳定岩块、部位3岩块剥落和部位4热水变质带的三维模型。

（4）调查必要的地质数据包括钻孔数据、物理探查数据、孔内水位观测透水试验数据、室内土质、岩石试验设计、现地踏勘数据、精密测量数据等。地质数据要考虑滑坡地形和地质学的背景。

3）模型编制

（1）以部位1花岗岩的深层风化为重点的岩级分布、地下水位分布模型：按钻孔的地质分布、地下水赋存状况和物性值的确认，根据钻孔速度和解析结果等编制围岩分级和地下水面分布的三维模型。

（2）部位2岩堆和不稳定岩块为重点的地形划分模型：钻孔和踏勘的地质分布、裂隙方向的确认、含有岩堆堆积物的岩块含有量，根据精密测量编制岩堆、裂隙和岩块分布的三维模型。

（3）部位3岩块剥落形态模型：根据地表地质踏勘和钻孔的裂隙方向、裂隙面的性状编制能够掌握剥落形态和样貌的三维模型。

（4）部位4热水变质带的分布模型：根据钻孔和踏勘的位置、宽度、深度、强度、透水性、地下水面等编制热水变质带分布的三维模型。

完成的三维地质模型的构建模拟成果见图4-8。编制成果包括地质划分面图、围岩分级断面图、热水变质带分布图、巨石岩块分布图、裂面分布图、地下水面图和其他相关图。

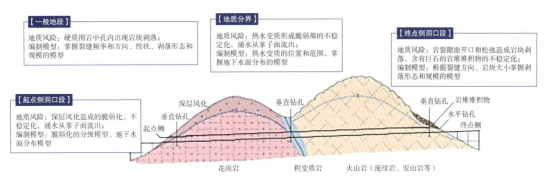

图 4-8　山岭隧道块状围岩三维地质模型的构建模拟

4.2.2　层状围岩

1）地质风险分析

起点侧是砂岩页岩互层，终点侧分布混合岩。地质分界处断层和剪切带发育，砂岩、页岩互层呈板状，层理面劈开显著，易于剥离，混合岩泥质中混合大小不一的燧石、石灰岩、砂岩、绿色岩的块体，整体受剪切作用，断层发育、脆弱。

不同地段的地质风险分析如下：

起点侧洞口段：岩层理面、劈开面发生滑移。

终点侧洞口段：岩层理面、劈开面开口、松弛，易于剥落。

一般地段：地层和劈开显著，脆弱化。

此外还应注意沿脆弱不大量涌水，以及地下水储留层的石灰岩、砂岩会发生突发涌水。

2）构筑模型的计划和准备

（1）地质特征：块状岩体、断层剪切带、裂隙发育、岩块分布。

（2）地下水情况调查。

（3）编制模型（特别是与风险相关的部分），包括起点侧洞口段的岩层滑动的三维模型，终点侧洞口段不稳定岩块的三维模型和一般地段的剪切脆弱岩层、地下水储留体的三维模型。

（4）需要的地质数据包括调查钻孔数据、物理探查设计、孔内水位观察数据、现场透水试验数据、室内土质试验数据、岩石试验数据、现地踏勘数据、精密测量数据等。

（5）此外，还应考虑由于构造地质不同造成差异的风化、裂隙的发育状况；地下水赋存的差异（特别是块状岩体的水理地质的差异）；断层和剪切带的脆弱化。

（6）模型编制中要注意除洞口附近用钻孔掌握大型块体分布，其余地段要掌握围岩分布实质上是困难的，因此，利用施工中的前方探查数据非常重要。

3）模型编制

（1）起点侧的岩体滑动面为重点的地质分布、地下水面分布模型。

钻孔的地质分布、软弱面（层理面、劈开面）的分布性状、软弱面的物性值、利用精密测量的地质解析编制三维模型。

（2）终点侧的岩堆部为重点的地形地质模型。

利用钻孔的软弱面（断层、层理面、节理面、劈开面）的分布、性状、软弱面的物性值、利用精密测量的剥落形等编制三维模型。

（3）一般地段以脆弱层的位置、范围为重点的地质分布模型。

（4）以大型块体的位置、范围、地下水赋存状况为重点的地质分布模型。

完成的三维地质模型的构建模拟成果见图4-9。编制成果包括地质划分断面图、岩体分级断面图、滑动面分布图、裂隙面分布图、断层剪切带分布图、地下水面轮廓图以及各种轮廓图。

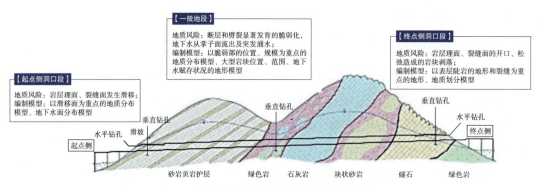

图 4-9　山岭隧道层状围岩三维地质模型的构建模拟

4.2.3　低固结围岩

1）地质风险分析

（1）地质描述

起点侧是新第三纪的低固结围岩；终点侧是第四纪的溶结凝灰岩，新第三纪层由低固结砂岩泥岩互层、凝灰岩、流纹岩等构成，呈板状，层理面显著，易于剥离，伴随有矿化变质带溶结凝灰岩，柱状节理发育，形成陡崖，最下层分布有软弱~非溶结部，与流纹岩的分界分布有砂砾层。

（2）风险分析

起点侧洞口段：沿层理面和小断层发生滑移。

终点侧洞口段：沿柱状节理面和裂隙面开口、松弛、岩块剥落。

一般地段：矿化变质带含有硫化物和重金属，会发生有毒水。此外，弃渣搬出时会影响周边环境，沿断层会发生突发涌水，开挖砂砾层的大量涌水和掌子面不稳定。

2）构筑模型的计划和准备

（1）地质特征（软弱面分布、性状、物性值、裂隙面方向。矿化变质带、旧河道堆积物的分布、强度）。

（2）地下水赋存状况。

（3）编制模型（特别是与风险相关的部分）包括起点侧洞口段的滑坡的三维模型；终点侧的不稳定岩块的三维模型；一般地段的矿化变质带、断层，旧河道和旧谷底的堆积物、非溶结部的三维模型。

（4）需要的地质数据：调查钻孔数据、物理探查数据、孔内水位观测数据、现场透水试验数据、室内土质试验数据、岩石试验数据、现地踏勘数据和精密测量数据。

（5）尚应考虑软弱面和裂隙面的发育状况、强度差、矿化变质带、地下水非常状况等。

（6）模型编制中，即使能够确认地表部的矿化变质带，但掌握隧道内分布性状是困难的，施工中的前方探查非常重要。

3）编制模型

（1）以起点侧滑坡面和地下水面分布等为重点的地质分布、地下水面分布的三维模型。利用钻孔确认软弱面的分布和性状、软弱面的物性值、根据精密测量的地质解析编制滑坡、地下水面分布。

（2）以终点侧的不稳定岩块为重点的地形地质模型。利用钻孔确认地质、裂隙方向、物性值和地下水的非常状况、根据现地调查和精密测量编制剥落形态和概貌。

（3）一般地段以矿化变质带、断层、旧河道的砂砾堆积物、非溶结部的分布等为重点的地质分布、地下水面分布的三维模型。

（4）矿化变质带：利用钻孔的位置、深度、宽度、强度和透水特性、地下水分布等编制三维模型。

（5）断层：利用钻孔的断层位置、宽度、深度、强度、透水性、地下水非常状况等编制三维模型。

完成的三维地质模型的构建模拟成果见图4-10。编制成果包括地质划分断面图、岩级划分断面图、矿化变质带分布图、巨石岩块分布图、断层节理面分布图、地下水面轮廓图以及各种轮廓图。

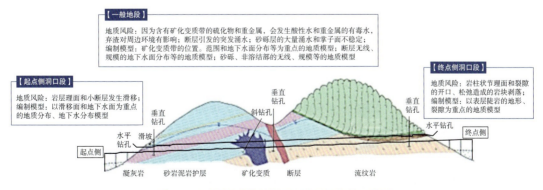

图4-10 山岭隧道低固结围岩三维地质模型的构建模拟

4.2.4 低埋深围岩

1）地质风险

（1）地质背景

起点侧是低固结的第三纪至第四纪层，风化严重的花岗岩，这些被台地沉积物和填土覆盖。

终点侧是砂岩泥岩互层上被火山碎屑堆积物覆盖，形成台地，台地和火山碎屑岩台地的边界有断层分布。

（2）地质风险分析

起点侧洞口段：低固结堆积物不稳定，涌水从掌子面流出。

终点侧洞口段：非熔结部及砂岩泥岩互层风化引起的软质化、不稳定化。

一般地段：花岗岩风化和低埋深厚度对拱顶塌陷和地表面有影响。

此外还有非溶部、旧地表的不稳定，台地上存在废弃物和地下水渗透，污染水流入隧道内。

2）构筑模型的计划和准备

（1）地质特征：低固结岩和风化影响、强度降低、裂隙面方向、非溶结部的分布和强度。

（2）地下水的赋存状况。

（3）编制模型（特别是与风险相关的部分）包括起点洞口段的低固结岩的三维模型、终点侧洞口段的非溶结部、风化岩的三维模型和一般地段的低埋深、断层的三维模型。

（4）需要的地质数据包括调查钻孔数据、物理探测数据、孔内水位观测数据、现场透水试验数据、室内土质试验数据、岩石试验数据、实地考察数据、精密测量数据。

（5）尚应考虑低固结围岩的分布、低埋深、风化历经历造成的强度降低、火山碎屑堆积物最下面的非溶结部分的存在、与此相关的地下水赋存状况的差异等。

3）模型构筑步骤

（1）着眼于起点侧低固结围岩的扩展和地下水面分布的地质分布模型，通过钻探掌握堆积物的分布、强度、透水特性、地下水的赋存情况，编制三维模型。

（2）着眼于终点侧非溶结部、风化围岩的地质模型，掌握利用钻孔的非溶结地段的分布、强度、透水特性、地下水赋存状况，编制三维模型。

（3）着眼于一般地段低埋深、断层的模型，着重于堆积物下的底面和花岗岩风化带下的底面的地质划分模型。

（4）着重于断层位置、范围和地下水面分布的地质模型，掌握复数钻孔的埋深、风化状况、透水特性、地下水赋存状况，编制三维模型。

完成的三维地质模型的构建模拟成果见图4-11。编制成果包括地质划分断面图、岩级划分断面图、断层节理面分布图、地下水面轮廓图以及各种轮廓图。

在调查、设计阶段，基于地质调查编制的地质土质模型（表面模型、实体模型）可视化能够清晰地确认围岩分类的对策评价的连续性和分布。见图 4-12～图 4-14。

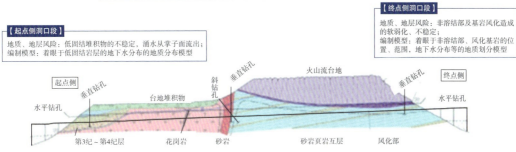

图 4-11 山岭隧道低埋深围岩三维地质模型的构建模拟

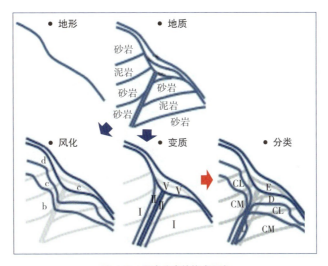

图 4-12 围岩分类的构成研究

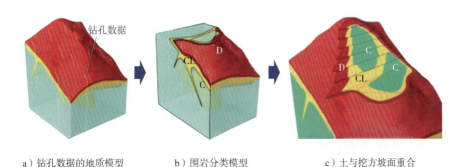

a）钻孔数据的地质模型　　b）围岩分类模型　　c）土与挖方坡面重合

图 4-13 掌握围岩分类示例（利用实体模型的围岩分类）

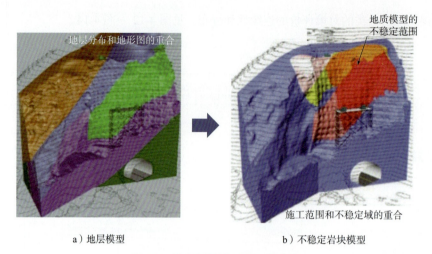

图 4-14 隧道围岩崩塌的三维地层解析

通过三维化的地质数据，与隧道的三维模型合并，不仅可得出地质调查结果及围岩分类确认，亦可核查围岩划分。确认的结果，可以立体地、直观地确认钻探调查数据、地质纵断面图以及隧道的位置关系，避免了围岩分区的错误，见图 4-15。

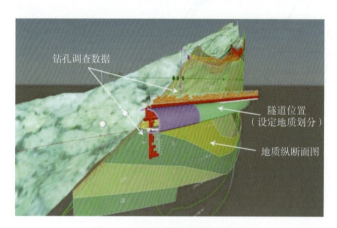

图 4-15 利用地质模型核查围岩划分

4.3 地质调查

众所周知，利用新技术提供高质量的地质调查数据是实现高质量智能建造的前提条件之一，特别是施工中利用各种调查、探查方法，掌握随施工进展不断变化的掌子面前方的地质、地层、地下水等的动态变化情况，可提前预测施工中潜在风险。

4.3.1 隧道掌子面前方探查技术现状

前方围岩探查技术包括钻孔、调查坑道以及物探等方面，日本掌子面前方围岩探查方法及应用现状见表 4-2。

表 4-2 前方围岩探查方法及应用（从洞内实施的调查技术）

探查方法		掌子面观察、图像处理	钻孔、调查坑道的利用								物理探查					
			钻孔调查		调查坑的施工	孔内观察、图像处理	各种孔内试验、探查	各种试件试验	各种原位试验	钻孔探查	地温测定	围岩先行位移测定	洞内电阻比测定	洞内简易弹性波探查	洞内水平弹性波探查	表面波探查	电磁波反射法
			无岩芯	有岩芯													
基本事项	调查内容	掌子面围岩状况	钻孔情报	岩芯情报	各种围岩情报	孔内围岩情报	各种物理量等			破坏能量	围岩温度	围岩先行位移	电阻比分布	弹性波速度	弹性波反射面等	表面波传播速度	断层部反射面等
	探查可能距离（m）	掌子面			钻孔、调查坑道深度					80	数米	20	数米	数米	100	30	10
	准备、作业时间	○	△	○	△	△				△	○	○	○	○	○	○	○
	解析时间	◎	◎	◎	△	△	○			◎	◎	◎		○		○	○
调查项目	地层状况变化	破碎带等的位置	◎	◎	◎				◎					○			○
		破碎带等的走向、倾斜			△				△								○
		破碎带等的位置、规模（宽度等）	◎	○	◎	◎		△	◎				△	○	△		
		有无地下空洞	○	○	◎	◎			◎								○
		瓦斯赋存位置	◎	○	◎	◎			△								
		岩层、地层对比	◎	○	◎	◎		○	○	○	○		○	△	○	○	△
	地下水	含水层位置	○	△	△	◎	◎	◎	◎								
		含水层的渗透性	△			△	◎	◎	◎						△	△	
		含水层的位置、水压	△			△	◎	◎	◎								

续上表

探查方法		掌子面观察、图像处理	钻孔、调查坑道的利用										物理探查				
			钻孔调查		调查坑道的施工	孔内观察、图像处理	各种孔内试验、探查	各种试件试验	各种原位试验	钻孔探查	地温测定	围岩先行位移测定	洞内电阻比测定	洞内简易弹性波探查	洞内水平弹性波探查	表面波探查	电磁波反射法
			无岩芯	有岩芯													
调查项目	地质状态	不连续面间隔	◎	◎	◎	◎											
		不连续面状态	◎		◎	◎	◎										
		风化、变质	◎	○	◎	◎	◎	◎	◎	◎	○				△	△	
	力学性质	围岩强度	△	△	△			◎	◎	◎	○			○	△	△	
		变形系数	△					◎	◎	◎			○		○	△	
		各向异性	△	△	△			◎	◎	◎						△	
	松弛区域		◎	○	△	△	○	◎	◎	◎	◎	△	△	○	◎	○	○	△
实用化水准			◎	◎	◎		○	◎	◎	◎	◎	△	△	△			○	

注:
1. 探查可能距离: 因地质条件等围岩条件不同即使采用同一技术, 也会产生差异。
2. 准备、作业时间: ◎—1、2h左右; ○—半日左右; △—1日以上。
3. 解析时间: ◎—实时; ○—数日以内; △—1周以上。
4. 有关调查项目的评价: ◎—可靠性高的情报; ○—具有一定倾向的情报; △—可参考情报。
5. 实用化水准: ◎—实用化技术, 通用技术; ○—试行阶段的技术; △—试验阶段的技术。

表中所列方法单独应用较少,为明确掌握地质状况应采用复合探查方法。

4.3.2 复合探查方法

复合探查方法大致分为以下六种。

1)电磁波、弹性波探查和钻孔探查复合方法

NT-EXPLORER 是电磁波探查(TDEM)、弹性波探查(TSP)、钻孔探查(DRISS)组合的探查系统。电磁波探查是从地表进行的概貌调查,根据比阻抗分布推定深度 200m 左右的地层边界、断层、酸性水状况。弹性波探查和钻孔探查是洞内调查,前者是对掌子面前方进行 100m 左右的中距离的调查,后者是对掌子面前方约 50m 的近距离调查。视围岩性状和深度,上述 3 种方法可组合应用,组合探查概貌见图 4-16,应用结果见图 4-17。

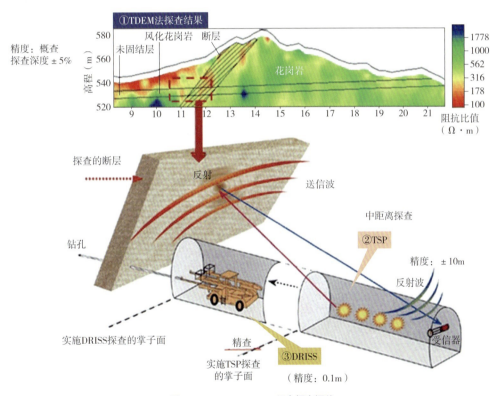

图 4-16　NT-EXPLORE 组合探查概貌

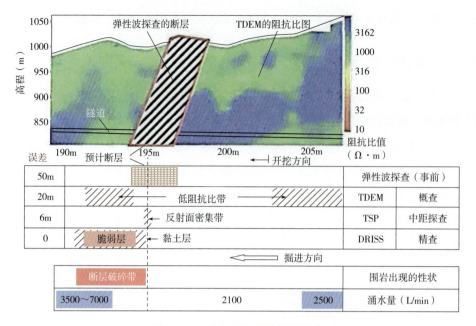

图 4-17 NT-EXPLORE 应用结果示意图

2）钻孔探查和洞内弹性波探查复合方法

仅在洞内能够采用的探查方法是钻孔探查和弹性波探查。图 4-18 表示了在火成岩、页岩及花岗岩构成的围岩，包括断层破碎带在内的 50m 左右的区间的探查比较结果。

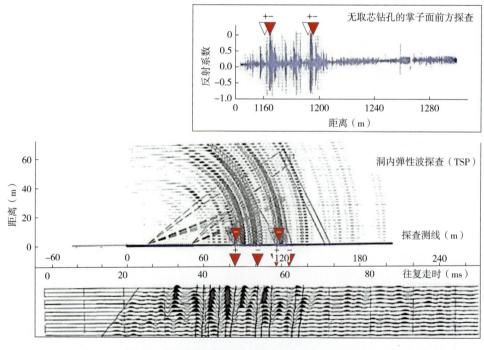

图 4-18 钻孔探查和弹性波探查组合的比较结果示意图

利用钻孔时的钻孔振动作为起爆源的探查方法（T-TSP），探查概貌及应用结果见图 4-19、图 4-20。

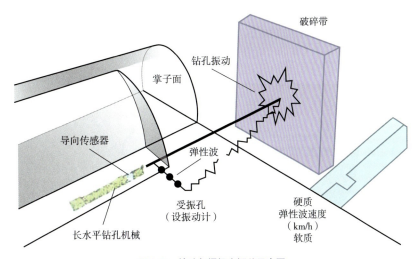

图 4-19　钻孔起爆探查概貌示意图

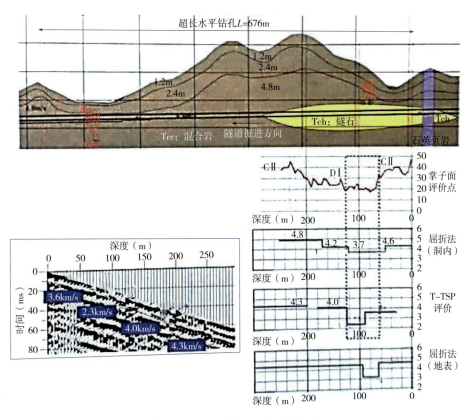

图 4-20　钻孔起爆探查应用结果示意图

如前所述，长超前钻孔机械设置在不妨碍开挖作业扩幅的断面处。以钻孔振动为起爆源，可实现掌子面前方围岩的连续测定。

3）钻孔探查和孔内弹性波探查复合方法

钻孔探查中钻孔也可利用弹性波探查的方法，量测概貌见图 4-21。钻孔完成后，插入孔壁压着型的受振器，用锤锤击掌子面发生的弹性波量测到达受振器的时间，从而计算受振器区间的速度分布，根据此速度分布和钻孔探查的破坏能量系数的相关关系，对掌子面前方的地质状况进行评价。探查结果见图 4-22。

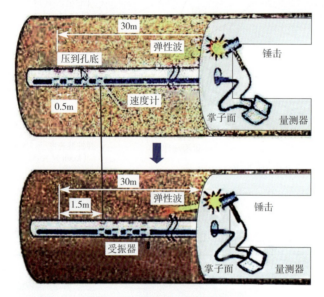

图 4-21　弹性波探查量测概貌

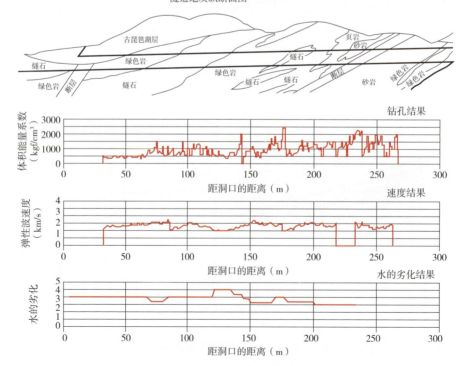

图 4-22　钻孔探查和 TVL 组合的探查结果示意图

4）钻孔探查和孔内观察复合方法

在钻孔探查中，可根据钻孔能量、破坏能量系数或钻孔速度评价围岩的软硬和脆弱性，也可对风化变质和裂隙状态进行评价。根据对既有掌子面的围岩评价可知其变质状态、几何学的分布以及涌水地点和劣化程度等情况。

观察钻孔内壁可利用钻孔扫描仪和内窥镜或经过改良的工业用内窥镜，内窥镜通过钻杆的送水孔插入（图4-23）。

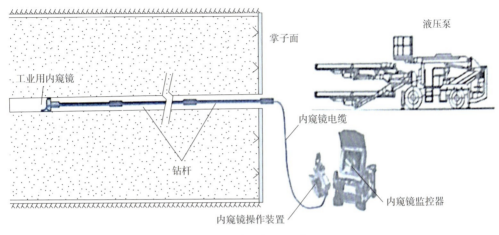

图 4-23 孔内观察概貌示意图

图4-24表示了钻孔探查和孔内观察复合方法量测。

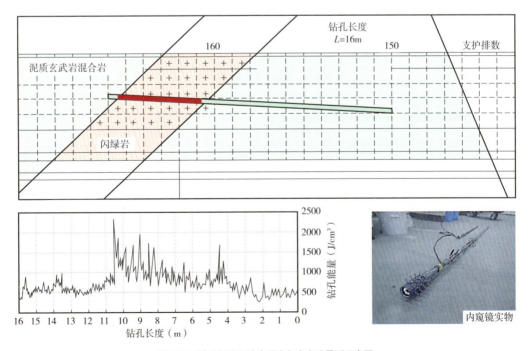

图 4-24 钻孔探查和孔内观察复合方法量测示意图

5）钻孔探查和数值解析复合方法

通过钻孔探查预测掌子面前方围岩的软硬和脆弱性后，多要根据经验选定最佳的支护模式。量测系统（PAS-Drf）根据钻孔探查获得的钻孔能量评价围岩强度和弹性系数，采用二维弹性有限单元法解析，从计算上评价未开挖区间的最佳支护模式。图 4-25 表示预测解析用的围岩物性值，图 4-26 表示变形的预测和实际对比。

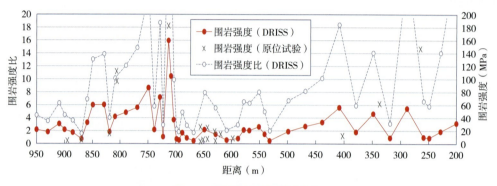

图 4-25　预测解析用的围岩物性值

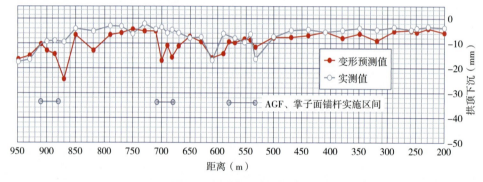

图 4-26　变形的预测和实际对比

6）水平取芯钻孔和各种岩石试验复合方法

在掌子面前方围岩的探查技术中，尽管取芯的方法是最繁琐和不经济的，但它有着最大的优点，即能够直接确认掌子面前方围岩状况。

某公路隧道建设中，设计要求隧道整体采用水平取芯钻孔。量测中，对岩芯进行详细观察，必要时进行了岩石试验确定围岩分级，从而选定最佳的支护模式。隧道支护模式变化见图 4-27，①表示设计阶段，②表示基于超前钻孔结果修正和实施的阶段。结果显示，①的判定与实际的符合率是 39%，②为 85.2%，准确率得到大幅度提高。

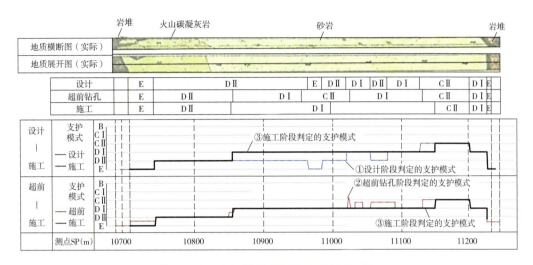

图 4-27　①、②阶段的围岩评价和支护模式的对比

4.3.3　调查重点

1）隧道深层软弱带

在航测资料和地形资料中，二维图纸可直接显示出隧道深层软弱带。把该地带把 DEM（数字高程模型）投影到 2.5D 模型中，显示出深部软弱概率较大和较小的区域（图 4-28）。图中紫色区域表示可能有较大软弱概率的区域，粉红色表示较小的区域。同样的方法可用于其他数据集的可视化。

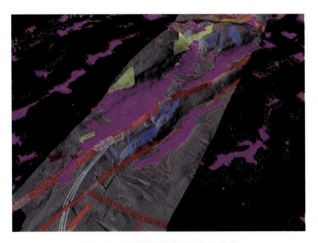

图 4-28　工程的隧道的深部软弱带图

2）地质钻探与地球物理钻孔

图 4-29 表示了钻探和地球物理钻孔地质中的可视化模型。其中，取芯钻孔在钻孔标准直径 1m 范围内，不同岩石类型颜色标注符合模型名古屋学院大学（NGU）标准颜色图表。

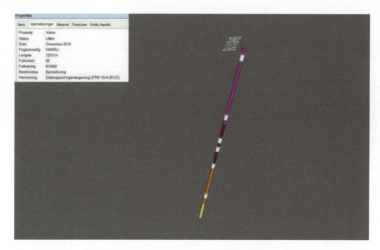

图 4-29　钻探与地球物理钻孔工程地质模型示意图

除记录岩石类型分布外，沿钻孔还显示出破碎带和高含水区。本例中，破碎区域和含水区直径为 2m，分别为白色和蓝色。破碎区定义为岩石质量指标（RQD）< 10 且大于 1m 的区域（根据专业评估，在岩芯钻探过程中，可能会出现破碎带偏差）。本例工程中有大量的水流出，吕荣值（Lugeon 值）均大于 10，属于中等渗透性。水流变化率由专业人员评估记录。

此外，模型中还可显示沿钻孔的破碎带的 RQD 值和水的流入量。可在给定的条件下，将钻孔 RQD 值分成若干段的范围，并为每个 RQD 范围划分特定的直径。常用的 RQD 范围为 0～10、10～20、…、90、100，直径为 0.4～2.4 m，区间为 0.2 m。

3）探测钻孔

从地表探孔可直接观察地形到钻孔壁。在土中钻取的长度用白色表示，岩石钻孔长度用红色表示（图 4-30）。每个孔均显示探孔名称。

挪威国家围岩调查数据库（NADAG）公布了已进行围岩所在的钻孔（点）的调查数据。NADAG 的数据中包括岩石深度，该数据点可从 NADAG 应用程序下载到软件 GeoSuite 中，之后用于 Novapoint 和 AutoCAD。在完成每个项目后，钻孔数据均交付汇总到 NADAG 数据库。

每个钻孔包含以下数据信息：

（1）调查类型。（2）状态：计划 / 执行。（3）地表和基岩水平。（4）土和岩石中钻孔长度。（5）停止码。（6）取芯钻孔断面。（7）钻孔操作员说明。

4）工程地质测绘

工程地质测绘区域在三维模型中显示为符号码，如图 4-31 所示。工程地质测绘符号只显示在露头岩体部分。因此应将岩石的类型、程度以及裂隙特征等重要工程地质信息登记在册。

工程地质测绘点的元数据包括：（1）本地号码。（2）岩石类型。（3）岩体质量特征。（4）其他注册信息。

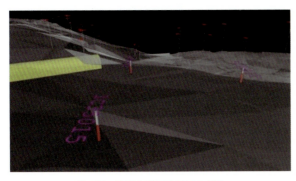
图 4-30　地质模型探测钻孔示意图

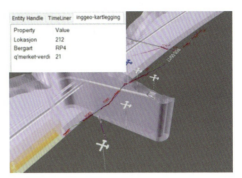
图 4-31　可视化的地质测绘示意图

工程地质测绘数据也可从高分辨率的三维曲面模型提取，如难以进入的岩石边坡和岩石挖方使用三维表面模型进行岩石节理测绘。其原理是利用点云构造三维地质模型，提取平面特征，计算平面方向（倾斜和倾斜），将数据导出至立体图中进行进一步分析。点云可通过激光雷达或摄影测量获得。同样的技术适用于围岩及地下。

三维表面模型，能够显示由颜色区分已识别的不连续点或不连续集（图 4-32）可应用到地质模型中。

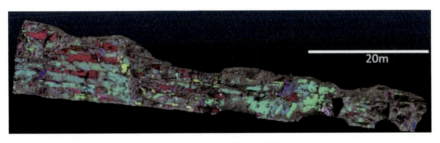
图 4-32　三维表面模型示意图

下列数据可单独用于分析平面特征：

（1）X、Y、Z 坐标。

（2）区域。

（3）倾角和倾角方向。

（4）节理间距。

（5）不连续性的波浪形或曲率。

通过能否识别平面特征可评估映射结果的质量。结果质量受以下因素的影响：

（1）利用激光雷达扫描仪，扫描仪的测距精度和扫描条件。

（2）摄影测量，照片质量。

（3）点云的分辨率。

（4）点云定位和地理定位精度。

5）基岩面

对于评价小埋深地区，设计隧道洞口和其他必须考虑的基岩，基岩面（假定的土岩边界）很重要。基岩面测绘的调查方法包括钻探、地震勘探、电阻率测量、航空电磁测量（AEM）和露头等。

基岩面模型（图4-33）利用各种调查数据，调查用符号或文本表示，根据专业评估进行调整。例如，露头用双"V"表示，每个调查点附有元数据说明调查的类型、日期、模型所有者，可用的调查数据，还要引用至数据报告。

6）基岩地质

2.5D模型由基岩地质图投影形成数字高程模型（DEM）创建，显示了不同岩石的分布情况（图4-34），DEM生成模型分辨率为25m×25m，岩石分类类型根据NGU标准颜色确定。岩石类型的分布是对构造地质、现有地图和地质剖面、地质和工程地质野外测绘、岩芯钻探和地球物理的全面体现。注意，模型中未考虑不确定性，且不确定性在远离调查点的地区最大，随深度增加而增加。因此，岩石类型分布的准确性取决于NGU地图的准确性、早期研究的信息以及地质测绘和调查的准确程度。

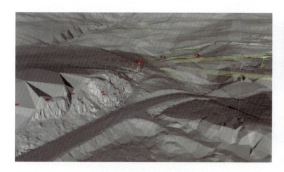

图4-33　工程基岩面模型

图4-34　工程基岩地质模型

三维模型中围岩类型随深度的分布沿隧道线形可用不同颜色体块的表示，如图4-35所示。

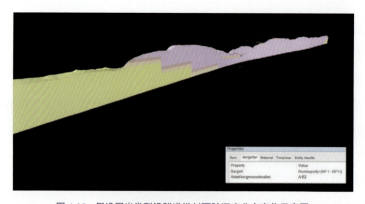

图4-35　假设围岩类型沿隧道纵剖面随深度分布变化示意图

岩石类型分布由基岩面模型确定，是对实际分布的一种简化，实际上岩石类型的边界很少像岩石那样展现在模型中。

岩石类型数据信息：岩石类型和假定岩体质量。

7）预测软弱区域

软弱区域指隧道开挖围岩质量较低的区域，开挖具有挑战性，在模型中进行可视化很重要。软弱区域被集成至三维模型中，按指定范围进行宽度、倾角和走向的地形解析、前期调查及地质测绘，见图4-36。

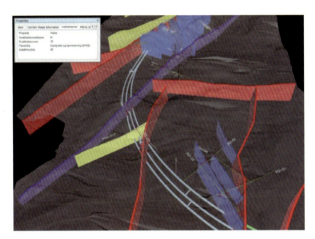

图4-36 地质模型中假定的软弱区域

图4-36可见，基于软弱围岩区域的分级，地质模型划分出三个不同的区域颜色分别说明预测的区域大小对隧道开挖产生的影响。软弱区域被划分为Ⅰ～Ⅳ级，见表4-3。

软弱区域分级和划分标准　　　　　　　　　　　　　　　　表4-3

软弱区域分级	颜色	类别、稳定性、涌水
Ⅰ	蓝	具有挑战性的围岩条件、不利的开挖条件、岩块掉落、涌水
Ⅱ	黄	具有挑战性的围岩条件、差的开挖条件、岩块掉落、涌水
Ⅲ	红	具有较大挑战性的围岩条件、崩塌、涌水
Ⅳ	红	具有极大的挑战性的围岩条件、极差的开挖条件、崩塌、涌水

8）地下水和水文地质

现有的井口，通常是地热井或水井，可在三维模型中用简单的线表示位置和深度。

根据钻井资料，井在地表用钻孔信息标记。现有的水井的信息可用于监测建设阶段开挖对地下水的影响。地下水位模型包括钻井、地图、围岩等级和现有的井的地下水信息。需注意：地下水模型对有调查的地区作用是有限的，模型仍然充满不确定性。

图4-37为各种地质调查情报手段和结果的示例。

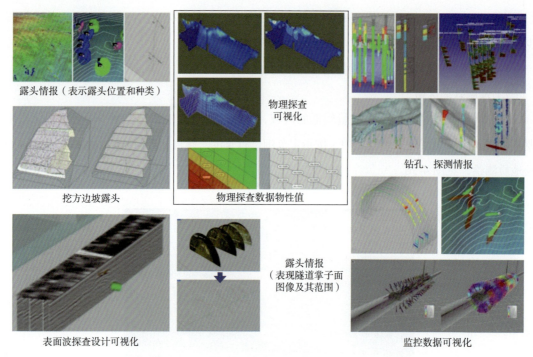

图 4-37 各种地质情报示例

4.3.4 地质风险调查

山岭隧道是修筑在具有显著不确定性的地质体中的线状构筑物，地质的不确定性是隧道设计、施工最大的"敌人"，是形成隧道风险的根源。目前，在地质调查中，对地质不确定性的鉴定和评估均是基于经验；在工程地质报告中，主观和定性描述居多；工程地质学家在施工过程中进行的主动跟踪也通常是基于观察获得。地质风险调查必须由具有岩土工程知识、技能和有经验的工程师进行，才能进行有意义的风险评估，这本身也是一种风险。为了减小地质不确定性对工程的影响，高度重视地质调查，将地质风险调查置于首位是极其必要的。

1）地质风险调查基本目的

地质风险调查（风险影响评价）的目的是掌握地质、地层条件及其不确定性，获得用于风险的特定分析、评价的资料。

风险影响评价中的地质和地层调查步骤一般分为四个步骤，一是整理地质、地层情报（包含地质不良地点等风险因素的整理）；二是不确定性的整理（包含地质、底层的不确定性，设计、施工的不确定性等）；三是掌握考虑不确定性的地质、地层的推定性能和风险因素；四是根据地质、地层的要求性能和推定性能的对比，识别风险因素。即在调查的初期阶段，着眼于识别风险因素，随着调查的开展，从风险识别进行至评估、分析，在详细设计阶段进行风险应对（对策）。实际工程的各阶段中风险对象和目的经常发生改变，因此，进行有关各方的风险沟通，在各阶段选择精度适宜，实施有效的调查方法是很重要的。

地质风险调查研究的基本实施项目有：制订地质风险应对方针；提取地质风险情报；地质风险实地考察；地质风险解析；地质风险应对研究。

地质风险研究项目及其实施内容见表4-4。

地质风险研究项目及实施内容 表4-4

大项目	实施项目	实施阶段				
		构思、计划		调查、设计	施工	维护管理
		方案	初步设计（A）	初步设计（B）～技术设计		
地质风险应对	计划条件的确认	◎	◎	◎	◎	◎
地质风险情报	地形解析	◎	—	◎	△	△
	文献资料调查	◎	◎	◎	◎	◎
地质风险现场踏勘	现场踏勘（1/10000）	○	◎	—	—	—
	地表地质踏勘（1/2500～5000）	—	○	—	—	—
	地表地质踏勘（1/1000～2500）	—	△	◎	—	—
	地表地质踏勘（1/500～1000）	—	—	△	△	△
	现场踏勘（对策地点、异常地点等）	—	—	—	◎	◎
地质风险分析	地质综合分析	—	—	◎	△	△
	识别地质风险	◎	◎	◎	◎	◎
	分析、评价地质风险	◎	◎	◎	◎	◎
	三者会议（合同调整会议）	◎	◎	◎	◎	—
地质风险应对研究	判定风险管理对象	◎	—	—	—	—
	编制风险对策计划	◎	◎	◎	◎	◎
	编制后续调查计划	◎	◎	◎	◎	◎
编制报告书	编制报告书	○	○	○	○	○
	编制电子成果	○	○	○	○	○

注：◎-必须实施的项目；○-最好实施的项目；△-必要时实施的项目。

2）地质风险调查

地质风险调查研究中，调查研究项目及其内容见图4-38，此外尚需提取对工程有影响的地质风险情报，实施地质风险分析和评价，进而在推进工程的基础上，研究问题的地质风险的应对方针，编制提高地质风险情报的准确度的后续调查计划。

由于作业阶段、作业成熟度的变化、地质调查的进展等条件或获得的情报发生变化时，由于地质风险情报的内容和精度不同，分析和评价水平也会发生变化，从而影响应对方针的制订。因此，当工程阶段发生改变时，应反复、持续地进行地质调查研究作业。

在开始地质风险调查研究，确认其目的和内容的同时，要对工程的概要和实施阶段、既往成果等进行确认和整理，制订地质风险调查研究的应对方针。

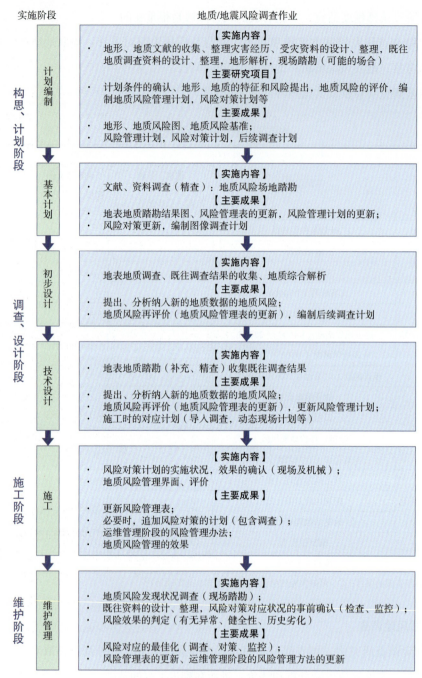

图 4-38 地质风险调查研究项目及其内容

地质风险情报的提取以地形分析和文献资料调查为基础。在这些调查分析中，由于利用的情报量不同，有必要每次重新提取识别。在地质风险情报的提取中，若地质风险因素的提取有遗漏，将对以后的风险管理产生重大的影响，要强调在调查初期地质风险提取必须综合而全面。

（1）地形分析

地形是地球表层长年受到各种现象（地壳变动、火山活动、侵蚀、堆积等所谓地形营力）而形成的。通过理解和掌握地形的形成史，可推测过去、现在和将来的地形变迁，还可推测地质风险因素的存在及其发生的难易程度、影响程度等。

地形分析以航空照片判读的实体和航空测量的微地形解析等数字研究为主体。研究初期阶段，现场调查存在很多困难，故利用计算机进行地形分析非常有效。

近年的研究中，出现了利用航空激光测量数据进行微地形分析，减少了对实施阶段影响很大的滑坡发生（图 4-39）。

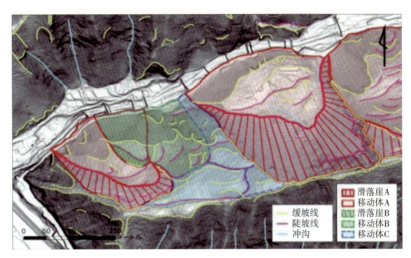

图 4-39 航空激光测量数据的滑坡地形判读图例

（2）地质风险现场调查

现场的实地考察，能够确认提取的地质风险信息的准确性，同时利用地形图进行地表地质考察，提高了具体的地形、地质结构、地质分布、地质结构等地质风险情报的精度。地表地质考察。包括地表考察地形、地质、涌水、泉等方面的信息；对比地下的三维的地质和地下水分布推算的基本调查，形成地质平面图和地质断面图。是物理勘探和钻探调查等制订后续调查计划的基础。

（3）地质风险分析

在地质风险分析中，首先是提取地质风险，而后进行地质风险分析和评价。

建设项目中出现的地质风险案例如表 4-5 所示。

因此，地质风险的提取必须在规划构筑物所要求的地质、地层性能的基础上，才可考察并整理所提取的风险因素将产生怎样的影响。

构筑物与地质风险因素的组合可能出现的地质风险案例见表 4-6。

建设项目中出现的地质风险案例　　　　　　　　表 4-5

构筑物	地质风险	风险因素
挖方	坡面崩塌	坡度、地质构造（节理、层理、断层）
	开挖土的重金属污染	试件采集地点、风化程度
	暴雨时的表层崩塌	崩解、膨润、水质特性
	坡面护坡的老化	累计降雨量、时间雨量
填方	材料劣化	崩解、膨润、地下水特性
	地层下沉	软弱黏土的压密特性、腐殖土、地下水位降低
	地层液化	强度特性、黏度特性、地下水
桥梁	基础不均匀下沉、倾斜移动	支持层深度急变、地层特性
山岭隧道	异常涌水	断层、不透水层、地下水分布、涌水量
	开挖土中的重金属	试件采集地点、风化程度
	掌子面崩塌	地质的不均匀性、地下水位降低
	井点枯竭	地下水位降低、井点分布
城市隧道	构筑物变形	地层的不均匀性、地下水位降低
	地表面下沉、陷没	地下水位降低、施工时振动

构筑物与地质风险要素可能出现的地质风险案例　　　　　　　　表 4-6

地质风险要素	挖方	填方	桥梁	隧道
滑坡等（岩层崩塌、深层崩塌）	边坡不稳定、诱发滑动	诱发滑动、地下水位上升	诱发滑动	洞口边坡不稳定，断面变形，诱发滑动
崩塌地形、岩堆沉积物等	边坡不稳定	诱发滑坡	支持层强度不足	洞口边坡不稳定
风化带、松弛带	边坡不稳定	诱发滑坡	支持层强度不足	洞口边坡不稳定
地表流水、涌水、地下水	边坡不稳定，水的影响	发生湿润的滑坡	临时挖方不稳定、注浆材料流失	掌子面崩塌，对利用水的影响
集水地形	边坡不稳定，土砂流入	发生湿润的滑坡	—	洞口坡面不稳定，土砂流入
浮岩	边坡落石	从自然边坡落石	落石	洞口落石
顺层构造（断层、层理面、节理面、低角度断层等）	边坡不稳定	诱发滑坡	临时挖方不稳定	洞口坡面不稳定，掌子面崩塌
断层破碎带、热水变质带、岩脉等不连续面	边坡不稳定	诱发滑坡，不均匀下沉	支持层深度急变，不均匀下沉	出水掌子面不稳定，对利用水的影响
特殊的水理地质构造	边坡不稳定	发生湿润的滑坡	临时挖方不稳定	出水的掌子面不稳定
崩解	边坡不稳定	坡面不稳定，不均匀下沉	—	衬砌异常、底鼓
软弱地层	—	下沉、液化、流动	下沉、流动、液化、工法变更	洞门、流动、液化
支持层分布（土软硬分布）	边坡不稳定（坡度不合适）	不均匀下沉	锚固不足	支护大幅度变更
泥石流堆积物	泥石流、水的流入	泥石流、水的流入	物性值离散	洞口边坡不稳定
有害物质（硫化物、含有重金属矿物）	土壤污染，植被不良	土壤污染	—	土壤污染材料扩散

(4) 地质风险应对

地质风险的应对大体上分为回避、降低、保留 3 类。表 4-7 展示了隧道地质风险级别及其应对案例。

地质风险级别及其应对案例　　　　　　　表 4-7

级别	应对方针	具体应对	风险前兆
AA	回避	回避至对构筑物和周边环境没有影响的范围	出现风险前兆的地点，通常考虑对策不能应对的前兆，立体的规模的滑坡和深层崩塌，通常计划对策应对不能对应的风险
A	回避、降低	回避至对构筑物和周边环境没有影响的范围或采取标准工法以外的对策（需要进行详细的调查）	出现风险前兆的地点，需要变更构造形式和安全性显著降低的前兆，例如挖方易于发生滑坡（坡面崩塌）需要追加调查和调查的风险
B	降低	用标准工法能够应对	出现风险前兆的地点，追加调查、变更调查范围能够应对的风险
C	保留	保留风险到下一阶段	采用事前对策的必要性低，可保留到施工阶段和维修管理阶段的风险

(5) 地质风险调查的新技术

近年来在广泛的领域开发出新的调查、解析技术，适用于地质风险调查研究作业的地质调查方法。表 4-8 展示了对地质风险管理有效的新技术。在公路、铁路工程的规划或可行性研究阶段，进入现场较为困难或受到限制的情况下，为防止出现风险等级为 AA 的重大风险（大规模滑坡等），采用表 4-8 所列新技术，可不直接进入现场，非接触、非破坏地提取工程的内在风险。

地质风险管理有效的新技术　　　　　　　表 4-8

序号	调查方法	目的	构思、计划阶段 不进入现场	调查、设计阶段 进入现场
①1	航空激光测量	高精度微地形解析	◎	◎
①2	无人机（UAV）激光测量	采用倾斜量图、立体图提取落石等危险地点	◎	◎
	空中物理探查	掌握三维地层物性	○	○
②	采用干涉 SAR 的地层变动解析	采用 SAR 的地层变动解析	◎	○
③	携带式荧光 X 射线分析装置	掌握重金属含量分布状况		◎
④	便携式激光量测	高精度微地形调查		○
⑤	高品质钻孔	高品质钻孔		◎
⑥	浅层反射法探查	确认支持地层的连续性		◎
⑦	微动数组探查	推定支持层分布（二维、三维微动探查）		◎
⑧	三维电气探查	掌握地质、地下水的三维分布状况		○

注：SAR - 合成孔径雷达。

在调查、设计阶段，进入现场不再困难，选择调查方法的制约较少，可实施更多、更有效率、更有效的调查。该阶段地质调查以钻探调查为主体，通过物理探测补充钻孔之间的距离，降低调查结果的不确定性。

4.4 围岩条件的调查、分析及评价

围岩条件是隧道设计、施工的基础。在隧道开挖过程中，围岩性质、软弱带、涌水带对掘进方法的选择和可能面临的掘进挑战具有重要影响。因此，向隧道设计人员解释和报告围岩情况非常重要。为实现这一点，地质和围岩条件应在三维模型中进行建模和可视化。完整的三维模型是可视化的，它包含所有地下数据信息和对围岩条件的解释。因此，三维模型将有助于更准确地预估一个项目的进度、成本以及不确定性的程度。该模型对规划人员、设计人员以及承包商都非常有用。

通常情况下，隧道可提供重要工程地质信息，包括预计的围岩分布、软弱带、最大允许渗水量、围岩调查数据（钻孔、地球物理、地质和工程地质图等）等围岩条件。建立三维数字工程地质模型的目的是将工程地质图中的每一个物体以三维动态模型进行可视化。在该模型中，对围岩条件的解释可随着时间的推移而改变，变得更加详细。工程地质模型应集成到工程中，以便更好地控制围岩条件，且易于沟通，并帮助其他设计人员考虑围岩条件。

因此，许多商业软件的目的是创建完整的三维地质模型。例如 Leapfrog Works（用于运输和道路隧道）、Move、Vulcan、Hole、Base SI 或者 Prorok，这些软件提供了一个简单的方法创建可视化三维地质模型。然而，大多数商业软件是为采矿业开发的，并不满足隧道行业的所有需求。

设计阶段的模型分为基本模型和专业模型。基本模型包含设计隧道所需的所有信息并显示现有情况和预调查中收集到的数据，建造一个包含对象的模型。除预计的围岩条件外，还要在专业模型中展现出与隧道有关的问题。

另外，不仅在设计阶段要建立地质信息模型，还应在施工的不同阶段也要建立相应的地质信息模型进行持续的围岩评价，施工阶段围岩评价系统见图 4-40。

如前所述，对山岭隧道来说，地质不确定性是关键之中的关键。

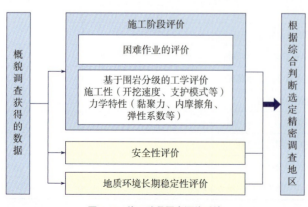

图 4-40　施工阶段围岩评价系统

因此，如何采用智能建造技术，解决地质不确定性的影响问题，才能更好地实现隧道的智能建造。这就需要在隧道基本作业上下功夫。近年，AI 在各领域中开始应用，以此为背景，为确保公共工程的质量并提高生产效率，要求导入包括 AI 技术在内的新技术项目，其中利用 AI 的掌子面围岩判定方法就是其中一个课题。下面围绕此课题介绍一些研究开发成果，仅供参考。

1）利用钻孔台车和图像解析的隧道周边围岩评价技术

鹿岛会社❶开发出利用钻孔探查和弹性波探查的掌子面前方探查技术，通过事前掌握断层等不良围岩，回避了重大的地质灾害并选定合适的支护模式，在诸多隧道施工中得到应用。

隧道施工中，因无法全线实施前方探查，完全掌握断层困难，至今还未做到准确预计到断层崩落和大变形。此外，开挖作业通常是昼夜进行的，一般有 4 次开挖循环，进尺 5～6m，掌子面观察以 1 次 /d 频率进行，存在不能充分掌握地质变化的情形。断层隐蔽在隧道洞壁背后，只能用目视是不能确认的，也会导致崩落或出现不良地质现象。

目前开发的技术可定量掌握掌子面近旁的地质状况，此方法利用每一循环施工的锚杆钻孔数据，定量且高精度地掌握隧道周边围岩状况。需注意的是，如果掌子面测定、数据解析评价时间过长，会对施工循环产生一定影响。目前的系统已解决了这一问题，其结果能够迅速反馈到施工中。

（1）掌子面实时评价系统

该系统最大限度利用装药和锚杆钻孔数据以及在掌子面围岩取得的信息，实时地评价地质状况，并把评价结果迅速反馈到施工系统中，系统概况见图 4-41。

收集到的结果可实现自动化评价，无需特别调查和解析的地质状况。利用施工数据和全掌子面的照片得到的围岩情报的精度非常高，可视围岩状况选定支护方式，并对隐蔽断层做到事前采取预防措施。此外，实时的围岩情报可有效用于爆破装药量和孔间距的设定。

（2）钻孔台车钻孔数据的评价

过去，爆破装药和锚杆的钻孔数据对推测掌子面及隧道周边围岩状况是有效的，但由于收集日常开挖循环中的钻孔数据和记录钻孔位置存在一定困难，因此无法使用具体的数据进行定量评价。虽有利用收集数据的分析结果与地质评价结合的案例，但每天需收集数量众多的钻孔数据来计算破坏能量系数等围岩评价指标，反馈到实际施工中并不现实。20 世纪 90 年代，山岭隧道中，北欧开发出计算机控制的钻孔台车，实现了从钻孔作业到钻孔数据的突破，近年的全自动型钻孔台车已经能够根据爆破计划自动纠正钻孔位置和角度，钻孔作业自动进行。

---

❶ 鹿岛会社：鹿岛建设株式会社，日本建筑承包商。

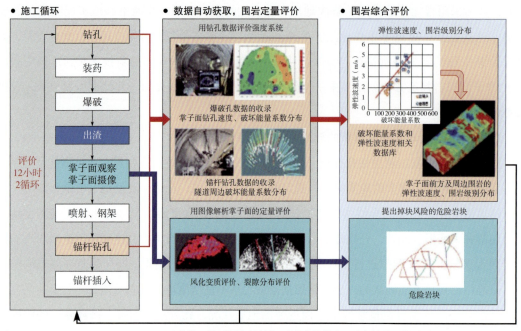

图 4-41 掌子面实时评价系统概况

①钻孔台车钻孔数据评价围岩强度系统

图 4-42 表示钻孔台车上钻孔数据系统的概况。利用平板电脑能够在现场即时地确认掌子面围岩强度评价结果，掌子面的强度评价基于装药孔的全部数据。掌子面的软硬分布评价根据钻孔速度而定，围岩越硬，钻孔速度越慢，越软则越快。图 4-43 表示钻孔速度分布数据。

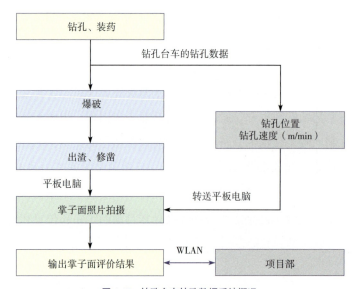

图 4-42 钻孔台车钻孔数据系统概况

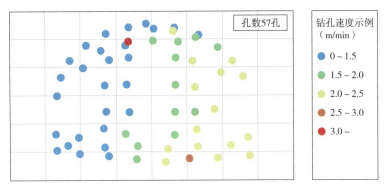

a）钻孔速度分布

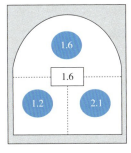

b）平均钻孔速度

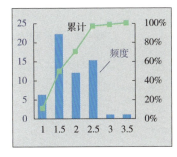

c）钻孔速度分布图

图 4-43　钻孔速度分布数据

②钻孔速度的围岩评价

基于装药孔数据的掌子面评价系统已应用于坚硬的绿色岩、裂隙发育的黏板岩、脆弱的蛇纹岩混合的隧道现场。图 4-44 表示了掌子面围岩状况，图中左侧是坚硬的绿色岩，图中右侧是裂隙发育的黏板岩，拱顶是脆弱的蛇纹岩。开挖时围岩的状况根据掌子面评价点和钻孔速度的分布确定。图 4-45 中可见两者具有相同的倾向，图 4-46 可见掌子面评价点和钻孔速度呈负相关。里程 1380～1620m 区间内，视围岩状况采用了两种支护模式，即没有钢架的 $C_{\text{II}P}$ 和有钢架的 $C_{\text{II}P\text{-}b}$ 模式。

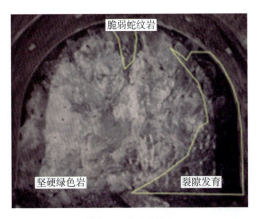

图 4-44　掌子面状况

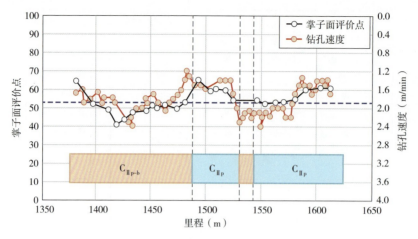

图 4-45 掌子面评价点和钻孔速度的分布

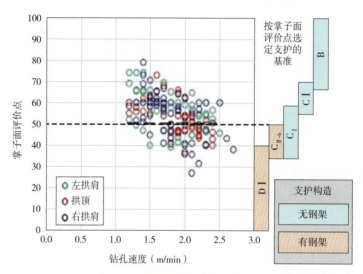

图 4-46 掌子面评价点和钻孔速度相关性

图 4-46 可见评价点 50 是 C_{IIP} 和 C_{IIP-b} 的分界点。本例中钻孔速度对 50 点范围内的 2 组数据进行统计分析。图 4-47 是两者的累计占比。不满 50 点的一组以钻孔速度大的一侧为起点描绘，50 点以上的是从钻孔速度小的一侧为起点描绘。图 4-47 可见以 2m/min 钻孔速度为界，钻孔速度小的场合，掌子面评价点在 50 点以上，累积占比为 70%。

由此可见，未来的开挖中，钻孔速度 2m/min 可作为判定选择 C_{IIP} 或 C_{IIP-b} 支护模式的基准数据。

③风化变质判定系统

隧道距洞口 300m 左右出现茶褐色的风化围岩，因其分布状况不同稳定性有所不同。因此，可以采用风化变质判定系统对风化程度进行定量评价，同时进行开挖。风化变质判定系统，根据掌子面照片的色调变化，即岩石防护后呈红色和黄色，判定风化变质程度。利用带有相机的平板电脑就可在掌子面处即时判定风化变质程度（图 4-48）。

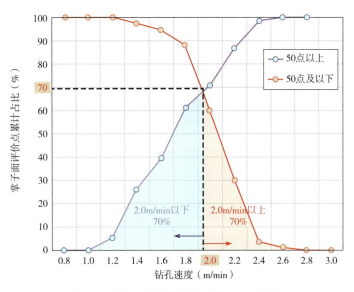

图 4-47 钻孔速度掌子面评价点超过 50 点的判定

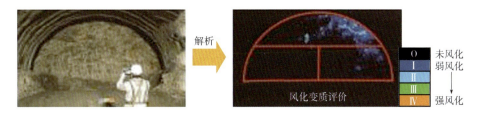

图 4-48 风化变质判定系统概况

在里程 330～390m 地段采用的案例见图 4-49 及表 4-9。

如表 4-9 所示，该区间风化变质程度的变化显著，其掌子面状况、掌子面评价点也随之改变。

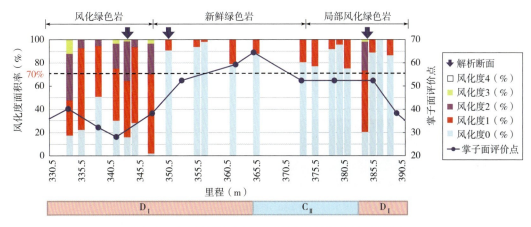

图 4-49 风化变质度评价结果和掌子面状况及其采用的支护模式

风化变质判定系统解析结果　　　　　　　表 4-9

里程（m）	掌子面照片	解析结果
343.5		
350.5		
384.5		
风化变质图例　新鲜 → 变质		

2）利用钻孔数据的三维围岩评价系统

在山岭隧道开挖中，定量掌握掌子面周边及其前方围岩状况方法之一就是利用钻孔数据的掌子面前方探查方法（钻孔探查）。DRISS-3D 是钻孔台车加上钻孔探查，可处理、解析大量钻孔数据进行掌子面附近围岩三维评价的系统。近年，由于计算机控制的钻孔台车的普及，装药孔、锚杆孔施工时的钻孔位置、角度数据变得易于获取，对掌子面附近围岩评价精度大有裨益。

（1）系统概况

系统由图 4-50、图 4-51 所示的洞内钻孔台车量测的钻孔数据（量测系统）及进行处理钻孔数据的软件（解析系统）构成。

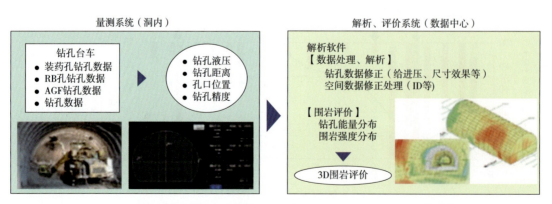

图 4-50　系统构成

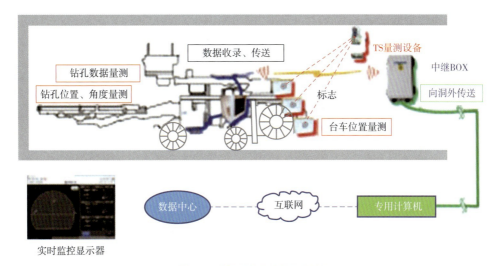

图 4-51 量测系统构成和数据传输

量测装置设置在钻孔台车上,施工时或掌子面前方探查时,该装置收录凿岩机的各种动作液压、钻孔距离、孔口位置及钻孔角度等数据,收录的数据实时上传至监控画面。量测数据通过车载电脑的无线、有线通信设备传送至洞外专用的计算机中,再通过互联网传送至远距离的数据中心,钻孔台车的工作状况实时展现在监控器上。图 4-51 为量测系统的组成和数据传输。

量测系统获得的数据,采用专用软件进行半自动解析、处理。处理过程中,根据钻孔数据计算的围岩评价指标,由下式求出钻孔能量 S_E:

$$S_E = \frac{E_i \times bpm}{A_H \times P_R} \tag{4-1}$$

式中:S_E——钻孔能量（J/cm³）;

E_i——凿岩机的打击能量（J）;

bpm——打击数（次/min）;

P_R——钻孔速度（cm/min）;

A_H——孔断面积（cm²）。

钻孔能量又称为开挖体积比能,相当于单位体积的围岩钻孔,凿岩机需要的能量。此值越小,围岩越脆弱（脆弱围岩）,越大越硬（岩质围岩）。钻孔能量可按下式换算为围岩强度。

$$\sigma_C = \left(\frac{S_E}{C}\right)^2 \tag{4-2}$$

式中:S_E——钻孔能量（J/cm³）;

C——常数;

σ_C——围岩强度（MPa）。

数据处理流程见图 4-52。

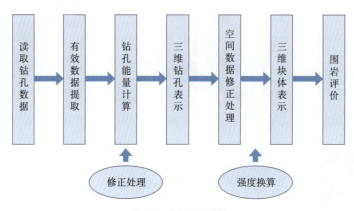

图 4-52　数据处理流程

钻孔能量的三维钻孔及围岩强度的三维分区输出见图 4-53、图 4-54。根据图 4-55 的三维分区图可获得任意断面的二维表示，易于与事前地质调查资料、掌子面照片、掌子面观察记录等资料进行比较。对 10～100 个钻孔数据进行处理，解析时间仅需数分钟，可迅速且连续地进行三维围岩评价。

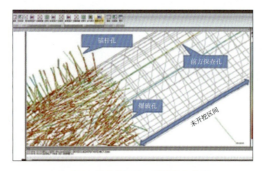

图 4-53　钻孔能量的三维钻孔示意图

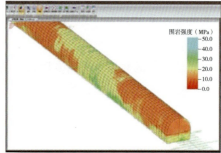

图 4-54　围岩强度三维分区示意图

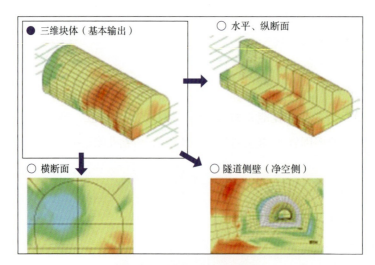

图 4-55　任意断面的二维示意图

（2）采用施工数据的注意事项

①给进压的影响

为确保稳定的钻孔，施工时的钻孔作业视围岩状况要施加钻头挤压围岩的力（给进压）。即使在同一强度的围岩中，给进压（推力）改变将导致钻孔能量的变化，因此在围岩评价中要对给进压影响进行修正。

修正方法可采用图 4-56 所示的钻孔能量和推力的关系（钻孔能量的最低推力，图中的硬质岩相当 10kN）来换算钻孔能量。

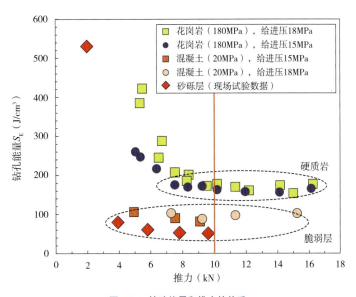

图 4-56　钻孔能量和推力的关系

②钻孔角度的影响

在拱顶和肩部的锚杆孔及向上钻孔的地点，凿岩机重量与给进压相反，实际作业时作用在钻头上的荷载比给进压小。锚杆钻孔数据与其余施工数据同时评价的地点要考虑给进压降低的影响。

③钻孔直径的影响

因钻孔直径不同钻孔效率会发生变化（尺寸效应），式（4-1）考虑了钻孔直径（孔的断面积 A_H）的不同。

图 4-57 表示对同一的花岗岩进行的钻孔试验获得的钻头直径和钻孔能量的关系，钻头直径越大，钻孔能量降低。

一般，采用 ϕ65mm 钻头进行掌子面前方围岩探查，采用 ϕ89～ϕ120mm 钻头的钻孔数据进行评价。当装药孔和锚杆孔采用 ϕ45mm 钻头，应按基准钻孔的钻孔能量进行修正。

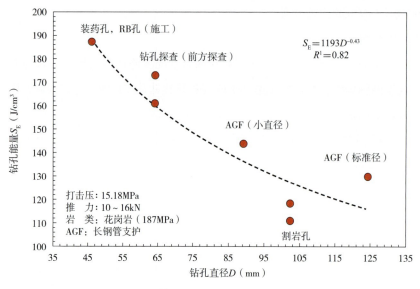

图 4-57 钻孔直径和钻孔能量关系示意图

（3）应用案例

图 4-58 案例中，为掌握和预测掌子面围岩强度分布的倾向，继续绘制、更新开挖时围岩强度的分区图。必要时应增加编制横断面图（正面图）、平面图和纵断面图。图中应用区间的围岩强度在 10MPa 左右，与开挖时的原位试验的单轴抗压强度大致相同。应用区间以凝灰质砂岩、凝灰角砾岩为主，其中夹有脆弱的白色凝灰岩层，可用围岩强度分布图进行预测、评价。

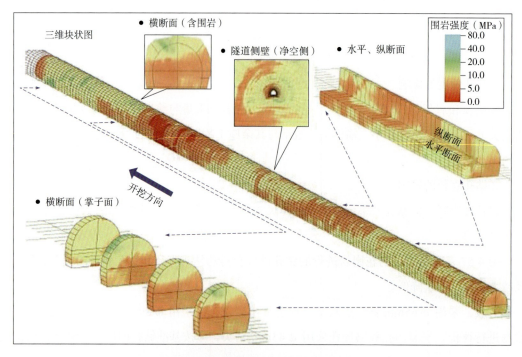

图 4-58 应用隧道的围岩强度三维评价案例

图 4-59 表示凝灰岩的掌子面状况图像和 DRISS-3D 评价结果的比较。

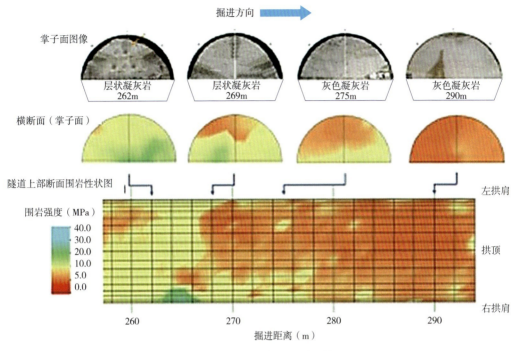

图 4-59　掌子面围岩状况评价比较

图 4-60 可见开挖围岩评价和掌子面前方预测结果可以同时输出，该系统能够连续实时输出开挖围岩的三维评价及同步的掌子面前方围岩的三维预测。

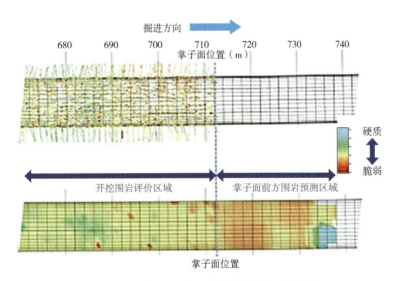

图 4-60　开挖围岩评价和掌子面前方预测结果的同时输出案例（钻孔能量）

今后的发展方向，除了继续进行应用试验外，应积极展开三维模型的 IoT 应用的连接，包括实时的围岩评价，机器诊断等综合的开挖管理（图 4-61）。

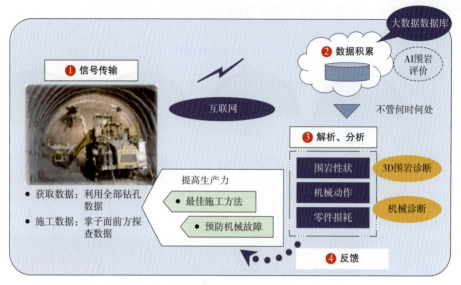

图 4-61　山岭隧道中 IoT 的利用（钻孔台车）

3）隧道地质调查——高精度掌子面前方探查系统（NT-EXPLORER）

NT-EXPLORER 系统（图 4-62）进行隧道地质调查其主要分为以下三种调查方法。

TDEM：地表调查有无脆弱带和大概位置。

TSP：洞内推定不连续断面位置和范围。

DRISS：隧道掌子面前方探查对象的正确位置和范围。

NT-EXPLORER 系统具有高效率和高精度的技术特点，前者指利用 TDEM、TSP、DRISS 各自的特点，根据探查目的提出探查计划；后者指根据各自的探查结果（物性值）综合评价围岩状态。

3 种探查方法相互组合，可获取高精度情报。探查精度 ±5%。

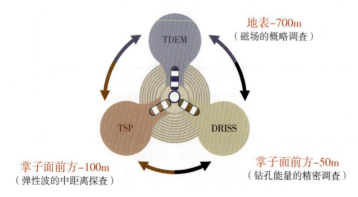

图 4-62　NT-EXPLORER 系统

4）利用 AI 的 T-FaceAI 系统

T-FaceAI 系统致力于提高隧道掌子面评价的可靠性及掌子面探查的安全性。

掌子面探查是预测前方围岩状况和评价支护稳定性重要的日常作业，但评价多依赖技术人员的经验，易造成掌子面评价点离散。同时，因隧道开挖后要求迅速喷射混凝土支护以确保隧道稳定，防止发生掉块事故，实际上很难确保有充分的掌子面观察时间，加大了评价点的不确定性。为此，开发了 AI 的掌子面评价支护系统 T-FaceAI。

T-FaceAI 系统是基于学习人脑日常的记忆（经验等的记忆即学习系统）和判定（新的判断即判定系统）的机理，在计算机上开发的模式化系统，即使用 AI 的判定系统进行掌子面评价。

系统的主要特征是考虑了现场的实用性，易于操作（图 4-63）。机器学习时，确定想学习的数据（消除不需要地点的掌子面照片和掌子面评价点的命令）和学习次数，只要点击学习开始按钮即可。判定时，选择使用的 AI 模型和掌子面照片，点击预测开始按钮即可。

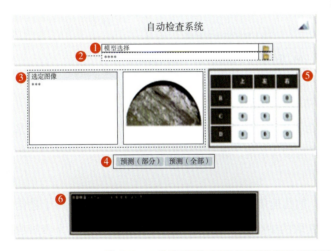

图 4-63　AI 掌子面评价系统的微机操作界面（判定系统）

以某公路隧道为例，在掌子面评价点中，把掌子面上部断面分为拱顶、左肩部、右肩部 3 个部分，利用抗压强度等 7 个变量进行评价，如图 4-64 所示。T-FaceAI 系统以图像易于判断的风化变质、裂隙间距、裂隙状态 3 个变量为研究对象，其他 4 个变量采用技术人员的判定结果，获得平均 84% 的正确率，为支护模式的选择提供了参考。

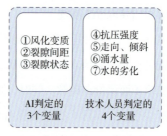

a）分割的掌子面断面　　　　b）隧道 7 个掌子面评价变量

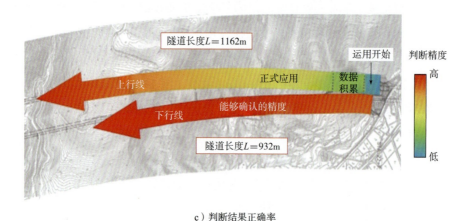

c）判断结果正确率

图 4-64　T-FaceAI 系统在某公路隧道中的应用

5）山岭隧道掌子面围岩自动判定系统

掌子面围岩自动判定系统能够自动评价掌子面围岩抗压强度、风化程度、裂隙间距，是利用 ICT 技术开发出的复合型开挖管理系统。评价指标包括：

（1）围岩抗压强度

根据钻孔台车的钻孔数据（钻孔速度、打击压、回转压、给进压），采用十进位计数法计算围岩抗压强度。用钻孔台车获取的钻孔数据和各钻孔的抗压强度关系作为参照数据，进行 AI 回归分析，计算围岩抗压强度，输出抗压强度分布图。

（2）风化程度

根据掌子面的多光谱图像利用十进位计数法计算出围岩的风化度。根据多光谱图像提炼出光谱反射曲线，因风化度而异，通过学习光谱反射曲线和风化关系，计算风化度，输出为风化度分布图。

（3）裂隙

隧道分布开挖掌子面大多是凹凸不平的，一般可采用凹凸明显处即不连续点进行裂隙判定。该系统根据立体相机拍摄图像获取掌子面三维形状，同时提炼形状变化点作为裂隙判定，输出裂隙分布图。

系统定量评价结果见表 4-10。

系统定量评价结果　　　　　　　　　　表 4-10

指标	信号感觉手法	评价手法	评价结果
①围岩强度	钻孔台车	AI 回归分析 钻孔数据 → AI 学习 → 抗压强度分布（按掌子面观察编制）	抗压强度分布图
②风化程度	多光谱相机	AI 的多光谱数据解析 多光谱数据 → AI 学习 → 风化度分布（按掌子面观察编制）	风化划分图
③裂隙间距	立体相机	图像处理、识别裂隙 点群数据 → 网络化数据 → 法线图	裂隙图像

系统将专用的量测车辆、量测机器、中央控制室用网络连接，实现从数据获取到数据处理的自动化。专用量测车辆搭载了多光谱相机和立体相机、照明、控制电脑等（图 4-65、图 4-66）。从平板电脑末端发出各设备的作业指令，几分钟内就能够获取掌子面数据（图 4-67）。获取的数据，在控制电脑中进行演算处理，计算结果即时传送回平板电脑末端（图 4-68）。同时，计算结果实现中央控制室、现场项目部、公司、总部多方实时共享（图 4-69）。

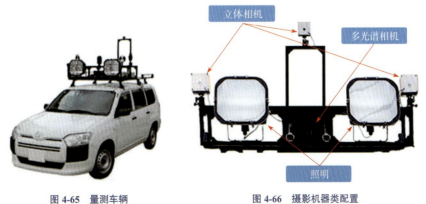

图 4-65　量测车辆　　　　　　　图 4-66　摄影机器类配置

图 4-67 用量测车辆获取数据示意图

图 4-68 平板电脑末端显示的围岩评价结果

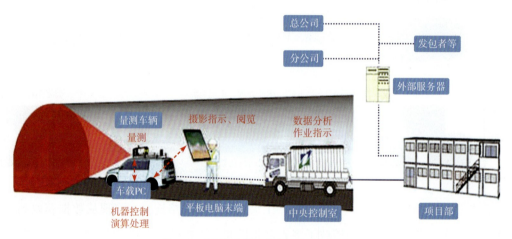

图 4-69 多方通过网络实现共享结果示意图

该系统可在短时间内进行高精度的、定量的评价；同时，因无需工作人员进入掌子面正下方，大幅度提高了现场安全性。

6）基于钻孔数据的掌子面前方预测（TFS-Learning）

隧道施工中，利用爆破孔的研究方法 TFS-Learning 与利用从开挖机械处获得的钻孔数据的探查技术 DRISS 的比较见表 4-11。

TFS–Learning 和 DRISS 比较 表 4-11

钻孔探查系统	TFS-Learning	DRISS
图示	1～2m	30m
钻孔数	40～80 个	1～3 个
水平钻孔长度	1～2m	约 30m
调查时期	开挖作业中	开挖作业停止中
调查区间	下一循环开挖区间	下一循环开挖区间

由表 4-11 可知，TFS-Learning 的钻孔长度较短，可获取最靠近掌子面的数据，通过所有钻孔数据的机器学习以获得全面的前方围岩状况。该方法更为简便。

（1）钻孔数据

掌子面钻孔时，从开挖机械（钻孔台车）获得的 4 个钻孔数据见表 4-12。

钻孔数据　　　　　　　　　　　　　　　表 4-12

钻孔数	单位	备注
钻孔速度	cm/s	单位时间的给进长度
打击压	MPa	打击作业的压力
回转压	MPa	凿岩机液压马达的动作压力
给进压	MPa	通常液压缸的动作压力

钻孔掘进由活塞打击、钻杆回转、凿岩机挤压围岩 3 个动作进行，与之对应的压力分别称为打击压、回转压和给进压。作为钻孔时调查的数据，要求所有的数据由开挖机械实时输出。

（2）回归式的预测方法和预测结果

①预测式

TFS-Learning 是根据钻孔数据自动预测下一个掌子面稳定度的系统。预测流程见图 4-70。其中回归方法采用非线性回归方法之一的遗传程序设计方法。此方法可得到自由度高的回归式，表 4-12 的 4 个钻孔数据为回归式的说明变量，预测对象是掌子面评价点。

图 4-70　预测流程

钻孔数据是按每秒获取的，数据量庞大，使用时取每孔的平均值。掌子面评价点由技术人员用目视观察获取。首先按表4-13的所列项目，获取掌子面拱顶、右侧、左侧的评价点，进行加权计算。表4-13掌子面观察项目计算的评价点中，点数越低，表明掌子面状态越好。

掌子面观察项目 表4-13

序号	项目	评价分级（开挖地点的围岩状态和动态）				
1	掌子面状态	稳定	从正面掉块	正面挤出	正面崩塌或流失	其他
2	素开挖面状态	自稳	随时间岩块堕落（后支护）	自稳困难，开挖后需早期支护（先支护）	开挖前需先行支护	其他
3	抗压强度	$\sigma_c \geq 100\text{MPa}$	$20\text{MPa} \leq \sigma_c < 100\text{MPa}$	$5\text{MPa} \leq \sigma_c < 20\text{MPa}$	$\sigma_c < 5\text{MPa}$	其他
4	风化变质	无、健全	沿裂隙变色、强度稍降低	全体变色，强度显著降低	土砂状、黏土状、破碎、未固结	其他
5	裂隙频率	间距 $d \geq 1\text{m}$ 无裂隙	$20\text{cm} \leq d < 1\text{m}$	$5\text{cm} \leq d < 20\text{cm}$	$d \leq 5\text{cm}$	其他
6	裂隙状态	密贴	部分开口	开口	夹有黏土、未固结	其他
7	裂隙形态	随机方形	柱状	层状、片状、板状	土砂状、细片状、未固结	其他
8	涌水	无、渗水程度	滴水程度	集中涌水	全面涌水	其他
9	水造成的劣化	无	产生松弛	软弱	崩塌、流失	其他

下述案例共获取长度2875m，主要岩类（花岗闪绿岩）的数据10898个，作为学习数据计算出非线性回归式。

式（4-3）是根据学习结果获得的回归式。

$$f_i = 1.28\exp[A \times \{-0.72R \times A - \exp(1.54s)\} \times (0.538S - 0.180A) \times \left\{\frac{-0.0493}{\frac{1.14A}{1.21R - 0.187A} + \exp[\exp(0.580S)]}\right\} + 1.85 \quad (4\text{-}3)$$

式中：f_i——掌子面评价点；

S——钻孔速度（cm/s）；

A——打击压（MPa）；

R——回转压（MPa）。

机器学习时，发现给进压的相关性低，因此，此式未考虑给进压，图4-71表示回归式的精度评价。横轴是现场技术人员的评价点，纵轴是式（4-3）计算出的评价点。

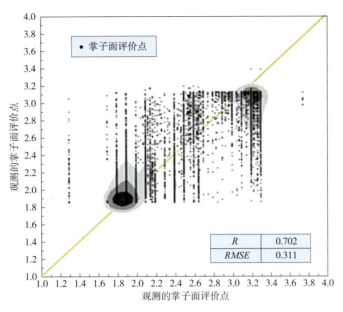

图 4-71 回归式的精度评价

② 预测结果

图 4-72 表示用式 (4-3) 表示掌子面评价点的结果。

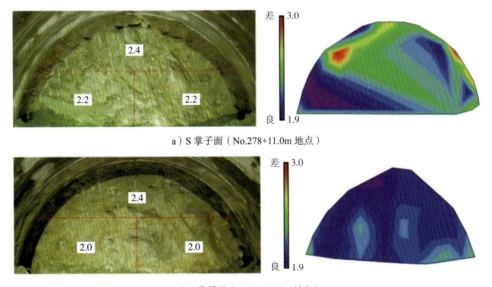

a) S 掌子面 (No.278+11.0m 地点)

b) T 掌子面 (No.278+6.0m 地点)

图 4-72 回归式预测的掌子面评价

图中的紫色越深表示评价点越低,掌子面状态越好,红色越深表示评价点越高,掌子面状态越差。图 4-72 a) 的 S 掌子面是强风化的花岗闪绿岩,中央部分风化严重,掌子面评价点,在拱顶、右侧、左侧分别是 2.4、2.2、2.2。此掌子面用式 (4-3) 表示的结果,中央风化部分呈黄绿~红色。

7）采用机器学习预测掌子面前方的围岩级别

在掌子面前方地质探查技术中，从钻孔数据计算出独立的指标，判断掌子面前方围岩的状态越来越普遍。例如利用钻孔台车超前钻孔获得的给进压和钻孔速度计算出钻孔速度比的变量，以判别掌子面前方围岩的软硬；也有利用搭载水压锤的钻机，计算出能量指标值以评价围岩级别。

（1）学习方法和预测对象

在机器学习中，采用"教师学习"的方法，即根据输入数据及其对应解答已知的输出数据的组合（以下称为教师数据），求出其间的相关性。其中，输入数据按离散类别分类的方法称为分类学习，输出值是数值数据的连续变量的学习方法称为回归学习，见图4-73。

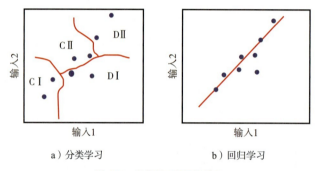

图4-73 分类学习和回归学习

预测对象是围岩级别及通过钢架位移值计算的围岩应变量（开挖时应变）。钢架位移值排除开挖直径的影响，考虑包括先行位移在内的全应变。

图4-74表示围岩级别和开挖时应变预测结果的学习和利用方法案例。掌子面前方围岩级别的预测，有助于预判支护模式的变更。开挖时钢架应变预测，可逆向分析预测出掌子面前方围岩的物性值，如预测极限应变是否超过管理基准值。

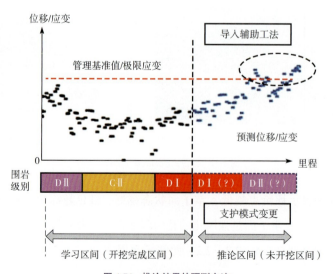

图4-74 推论结果的预测方法

（2）掌子面前方探查和量测数据

研究对象是长约 4000m 的隧道，地质由砂岩、黏板岩、燧石等构成。围岩级别为 CI、CII、DI。全隧道实施水压锤掌子面前方探查。钻孔数据获得的实测值设定的能量指标阀值见表 4-14。

围岩级别和能量指标阀值（实测值） 表 4-14

能量指标值	围岩级别
> 4.5	B
4.2～4.5	CI
2.5～4.2	CII
1.25～2.5	DI
< 1.25	DII

隧道的开挖时应变、能量指标阀值、埋深及实施的围岩级别之间的关系见图 4-75。

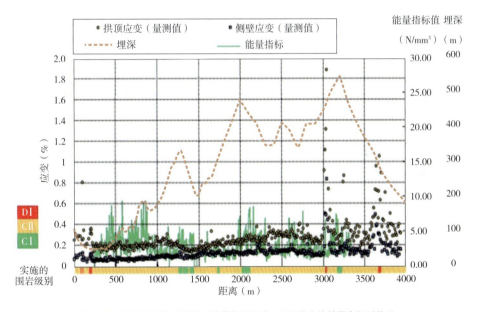

图 4-75　隧道的开挖时应变、能量指标阀值、埋深及实施的围岩级别关系

侧壁应变、拱顶应变是在开挖完成的区间内以 10m 间隔进行 AI 量测计算而得。计算中除去净空位移与开挖直径，假定先行位移为 30%。

按表 4-14 的能量指标值和围岩级别的实际值基于前方探查的评价，符合率只有 30%。

（3）机器学习方法

在学习及判定的前处理环节，采用每米的平均输入值。输入值包括埋深及前方探查得到的钻孔速度、总水压、给进压、扭矩、能量指标阀值。其中，能量指标值采用每 20m 的平均值。

输出值的围岩级别按分类数据处理，根据分类学习建立预测模型。前方探查的区间中里程 200～2600m 是学习区间，里程 2601～3400m 为判别区间，以此验证在学习区间分类学习中构筑的预测模型的精度。根据分类学习构筑的模型输入判别区间的输入值，即可得到围岩级别的预测值。

应变预测设定二个学习区间和推论区间。前方探查实施区间中，其中一个与围岩级别相同，里程 200～2600m 为学习区间，里程 2601～3400m 为判定对象；另一个是里程 1400～3400m 为学习区间，里程 200～1399m 为判别区间，前者称为模式 A，后者称为模式 B。应变预测输出值是拱顶应变数值数据处理后的所得值。用学习区间的教师数据通过回归学习建立预测模型。预测模型输入判别区间的输入值即可得到预测值。

从输入数据选择到教师数据学习、判别的全过程如图 4-76 所示。

（4）结果及预测

预测围岩级别时，图 4-77 表示了各分类方法的学习阶段及判别阶段的符合率。图中判别区间的实际围岩级别 CI 及 CII 为其符合率的平均值。学习阶段的符合率为 85%～99%，而判别阶段的符合率为 60%～90%，符合率较低。

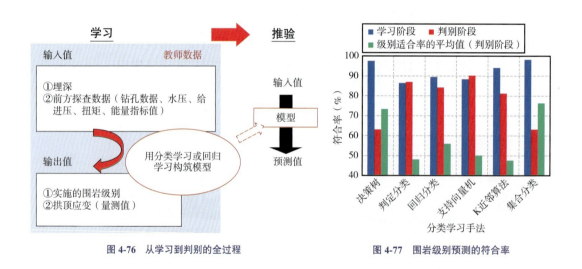

图 4-76　从学习到判别的全过程　　　　图 4-77　围岩级别预测的符合率

拱顶应变预测中采用学习方法的预测值和实际的量测值的比较和关系见图 4-78、图 4-79。图 4-78 表示的是模式 A 里程 200～1400m 区间的拱顶应变。图 4-79 表示了模式 B 里程 1400～3400m 学习区间模式的预测值和量测值。

8）采用钻孔数据和地质展开图像组合

近年研发的液压电脑钻孔台车，与全站仪连接，可自动按设计进行高精度的钻孔。同时，连续记录、保存各种钻孔数据（给进压、钻孔速度、装药孔的坐标和钻孔长度等），用于评价隧道周边地质构造和围岩状况。

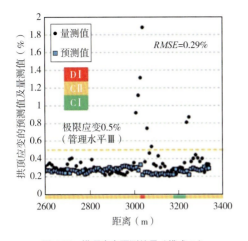
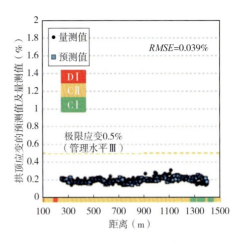

图 4-78 拱顶应变预测结果（模式 A）　　　　　图 4-79 拱顶应变预测结果（模式 B）

在山岭隧道支护方案中，不仅需要掌握掌子面的地质情报，尚需考虑随掌子面的推进的位移增加、喷射混凝土、钢架等的支护变异状况。鉴于掌子面观察的时间比较短，整个掌子面观察是离散的情报。不靠近掌子面周边的围岩暴露面很难观察且难以记录，且充分观察安全上有困难。采用素描和照片摄像的掌子面观察只要几分钟。新系统开发时着重考虑采用不影响施工而且安全的，易于摄像的装置，该装置可从钻孔台车及时获取的钻孔数据，用能够掌握壁面性状的地质展开照片代替观察素描等，对隧道周边，特别是掌子面近旁的围岩进行及时的评价。

图 4-80 表示随开挖进展的三维围岩评价系统的概貌。本系统由钻孔数据和地质状况照片构成。

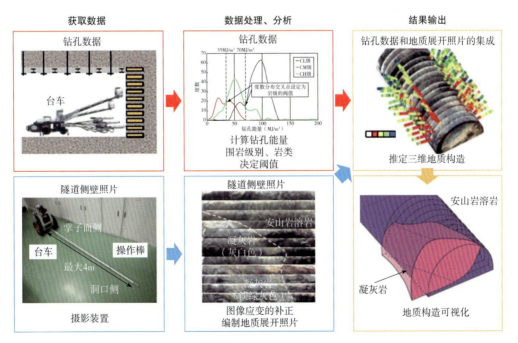

图 4-80 三维围岩评价系统

（1）钻孔数据获取方法

钻孔数据从锚杆孔和装药孔钻孔处获取。钻孔开始前，靠近掌子面附近设置带有全站仪的测量台车采集数据，可以做到钻孔数据每孔自动收录，现场确认。

用获取的钻孔数据，按式（4-4）、式（4-5）计算钻孔能量。

$$E_d = \frac{E_p \cdot N_p \cdot T}{V_d \cdot S} \tag{4-4}$$

$$T = T_b \cdot T_r \tag{4-5}$$

式中：E_d——钻孔能量（MJ/m³）；

E_p——打击能量（MJ）；

N_p——打击次数（bpm）；

V_d——钻孔速度（m/min）；

S——孔面积（m²）；

T——传递效率修正系数（%）；

T_b——钻头凿岩传递效率（%）；

T_r——钻杆传递效率（%）。

钻孔能量是页岩凿岩机单位体积围岩钻孔需要的能量，与单轴抗压强度正相关，是定量评价围岩软硬的指标。

（2）用钻孔能量评价围岩级别、岩类

钻孔能量是评价围岩软硬的大致基准，随开挖的进展，参考历史数据，可据此判定围岩级别（图 4-81）。根据钻孔能量和围岩级别的关系，设定各围岩级别占优势的钻孔能量作为阀值，编制各围岩级别的度数分布。现场试验中，凝灰岩和安山岩溶岩两类围岩强度各异，通过钻孔能量即可判定。

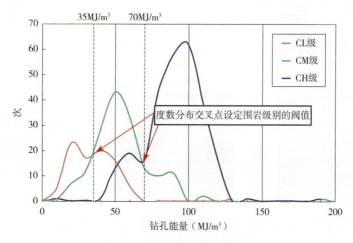

图 4-81　钻孔能量的围岩级别评价

图 4-82 隧道侧壁的摄像装置是单独研发的，用于处理摄影的图像后编制地质展开照片。图 4-82 展示了开发的隧道壁面摄像装置构成，包括由操作棒、相机、照明、激光距离计、台车等。

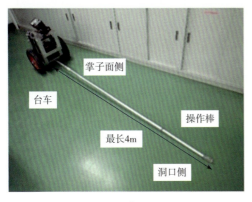
a) 全体图

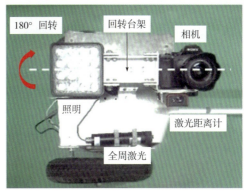
b) 台车部分

图 4-82　隧道壁面摄像装置

图 4-83 是地质展开照片的编制流程。该工作于作业每次开挖后进行，每次开挖的图像向隧道轴向汇集，形成标准连续的地质展开照片。

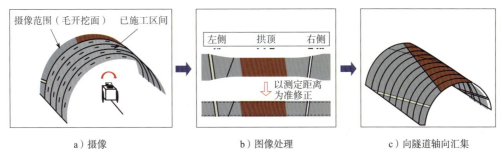

a) 摄像　　　　　　　　b) 图像处理　　　　　　　　c) 向隧道轴向汇集

图 4-83　地质展开照片编制流程

（3）钻孔数据和地质展开照片组合的三维围岩评价方法

三维围岩评价按以下 3 个步骤进行。

①在颜色和裂隙等一定岩相的地质状况连续出现的地点，根据钻孔数据求出与计算的钻孔能量的关系。

②地质展开照片和钻孔能量分布三维表示。

③根据掌子面和隧道背后与对应钻孔能量分布和软弱层、不连续面等的围岩的三维分布推定地质构造。

（4）现场试验

钻孔数据来自电脑钻孔台车钻设锚杆孔和装药孔。隧道侧壁的摄像每次开挖后进行。

该隧道的地质由第三系凝灰岩和安山岩溶岩构成，根据事前超前钻孔的结果，在凝灰岩占优势的区间向安山岩溶岩移行的区间实施。两区间代表性的掌子面照片见图 4-84。

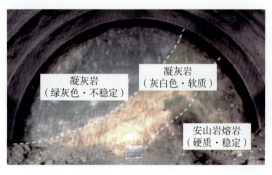

a）凝灰岩区间

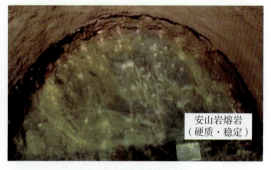

b）安山岩溶岩区间

图 4-84　试验区间代表性的掌子面照片

图 4-85 表示试验区间确认的凝灰岩和安山岩溶岩的钻孔能量的频率分布。凝灰岩的钻孔能量分布在 80～150MJ/m³ 范围内，平均值是 100MJ/m³，安山岩溶岩的钻孔能量主要分布在 120～230MJ/m³ 间，平均值是 160MJ/m³，两者的相交度数对应的能量值为 130MJ/m³ 作为判定阀值。据此钻孔能量可以判定凝灰岩和安山岩溶岩。

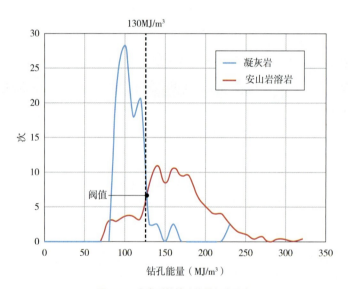

图 4-85　岩类别的钻孔能量频率分布

图 4-86 表示里程与钻孔能量的关系。钻孔能量是左右的锚杆孔（3 孔）、掌子面前方的装药孔（30～95 孔）的平均值。可见，锚杆孔钻孔能量在凝灰岩区间相对左侧的锚杆孔比较低。在相同地点的地质展开照片上，左侧是软质凝灰岩，右侧是硬质的安山岩。装药孔在凝灰岩区间，是凝灰岩和安山岩溶岩混合的平均值，随开挖的进展，掌子面的安山岩溶岩占比变高，钻孔能量也随之变大。

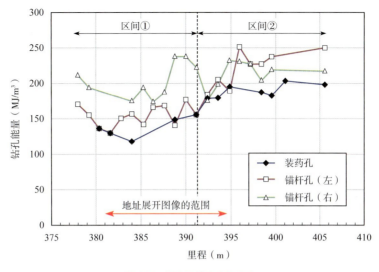

图 4-86　里程和钻孔能量关系

图 4-87 是按隧道壁面摄像编制的地质展开图像。此图像中包含凝灰岩和安山岩溶岩的大致边界 14.4m 的区间。可见，随开挖的进展，从拱顶向左侧分布的凝灰岩向掌子面左侧迁移，392.4m 处不再存在凝灰岩，由此判断地质边界。这说明地质展开图像是按每次的壁面图像编制的，它使地质变化一目了然。

由图 4-88 表示了根据钻孔能量分布，隧道周边的凝灰岩分布范围区间①中［381.6～392.4m］段的左侧是凝灰岩的钻孔能量分布；［391.2～396.0m］段掌子面和隧道壁面未出现凝灰岩，但隧道背后的左侧，距壁面 0.4～1.0m 的范围，分布有钻孔能量低的地点，存在软质的凝灰岩。

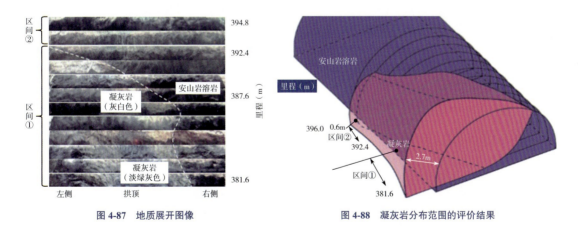

图 4-87　地质展开图像　　　　　图 4-88　凝灰岩分布范围的评价结果

9）基于深层学习的隧道掌子面评价

在山岭隧道中，设计阶段对地下深部的地质构造技术的评价需根据施工中的数据进行修正。施工阶段要轴向观察露出的围岩素颜特征和性状，以便后期获取岩类和生成年代、物理力学特性、岩质的软硬、裂隙频度和主方向等重要数据。AI 的判定基于地质调查和掌子面观察，通过利用数据的深度学习实现的。AI 判定时，围岩特征一般用（抗压强度、风化变质、裂隙间距、裂隙状态、走向、倾斜、涌水量、涌水影响的劣化）7 个因素表示，通常把每一项目细分成 4～6 级。

（1）云系统化

利用云服务器，可实时将掌子面现状送至云系统，围岩特征按项目返至运用末端，如图 4-89、图 4-90 所示。

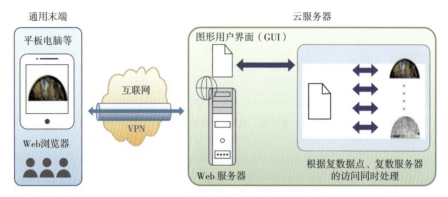

图 4-89　云系统

图 4-90　实施状况照片

（2）评价细分化

将分割约 70 个部分对掌子面围岩特征进行评价（图 4-91），可掌握局部不稳定的部分。

图 4-91　风化变质热图

1.新鲜良好；2.沿裂隙风化变质；3.岩芯风化变质；4.土砂状风化、未固结土砂

（3）高符合率

在测试项目中，其围岩特征符合率达 73% 以上，见表 4-15。

围岩特征项目符合率   表 4-15

围岩特征项目	项目分类数	符合率（%）
抗压强度	6	96
风化变质	4	73
裂隙间距	5	73
裂隙状态	5	83
走向倾斜	5	81
涌水量	4	88
涌水造成的劣化程度	4	97

10）基于隧道掌子面前方探查的三维可视化

（1）三维可视化系统概况

三维可视化系统根据获得的网络硬盘录像机（NVR）数据，用三维轮廓图表示隧道纵向、横向及平面方向的各断面的组合。

三维可视化系统的空间补间区域见图 4-92。空间补间区域是包括前方探查区域，在纵向、横向及平面方向能够任意设定的区域。

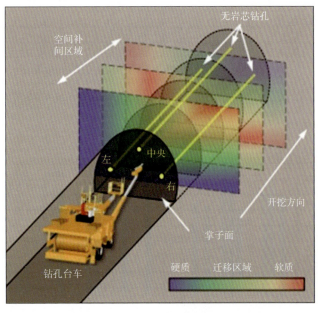

图 4-92 空间补间区域

NVR 的轮廓表示了围岩的软硬，软质岩呈温暖色，硬质岩用寒色表示，其间是迁移区域。将输出的 3D 轮廓间隔设定为 10m，图 4-93 的空间补间区域最靠近的 3D 轮廓是开挖 10m 后，预测掌子面出现软质岩，此软质岩将持续出现 10m 以上，预测向左迁移。

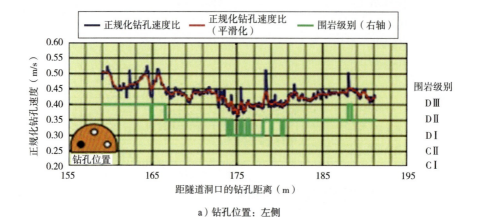

a）钻孔位置：左侧

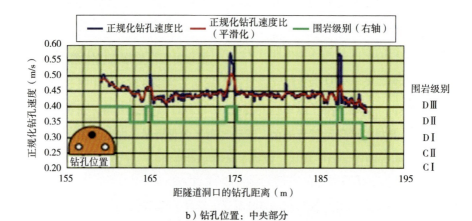

b）钻孔位置：中央部分

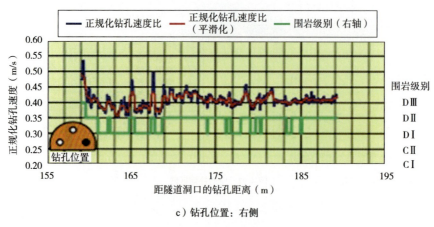

c）钻孔位置：右侧

图 4-93　前方探查结果示意图

（2）三维可视化系统试行

以某隧道工程为例，地质以安山岩溶岩为主，局部夹有破碎质溶岩及凝灰角砾岩、凝灰质砂岩。地质纵断面图中，多为 DI 级围岩，地质良好部分是 CII 级围岩，距洞口 100m 左右是 DI 级围岩。

在掌子面前方围岩的 30m 区间进行 3 孔的钻孔探查［图 4-93 a）］，获得黑色的折线图和红色的折线图。据此求出的绿色折线图，即围岩级别的预测结果。此结果可视化后输出的轮廓图（图 4-94）。从视觉上很容易判定预测的软质岩等不良围岩部分，易于开挖作业人员掌握。

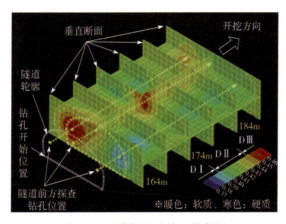

图 4-94　隧道前方探查的 3D 轮廓图

现场探查结果可有效地应用于以下场合：

a. 用于开挖作业的安全管理

通过 3D 轮廓图很容易直观上判定掌子面前方围岩的不良部分和围岩级别。增加前方围岩的 3D 轮廓图的垂直断面数，细化设定轮廓图的阀值，可获取更详细的可视化图像。图 4-95 表示通过的 3D 轮廓图和掌子面照片的 3D 轮廓图判定掌子面前方围岩开挖区域的软硬状况。现场的软质岩部分，风化和黏土化的可能性高，同时开挖作业中围岩崩落的风险也高。图 4-95 3D 轮廓图中可清晰预见围岩的软质部分，提高后续生产的效率和施工安全性。

b. 有助于支护选定

用 3D 轮廓图的颜色阀值配合围岩级别表示支护模式的变更。图中颜色边界就是基于围岩级别支护模式变更的地点。当重复断面间隔调整到 5m 后，掌子面前方围岩的支护变化点更容易表示。垂直断面的 3D 轮廓图输出和掌子面照片见图 4-96，围岩分布垂直断面的左侧为 DIII 级围岩，右侧为 DI 级围岩，两者之间为 DII 级围岩的倾向与掌子面露出确认的级别大致吻合，可作为前方围岩的支护模式的判断依据。

11）自行式孔内观察机械手的可视化

山岭隧道施工中，为掌握掌子面前方的围岩状况，多采用水平方向的取芯钻孔和无芯钻孔探查。前者利用专用机械采取岩芯试件；后者一般利用通用机械的液压凿岩机进行。

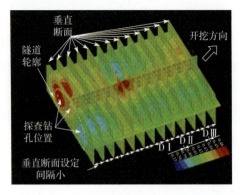

a）安全管理用 3D 轮廓图

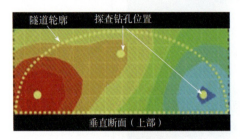

b）安全管理用垂直断面

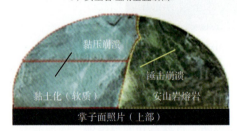

c）安全管理用掌子面照片

图 4-95　3D 轮廓图（开挖安全管理用）

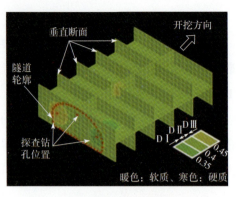

a）支护选定用 3D 轮廓

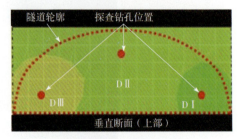

b）支护选定用垂直断面

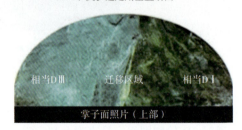

c）支护选定用掌子面照片

图 4-96　3D 轮廓图（支护选定用）

不进行取芯时，围岩的软硬、检出脆弱区间判定基于钻孔速度和钻孔能量。

无芯钻孔的钻孔探查比取芯钻孔工期短，价格低，但钻孔速度和钻孔能量受到风化变质和裂隙状况的影响，判定精度比取芯钻孔差。为提高无芯钻孔探查的可靠性，要结合孔内观察和孔壁展开图使得钻孔内情况可视化。

钻孔长度 50m 以内的无芯钻孔探查，采用手动插入简易的孔内相机可实现。100m 以上的孔内观察和编制孔壁展开图，需要相机能够定速移动，即在水平钻孔内能够定速行走的自行式孔内观察机械手（图 4-97）。

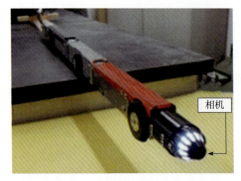

图 4-97　自行式孔内观察机械手

（1）前方探查孔内观察的效果

表 4-16 表示无芯钻孔探查和孔内观察评价围岩性状和状态。

无芯钻孔探查和孔内观察的评价项目　　　　　　表 4-16

评价项目 （围岩性状、状态）	①无芯钻孔探查	②孔内观察	①②的组合
围岩软硬	○	×	○
风化变质	△	○	○
裂隙频率	△	○	○
裂隙状态	△	○	○
围岩自稳性	×	○	○
涌水地点和量	△	○	○
水的劣化	×	○	○
不连续面方向	×	○	○

注：○-较好；△-适中；×-较差。

无芯钻孔探查根据围岩软硬预测围岩级别和最佳支护模式可推定抗压强度和围岩强度应力比，但复合风化变质和裂隙频率、裂隙状态（开口宽度和有无夹持物）等仅利用钻孔速度和钻孔能量判别尚有困难；涌水地点的涌水量可通过量测孔口流出的水量确定，但其详细位置及涌水量还不能求出，目前仍是通过孔内观察，根据孔壁状态采用目视方法确认风化变质、裂隙频率、裂隙状态，涌水地点和涌水程度、水对围岩的劣化等；坑壁的场合不连续面的开口能够识别不连续面的方向。可见，无芯钻孔探查的力学围岩评价与孔内观察的围岩视觉评价相结合，可提高掌子面前方探查的可靠性。

采用无芯钻孔探查的结果和简易的孔内相机（图 4-98）摄影的孔内图像的比较的事例见图 4-99。无芯钻孔探查中，考虑给进压对钻孔速度的影响，用正规化钻孔速度比来评价围岩的软硬。其结果，总体上评价围岩为 CII 级（CII 级是公路隧道的围岩级别）。孔内观察结果是在 5m 地点确认破碎质砂岩处于破碎而风化的状况；17m 地点的砂岩是处于茶褐色的风化变质状态；27m 地点确认为黏土和夹有裂隙的茶褐色页岩；无论哪个地点的正规化钻孔速度比均为上升的；38m 地点确认是均质而自稳的孔壁，软质但裂隙少的自稳性围岩。可见，虽评价相同，但其特征存在很大差异。

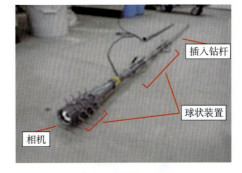

图 4-98 简易孔内相机

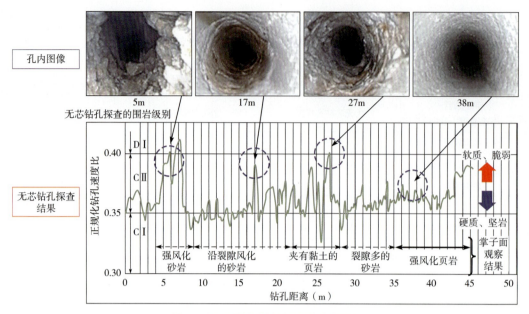

图 4-99 孔内图像和无芯钻孔探查结果比较

（2）自行式孔内观察机械手

图 4-100 表示孔内观察机械手和周边机器的洞内配置。图 4-101 表示机械手和电缆的插入状况。表 4-17 表示孔内观察机械手的规格。此外，孔口要设置测长器量测走行距离。车体的主要尺寸是长 1194mm，宽 70mm，高 74mm，能够在 ϕ85mm 的孔内走行。车体的构成包括发光二极管（LED）照明、相机、驱动轮、从动轮等。通过电缆与洞内控制箱连接，一边确认可能状况一边控制机械手的走行。孔内影像和时间等数据保存在笔记本电脑中，见图 4-102。

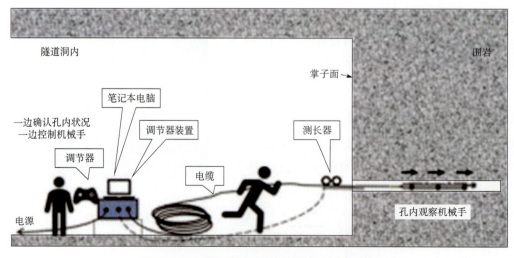

图 4-100 孔内观察机械手和周边机器的洞内配置示意图

图 4-101 开口处的机械手和电缆的插入状况

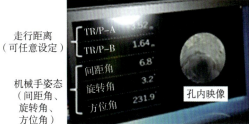

图 4-102 调节器的显示屏（笔记本电脑）

孔内观察机械手规格 表 4-17

项目	规格
车体主要尺寸	长：1194mm；宽：70mm；高：74mm
车体构成	持有 LED 照明的相机； 驱动轮（2 轴）、被动轮（1 轴）
走行机构	无轨方式
搭载传感器	倾斜计、方位计
孔内状况表示	孔内影像、走行距离； 孔内观察机械手态势
走行距离的量测	用设置在孔口的测长器量测
可能影像的修正	视滚子角值表示回转修正
牵引力	考虑自重和电缆牵引荷载、流水阻力
防水性能	与 IPX7 相当
移动速度	5～7.5m/min
数据保存	笔记本电脑保存孔内影像和数据（时间、走行距离、机械手态势）

（3）现场施工

①无芯钻孔探查

a. 孔内观察状况

在孔内几乎充满水的环境下，观察机械手保持 5m/min 速度移动。孔口（0m）和距孔口 1.4m 地点处凹凸小，孔壁良好；距孔口 4.9m 处，有裂隙空气流入，此裂隙在掌子面观察中亦可确认；距孔口 6.5m 处孔壁凹凸不平，孔壁和孔内观察机械手接触，不能走行（图 4-103）。0m、1.4m、4.9m、6.5m 处无芯探查孔摄影见图 4-104。

b. 中长无芯钻孔探查和孔内观察比较

图 4-105 表示距无芯钻孔探查孔口 10m 处的钻孔数据（钻孔速度、送水压、能量指标值）。能量指标值是根据钻孔速度和送水压计算求出，值越大表示围岩越硬。根据能量指标值可推定围岩级别。上例中，根据孔内影像，4.9m 处确认有裂隙，此裂缝未影响钻孔数据。掌子面评价结果判定该区间围岩为 CII 级，无须变更支护模式。

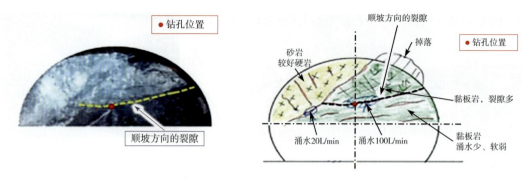

图 4-103　4.9m 处的掌子面照片和掌子面素描

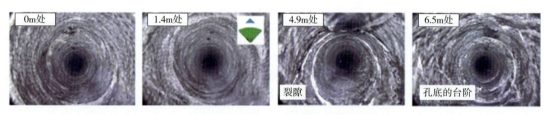

图 4-104　无芯探查孔摄影的孔内状况

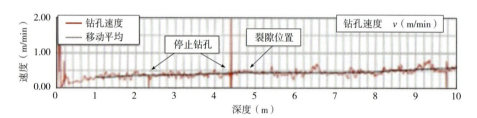

a）上段：钻孔速度

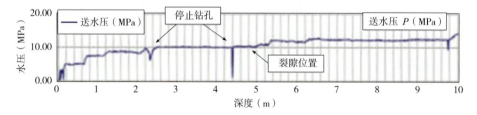

b）中段：送水压

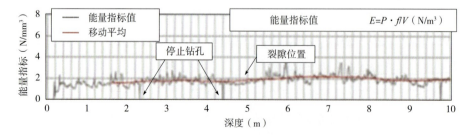

c）下段：能量指标值

图 4-105　10m 处的钻孔数据

②取芯钻孔

隧道中实施取芯钻孔目的是确认岩芯观察得到地质情报并根据与孔内观察及孔壁展开图的整合，孔内观察采用孔内观察机械手。

a. 钻孔的详细数据

钻孔内径：101mm；岩芯直径：45mm；地质：硬质燧石；围岩级别：CI；涌水量：0.12m³/min；钻孔方向：向左 3° 方向钻孔。

b. 孔内观察状况

图 4-106 表示孔内观察状况。孔内 90% 断面充满水，但机械手能够以 5m/min 速度走行。根据水质调查结果，涌水含有铁成分，含有铁成分的涌水让壁面一部分变色。距孔口 20m 处有连续的开口宽度 10mm 的裂隙，26m 处有开口宽度 30～40mm 的裂隙并有水涌入。

 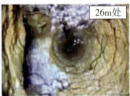 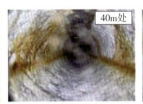 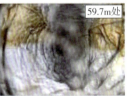

图 4-106　取芯钻孔摄像的孔内状况

孔内观察需要的作业时间合计约 26.5min，准备和收尾时间合计 1～1.5h。

c. 孔壁展开图和钻孔调查比较

图 4-107 表示孔壁展开图的编制方法。将摄影获取的孔内图像按环形分割为 16 个分块，并按几何学变换为正方形顺序排列编制展开图。

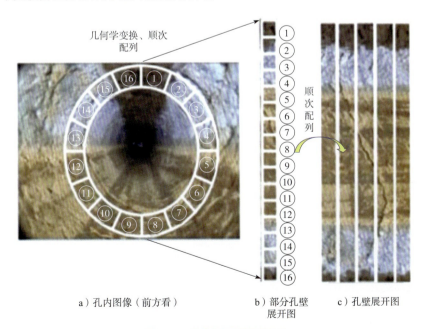

a）孔内图像（前方看）　　b）部分孔壁展开图　　c）孔壁展开图

图 4-107　孔壁展开图的编制方法

裂隙的走向、倾斜的计算方法见图 4-108。

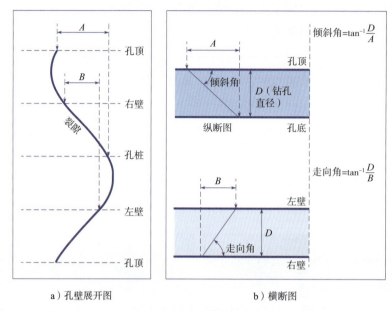

a）孔壁展开图　　　　　　b）横断图

图 4-108　走向、倾斜计算方法

图 4-109 表示钻孔调查结果案例与深度 7～11m 区间的岩芯照片和坑壁展开图的比较结果。

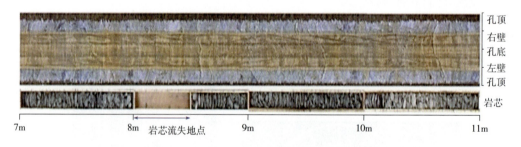

图 4-109　深度 7～11m 区间的岩芯照片和孔壁展开图

同样地，图 4-110 表示深度 30～34m 区间可确认的裂隙走向、倾斜。

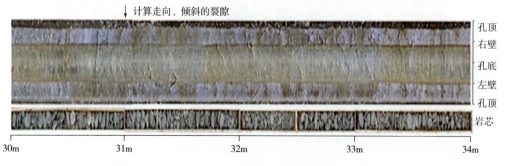

图 4-110　深度 30～34m 区间的岩芯照片和孔壁展开图的比较

12）隧道围岩评价系统（K-tes）

隧道围岩评价系统（Konoike tunnel estimation system，K-tes）是基于掌子面前方探查的机械数据、掌子面评价点、量测数据及支护施工实绩等实时进行围岩评价、选定支护模式及数字化施工的系统。

在山岭隧道中，早期设计设定的支护模式需要一边根据掌子面状态和量测结果修正，一边根据围岩评价选定适宜的支护模式进行施工。目前的现状是把开挖掌子面状态点数化，与支护模式评价实绩和量测结果进行比较来进行围岩评价，但对未开挖部分的围岩并没有进行评价，因此，存在以下问题：

①在地质条件变化多的围岩（洞口段、破碎带、附加体地质等），由于围岩急剧变化，当前围岩评价与其后的围岩可能有差异。

②洞口和破碎带等需要辅助工法的区间长度和范围事前不能设定。

③存在不能预计的突发涌水和地质急变的可能性导致开挖中断、延误工期等。

该系统包括利用钻孔台车掌子面前方探查的机械数据，整理、积累量测结果、掌子面评价点等既有施工数据，与量测位置的机械数据对比，更能正确地预测前方地质状况，判定支护模式和辅助工法等必要性，其基本概貌见图4-111。研究流程见图4-112。

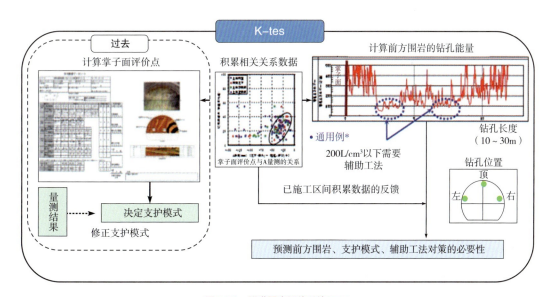

图 4-111　隧道围岩评价系统 K-tes

13）基于"云"存储的隧道掌子面（开挖面）评价系统

系统基于"云"存储，借助终端设备可实现随时随地使用，便于管理者做出评价，从而提高施工的安全性和经济性。

系统界面见图4-113。

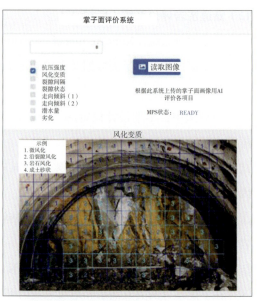

图 4-112 研究流程图　　　　图 4-113 系统界面（解析输出画面）

本系统的特征如下：

（1）利用云系统，即时、精准评价掌子面状况，提高了施工的安全性及经济性

利用平板电脑等把掌子面图像上传至"云"端，选择全部项目，立即送信至解析评价。每个项目的解析时间约 30s。过去采用掌子面上方、左右 3 个区域解析评价，现在本系统则将掌子面分割成 50～70 个区域解析，见图 4-114。

a）过去的掌子面评价区域（分割上方、左右 3 个区域）

b）本系统分割 50～70 个区域

图 4-114 掌子面评价区域

（2）与岩体力学和地质学专家具有同等水平的高精度评价

利用高可靠度的图像识别模型（AlexNet）评价掌子面图像，与专家的判断评价结果的符合率约在 70% 以上（7 个项目平均值是 84%，最高的超过 90%）。在现场获取的数据积累在云服务器中，通过模型学习和实践积累，还将进一步提高符合率。

14）隧道掌子面 AI 评价系统和应用

本系统是利用卷积神经网络（Convolutional Neural Network，CNN）分析掌子面图像，自动进行掌子面评价和支护模式选定的系统。

（1）隧道掌子面 AI 评价系统概要

图 4-115 表示系统的运用概貌。本系统的围岩判定、支护模式选定分为"一次判定"和"二次判定"进行。一次判定，根据摄像的掌子面图像，用图像识别 AI 自动计算掌子面观察簿的点数，选定支护模式。二次判定，基于钻孔探查（DRISS）的倾向和掌子面挤出位移值，修正一次判定的支护模式。

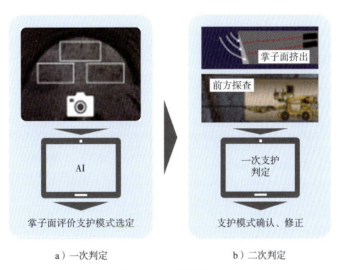

a）一次判定　　　　　　b）二次判定

图 4-115　支护模式选定

（2）掌子面评价模块的开发

①适合于 AI 的隧道掌子面观察

在隧道施工中，为选定最佳的支护模式和对策，对掌子面进行观察，其中，围岩、岩石的强度和裂隙状态等观察项目（表 4-18）应基于评价分级的点数判定。判定时，分别按拱顶、左肩、右肩 3 部分判定，取其结果的平均值（拱顶按 2 倍加权平均）作为评价点。评价点不仅是判断掌子面变化的数据，也是选定支护模式的指标。

观察项目及评价分级　　　　　　　　　　　表 4-18

观察项目		评价分级					
A 抗压强度	单轴抗压强度	100 以上	100～50	50～25	25～10	10～5	5 以下
	点荷载	>4	4～2	2～1	1～0.2	<2	
	评价分级	1	2	3	4	5	6
B 风化变质	风化的基准	大致新鲜		沿裂隙风化变质	风化变质到岩芯	土砂状风化	
	评价分级	1		2	3	4	
C 裂隙间距	裂隙间距	$d \geqslant 1m$	$50cm \leqslant d < 1m$	$20cm \leqslant d < 50cm$	$5cm \leqslant d < 20cm$	$d < 5cm$	
	RQD	>80	80～50	60～30	40～10	<20	
	评价分级	1	2	3	4	5	

续上表

观察项目		评价分级				
D 裂隙状态	裂隙开口度	裂隙密贴	裂隙部分开口	裂隙多处开口，宽度<1mm	裂隙开口，宽度2~5mm	裂隙开口，宽度5mm以上
	裂隙加持物	无	无	无	夹有薄黏土（5mm以下）	夹有厚黏土（5mm以上）
	裂隙的粗度	粗糙	裂隙平滑	一部分镜面	易于滑动的镜面	
	评价分级	1	2	3	4	
E 走向、倾斜	走向与隧道轴成直角	1：倾斜；45°~90°（逆坡）	2：倾斜；20°~45°（逆坡）	3：倾斜；0°~20°（逆坡、顺坡）	4：倾斜；20°~45°（顺坡）	5：倾斜；45°~90°（顺坡）
	走向与隧道轴平行	—	1：倾斜；0°~20°	2：倾斜；20°~45°	3：倾斜；45°~90°	
	10m区间掌子面的涌水量和水造成的劣化状态的评价（判定劣化现在和将来的可能性）					
F 涌水量	状态	无、渗水（1L/min以下）	滴水程度（1~50L/min）	集中涌水（20~100L/min）	全面涌水（100L/min以上）	
	评价点	1	2	3	4	
G 劣化	水造成的劣化	无	发生松弛	软弱化	流失	
	评价分级	1	2	3	4	

开发的AI掌子面评价模块中每个观察项目均能够自动判定围岩级别。基于业主确定的"选定支护模式的评价点基准"可根据计算掌子面评价值自动选定支护模式。

②自动化

系统开发时，在图像解析中采用了卷积神经网络（CNN）。本方法是对图像进行多次卷积（Convolution）处理（过滤）的解析方法。图4-116表示卷积处理的计算案例。图4-116 a）左侧表示掌子面图像，图4-116 b）表示用3行3列矩阵进行卷积处理，图4-116 c）提出了图像边缘。在CNN中，进行反复处理后提出图像的特征可进行识别。

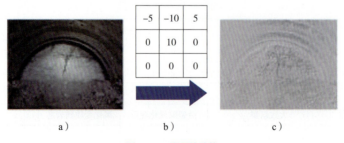

图4-116 卷积的计算

在掌子面观察中，为计算评价点，要赋予每一项目分级的点数，此阶段的评价与CNN识别是对应的。自动评价的流程见图4-117。首先删除不需要评价的地点，在掌子面观察簿中，对拱顶、左肩、右肩依次序进行裁剪。各级别评价使用 CNN 自动计算。最后集合 CNN 得到的各项目的评价计算掌子面评价点，并选定相应的支护模式。

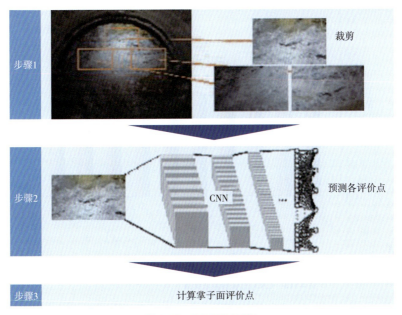

图 4-117　自动评价流程图

③利用竣工数据验证 AI 评价

以竣工隧道（长 2258m）的施工数据（约 700 张图像及对应的观察记录）编制 CNN，计算出识别各观察项目的评价点，与实际施工情况比较，两者评价是一致性。

表 4-19 列出用 CNN 识别和实际施工的各观察项目的一致率，图 4-118 表示最终用于选定支护模式的掌子面评价点中自动评价计算的与实际施工数据的差异。验证中可见，CNN 具有 60% 涌水的识别能力，与实际施工数据的最大误差是 17.6%。此识别误差和评价点的误差，对选定支护模式的判定分级影响不大，因此说明 CNN 的自动评价是一个有效的方法，可作为图像解析的方法。

调查项目的识别一致率（施工完了的现场的验证）　　表 4-19

观察项目	一致率
掌子面状态（分 4 级评价）	70.00%（21/30）
素开挖面状态（分 4 级评价）	90.00%（27/30）
单轴抗压强度（分 4 级评价）	80.00%（24/30）
风化变质（分 4 级评价）	60.00%（18/30）
裂隙状态（分 4 级评价）	70.00%（21/30）
裂隙形态（分 4 级评价）	70.00%（21/30）

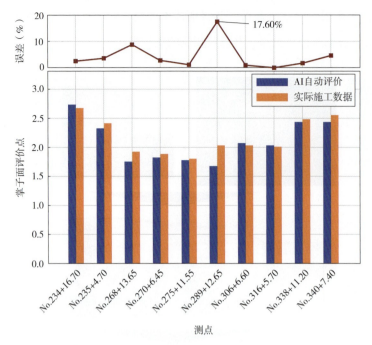

图 4-118 CNN 的事前验证结果（掌子面评价点比较）

（3）系统导入及应用结果

某隧道长 1021m，净空断面积约 70m^2。CNN 的学习区间设在开挖早期阶段，学习区间及运用区间纵断面见图 4-119。

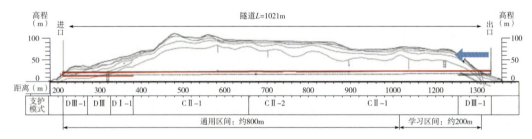

图 4-119 学习区间和运用区间示意图

用已开挖的 200m 区间作为学习区间，其间对每个掌子面进行拍摄和评价，构筑学习用数据组。200m 后的 800m 开挖按 CNN 学习后的识别结果选定支护模式。

200m 的学习区间中，为进行以后的验证，用 180m 的数据汇集为教师数据编制 CNN。开挖学习区间时，获得 106 枚掌子面图像，编制成 318 枚数据组（表 4-20）。

为验证编制的 CNN 的识别能力，设定 20m 的验证区间对 CNN 识别结果与现场技术者判定结果进行比较。此 20m 开挖区间获得 6 枚掌子面图像、18 枚验证对象。图 4-120 表示其中 1 枚掌子面图像的结果，可以看到，AI 判定与现场技术者判定基本一致，两者的一致率见表 4-21。

调查项目的图像数（教师数据） 表4-20

观察项目	评价区分					
	1	2	3	4	5	6
压缩强度	0	0	236	34	21	27
风化变质	0	81	204	33	—	—
割目间隔	0	0	105	163	50	—
割目状态	0	39	186	46	47	—
走向、倾斜	0	0	26	263	29	—
涌水	318	0	0	0	—	—
劣化	318	0	0	0	—	—

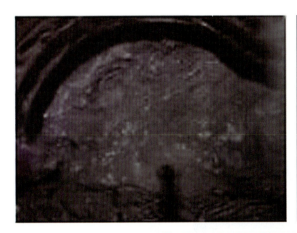

评价项目	现场人员判定			AI自动判定		
	左肩	拱顶	右肩	左肩	拱顶	右肩
抗压强度	3	3	3	3	3	3
风化变质						3
裂隙状态	4	4	4	3	4	4
裂隙间距	3	3	3	2	3	3
走向、倾斜	4	4	4	4	4	4
涌水	1	1	1			
劣化	1	1	1			
掌子面评价点	45.0			53.0		
支护模式	CⅡ			CⅢ		

图 4-120　CNN 判定和现场技术者判定的评价比较

观察项目的识别一致率 表4-21

观察项目	一致率
一轴压缩强度（4 阶段评价）	100.00%（18/18）
风化变质（3 阶段评价）	72.22%（13/18）
裂隙间隔（3 阶段评价）	55.56%（10/18）
裂隙状态（4 阶段评价）	94.44%（17/18）
走向倾斜（3 阶段评价）	100.00%（18/18）

15）地质实时可视化系统

山岭隧道中，施工中完全掌握掌子面前方的断层和掌子面状况是很困难的，至今还未杜绝发生掌子面崩塌和掉块灾害等事故。鉴于此，鹿岛建设株式会社开发出可对掌子面前方 5m 的地质状况完全可视化的智能掌子面监视系统。

系统采用掌子面照片的图像解析预测崩塌危险和采用电脑钻孔台车的钻孔数据实时预测前方地质的解析技术组合，掌子面的崩落危险度实时可视。系统概貌见图 4-121。

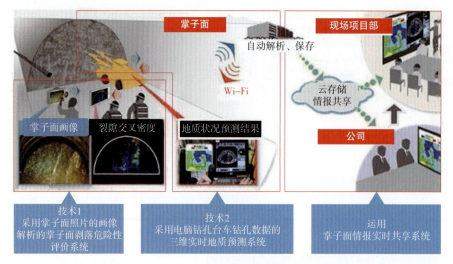

图 4-121 智能掌子面监视系统

（1）自动、实时高精度定量评价地质状况

智能掌子面监视系统由掌子面图像解析的掌子面崩落危险度评价系统（图 4-122）、钻孔台车上的钻孔数据的三维地质预测系统（图 4-123）以及在现场、项目部和公司间数据共享的云系统构成。

图 4-122 掌子面图像解析的掌子面崩落危险度评价系统

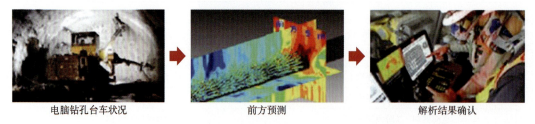

图 4-123 电脑钻孔台车上的钻孔数据的三维实时地质预测系统

解析时间分别为 10s 和 1min，解析结果在掌子面、现场办公室、公司同步确认。据此，以掌子面的崩落危险度来进行掌子面喷混凝土的施工和掌握掌子面前方和隧道周边地质状况，迅速判断采用的辅助工法，大幅度提高了隧道开挖的安全性。

（2）采用适宜对策，提高安全性

①掌子面喷混凝土防止掉块

基于此评价系统，视围岩状况，实时提示在适宜时间掌子面喷混凝土，提高掌子面的安全性。

a. 根据掌子面图像解析（图4-124）定量评价掌子面围岩的风化度和裂隙交叉密度。

b. 利用约400张以上的掌子面照片和崩落状况（图4-125）的数据库，定量评价崩落危险度。

c. 根据确认的解析结果，在掌子面上施喷适宜厚度的喷混凝土，防止掉块。

图4-124 实时确认掌子面解析结果的照片

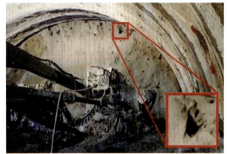
图4-125 收集钻孔时的崩落数据的照片

②迅速判断适宜的辅助工法，防止围岩崩塌事故

高精度、可视化有助确认不能确认的掌子面前方及隧道周边5m的地质状况，利于及时掌握断层和软弱带，同时采用辅助工法防止发生崩落。

a. 根据爆破和锚杆孔的钻孔数据，获取围岩软硬的指标即破坏能量系数。

b. 在地质预测及可视化中，利用反映地质分布的地球统计学的空间补正方法，能够进行高精度预测。

c. 根据解析变量的最佳化，使掌子面前方和隧道周边5m内的地质状况实现高精度可视化，见图4-126。

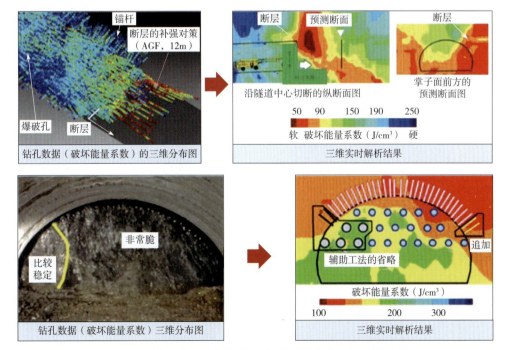
图4-126 钻孔数据（破坏能量系数）三维分布图和地球统计学解析结果

16）用 AI 构筑隧道掌子面围岩状况自动评价系统

建设隧道等围岩构筑物时需要详细掌握规划地点的地质状况。在调查、设计阶段，进行了地质调查和物理探查，评价规划地点的地质分布和工学特性等，基于其结果进行隧道支护等设计和施工。但在调查设计阶段中，受费用及技术精度等的限制，在此阶段大范围、全面地掌握详细的地质状况存在困难。在施工阶段，在实际的掌子面，直接、详细地确认地质状况，与事前预计的实际状况进行比较和评价，根据结果逐次、追加或减少支护对策，掌握掌子面地质状况对施工计划和支护设计对设计是重要的。

AI 技术的应用，如利用 AI 的图像识别技术，自动学习评价对象外观特征的大量案例，使掌子面评价更加优化，高效，准确。

（1）隧道施工现场围岩评价中的问题

①调查、设计阶段中围岩评价的问题

隧道和大规模地下空洞的围岩调查，从对当地的既有地质调查的文献调查开始，视其状况及构筑物的规模进行地表踏勘、钻孔调查等地质调查，此外还包括围岩的弹性波速度和比阻抗等物理探查。在铁路、公路隧道的案例中，因其为线状构筑物，调查范围广，且埋深达数百米，因此事前想要详细掌握开挖地点的全线围岩状况，从调查费用、调查精度角度看非常困难。

为此，在设计阶段多采用能够比较容易推定地质状况的地表弹性波探查和比阻抗探查，推定深部的隧道开挖地点的围岩状况，进行支护设计及低速度带和断层破碎带的评价。由于上述种种制约，设计时设定的支护模式和开挖后的围岩状况经常出现不一致而发生变更设计。

②施工阶段围岩评价的问题

为处理上述问题，在施工开始前要掌握事前调查阶段推定的围岩状况，根据其状况编制适宜的施工计划，同时，更详细地观察开挖时的围岩状况，评价与事前预计的差异，从而采取必要的对策。对此，开挖时的围岩状况观察，通常是 1 天 1 次，以数米间隔实施，其结果如表 4-22 所示。

观察记录中的围岩状况评价项目（示例）　　　　　表 4-22

评价项目	1	2	3	4
抗压强度	>100MPa 锤击反弹	20～100MPa 锤击破碎	5～20MPa 轻击破碎	<5MPa 锤刃嵌入
裂隙频率	>1m 无裂隙	0.2～1m	0.05～0.2m	<0.05 破碎、未固结
风化变质	无，健全	沿裂隙变色 强度少劣化	全体变色 强度相当劣化	土砂状、细片状、破碎、未固结

（2）隧道掌子面围岩状况自动评价系统

①基于过去项目施工实践的自动评价系统

a. 自动评价系统概要

此次开发的系统利用了人工智能的图像识别技术。系统采用了开挖爆破的弹性波探查方法得到的弹性波速度和该地点的掌子面照片作为教师数据，在 AI 中学习两者的关系，达到自动评价围岩的目的。

判断围岩工学特性的方法，图 4-127 和表 4-23 表示围岩分级及按新鲜岩～弱风化岩～强风化岩渐移变化的围岩外观。

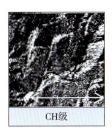 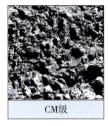 

CH级　　　　　CM级　　　　　CL级

图 4-127　围岩分级

围岩分级和物性值的关系　　　　表 4-23

围岩分级	变形系数 （kg/cm²）	静弹性系数 （kg/cm²）	凝聚力 （kg/cm²）	内摩擦角 （°）	弹性波速度 （km/s）	锤击反弹度
A～B	>50000	>80000	>40	55～65	>3.7	>36
CH	20000～50000	40000～80000	20～40	40～55	3～3.7	27～36
CM	5000～20000	15000～40000	10～20	30～45	1.5～3	15～27
CL	<5000	<15000	<10	38～15	<1.5	<15
D						

以上述评价方法为准，通过 AI 学习的掌子面围岩外观照片和表示工学特性的弹性波速度的关系。

b. 采用掌子面观察记录和弹性波速度的方法

研究目的是验证上述评价结果的适应性，这次验证选择了实际施工中花岗岩地质 1.2km 的 134 个掌子面观察记录进行。具体地说，采用 AI 学习掌子面地质状况照片和弹性波速度两者关系的教师数据后，基于新的掌子面照片进行判定，自动评价、瞬时自动判定弹性波速度。

研究时，需要数万个的学习数据，故在掌子面照片中，以 1 边 0.5m、1.0m、2.0m 的正方形框为单位，划分掌子面，确保 1 个掌子面能够有 280 个地点进行研究。

教师实施学习时,(图4-128)弹性波速度按CⅠ、CⅡ、DⅠ分为三个图像群,根据需要可逐步增加图像群。找出同一划分的图像特征类似点。与其他图像出现差异后自动评价特征点的差异。当学习完成要求的数量后新的未知图像判定时,可判定该图像与其他划分的图像群是否类似,并确定与该地点的弹性波速度的关系。

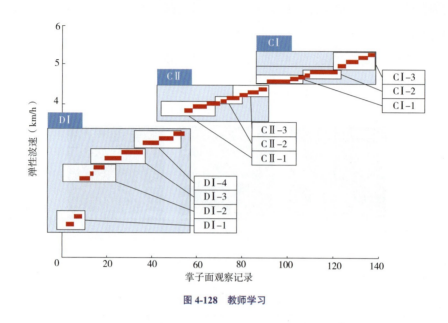

图 4-128　教师学习

② AI 弹性波速度自动评价结果

表 4-24 表示框大小为 0.5m、1.0m、2.0m 时的研究结果。其中,3 分类的认识率,无论掌子面划分正方形框的大小如何,均达到 85% 左右。同时,1.0m 框的认识率最好。

AI 弹性波速度自动评价结果　　　　　表 4-24

像素	图像	分类数	认识率
32×32 (0.5m)	RGB	3 分类	84.6%
		10 分类	41.0%
		图像 10 分类	77.6%
64×64 (1.0m)	RGB	3 分类	86.7%
		10 分类	56.5%
		图像 10 分类	99.1%
128×128 (2.0m)	RGB	3 分类	85.8%
		10 分类	61.0%
		图像 10 分类	97.0%
64×64 (1.0m)	Gray	3 分类	76.30%
		10 分类	41.50%
		图像 10 分类	95.9%

本章关注

- 地质模型的编制是地质调查智能化技术应用的第一步。在该模型中，对围岩条件的解释可随着时间的推移而改变，变得更加详细。
- 地质调查的研究方向主要放在掌子面前方的探查技术及地质风险调查。在掌子面围岩判定中 AI 成为新的评价技术，如利用钻孔探测和图像解析的评价技术，大数据、机器学习、可视化、自动判定等定量掌握掌子面围岩状况，上述技术都已在工程中成功应用。

INTELLIGENT CONSTRUCTION OF MINE TUNNELS

第 5 章

隧道设计施工技术

智能建造工具终将回到施工的基本作业和管理的点滴之中:

- 信息技术的进步非常之快,智能建造的关键就是将新的技术为我所用,提高效率,变革生产。从自身需求出发为信息化技术提供场景,解决工作中的痛点,是智能建造应用的起点。
- 即使时代在变化,隧道施工的基本作业是基本不变的,不管是 AI、大数据、IoT、ICT 等,都是实现智能建造的工具,最终还要回到隧道施工的基本作业中。
- 智能建造技术主要体现在自动化、无人化、远程化,通过提高生产效率,提高生产安全性,从而达到省人、省力、省时、省钱的目的。
- 本章继续以案例方式介绍在开挖爆破、支护、衬砌施工、量测、项目管理、环境保护六个方面的国外智能建造技术,所介绍的技术都已在工程实践中应用,供读者参考借鉴,启发思路。所选案例多数为近年的工程实践,多为日本的资料。技术进步的速度是大家在借鉴中需要思考的问题。

5.1 概述

山岭隧道无论传统建造还是智能建造，施工都是实现设计目的的技术、方法，反过来在施工过程中获取的数据情报，又是变更、完善设计施工技术的基本条件，两者是不可分割的。

在智能建造设计中，利用三维模型的作业阶段大体上分为规划、调查、方案比选、初步设计、技术设计等。由于阶段不同，其作业内容也有不同，但其最终目的均是向施工阶段传递设计意图和要求。

隧道施工的基本作业是不变的，不管是 AI、大数据，还是 IoT、ICT 等，都是实现智能建造的工具，最终还要落实到隧道施工的基本作业中。从技术发展来看，智能建造技术主要体现在自动化、无人化、效率化和远程化，以实现施工现场工厂化，达到省人、省力、省时、省钱等目的。

开挖、支护、衬砌、量测及确保洞内施工环境是隧道施工的五大基本作业，其作业技术与智能建造技术是相互促进的。智能建造技术的开发和利用要立足于施工的基本作业，两者紧密协作，共同发展，才能实现山岭隧道高质量、高标准、高起点的智能建造。

实现智能建造的目标当然是美好的，信息技术的成熟已用于生活中的各个方面，但在隧道建设领域还不够普及，这与智能建造的体系过大，涉及的层面过多，前期投入大，目前的生产节奏过快和项目管理固化都有很大的关系。目前不会存在一个成熟的智能建造系统拿过来直接使用。从日本的实践也可以看到这一点，2022 年的科研项目清单都是一些具体问题的研究，系统的形成是自下而上的，当然这些研究是在一个总的框架之内。对于信息技术工作者而言，经常需要的是一个场景，或一个痛点。在隧道施工作业中根据需要提出需求，可能就是施工技术智能化的开始。

本章以案例方式介绍山岭隧道基本作业中利用三维模型、AI 等技术实现施工自动化、自主化，提高项目管理效率的一些生产实践，以供有关各方参考。

5.2 开挖爆破技术

开挖是隧道的基本作业，主要步骤和各步骤的目标见图 5-1。从目前的开挖技术发展的趋势看，在硬岩、中硬岩中，爆破作业仍然占据很大比重。开挖爆破施工循环从修整掌子面开始，到布孔、钻孔、装药、爆破和成形管理。对爆破作业的基本要求包括少超挖；与隧道设计断面偏差小；对周边围岩振动小；爆破后飞石岩块大小、形状适宜；爆破声有控制等。

图 5-1 隧道开挖作业的主要步骤

山岭隧道机械开挖时，断面易出现超挖和欠挖的凹凸不平（图 5-2），为接近设计断面，对超欠挖部分要进行处理。过去的欠挖凿除需要作业人员靠近掌子面目视确认爆破状态，按激光点指示凿除欠挖部分，会面临掌子面崩落的风险。同时，超欠挖工程量确认大多是依赖于施工机械操作人员的经验和技能，有时也会出现处理不当导致超挖过大，喷射混凝土量增加。

为满足上述要求，开挖爆破的智能技术需要思考如下问题：

① 隧道爆破作业的自动化、远程化。

② 隧道爆破中回避靠近掌子面作业的危险地带。

③ 人员不靠近掌子面的装药。

④ 联线作业远程化或无线作业远程化。

⑤ 有助于确认、防止瞎爆的机械化、无人化。

⑥ 控制超欠挖的成形管理。

⑦ 减少爆破振动对围岩的损伤等。

图 5-2 超欠挖示意图

1）控制超欠挖的成形管理系统

（1）开挖断面修凿系统

开挖断面修凿系统通过光波测距仪获取施工机械位置和液压铲等数据，精确掌握超欠挖的开挖形状，进行安全、有效地凿除。它是无需靠近掌子面，远程控制开挖的制导系统，可正确掌握施工中设计断面周边围岩状况，此系统在隧道施工中已得到应用（图 5-3）。

a）传统施工　　　　　　　　　　　　b）应用系统后的施工

图 5-3　传统方法与应用系统后的施工状况比较

开挖断面修凿系统具有以下功能：

①实时表示开挖时的超欠挖状况

在施工机械上安装 2 个棱镜，在作业后方 50～100m 处设置 2 台光波测距仪用于追尾测距，实时记录施工机械的位置和方向。通过机械本体、钻臂及液压铲上安装的倾斜计计算液压铲的前端位置。通过这些数据推算开挖轮廓线，与设计断面比较后指导修凿作业。电脑上会实时显示超欠挖状况（图 5-4）。

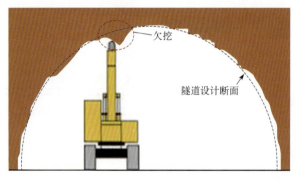 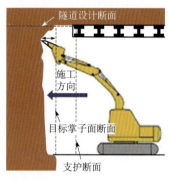

a）平面状况　　　　　　　　　　　　b）纵断面状况

图 5-4　施工时的概貌和监视器画面状况

②提高凿除作业的安全性、节约劳动力

利用该系统，操作员可以一边观看监视器画面一边操作液压铲，无需作业人员靠近掌子面即可安全作业。由传统施工的 2 人操作变成 1 人，节省人力 50%。

（2）开挖形状监控系统（西松建设❶）

传统的修整作业，是在最前端的掌子面爆破后按照开挖设计断面线对残留在净空侧的欠挖部分进行人工修整（图 5-5）。此种方法掌子面暴露的围岩容易发生掉块，伤亡事故发生可能性较高，原则上应禁止人员进入。由日本西松建设开发的开挖形状监控系统，采用高速扫描仪量

---

❶　西松建设：西松建设株式会社。

测掌子面开挖断面，可迅速获得可视化的欠挖位置（图 5-6）。

图 5-5　传统的修整作业

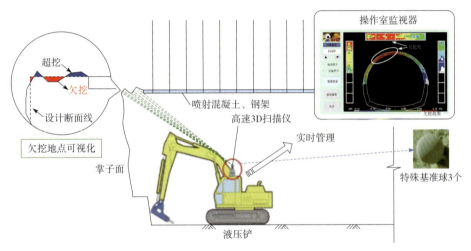

图 5-6　开挖形状监控系统示意图

爆破、出渣完成后的掌子面，该系统利用安装在反铲上的 3D 扫描仪获取开挖断面点群数据，并与设计断面数据比较，数据和比较结果在反铲机械监视器实时可见，操作人员很容易确认欠挖部分（图 5-7、图 5-8）。高速扫描仪无需与全站仪连动，可自动探索任意配置在后方的基准球，大幅度缩短了量测时间，从量测开始到结果显示，只需要 15s，继而大幅度提高了欠挖作业的效率（图 5-9）。

图 5-7　操作室的监视器确认状况

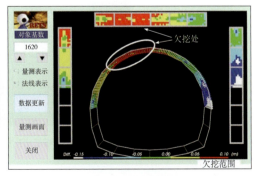

图 5-8　量测结果显示

图 5-9 特殊基准球

高速扫描仪搭载在重型机械上,欠挖部分显示在操作室的监视器上。欠挖部分过去是由作业人员用目视判定,现在则采用扫描仪,精度为 ±(30～50)mm,可进行定量判定和可视化。欠挖部分完全可视化并可用热图表示。该系统可获取各种数据进行分析,根据已获取、积累开挖阶段的数据来分析喷射混凝土量、回弹率等。采用本系统后,因为没有掌子面上的作业,即使发生掉块事故也不会造成重大灾害。

利用高速扫描仪、监视仰拱开挖、量测掌子面位移、控制重型机械姿态等技术将有助于逐步实现山岭隧道施工的无人化、自动化。

(3)智能钻孔支持系统

大断面、长距离隧道对开挖高速施工的要求越来越高,为此,工程师一直致力于减少钻孔时间和开挖断面超挖的研究。

隧道开挖作业是一边重复着钻孔、装药、爆破、弃渣、爆破后浮岩清理、支护(喷射混凝土、锚杆)的施工循环,一边进行开挖,一边进行爆破后掌子面的观察分析,一边推进作业进程。智能钻孔支持系统实现了钻孔模式最佳化的爆破开挖且大幅度降低超挖。图 5-10 为搭载钻孔支持系统的开挖机械。

图 5-10 搭载钻孔支持功能的开挖机械

从应用效果看,智能钻孔支持系统有 2 个方面值得关注:

①隧道钻孔模式最佳化

传统施工是基于爆破后的人工目视（破碎状况和围岩状况）设计钻爆方案。该系统中，目视情报加上测量仪器的断面量测结果，利用图像化、定量化的数据分析修正钻孔模式，反复进行施工循环，形成由围岩真实状况确定的最佳钻孔模式，大幅度减少了断面的超挖（图 5-11）。采用钻孔支持系统的钻孔台车爆破后断面与传统施工的比较见图 5-12。

图 5-11　隧道钻孔模式的最佳循环

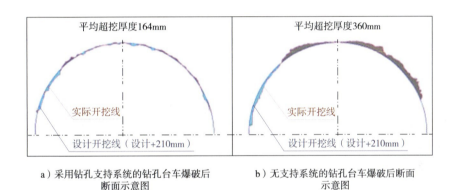

a）采用钻孔支持系统的钻孔台车爆破后　　　b）无支持系统的钻孔台车爆破后断面
　　断面示意图　　　　　　　　　　　　　　　　示意图

图 5-12　爆破后的开挖断面比较

②开挖机械的改良

钻臂动作由液压控制操作，与一般采用电子控制的钻孔台车相比，出现涌水和粉尘的故障率降低。同时，现有料斗臂的可动范围向下方和外侧方向扩展，扩大了装药的作业范围（图 5-13）。

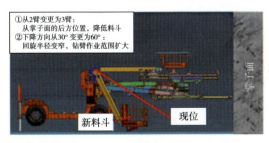

a）侧面图　　　　　　　　　　　　　b）平面图

图 5-13　钻臂的改良

此外，3个钻臂的操作台均设有监视器，使掌子面和钻臂动作状态一目了然，提高了钻孔时的安全性（图5-14、图5-15）。

图5-14 操作室　　　　　　　　　　图5-15 监视器画面

（4）智能钻孔支持系统（新长崎隧道）

在钻孔台车上配备图5-16所示的智能钻孔支持系统，可提高钻孔精度，控制超挖在最小限度内，进行快速、安全、长距离的隧道开挖作业（图5-16）。

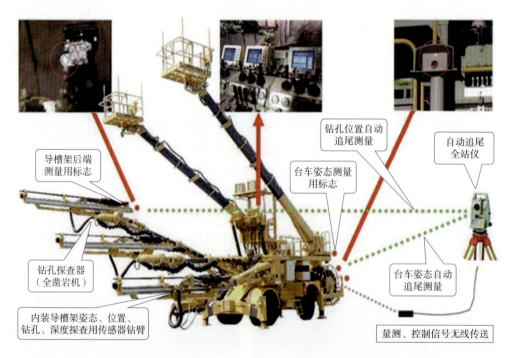

图5-16 钻孔智能支持系统

钻孔制导以开挖的全断面为对象，根据计算机图像指挥钻臂动作，在超挖少的钻孔位置实施最有效率的爆破（图5-17）。钻臂具有钻孔探查功能，钻孔的同时，可用3D图像表示掌子面状况，确认前方和周边的围岩状况（图5-18）。

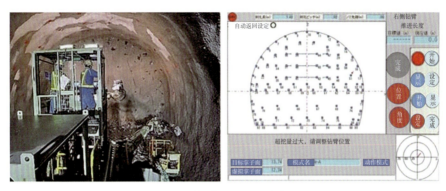

图 5-17 钻孔状况和制导用监视器

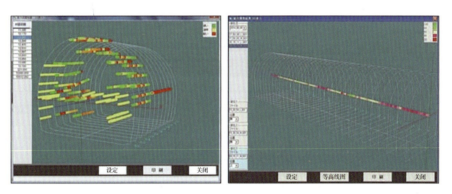

图 5-18 掌子面前方探查结果和长钻孔前方探查结果的 3D 表示

现场项目部、建设单位均可实时共享钻孔台车故障地点和钻孔数据等。

智能钻孔支持系统提高了山岭隧道开挖面整形作业的安全性和施工效率,并成功应用在新长崎隧道中,采用具有钻孔制导功能的 3 臂钻孔台车,凿岩能力可达到 170kg 级,可在 1 小时完成前方 30m 的探查,大幅度减少因围岩松弛而造成的超挖,且可在易于崩落的围岩中进行开挖。

2)钻爆作业管理系统

(1)钻孔作业集中管理系统

爆破模式的修正既费时又费力,采用钻孔作业集中管理系统可迅速分析数据,修正爆破循环,提高爆破作业的效率。图 5-19 示意了爆破循环的修正流程。

数据采集由可机械制导的钻孔台车进行,中央控制室中的应用程序集成了装药孔的钻孔位置和开挖成形、地质情报等施工数据,完成数据分析后视围岩状况优化爆破模式,对钻孔位置、钻孔角度、钻孔深度等进行调整,执行基于施工数据反馈调整后的爆破作业(图 5-20)。中央控制室(图 5-21)设置在隧道洞内,考虑爆破的影响,可安排在掌子面后方约 200m 的位置,设防尘设施,保证绿色作业的环境。

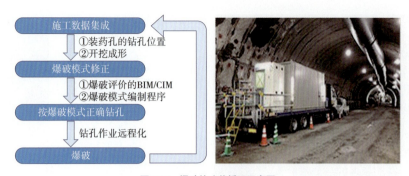

图 5-19　爆破的改善循环示意图

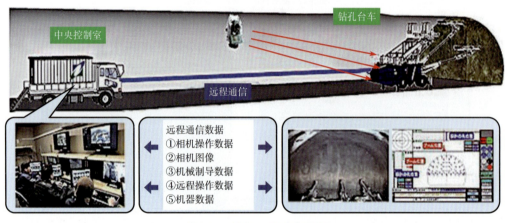

图 5-20　钻孔作业集中管理系统

该系统在隧道内的应用见图 5-22。隧道围岩为硬质花岗岩，爆破效率难以保证，采用该系统反复改善爆破循环后，提高了爆破效率。

图 5-21　中央控制室内环境

图 5-22　隧道中的应用

（2）钻孔制导系统（MOLEs）

IoT 技术促生了诸多钻孔制导软件，但多数是在虚拟掌子面上进行的，与实际掌子面凹凸不平的状态差异较大，应用效果并不理想。同时，全自动钻孔的电脑台车价格昂贵，难以普及。

MOLEs 系统利用原有的钻孔制导系统加上独立开发的 3D 扫描技术，可在监视器上显示出掌子面和钻孔位置，使得操作人员可以容易地远程进行目视制导（图 5-23）。

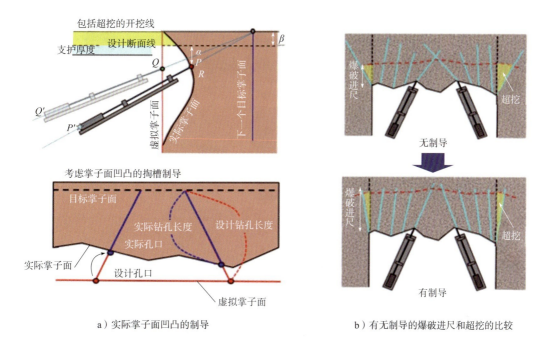

a）实际掌子面凹凸的制导　　　　b）有无制导的爆破进尺和超挖的比较

图 5-23　钻孔制导系统

MOLEs 由 3D 扫描仪、相机和监视器等构成，设置在台车的后部（图 5-24）。3D 扫描仪可掌握钻孔台车位置和态势以及掌子面凹凸情况；相机用于捕捉掌子面和钻臂动作；监视器用于观察钻孔制导画面。系统根据 3D 扫描仪获得的实际掌子面凹凸坐标计算制导路线，实时反映至监视器上，操作人员按制导路线进行钻孔（图 5-25）。

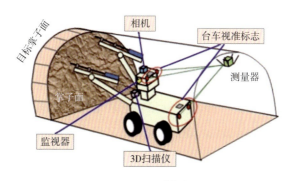

图 5-24　系统构成

MOLEs 系统主要特点是通过 3D 扫描掌握掌子面实际凹凸点的坐标，正确计算计划钻孔位置和角度，在监视器中实现精确制导。该系统操作性强，与实际掌子面操作相同，可正确且迅速地进行钻孔作业。在某隧道中，采用 2 台搭载该系统的钻孔台车左右两侧同时进行钻孔，在系统导入前，进尺差变小，掌子面凹凸也小；系统导入后，爆破进尺比导入前提高 25%，同时能够进行稳定的爆破并提高月进尺（图 5-26）。

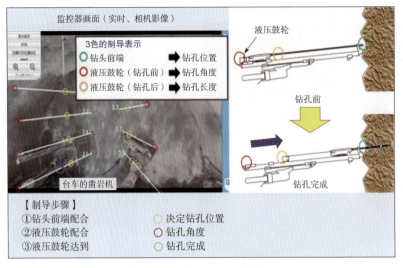

图 5-25 监视器画面和制导步骤

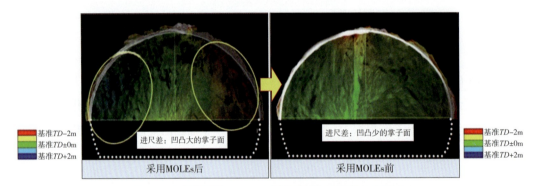

图 5-26 某隧道采用 MOLEs 前后的爆破后掌子面凹凸状况比较

（3）智能爆破系统

日本清水建设❶开发的智能爆破系统利用 ICT 技术构筑，根据应用效果，超挖量可减少 40%。

智能爆破系统包括搭载 3D 扫描仪的量测超挖量车辆和提出最佳爆破模式的应用程序（图 5-27），其特征是能够根据爆破后的超挖量更新爆破模式，并将更新的数据传送到钻机，自动完成系列作业。系统操作流程如下：首先研究过去的经验和围岩强度等，编制出初期爆破模式；其次，钻机钻孔装药进行爆破，同时，搭载 3D 扫描仪的车辆靠近掌子面，进行空间扫描；最后，系统根据扫描数据和设计断面数据计算超挖量后，进一步求出对超挖量影响最大的插入孔位置和角度的最佳值，输入钻机自动更新爆破模式，此过程仅需约 3min。

系统作业状况见图 5-28、图 5-29。

---

❶ 清水建设：清水建设株式会社（SHIMIZU），日本大型建筑承包商。

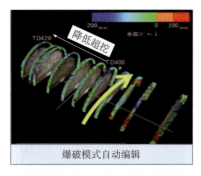
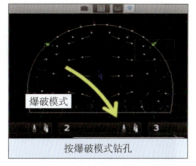
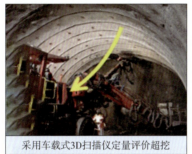

图 5-27 智能爆破系统

图 5-28 钻孔作业状况

（4）爆破精准装药系统

钻孔、爆破作业基于数次循环于掌子面使用的装药量和爆破结果进行，很难适应复杂的围岩变化，易出现过度装药，超挖过大的情况。

针对这一情况开发的新系统利用钻孔台车的钻孔探查数据如钻孔速度和回转压等及每一施工循环的超挖数据（3D扫描仪量测）反馈掌子面真实的围岩状况（软硬），自动计算合理装药量，进行爆破。上述作业均可实时显示在监视器上。该系统可减少超挖，缩短施工循环时间，提高钻孔、装药的效率（图 5-30）。

系统操作流程见图 5-31。

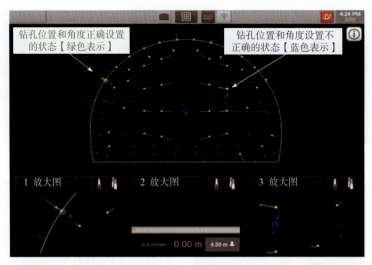

图 5-29 搭载钻机的爆破模式画面

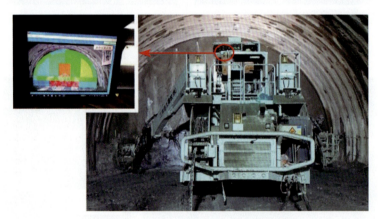

图 5-30 钻孔台车和合理装药实时显示的监视器

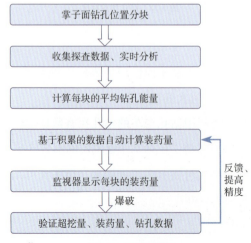

图 5-31 系统流程图

系统特征如下：

①基于爆破模式，划分掌子面钻孔位置，由搭载在钻孔台车的钻孔制导相机合成。

②每分钟自动收集装药、钻孔时的钻孔探查数据。

③钻孔完毕后，计算各分块的平均钻孔能量。

④根据累计的钻孔能量数据、已施工区间的装药量及超挖量，自动计算适宜的装药量。

⑤每分块用颜色表示适宜的装药量，并显示在钻孔台车的监视器上，按对应的装药量装药进行爆破。

⑥爆破后用3D扫描仪进行断面量测，量测超挖量。验证超挖量、装药量及钻孔能量等数据，提高装药量自动计算的精度。

⑦利用钻孔探查数据掌握围岩状况（图5-32），同时，将钻孔探查数据通过无线WLAN及时传送至现场项目部电脑，实时解析每一块的围岩状况。

⑧量测超挖，利用车辆搭载型3D扫描仪，量测爆破后的掌子面状况（约1min），计算出三维超挖数据和装药量的相关数据（图5-33、图5-34）。

⑨根据前方围岩状况数据和上述的相关数据自动计算合理装药量，每一块用不同颜色显示在钻孔台车的监视器中（图5-35）。

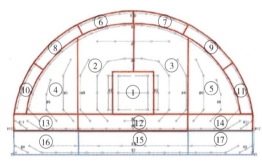

图5-32　钻孔探查数据

图5-33　3D激光扫描仪的掌子面量测

注：①～⑰代表分区。

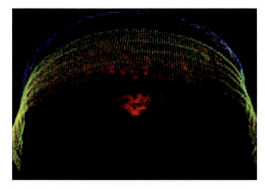

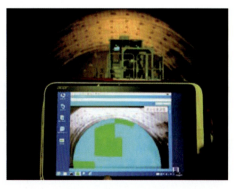

图5-34　三维超挖数据

图5-35　显示合理装药量

（5）移动式爆破防护囊的开发和应用

在山岭隧道的施工循环中，弃渣运出时间约占总时间的 30%，为实现快速施工，缩短出渣时间是很有必要的。近年，采用连续皮带运输机的案例逐渐增加，如长大隧道中利用连续皮带运输机出渣，将出渣时间缩短至 30min 左右。连续皮带运输机与汽车运输比较，出渣处理能力提高了 1.7 倍，同时也降低了 CO_2 排出量。同一隧道中的两者比较发现，噪声、粉尘浓度和月掘进进尺均得到改善。

缩短洞内设备退避距离即可缩短出渣时间，各种爆破的一次出渣处理能力和掌子面 - 碎石机间距离的关系绘于图 5-36。

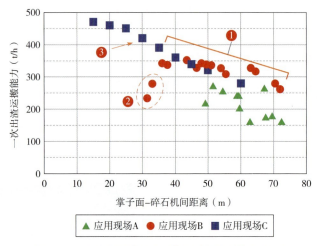

图 5-36 一次出渣处理能力和掌子面 - 碎石机间距离的关系

爆破开挖的场合，为了防止飞石冲击对设备的损伤，洞内设备压力离开掌子面必须有充分的距离（60m 以上）。因此，从掌子面到皮带机前端设备，一次弃渣运搬距离变长，就不能达到缩短出渣时间的效果（图 5-37）。为防止飞石冲击对设备的损伤，减少出渣耗费的时间，开发了移动式爆破防护囊（图 5-38）。

图 5-37 过去的洞内设备配置

防护囊外观见图 5-39，台架结构见图 5-40。该装置由防止爆破飞石和粉尘的囊部和支持囊部的台架构成。该装置搭载在汽车上，可在任意位置使用，从而实现快速安装或拆除。一般爆破前在距掌子面合适位置（距掌子面 20～30m）处展开装置，爆破后迅速将其收纳搬出。

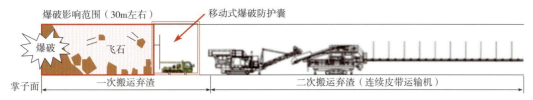

图 5-38　使用移动式爆破防护囊时的洞内设备配置

图 5-39　移动式爆破防护囊的外观

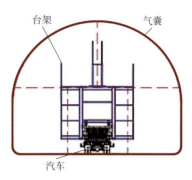

图 5-40　防护囊台架结构示意图

防护囊使用时，囊部需填满隧道断面，防护囊按现场实际断面尺寸制作，直径比隧道大 30cm 左右。防护囊与壁面要紧密贴合控制飞石向洞口侧飞散，利用防护囊与壁面的摩擦力防止爆破的冲击损伤。囊部由独立的 5 个小囊组合而成，多囊组合易于局部修理、更换，可防止出现损伤时影响功能使用。

台架采用格子状台架，展开和收纳的示意见图 5-41 和图 5-42。

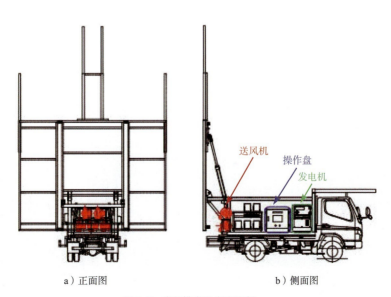

a）正面图　　　　　　　　　　b）侧面图

图 5-41　台架模式图（展开时）

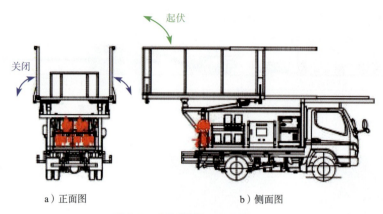

图 5-42 台架模式图（收纳时）

移动式爆破防护囊的使用流程见图 5-43。

图 5-43 移动式爆破防护囊的使用流程图

该装置已在山岭隧道现场应用，爆破后弃渣飞散状况见图 5-44。由图可见，设置气囊的地点防止了飞石的分散，提高了弃渣回收作业的效率。

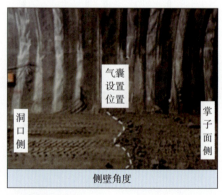

图 5-44 爆破后弃渣的飞散状况示意图

（6）利用无人机和 AI 的 Blast Eye/AI 系统

Blast Eye/AI 系统是户田建设❶开发的根据无人机拍摄爆破后的飞石形状，利用 AI 分析判定爆破是否良好的判定系统。

该系统用于研究下一循环爆破模式，将过去的人工判定变成机器自动判定（图 5-45）。

中硬岩的隧道多按 1～2m 的爆破循环逐步施工，由于围岩的不连续性，需要判定上一循环爆破的适宜性来确定下一循环的爆破模式。适宜性的判定指确认爆破后掌子面的形状（开挖空间的大小和凹凸状况）和爆破飞石的形状（图 5-46）是否适宜。前者需要采用 3D 激光扫描仪进行定量判定，后者因飞石形状不规则尚需人工判定。

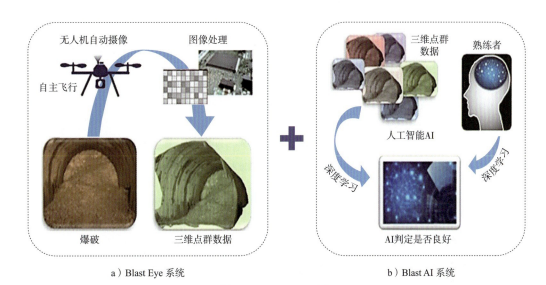

图 5-45 Blast Eye/AI 系统

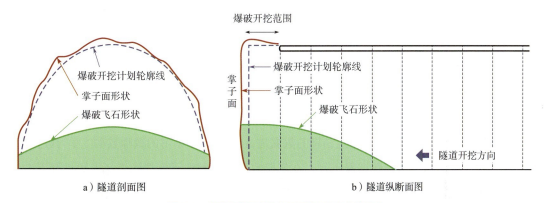

图 5-46 爆破后掌子面形状和爆破飞石形状的概貌

注：爆破飞石形状不是判定爆破良好的基准。

---

❶ 户田建设：户田建设株式会社，日本建筑承包商。

① Blast Eye/AI 系统构成

系统由用于采集爆破后飞石形状的可自动拍摄相机和无人机组成。其中，相机应选择重量轻、价格低的数码相机，采用 Visual SLAM 技术 ❶ 和无人机自主飞行，自动获取靠近爆破后的掌子面三维形状数据及附近爆破飞石形状数据。

隧道为长距离的线状狭隘的连续空间，施工时 GPS 信号并未受到限制，采用 SLAM 技术的无人机能够自主飞行。无人机在隧道上部（拱顶部）飞行，飞行参照是易于捕捉的钢架和锚杆等特征点。无人机体上部前后放置两部数码相机和高亮度 LED 灯，无人机按照设定的轨迹边飞行边摄影，见图 5-47、图 5-48。

图 5-47　采用的无人机在隧道内自主飞行

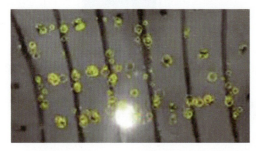 

图 5-48　掌子面近旁的自动摄影 SLAM 捕捉的特征点

无人机机体下部的数码相机用于拍摄掌子面近旁的三维图像，编制三维图像数据至少需要不同位置的 20 张照片（图 5-49）。

② 根据三维飞石形状判定爆破是否良好的评价系统

爆破后的三维飞石形状及其判定结果的数据是 AI 模型深度学习的教师数据（学习数据）。

鉴于施工中的隧道爆破数据量不足，在实验室环境内制作了模拟隧道，模拟良好爆破状态下和不良爆破状态下炸药量不足、适中和过大 3 种情况，用数码相机拍摄了三维飞石形状数据作为补充教师数据（图 5-50）。模拟爆破中的飞石形状的判定由经验丰富的工程师人工进行。

---

❶ Visual SLAM 技术：SLAM 是"Simultaneous Localization And Mapping"的缩写，可译为同步定位与建图。只利用相机作为外部感知传感器的 SLAM 称为视觉 SLAM。相机具有视觉信息丰富、硬件成本低等优点。

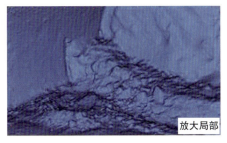

放大局部　　　　　　　　　　　　　　断面图

图 5-49　根据自动摄影编制的 3D 图像

a）不良的爆破：炸药量不足　　　b）良好的爆破：炸药量适中　　　c）不良的爆破：炸药量过大

图 5-50　室内模拟试验爆破飞石形状

准备教师数据约 150 组。由图 5-51 可见，经过 4000～5000 次学习后，验证数据符合率约 85%。符合率曲线从 40% 上升到 80% 区间范围内，学习次数和符合率之间的关系是非线性的，当符合率超过 80% 后，对学习次数敏感性下降。

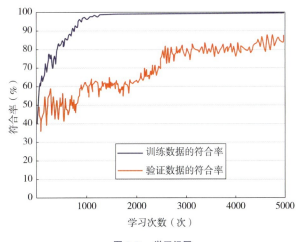

图 5-51　学习经历

3）钻孔作业的远程化技术

（1）实现山岭隧道钻孔作业的远程化操作

集成开挖管理系统将散乱的施工数据进行集成管理和分析，减少了对熟练作业人员的依赖，避免了人为的误差，提高了决策的精度。带有制导功能的智能钻孔台车可分析围岩状况的各种数据，设置适宜的爆破模式（孔间距、孔角度等），进行更高精度的钻孔作业。但因 PVD

数据的局限性，要想全面了解地质状况，同时确认多项数据仍是困难的。

该系统将洞内的中央控制室与钻孔台车上钻孔作业的远距离操作系统组合在一起（图5-52）。

图 5-52　中央控制室和远距离操作系统

在隧洞内设置中央控制室，通过通信设备操作掌子面配置的钻孔台车。中央控制室电脑主机集成了掌子面围岩数据、钻孔台车的钻孔数据、爆破开挖的成形数据，数据分析和评价后编制出最佳的爆破模式（图5-53、图5-54）。操作者位于远程的中央控制室，根据台车上的相机图像和台车的制导情报进行电脑操作，按照更新的爆破模式实现远程施工。同时可同步确认地质情报、监控施工状况。

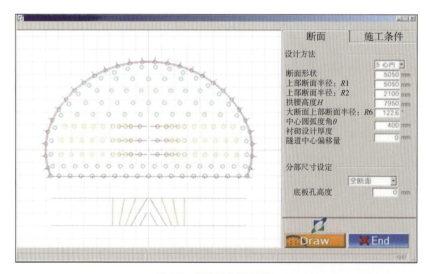

图 5-53　爆破模式编制程序

（2）电脑钻孔台车的综合利用

欧洲各国广泛采用的电脑钻孔台车（图5-55、图5-56），应用已标准化。该技术在减少超挖方面表现显著。通常非电脑钻孔台车的超挖在5%～10%（图5-57），采用电脑钻孔台车后，超挖可控制在1%以内（图5-58）。两者的超挖比较见图5-59。

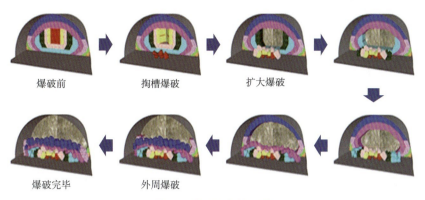

图 5-54 爆破模式优化过程

图 5-55 带有制导功能的钻孔台车

图 5-56 钻孔台车操作室

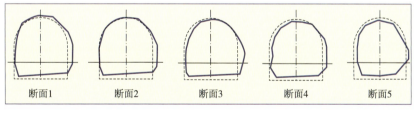

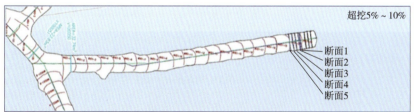

图 5-57 非电脑台车的超挖控制

电脑台车的自动钻孔步骤见图 5-60 ~ 图 5-65。

电脑台车的自动走行步骤见图 5-66 ~ 图 5-69。

电脑台车的数据管理包括数据采集、整理、分析等，涉及以下三个子系统：

①钻孔时的围岩评价系统，包括钻孔速度、给进压、打击压、回转压、回转数、钻孔水压、钻孔水量、裂隙、岩石强度等（图 5-70）。

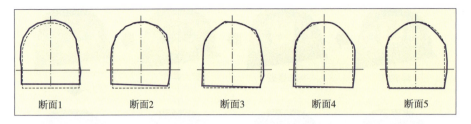
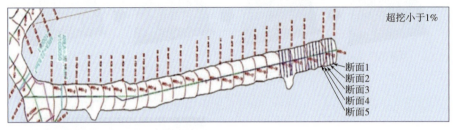

图 5-58 电脑台车的超挖控制

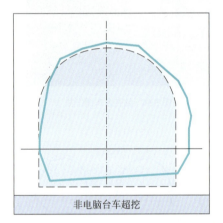
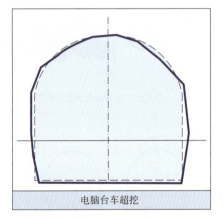

图 5-59 非电脑台车与电脑台车的超挖比较

图 5-60 导航标志（全站仪导航）

 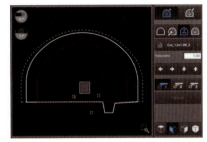

图 5-61　钻孔模式自动生成（一）

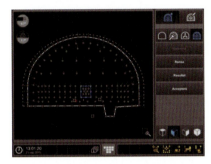 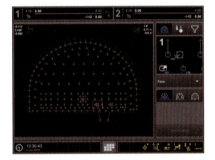

图 5-62　钻孔模式自动生成（二）

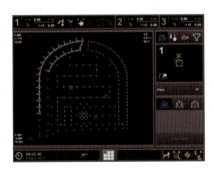 

图 5-63　自动钻孔

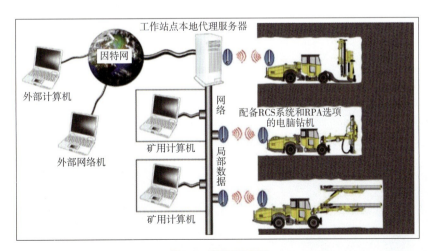

图 5-64　数据传输系统

注：RCS-远程控制系统；RPA-机器人过程自动化。

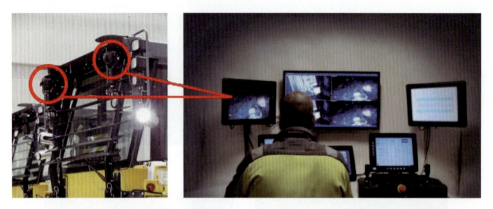

图 5-65　远距离监视系统

图 5-66　远距离监视，不需要现场监视

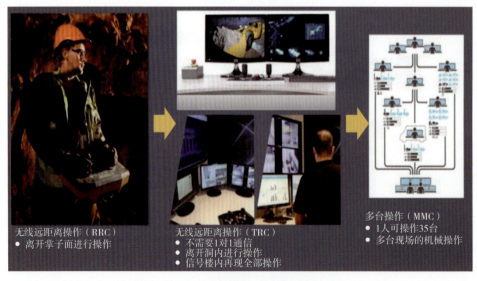

图 5-67　远距离操作，现场无需司机

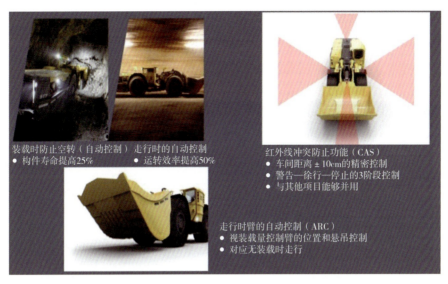

图 5-68　自动修正，具有比人工操作更好的性能

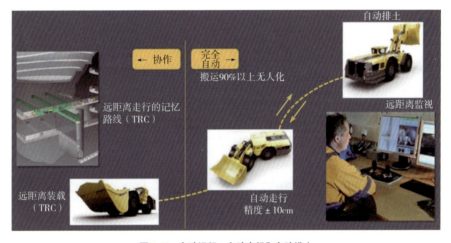

图 5-69　自动运行，自动走行和自动排土

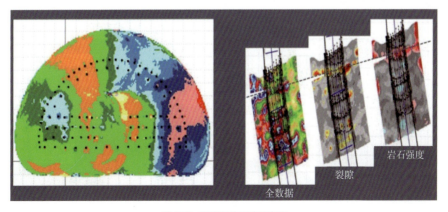

图 5-70　围岩评价系统示意图

②机械数据的自动管理，远距离监视和自动数据传送系统（图5-71）。

③3D可视化项目管理（图5-72）。

其中包括作业人员检索、作业指示功能（图5-73）

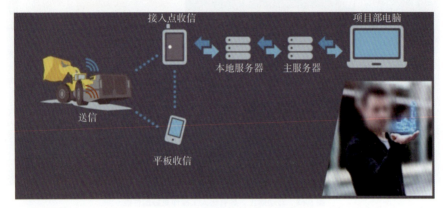

图5-71　机械数据的自动管理示意图

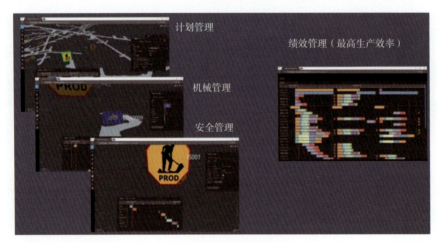

图5-72　3D映射综合管理

图5-73　作业人员检索和作业指示

5.3 支护技术

隧道支护技术目前可分为 2 大类：一类是开挖前采用的支护技术，如掌子面锚杆、超前支护、预注浆支护等；另一类是开挖后采用的支护技术，如喷射混凝土、打设钢架、普通锚杆等，其功能各有特色（图 5-74）。共同的目标都是控制隧道开挖后可能发生的松弛、变形、掉块等不良情况，确保施工安全和质量。

在支护技术中，喷射混凝土起到的作用越来越重要，向着高强度和完全代替衬砌的方向发展。本节重点介绍智能建造中采用的支护措施及其要点。

图 5-74 支护技术构成

1）喷射混凝土厚度实时量测、管理系统

为解决隧道施工中省人、省力、安全的要求，开发了喷射作业完全自动化的喷射系统——新型喷射机器人。

喷射系统的关键点是利用喷射机器人的位置量测系统。反复伸缩和回转机器人臂的测位作业一般采用机械的传感装置（如角度计和伸缩计等）计算，但挠度测量的运动捕捉需要更高的技术，且传感装置的维护管理在现场比较困难。本系统采用运动捕捉相机进行喷射机器人臂的位置量测，可实现简便且精度高的量测（图 5-75）。

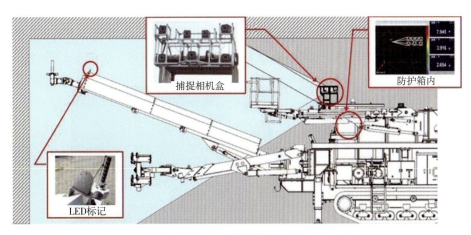

图 5-75 运动捕捉相机的喷射机器人臂的位置量测示意

新开发的喷射机器人将关节数从 8 个减少到 6 个，从而减少了机械误差并能够稳定地实现测位探查；同时通过提高部件的刚性控制了变形挠度。另外，采用 PLC 控制型液压缸，可更精细地调整机器人臂的动作。

运动捕捉相机设置在喷射机的顶部，喷射机器人可动空间14m（宽）×8m（高）×10m（深）标记为高精度量测范围，量测过程需要调整相机台数和方位角达最佳的状态。因自发光LED与隧道内照明波长不同，为不受其他波长干扰，运动捕捉相机设置的标记（图5-76）采用新型的自发光型LED标记。喷射空间标记的位置量测精度可达到±1cm以内，机器人臂的坐标值变换成隧道内测量坐标系的数值，可高精度地展示出隧道设计模型空间内的喷射机器人喷嘴位置（图5-77、图5-78）。

图5-76　LED运动捕捉标记

图5-77　移动捕捉相机位置量测系统

图5-78　喷嘴位置

2）喷射混凝土远程操作技术（T-ROBO Remote Shotcreting）

掌子面作业的远程操作首先是喷射混凝土的远距离操作技术。目前远距离炸药装填系统已进入实用化阶段。为了掌子面作业更加安全，除炸药装填处外，喷射混凝土和钢架架设作业都急需不靠近掌子面的远程技术。日本大成建设❶从2016年开始研究开发喷射混凝土的远程操作系统，该系统能够安全高效地进行喷射混凝土远程操作，该技术在九州新干线的岩松隧道等隧道进行了应用。

该系统由投光器、相机、走行轨道、头盔显示器（HMD）、鱼眼镜头等构成（图5-79）。其中为防止粉尘和喷射物附着配置的鱼眼镜头，可提高图片分辨率，从而能够获取超广角的图

HMD

鱼眼镜头

图5-79　喷射混凝土远程操作技术系统构成

---

❶　大成建设：大成建设株式会社，日本建筑承包商。

像，避免频繁改变相机方向。在向掌子面进行左右方向的喷射作业中，相机盒和LED投光器一体化设备在轨道上移动，方便切换喷射方向。头戴装置与带鱼眼棱镜的相机组合，可让操作者在离开掌子面一定距离进行具有临场感的喷射作业和喷射厚度管理（图5-80）。作业时操作者以坐姿进行远程操作，可减轻操作者身体负担，提高喷射效率。

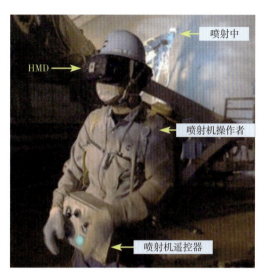

图5-80　头戴装置时进行喷射作业

喷射混凝土远距离操作技术是在举重臂型喷射机上安装三台监控相机（图5-81），将监控相机的PVD数据（影像数据）传送至掌子面的操作室，操作人员可一边确认数据一边操作喷射机喷射。喷射机和操作室之间的通信为有线连接（WLAN电缆）。举重臂上搭载的两台监控相机，摄像时要确保喷射人员的站立位置视野开阔；另一台相机用于一边俯视喷射地点一边确认喷射状况。相机要注意防尘，防止粉尘附着在镜头上影响画面质量。操作系统示意如图5-82所示。

开挖过后的掌子面存在因围岩松弛的掉块、崩落的危险情况。远距离操作喷射混凝土可回避上述灾害的风险。喷射人员暴露在粉尘中的可能性为0，将洞内粉尘浓度降低到标准值以下，从根本上改善了洞内劳动环境。

图5-81　相机安装位置

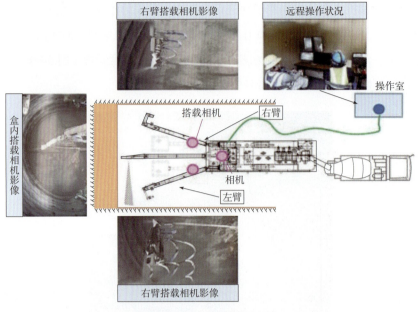

图 5-82 技术操作系统示意图

未来，在喷混凝土远距离操作技术中将进一步研究混凝土供给设备（泵、速凝剂供给装置等）的远距离操作技术。

3）锚杆专用机（BOLTINGER）的功能扩展

在架设钢架、喷射混凝土等远程操作技术、落石探查技术等开发的基础上，在锚杆专用机上扩展开发了远程锚杆打设技术，该技术由锚杆专用机搭载砂浆供给装置和制导钻孔作业应用程序组成。

技术特征如下：

（1）砂浆供给装置与锚杆专用机一体化，可节省劳动力。

过去砂浆供给装置放在 2～4t 级的施工车辆上，现在全部搭载在锚杆专用机（图 5-83、图 5-84）后方，由人工操作变成自动操作。

图 5-83 隧道内施工状况

图 5-84 锚杆专用机

（2）钻孔作业采用制导功能，提高了锚杆打设作业的生产效率。

初步设计中的锚杆孔位置、角度、长度均示于操作室的显示屏上，仅需电脑上的简单操作就可以通过制导功能，按照设计的打设位置正确地钻孔，提升钻臂至指定高度进行作业，并完成相应记录。

（3）钻孔获得的数据和掌握的围岩数据，有助于安全作业（图5-85、图5-86）。

利用钻孔时获取的关于位置、钻孔速度、各种压力等的各种数据，可自动集成在三维模型上，更全面地掌握三维的围岩状况，有效地进行围岩判定和辅助工法的选定。

图 5-85　钻孔作业的制导画面

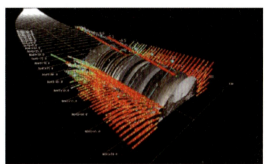

图 5-86　锚杆钻孔数据集成于三维模型

（4）锚杆打设全机械化技术。

隧道施工中，为防止开挖后发生围岩崩落、变形，多采用沿掌子面周边围岩打设放射状的锚杆。锚杆打设是钻孔、充填砂浆、插入锚杆的反复作业，目前钻孔以外的作业均为人力进行。实现砂浆充填、锚杆插入等作业全机械化可保障掌子面正下方作业人员的施工安全。清水建设开发的两臂锚杆专用打设机，装备有2台锚杆远程打设装置，可实现远程施工，并在隧道中得到应用。

两臂专用打设机的锚固系统是钻孔装置、砂浆充填装置、容纳锚杆装置、锚杆挤压装置等一体化的远程打设系统。该系统由操作人员远程操作，实现了锚杆打设的完全机械化。图5-87～图5-90表示了该系统的构成、控制面板的显示画面和利用3D模拟的打设模式的研究状况。

打设作业开始前，利用3D模拟验证两臂的动作模式，设1个循环的打设效率为最大。打设时，在控制室内的控制面板画面上，进行臂的移动、钻孔、砂浆充填、锚杆插入等一系列的机器操作。作业中，钻孔位置和锚杆插入位置、角度、砂浆充填量等施工数据均能够在面板画面上可视化呈现，对照设计值进行各种作业操作可以达到理想的成形精度和施工质量稳定的目的。

在隧道的验证施工中，实现了35min内完成1个循环和13根锚杆打设。与一般工法相比，月缩短循环时间10%，作业人员从过去的5人减少到3人。

图 5-87 专用打设机

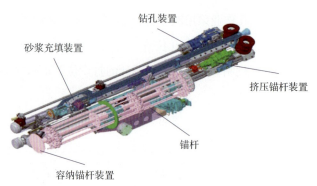

图 5-88 锚固系统的构成

图 5-89 控制面板显示画面

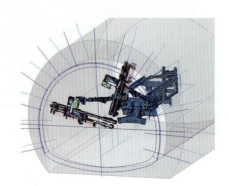

图 5-90 利用 3D 模拟打设的研究状况示意图

4）钢架架设的无人化施工系统

据统计，隧道发生的灾害中，掉块约占 40%。山岭隧道施工中的钢架架设作业，开挖后需要作业人员进入掌子面，安全性差。钢架架设的无人化施工技术开发迫在眉睫。

开发的钢架架设无人化施工系统（图 5-91）。采用改良后的举重臂一体型喷射机，钢架架设、接合、定位等只需 1 人远程操作，显著提高了施工效率和安全。

该系统利用长尺把持装置测定标志，用后方的自动追尾式全站仪测定钢架位置，同时利用具有微调功能的高性能举重臂以良好精度将钢架架设到设计位置（图 5-92）。

过去作业人员需要在掌子面接合钢架螺栓、螺母［图 5-93 a］，采用该系统后，可实现自动接合，将具有抗剪性能的槽型钢放置在 H 型钢两侧接头凹部处，前后用抗剪螺栓连接，约束弯矩作用时产生的接头变形［图 5-93 b］。

钢架架设后，远程操作的螺栓紧固装置在掌子面正面，对螺栓、螺母进行紧固。紧固装置置于施工机械台座上，可调整位置和角度，操作人员通过观察现场图像可远程进行螺栓紧固作业（图 5-94）。

图 5-91 钢架架设无人化施工系统

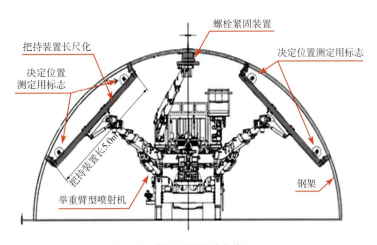

图 5-92 掌子面钢架无人化施工

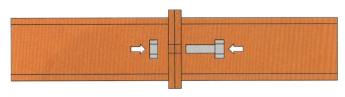

a）过去的接合方法

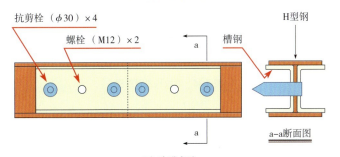

b）改进方法

图 5-93 接头的接合方法

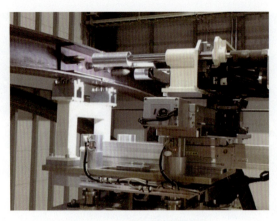

图 5-94 远程操作螺栓紧固装置

5.4 衬砌施工技术

1）隧道衬砌混凝土自动施工系统

日本川边 2 号隧道（长 544m）为双车道公路隧道，采用了隧道衬砌混凝土自动施工系统。

该系统由模板捣固器、移动式模板和自动浇筑装置构成。移动式模板上多处设置了监测质量的混凝土传感器，自动浇筑装置可以从模板端部开始进行混凝土充填（图 5-95、图 5-96），是最典型的利用混凝土特性的衬砌自动施工系统。

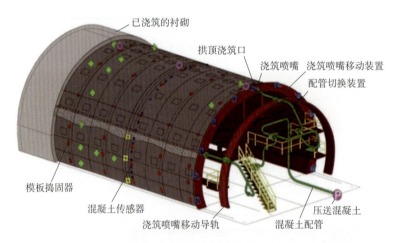

图 5-95 系统构成示意图

该系统利用传感器探查的定量数据，经计算分析，发出控制指令，自动完成从混凝土浇筑到捣固一系列浇筑作业。控制装置能根据浇筑的进展，自动控制切换混凝土配管和移动喷嘴。该装置备有 2 个浇筑喷嘴，可沿浇筑口下部从下向上顺次移动进行充填，浇筑口设置在模板端部。各浇筑口压送的混凝土在传感器数据显示已到达预定浇筑高度后，停止压送，浇筑喷嘴自动向上部浇筑口移动，进入下一个循环。为捣固充填的混凝土，模板上设置模板捣固器，通过振动模板进行捣固。捣固完毕的时间根据传感器量测的混凝土压力和温度、模板下沉量等数据确定。

图 5-96　系统实物图

衬砌混凝土自动施工系统可实现浇筑作业省力、省人的目标，同时，对衬砌混凝土的质量管理基于定量指标，不再依赖熟练技术人员的经验，质量稳定可靠。

衬砌混凝土自动施工系统能够保证高质量的混凝土，基于：

（1）缩短混凝土浇筑时间和延长养护时间

配管切换时间从 20min 缩短到 5min，合计缩短 1～1.5h 的作业时间。浇筑后的养护时间相应延长，提高了混凝土质量。

（2）施工管理效率化、节省劳动力

通常的泵压、控制、浇筑、捣固、配管切换、清扫、停止作业等一系列作业由通常的 5 人/组减少到 2 人/组。作业期间，富余的 3 人可进行浇筑完混凝土的养护并准备下一循环的作业。

由于混凝土质量提高和作业循环时间缩短，质量管理的远距离数字化监控更易于实现。

（3）耐久性提高

混凝土泵送开始至停止、脱模的全过程均为可视化管理，不依赖熟练技能人员的施工系统能够持续确保混凝土表层致密性（表层透气试验：0.001～0.1，良好），提高了混凝土质量和耐久性。

（4）解决熟练技能者不足问题

除所需劳动力人数减少外，施工不依赖于熟练技能劳动者后可采用技能劳动者与无作业经验的人员混合编组工作，解决了熟练技能者不足的问题。

2）自动衬砌系统

该系统采用高探查传感器和配管自动切换装置，能够用平板电脑实时确认作业状况（包括人工作业）（图 5-97）。目前该系统已进入实用化阶段。

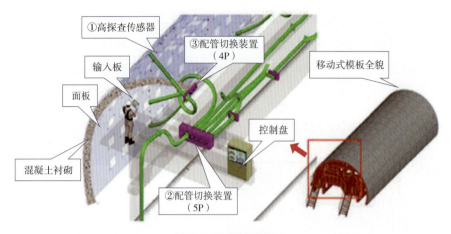

图 5-97　自动衬砌系统

该系统由以下部分组成：

（1）高探查传感器

在模板表面按 50cm 间距布设传感器，实时探查混凝土浇筑高度，将各高程和不同位置的浇筑状况实时显示在平板及电脑显示器上，并将数据传送至控制台。

（2）自动切换的配管

根据探查器传送的浇筑高度和浇筑位置数据，经由控制台将控制指令传送到配管切换装置，按指定位置自动进行切换。

（3）装有管理系统的电脑（图 5-98）

混凝土浇筑位置的数据（浇筑高度、浇筑压力）在电脑中实时显示，压送位置的变更及异常时压送停止等指示命令由电脑发出。

采用任何混凝土，都需要在模板布设浇筑高度探查传感器，混凝土到达预定浇筑高度后，传感器数据传递至控制台，根据远程指令自动将配管切换到预定位置。

系统通过带有传感器的管式雷达和压送泵的自动控制等协作，实现了混凝土浇筑作业自动化，并可自由设定作业时间（图 5-99）。图 5-100、图 5-101 可见该系统实现了配管切换作业自动化、电脑管理一元化，新增了混凝土泵压送自动化。

图 5-98　平板电脑的画面显示内容

图 5-99　衬砌混凝土自动浇筑系统

图 5-100 配管切换作业和泵压送的自动化

图 5-101 增加混凝土泵压送自动功能

该系统可以做到减少作业人员数量和减少作业时间，提高生产效率。通常的混凝土浇筑作业，人力配管切换通常需要 6 人。该系统通过传感器和配管切换装置的组合进行切换，实现了作业自动化，省掉了作业人员。混凝土浇筑到规定的高度后，人力配管切换需要一定时间中断混凝土浇筑作业，该系统中，由于自动进行配管切换，浇筑完毕的配管清扫作业和下一次浇筑作业可以并行工作，上、中、下 3 段共 4 处，每处按 5min 计算，缩短的作业时间约为 1h（图 5-102）。

3）衬砌混凝土自动浇筑系统

该系统通过混凝土泵的压送信号控制浇筑管切换，可自动调整浇筑高度，并在左右两侧均匀地浇筑整个断面的混凝土。该系统不仅省人、省力，还能确保稳定的混凝土质量，并且成本与常规施工方法相差不大。

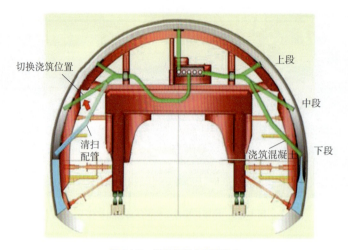

图 5-102　衬砌混凝土浇筑作业

自动浇筑系统由高流动性混凝土、新型浇筑管系统、高速配管切换装置和控制系统组成（图 5-103）。

图 5-103　衬砌混凝土自动浇筑系统

①高流动性混凝土

充填性的高流动性衬砌混凝土，通过使用具有改善稠性的高性能 AE 减水剂，得到相当于中流动性的混凝土，单位水泥量为 $350kg/m^3$，无需捣固。

②新型浇筑管系统

新型浇筑管系统是一种旋转并连续向下一个浇筑口供应混凝土的结构，可以打开和关闭（图 5-104）。该系统采用旋转式浇筑口，浇筑时，浇筑口从模板表面凸出到混凝土内部，当浇筑完成时，它会旋转并关闭位于同一位置的盖子，同时形成通往下一个浇筑口的管道。这就消除了浇筑过程中收集残留废物和清洁管道。此外，通过混凝土泵正向和反向旋转可减少残留混凝土。如图 5-105 所示，将残留的混凝土收集在右侧的管道中后输送到左侧的管道。

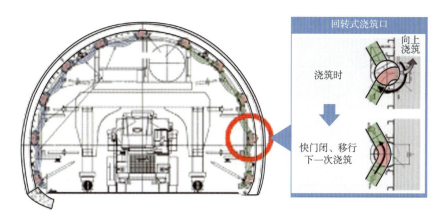

图 5-104　浇筑管系统

图 5-105　旋转式浇筑端口的动作

③高速配管切换装置

安装在管道分支点处的高速配管切换装置可以在 3s 内切换左右系统，并在 15s 内切换浇筑口，缩短了混凝土流动停止时间，实现了连续浇筑。

④浇筑控制系统

在该系统中，将检测混凝土浇筑高度的传感器安装在模板的表面，以可视化观察浇筑状态，并且与混凝土泵一起自动切换管道，以消除左右两侧之间的高度差以使其均匀地向上浇筑。

在自动浇筑控制系统中，按下开始按钮，即可按照预先设定浇筑口的切换高度、左右切换泵的冲程数、顶部填充压力的上限，整个断面按计划进行自动浇筑。结果显示，该系统可以节省混凝土浇筑中的劳力，保证混凝土质量，不受工人的技能影响。此外，系统中浇筑历史记录有助于进行系统改善，例如通过指定位置来分析脱模后的成品和浇筑设计图像之间的因果关系（图 5-106、图 5-107）。

图 5-106　脱模后的成品状态

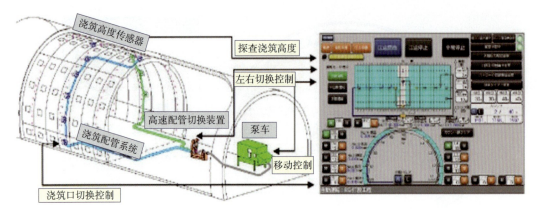

图 5-107 浇筑控制系统

该系统具体设置见图 5-108。

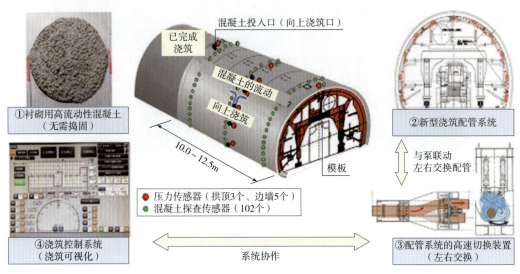

图 5-108 自动浇筑系统

4）衬砌自动施工机器人系统

衬砌自动施工机器人系统由自动控制的浇筑装置和模板管式捣固器构成。

该系统利用中流动性混凝土的流动特性进行自动施工。电脑控制的混凝土泵和浇筑装置从移动式模板的向上浇筑口自动浇筑，模板捣固器自动捣固流动性好、未产生离析的混凝土。施工状况和捣固状态等基于各种传感器数据可在电脑中实时可视化呈现，系统根据施工状态进行数据分析，判断并自动指示施工。

系统的功能构成见图 5-109。

系统构造见图 5-110。系统操作界面见图 5-111。

由现场应用可知，自动浇筑系统浇筑的混凝土强度分布均匀、表面性状无离散，状态良好，满足高品质混凝土施工要求。

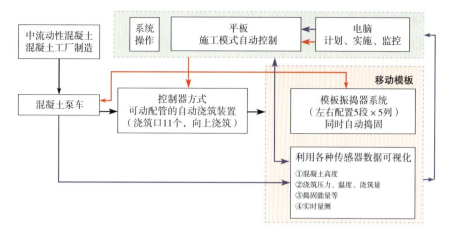

图 5-109 系统功能构成

图 5-110 系统构造

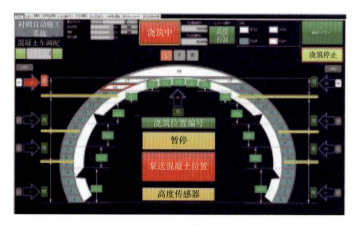

图 5-111 系统操作界面

未来，山岭隧道衬砌技术的发展方向是根据积累的量测数据进行分析，逐步采用能够应对混凝土性状变化的学习型混凝土自动施工。

5）自动评价衬砌混凝土表面质量的 AEsSLiC 系统

规范视觉评估对于确保山岭隧道衬砌混凝土的质量和耐久性，加快评估结果的编制过程，确认施工的有效性至关重要。因此，基于视觉调查评估表数据利用人工智能的 AEsSLiC 系统应运而生。

该系统由平板电脑、云服务器和 PC 终端组成（图 5-112）。输入平板电脑或数码相机拍摄的衬砌混凝土表面的图片时，AI 会评估表面视觉评估表❶中的每个项目并输出结果。

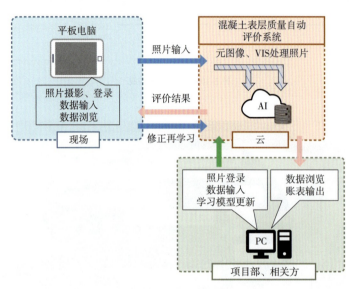

图 5-112　系统构成

拍摄照片作为教师数据，要保证图像质量。一般照片用 VIS 图像处理方法改善衬砌混凝土表面不均匀性、边缘、纹理、粗糙度等可见性内容（图 5-113）。因现场受限无法获取清晰图像时，使用 VIS 锐化的图像可增强教师数据的图像质量，提高评估准确性（图 5-114）。图像处理功能明确衬砌混凝土表面的不均匀性、边缘、纹理和粗糙度等特征点后进行图像处理，照度不足造成的照片不清晰也能达到评价精度。

（1）高效的评估工作

将衬砌混凝土表面的图片导入系统，在 API 中填写必要的项目信息，如评估日期、评估者和注释，向云服务器输入各种信息，AI 评估即可在现场完成。同时数据可通过应用程序以规定的形式（视觉调查评估表要求）传至办公室电脑终端，加快数据输入和评估结果汇总。

（2）确保衬砌混凝土的质量

数据通过云服务器与总部和相关部门共享。API 将每个项目的输出评估点转换为列表和图形，以可视化方法清晰表现，确认构造方法（视觉评估量表和 AI 判断模型）的有效性，同时，通过 PDCA 循环不断进化成熟，保障预选的施工方法中衬砌混凝土表面质量的可靠性。

---

❶ 表面视觉评估表：采用 VIS 视觉识别系统（Visual Identity System）图像处理方法，是统一的视觉符号系统。

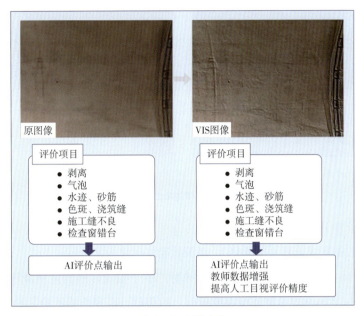

图 5-113 评价内容

a）数据输入，确认画面

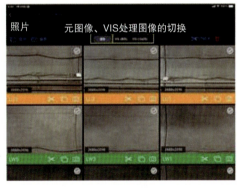

b）照片摄影画面

图 5-114 系统操作画面

（3）评估水平通过

机器学习利用带有评估点的二次衬砌的照片作为教师数据，可减少现场人员因主观性导致的评估点数据偏离，进一步改善和提高评估水平，提高评估准确性。

6）隧道衬砌混凝土监视系统

隧道施工浇筑衬砌混凝土作业（图 5-115）要求混凝土不产生材料离析，不出现残留空隙，因此混凝土浇筑管理非常重要。目前的方法是浇筑人员通过目视浇筑口，凭经验确认浇筑状况，确认所有地点非常困难。同时，浇筑状况人工笔录，整理记录等施工管理工作费时费力也难以共享。新开发的隧道衬砌混凝土监视系统（T-iMonitor Tunnel Concrete）利用在钢模板上设置的温度、压力等各种传感器，实时掌握衬砌混凝土的浇筑状况，自动记录、分析量测数据，实现了各种传感器数据一元化管理、混凝土浇筑状况可视化，提高了混凝土浇筑质量。

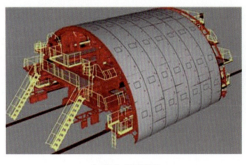
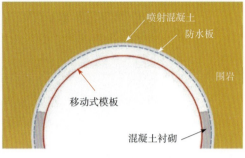

a）移动式钢模板　　　　　　　　　　　b）浇筑状况

图 5-115　衬砌混凝土浇筑作业

该系统的特征如下：

（1）传感器数据集成管理（一元化），浇筑状况可视化

该系统使用 161 个感知传感器量测浇筑高度，15 个温度传感器量测浇筑中和浇筑后的混凝土温度，15 个压力传感器量测作用在模板面上的荷载，实现传感器的实时数据一元化管理，浇筑状况可视化呈现（图 5-116）。同时，在混凝土质量管理中，采用红外线传感器自动感知记录混凝土搅拌车的位置，能够明确知晓供给混凝土的来源、用量和使用部位。

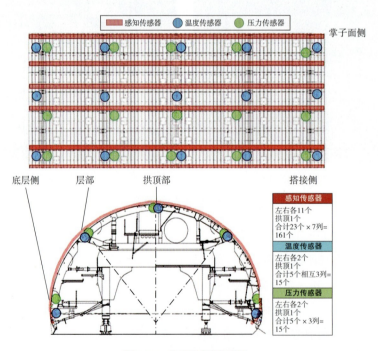

图 5-116　各种传感器的配置

（2）混凝土的质量管理

施工中各种传感器的量测数据自动记录，有助于混凝土的质量管理。如根据浇筑中、浇筑后的混凝土温度数据计算温度，推定混凝土强度。根据连续检测的模板面上的荷载，进行浇筑速度管理并确认拱顶部的充填状况。

（3）施工管理业务省力化

量测数据自动传送至云服务器上可省去繁杂的施工记录和统计，确保数据共享，提高管理协调效率。

（4）利于维护管理

在隧道维护管理中，发生经年劣化的裂缝和剥离时，可查阅系统原始的量测数据和早期对策（如有），分析产生原因并编制维护方案。

7）全自动模板设置系统

传统的山岭隧道的混凝土衬砌施工是在隧道内侧设置移动式钢模板，在隧道壁与模板的间隙中浇筑混凝土。模板长度约10m，混凝土浇筑完成后，模板在钢轨上移动到下一位置，施工过程中，为正确设置模板，需要反复测定模板的中心位置和高度，控制其位置和态势。一次作业约需6人、90min，耗时耗人。

开发的全自动模板设置系统（图5-117），由能够掌握模板位置、倾斜状态的传感器及自动控制移动的驱动装置构成。操作按钮就可以移动模板自动安装到指定位置，模板设置一次作业仅需2人、30min，极大地缩短了作业时间，节省了人力。同时，自动化系统精度设置为毫米单位，可以降低反复操作造成的人为误差，保证了混凝土的质量。

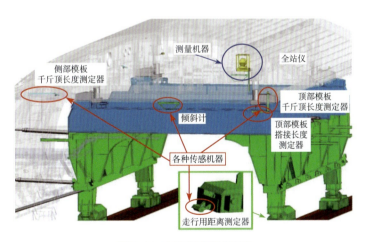

图 5-117　全自动模板设置系统

全自动模板设置系统在模板上设置了测量机器和倾斜计、传感器，可随时掌握模板位置和态势（衬砌形状）。在中央控制室中根据获得的数据推算到目标地点的距离，指示模板自动移动到指定位置。模板移动后，调整好高度和位置加以固定，顶部模板横送千斤顶、侧部模板千斤顶的伸缩以及模板设置均可自动进行，无需重复的手动测量操作，系统的数据工作原理见图5-118。

目前，大林组[1]正在开发山岭隧道综合系统（Obayashi Tunnel Integrated System，OTISM）和全自动模板设置系统是提高衬砌质量、施工省力化系统中的关键一环。OTISM是山岭隧道

---

[1] 大林组：大林组株式会社，日本建筑承包商。

施工中提高开挖作业的安全性、生产效率以及提高衬砌作业的质量，实现省力化，力图提高整体作业生产效率的系统。其中，有关衬砌的 OTISM 已实现 5 个作业的研究开发，即防水板铺设作业、模板全自动作业、混凝土、浇筑和养护作业。

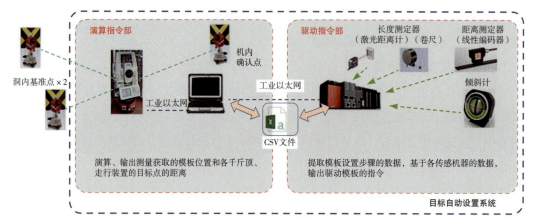

图 5-118　系统的数据协作示意图

5.5　量测技术

量测技术，实质上是获取数据的技术。过去主要采用手绘、收敛计、应变片等手段进行量测，而现在则采用全站仪、3D 激光扫描仪以及各种传感器来获取数据。量测技术从过去的定时量测变为实时量测，数据处理也从过去的人工处理变为自动处理。其详细内容可参考本书第 3 章 3.5 节，本节主要介绍有关隧道变形的物理量量测。

1）隧道数字量测系统

山岭隧道施工的量测用于评价隧道的稳定性、选定支护模式。目前，量测作业已实现半自动化，即洞内的量测结果在洞内人工输入，数据的整理和分析在项目部电脑中进行，技术人员在现场进行评价。可以看出，从数据输入到评价需要一定时间和人力，且评价作业必须是由具有专门知识和经验的人员进行。

在传统的量测技术中导入新的技术，如利用各种传感器的自动测定技术、洞内环境条件下的数据传送技术、量测数据评价的自动化技术、采用数字孪生的远程临场系统等，开发出隧道数字量测管理系统，该系统可自动完成量测数据获取、分析和利用数据的全过程工作，提高量测效率。同时，通过通信技术传递高速大容量数据，可对远程自动化的量测数据收集、分析和评价，数据共享连续等技术手段可补充熟练技术人员判断的局限性（图 5-119）。

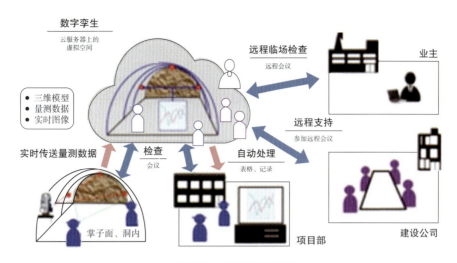

图 5-119　隧道数字量测系统

2）多点量测掌子面挤出位移监控系统

掌子面挤出位移监控系统是针对隧道施工遭遇未固结围岩和断层破碎带等脆弱围岩可能发生崩塌的情况开发的。该系统是采用价廉的激光测距仪，使用多台激光测距仪远程控制的技术，以最小 1s 间隔，多点同时连续量测掌子面挤出位移。同一地点的多个量测数据传回主机进行数据分析，计算该点位移值和位移速度，如超过事前规定的基准值则发出警告，引起作业人员的注意（图 5-120）。

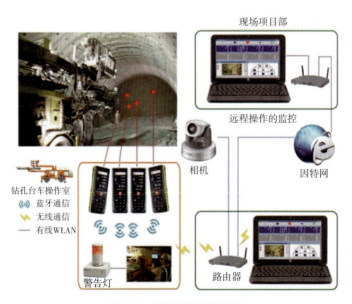

图 5-120　掌子面安全监视系统

此系统的主要特征值列于表 5-1。在掌子面不稳定的不良围岩和崩塌性围岩中，挤出位移和围岩动态监视系统的应用具有以下效果：

（1）探查掌子面崩塌的预兆，能够确保实施掌子面作业退避等安全行动。

（2）掌握掌子面全断面的位移，对掌子面补强（掌子面喷射混凝土、掌子面锚杆）效果进行定量评价，从而进行合理的补强设计。

（3）激光测距仪在无线环境下使用，现场运用简单，与过去的自动追踪型相比，缩短25%～30%的时间。

（4）导入成本比过去低30%左右（量测期间6个月的场合）。

（5）机器增设和测定环境的设定无需专业知识，移设简单。

采用激光测距仪的掌子面安全监控系统的特征　　　表5-1

项目	自动追尾型	激光测距仪
位移量测的输出	三维位移	位移值
量测精度	±（1～3）mm	±1mm 以内
测定时间	5～10s/测定次数	最小1s/测点
多点量测的适用性	测点增加同时实时量测困难	1台PC可同时量测8点

3）隧道量测管理系统（MAST）

MAST 是基于隧道设计施工管理系统，实现现场实时量测和数据处理，可进行围岩和支护构件位移动态及应力分布的详细解析，与调查、设计、施工、量测等数据一元化管理的系统。

MAST 构成和网络系统见图 5-121。

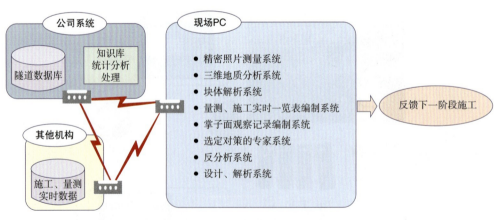

图 5-121　MAST 的构成和网络系统

该系统的技术特点如下：

（1）考虑各种条件选定最佳支护构件和辅助工法，实现构筑高质量隧道构筑物的要求。

（2）由于采用经济的支护模式和辅助工法，提高了工效，降低了成本。

（3）由于采用高精度的解析系统，能够选定有效的对策，防事故于未然。

（4）具有良好的管理能力，能够对各种情况进行协调管理。

(5)可以利用现场数据的数据库,相互反馈进行高精度的解析。

该系统可进行量测结果分析和不连续体解析,前者可根据构件净空位移掌握周边围岩松弛和支护构件的应力状况,见图 5-122,后者可针对围岩裂隙进行不连续体的解析,见图 5-123。同时,利用隧道掌子面数值图像进行三维地质分析(图 5-124、图 5-125),可使掌子面观察记录和地质断面图等施工资料制作、保存和查找快捷、省力,很好地应对了现场的特殊性。

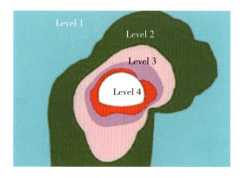

图 5-122　量测结果的分析

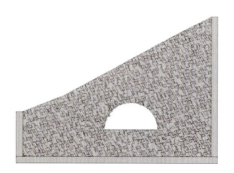

图 5-123　不连续体的解析

图 5-124　利用掌子面图像进行三维地质分析

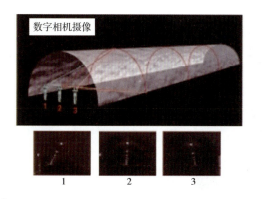

图 5-125　净空位移和围岩不连续面的走向、倾斜

4)利用无线通信技术的洞内量测系统(T-RIPPA)

目前的量测作业需要随施工进展移动并增设通信机器,而机器的设置、电力供给、通信电缆的设置、维护、数据回收等环节都需要花费一定的时间,导致中断施工。近年,虽然洞内

Wi-Fi 已可进行稳定的数据通信，但距离只有数米至百米，长隧道中，上述设备的更替作业不可避免。为此，开发了隧道洞内量测系统（T-RIPPA），可实现 1km 以上长距离的无线通信。

与过去的无线通信方式相比，该系统基于 LPWA[1] 无线通信技术，可实现 1km 以上距离的无线通信（图 5-126）。LPWA 无线通信模块和天线组装在量测机器内部，能进行稳定的量测。作业中无需通信电缆，也就没有电缆的爆破防护作业，从而使得洞内量测作业省时、省力。

量测数据集成在云服务器中，能够在网上自动编制图表、确认数据和下载数据。网络环境下，项目部与作业现场可实现数据共享，量测数据以可视化形式呈现。

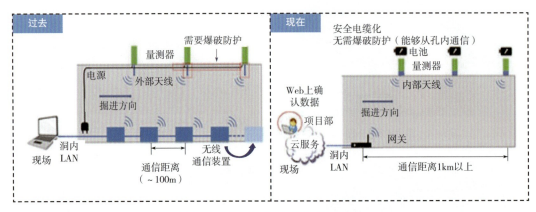

图 5-126 过去与现在的无线通信方式比较

将隧道拱顶倾斜计（TT-Monitor[2]）引入该系统，验证数据回收时的作业效率（图 5-127），发现该系统量测作业从数据回收到分析需要的时间可减少一半左右。此外，该系统中任何时间和地点的量测数据均能实时可视化确认。

图 5-127 采用隧道拱顶倾斜计的验证状况

---

[1] LPWA：低消费电力、长距离通信为特征的无线通信总称。使用 920MHz 带的 ISM 硬件，即使在 20mW 以下的低通信电力状态下也能够稳定地传送 1km 以上距离的通信的无线通信技术。

[2] TT-Monitoer：伴随隧道开挖产生的拱顶的微小倾斜用的高精度 MEMS 传感器。

5）移动式洞内位移自动量测系统

山岭隧道快速施工中掌子面前方围岩预测多是通过固定在隧道壁面的全站仪获取连续的围岩动态数据，存在着量测仪器布设移动时中断量测和因电脑故障无法量测的情况。为了能够对围岩动态进行实时监控，将量测数据从掌子面连续、稳定地传送到洞外，开发出移动式洞内位移自动量测系统（图5-128）。

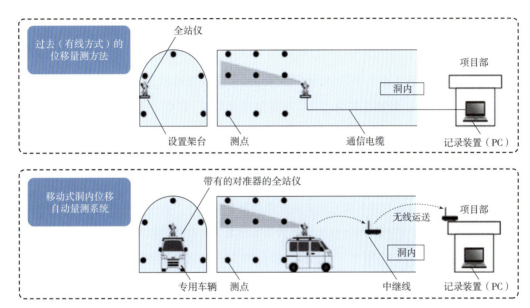

图 5-128　位移自动量测系统

该系统由车载式的自动调整全站仪和传送量测数据的高感度无线传送系统构成，能够连续自动量测隧道壁面位移，实现实时监控。

该系统具有以下技术特点：

（1）连续的壁面位移量测

隧道爆破及车辆退避使量测中断的时间在循环作业中约占30min。由于大幅度缩短量测仪器的移设时间，能够进行连续的量测。此外，该系统能够解析连续的围岩动态数据，预测前方围岩状况（图5-129）。

（2）缩短作业时间

过去移设全站仪需要半天左右时间，目前可大幅度缩短至约15min，有助于快速施工。

图 5-129　系统量测状况

（3）便利、自由度高的量测管理

系统采用了无线传输系统，设置位置不受限制。安装的自动调整机构使之在仰拱可能变化的区间也能够进行量测。

6）机器人 Spot 及搭载 UAV 的光切断法的三维量测系统

大林组开发的利用光切断法❶的山岭隧道断面量测系统将断面量测的作业人员减少至 1/4，量测时间减少至 1/120。过去采用固定的三脚架上设置激光和广角相机，进行重复断面量测时，人员要移动量测装置，此过程需要作业人员和时间。本系统地质机器人能够连续且高效地进行重复断面的量测。

该系统由 4 足步行机器人 Spot 和量测装置组成。Spot 能够在 15cm 以下凹凸不平的地点自主移动（图 5-130）；量测装置由相机、改良型的无人机（UAV）等配件构成。考虑到载重和尺寸限制，量测设备选定了环形激光和广角相机，其中固定构件采用 3D 打印的树脂构件。

该机器人的应用达到以下效果：

（1）易进行多断面的三维量测

单个断面的量测，通过环形激光的开关按钮摄取 1 张照片，利用背景差分法❷从图像自动抽出激光照射位点后，进行三维坐标（点群数据）计算。多断面的量测，过去需要不断地移动激光照射位置。该系统的应用中，地上自主步行的 Spot 和搭载量测装置的 UAV（图 5-131），通过切换激光的开关进行高速、反复地拍摄，可连续量测重复断面。Spot 量测数据所需时间大幅降低，约缩短至过去的 1/30。

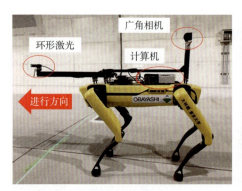

图 5-130　搭载量测装置的 Spot

图 5-131　利用 UAV 的隧道断面量测

（2）多场所、复杂形状的三维量测

Spot 的角度和高度均可调整，激光照射可满足各种精度要求。即使在隧道开挖掌子面附近，拱顶涌水和施工机械、车辆的往来产生泥泞和车辙的环境下，Spot 亦能从容应对，因此也

---

❶ 光切断法：采用照射直线状光的线形激光和相机，根据激光中光的方向和相机光线向量的三角测量原理，进行三维量测。其适用于环形激光和鱼眼相机的隧道断面量测。

❷ 背景差分法：比较背景图像（激光处于关闭状态）和观测图像（激光处于开启状态），检验出物体图像的处理方法。

可用于开挖成形的量测（图 5-132）。

（3）可自主步行的自动量测

Spot 内装多个可识别 AR 标志❶的相机。Spot 按照预设带有 AR 标志指引的移动路径运行 2 次后即可实现自主步行（图 5-133）。利用此功能，Spot 在隧道和地下通道中任意时间均能自动进行拍摄、断面量测，在竣工验收的初期检查和定期的日常检查发挥作用。

图 5-132　在积雪上进行角度调整的 Spot

图 5-133　Spot 的自主步行模式

5.6　管理技术

山岭隧道技术智能化的实现，最重要的一环是管理到位。在智能建造中，重要的是做好人、物、环境三者之间的协调，充分确保施工安全、质量、进度、成本和效率。智能化的目标一定是实现多快好省的工程建设，无需为了智能化而智能化，而是要通过智能化的手段提高项目管理的能力和效率。

经典的项目管理理论包含很多内容，关键内容是进度、费用和质量的相互协调、相互制约、相互适应。随着现代工业发展到一定阶段，出现的三位一体的管理体系（Health、Safety、Environment，HSE）愈发重要，已成为各大公司的核心价值之一。

智能化技术基于三维模型，可实现数据一元化管理、可视化分析、AI 决策，大大提高了数据的准确和决策效率，为传统进度管理、质量管理和成本管理注入了新的活力；同时远程调查、远程机械操作、远程监控提醒等，不仅提高了生产效率，更是极大地提高了劳动者的安全性和人身健康。特别是虚拟施工技术，也就是数字孪生技术，作为一门跨学科的综合性技术，包括了产品数字化定义、仿真技术、虚拟现实技术、可视化技术、数据集成、优化技术等。在施工过程模型中融入虚拟仿真技术，评估并优化施工过程，以便快速、低费用地评价不同的施工方案、工期安排、材料需求规划等。

---

❶　AR 标志：表示现实空间的照片和坐标等各种数据的相机所用的标志。

智能化技术带来的可视化、可模拟化、远程化、可集成化等众多特质在项目管理中可以通过实时数据更新改善预算准确性，远程化技术提高施工安全性，虚拟施工有助施工方案和早期决策，可视化手段增加沟通和协作，减少返工，模型技术和集成技术不仅可以提高管理的精确性，还可以简化隧道的后期运维。

总之，智能化技术在山岭隧道的项目管理中大有可为。当然，山岭隧道的建设管理远远不止是施工的管理，全过程的项目管理很多内容分散在不同的章节中，本节介绍的管理技术偏重现场有关的管理。

信息化技术在现场的应用自20世纪90年代开始，随着模型技术的发展，网络技术的成熟，AI技术的应用，慢慢在往数字化、远程化、自动化的自主施工进军。图5-134显示了日本现场施工的发展状况和目标。

图5-134　日本现场施工发展历程及目标

日本正在建设超智能社会Society5.0，提出了城市、地方、物和事的服务、基础设施和网上空间五个目标领域。随着传感器、数据通信、高速计算、IoT、AI技术等的进展以及作为新资源的"大数据"的利用，形成了不受时间、空间制约的网上空间，并与现实的物理空间融合生成新的数字技术基础，智能技术必将引起建设生产系统大的改革。即使在建设施工中，随着数字技术的发展，也开始在各个作业环节开发出多项智能化技术来提高施工和管理效率，山岭隧道建设中的智能化应用见图5-135。

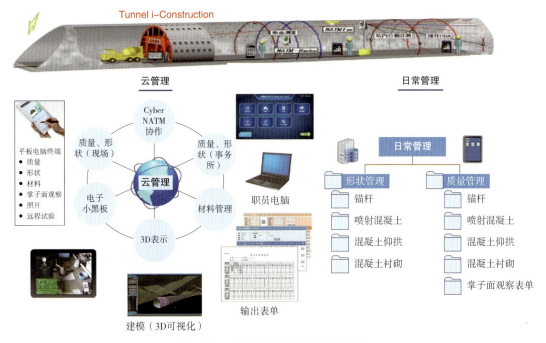

图 5-135　山岭隧道建设中的智能化技术应用

目前提出的智能建造全程管理，是指通过智能化技术的利用，把建设生产的各个子过程无缝衔接起来，使各部分能顺畅地协同工作，使工程主体中的数据和数据利用在空间和时间上保持完整性和延续性，实现业务的一体化。全程管理模式的核心是建立业务模型、数据模型以及运行模型。业务模型的建立是对业务流程中的过程和业务类型进行梳理、抽象和简化，建立部门间的协同运作，形成适合于计算机处理的业务模型；数据模型的主要任务是建立各项业务管理数据的组织、管理模型，实现业务间信息流的共享系统；运行模型建立的重点则是在全程管理过程中不断优化、更新模型，最终实现数字化的孪生隧道进行高效的资产管理。

有关统计表明，在项目管理中应用 AI 的原因包括生产力（Productivity）、决策（Decision）、绩效（Performance）、成本（Costs）、资源利用（Resources Utilization）、灵活、整合和沟通（Flexibility, integration and communication），以及合规性（Compliance），其中最主要的原因是提高了项目管理实践中的生产力、决策过程和整体绩效。

在改善项目管理实践和整体项目交付方面潜力最大的三种 AI 技术分别是机器学习（78%）、诊断（76%）、深度学习（74%）。其他有较高潜力的 AI 解决方案有增强分析和无人机，它们通过自动加工项目现场的图像数据来辅助计划、控制和质量等项目管理流程。

AI 给项目工作带来的最大变化是灵活性和响应速度的提高，最有可能提高项目管理的类型是机器学习。

另外值得一提的是智能化项目管理软件，它是数字化时代的重要工具，可以为组织和企业提供了全面、智能的项目管理解决方案。智能化项目管理软件可以在项目管理的各个阶段和不同领域中应用。例如项目计划和进度管理、资源管理、风险评估和管理、沟通和协作、数据分析和报告，它能够自动完成繁琐的日常任务，如任务分配、进度跟踪和报告生成，减少耗费大量时间的人工操作。智能化项目管理软件作为强大的协作平台，可以实现团队成员之间的实时沟通和协作，促进数据共享和团队合作，同时能够提供全面的项目数据和报告，帮助项目管理人员做出准确、及时的决策，并优化项目执行过程。通过智能化的数据分析和风险评估功能，项目管理人员可以更好地识别和管理项目风险，及时采取措施降低风险发生的可能性。

未来，随着人工智能技术的不断发展，智能化项目管理软件的发展趋势如下：

①更加智能化和自动化，能够自动识别和分析项目数据，提供更准确的决策支持。

②更加注重数据的收集和分析，通过数据驱动的决策，帮助项目管理人员优化项目执行过程和结果。

③越来越注重移动端和云端应用，支持项目管理人员随时随地访问和管理项目，提高工作的灵活性和效率。

④与其他新兴技术融合，如区块链、物联网和虚拟现实等，进而提供更全面、更智能的项目管理解决方案。

⑤越来越注重预测和优化功能的发展。通过数据分析和机器学习算法，软件可以预测项目进展和风险，并提供相应的优化策略，帮助项目管理人员做出更明智的决策。

⑥更加注重与其他系统和工具的整合，形成一个完整的项目管理生态系统。如与财务系统、人力资源系统和设计软件等进行无缝集成，实现信息的互通和流程的协同。

5.6.1 智能建造中项目管理的基础

1）三维模型的应用

日本国板隧道长678m，采用矿山法施工，为了实现施工管理记录和围岩事前调查结果的一元化管理，减少表格编制和数据整理时间，提高作业效率，编制了隧道三维模型，如图5-136所示。图5-137显示了三维模型及对应的各施工管理记录数据和便捷的数据检索。三维模型中量测数据的可视化有助于事前预测围岩状况，在围岩判定的时候，易于各方迅速达成共识，可以不停止施工进展进行人机料和支护模式的变更（图5-138）。

日本三光隧道长607m，净空断面积最大136m^2，采用矿山法、机械工法开挖，地质为新第三系角砾岩。施工数据进行一元化管理，将设计时的地质数据和开挖部的掌子面数据可视化，可准确掌握隧道施工状况；新的数据集成到三维模型过程中，数据的输入和输出非常便捷，提高了文档管理的效率，如图5-139、图5-140所示。

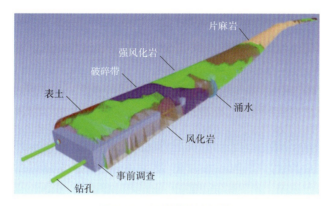

图 5-136 编制的隧道三维模型

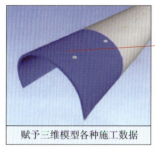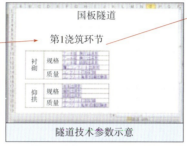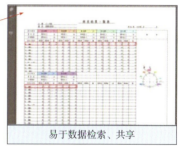

图 5-137 施工管理记录一元化管理

图 5-138 量测数据三维模式化

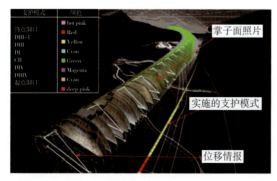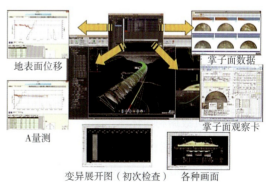

图 5-139 隧道 BIM/CIM　　　　　图 5-140 与隧道施工情报有关的功能

2）数据收集共享系统（i-PentaCOL/3D）

i-PentaCOL/3D 收集的内容和来源见图 5-141。

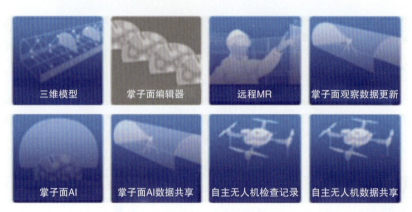

图 5-141　i-PentaCOL/ 3D 收集的内容和来源

i-PentaCOL/3D 系统可实现合同管理、数据管理和数据利用管理等。图 5-142 为合同管理，成形管理的界面；图 5-143 为以隧道为对象的数据利用介绍。

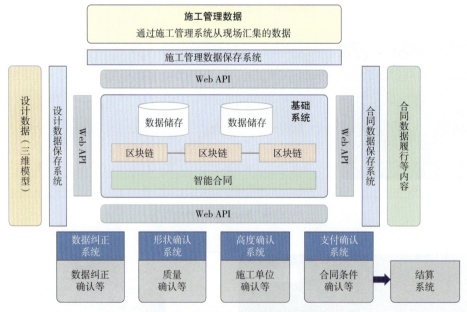

图 5-142　合同及形状、高度等数据管理系统

3）构筑数据利用环境

利用三维数据构建数据环境是智能化建造的基础，是各方合作的长期工作。数据环境的构筑包括广域网络和洞内网络。广域网络是指高速、大容量的基础设施建设，是国家层面的任务。图 5-144 表示了广域的三维数据利用环境，包括网络、数据协作、数据利用、虚拟空间等。

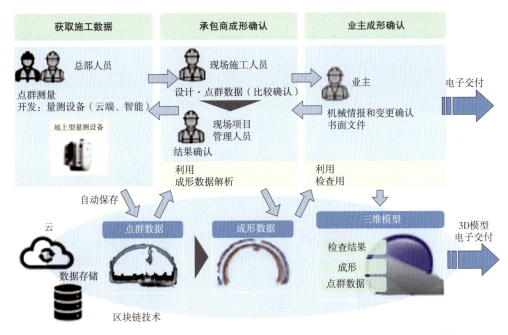

图 5-143 以隧道为对象的数据利用

基于此，才存在了数据的交换、分析和控制指令。国家提出的新基建中，信息基础设施包括以 5G、物联网、工业互联网、卫星互联网为代表的通信网络基础设施，以人工智能、云计算、区块链等为代表的新技术基础设施，以数据中心、智能计算中心为代表的算力基础设施等；融合基础设施包括智能交通基础设施、智慧能源基础设施等都是广域网络的内容。

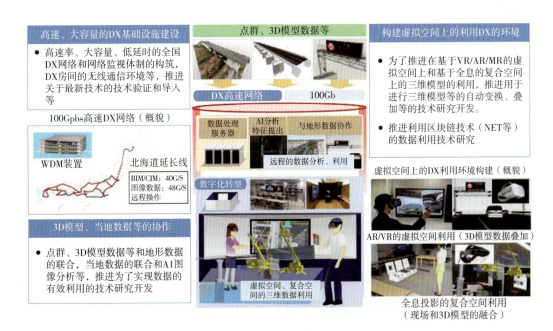

图 5-144 三维数据的利用环境

简单地说，智能建造中各阶段的数据一部分是继承前面阶段的数据，另一部分来自现场布设的摄像头和传感器，利用传感器网络实现广域的数据收集。因此，在传感器和高性能传感器基础上构建了数据集成管理系统（图 5-145）。

图 5-145　利用传感器的数据管理系统

日本汤野 2 号隧道利用本地 5G 和 360° 视频流媒体传输，从远距离自由视点实时确认施工状况，是该技术首次应用在山岭隧道中，如图 5-146 所示。

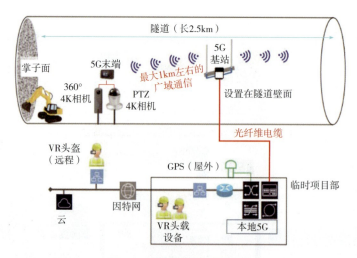

图 5-146　远程确认施工状态系统

隧道内实现本地 5G 无线传输，掌子面附近设置支持 4k 的 360° 摄像机获取数据，全景 360° 视频流媒体传输。全景 360° 视频在视频中是一种较为特殊且新颖的类型，随着 VR 技术推广成为主流。PVD 文件一般比较大，现有传输环境下，因带宽问题常有延迟。流式不仅使启动延时成十倍、百倍地缩短，而且不需要太大的缓存容量。现场 PVD 数据传送到项目部电脑中，可以任意视角实时确认施工状况。通过互联网，远程的业主和管理者也可以进行同步确认。声音数据也是可以传送的，所以可以通过锤子敲击围岩时发出的声音来判断围岩的差异（图 5-147）。

图 5-147 远程确认概貌

带有地形和隧道主体数据的 3D 模型，在基础资料和属性信息上加载了工程进度、截止日期、传感器数据、现场 PVD 数据等，能够连续、立体地确认现场真实状况。当多人参与的时候，在物理上互相远离的地方，每个人都可以作为虚拟化身进入同一个虚拟空间，进行自由的交流。另外，对 3D 模型赋予各属性信息后，因计算、决策等生成的数据也将自动赋予模型，这无疑将降低施工管理面对的不确定性（图 5-148）。

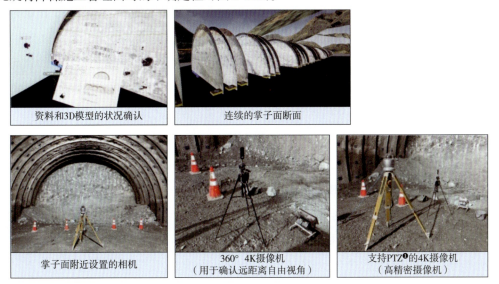

图 5-148 构建隧道的 3D 模型

注：PTZ–在安防监控应用中是 Pan/Tilt/Zoom 的简写，代表云台全方位（左右／上下）移动及镜头变倍、变焦控制。

5.6.2 可视化技术

1）可视化的数据管理系统（Field Browser）

Field Browser 数据管理系统将各个服务器提供的数据和子系统进行集成，集成现场的人、物、施工机械的位置和动作状况以及气象、交通情报等环境数据。以位置数据为轴，将拍摄的现场图面叠加在地图上，并标注人、物、施工机械与气象、交通数据等，用一个管理画面对各种可视化数据进行集成管理（图 5-149）。

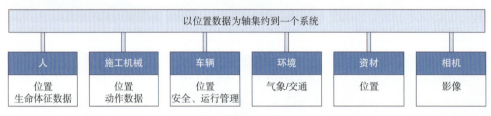

图 5-149 数据一元化概貌

该系统集成的内容包括如下：

（1）掌握人和施工机械、车辆等的位置数据；分别显示出机种、类别，按计划的地点、人员、机械配置、作业状态等；

（2）定点相机影像和位置数据能够反映现场真实状况；

（3）实时显示劳动者的身体数据，及时发现异常，进行预警；

（4）施工机械、车辆分为正在工作/非工作状态，根据积累的工作时间计算工作效率，研究机械和车辆的最佳配置和调配；

（5）能够确认 72h 前预报的气象情报，包含降雨、雷电的实时气候，有利于作业的事前研究对策及修正计划等。

项目部设置了大型的多屏幕全景监视器，实时反映了定点相机拍摄的资料，做到现场状况的高度可视化。图 5-150 中，项目部监控器导入了新名神高速公路的 6 个现场画面，实时显示现场实况，实现了具有现场感的远程项目管理。未来，在远离现场的项目部、总公司等不同地点，不同角色的人员可根据权限实时掌握现场状况，进行远程快速决策，不仅提高了决策效率，还节约了大量的差旅时间，使得高级专家可以发挥更大的作用。

2）隧道观测系统（Tunnel Remote View）

隧道观测系统是以隧道洞内任意位置为视点，可以 360° 观测隧道全线洞内影像的系统。由能够进行 360° 拍摄的全景相机、隧道洞内走行的车辆、车速传感器、数据变换和浏览用的计算机等构成（图 5-151）。

Field Browser 的现场运用状况（项目部） 　　　现场状况在集团公司的实时确认

图 5-150　可视化的管理系统

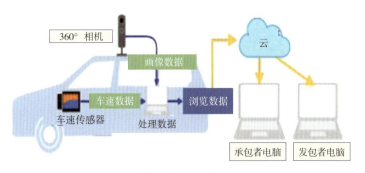

图 5-151　系统组成

安装在车辆上的全景相机，一边随车辆沿隧道全线走行一边进行全景拍摄，同时向云端上传数据（图 5-152）。不能使用 GNSS 的隧道内，拍摄位置的数据是根据车速传感器的车速计算走行距离得到的。

图 5-152　360° 全景相机

图像浏览在专用的软件上进行，专用云端上的数据可以在相关方之间共享。网络浏览时，只要在浏览画面上滑动鼠标到隧道洞内任意位置，滑动画面回转视点，就可获取 360° 的画面，现场情况一目了然，使用也非常便捷（图 5-153）。通过网络可存取（访问）PVD 数据，现场、项目部和公司都可确认。

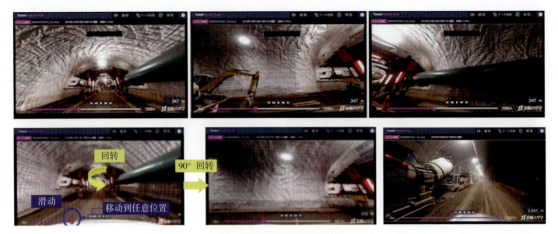

图 5-153 任意方向的画面确认

PVD 数据上传到专用的云服务器后，可以掌握隧道洞内任何地点的施工详细状况。据此，短时间内能够掌握洞内全线的作业进展和人机料的库存状况，利用该系统进行作业安排，远程指示，可缩短作业过程的时间。同时，亦能保证有关各方定时确认隧道洞内状况，使日常巡视和成形确认省力省时，提高劳动效率（图 5-154）。

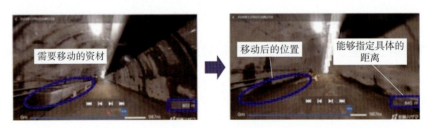

图 5-154 系统利用概貌

在山岭隧道施工中，隧道前方掌子面的开挖与后方数百米区间内仰拱施工及衬砌施工并行作业。由于掌子面开挖作业中材料设备的搬运和开挖弃渣的搬出在后方作业中进行，会出现作业交叉的情况。因掌子面开挖和仰拱、衬砌的施工循环各不相同，工种的位置关系每天都在变化，管理关系比较复杂。为提高作业效率，需掌握洞内状况后，才能对隧道数百米内作业区间的重型机械和临时设备进行合理配置管理是非常重要的（图 5-155）。

图 5-155 隧道洞内重型机械、临时设备的配置

5.6.3 远程化技术

面对劳动人口减少趋势加快的现状，日本在建设业中大力开发施工的省人化、无人化的技术。针对山岭隧道，在狭隘空间采用施工机械自动化、无人化技术被广为关注，并已取得相关成果，制定了建设现场远程临场实施要点及监督检查实施要点，见图5-156。远程化技术对项目管理而言，除了节省劳动力和时间，提高生产效率，远程化的机械操作和数据采集降低了施工风险，无人机自动巡检获取的数据降低了人工目视的误差，远程化多方的数据共享提高了决策速度，这些都大大降低了项目管理的成本。

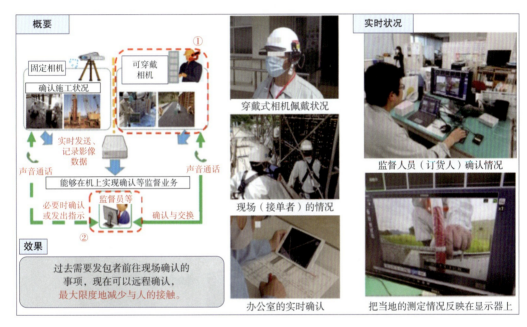

图 5-156　建设现场远程管理实施要点和监督检查实施要点

1）现场无人机数据多地点共享

该系统是基于远程临场系统（SENSYN CORE Monitor，简称SC监视器）在建设现场应用的改良型系统。系统构成见图5-157，包括施工现场、项目部和远程会议室3个地点，无人机由现场外的管理者远程操作。无人机拍摄的现场数据和飞行时的遥控数据通过4G-LTE回线上传到云服务器存储并进行数据管理，这些数据来自不同的时间和不同的现场。SC监视器的操作画面由无人机的摄像影像和右下的控制器构成。该系统获取的PVD数据能够实时确认，也能够与历史数据接续、比较和参照。系统的现场运行见图5-158。

2）洞内自动巡视的无人机系统

在隧道中进行的巡视、检查等监理业务中，可充分利用无人机自主控制的飞行辅助功能。

隧道洞内自主飞行的无人机，使用激光雷达获取数据，即使在非GNSS环境且与室外相比较暗、特征点较少的隧道洞内，也可通过障碍物检测和规避飞行实现安全稳定的自主飞行。

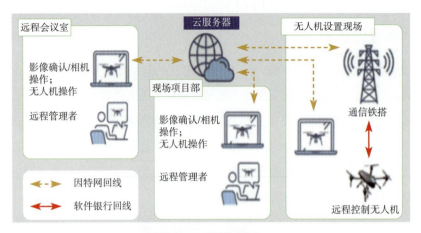

图 5-157　系统构成概貌

图 5-158　系统现场运行

无人机搭载的 360° 摄像头可以获取连续的 360° 影像，通过现场监控系统（OpenSpace）处理，远程据点通过云端也能在 VR 空间实现洞内全线 360° 巡视和检查。爆破后或开挖完成后，可操控自主飞行无人机飞到掌子面后方，通过无人机下部复合摄像机的变焦、广角功能及搭载的各种热红外传感器获取高清图像/影像。在人不接近掌子面的情况下实施掌子面远程（无人）的详细检查。飞行中实时发送的无人机影像，实现了远程的自动巡视和检查。图 5-159 展示了隧道洞内自动巡视无人机系统。

3）使用本地 5G 通信的洞内远程机械操纵（西松建设❶）

本地 5G 通信可以应用于隧道开挖中远程控制多台施工机械同时施工。在隧道施工的各作业无人化（远程操作）、自动化施工技术有关的开发中，常用的是轮式挖掘机远程操作系统。

---

❶ 西松建设：西松建设株式会社，日本建筑承包商。

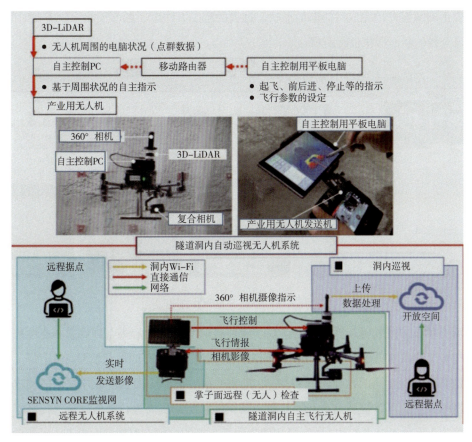

图 5-159　隧道洞内自动巡视无人机系统

使用本地 5G（以后简称 L5G）的轮式挖掘机远程操作系统由远程操作系统、影像/控制信号通信系统及安全走行管理系统构成。轮式挖掘机的运转操作包括转向、制动、臂及料斗等操作，由远程运转装置控制。在远程操作室中，配置远程操作仓及监视器，一边看画面一边远程操作。远程操作需要的影像、控制信号通过 L5G 的通信装置传输，L5G 天线设置在高空作业车上的 L5G 分离型移动基站。为确保远程操作时的安全走行，轮式挖掘机备有 AI 识别的自动紧急停止系统。现场应用见图 5-160。

该技术在新稻隧道进行了应用，轮式挖掘机的洞内走行、运送开挖弃渣和投入矿车等作业采用远程操作。在隧道洞内应用了 28GHz 带宽的本地 5G 通信。未来，该技术将不断改善，推广应用。

5.6.4　质量管理和质量检查

1）断面形状管理（MMS 量测）（奥村组[❶]）

山岭隧道施工中的混凝土衬砌质量管理中要确认衬砌厚度是否在设计断面以上，也就是说，开挖轮廓和设计轮廓可能存在差异，图纸上统一标注的厚度并不是实际的施工厚度，为

---

❶ 奥村组：奥村组土木兴业株式会社，日本建筑承包商。

此，需要正确掌握开挖完成后的断面形状。过去的施工方法中，断面形状不仅需要时间复核，掌握隧道全线的断面形状也有困难。

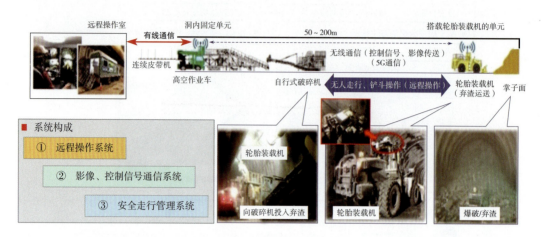

图 5-160　现场应用

车辆搭载型量测装置在测量车上搭载了能够获取周边三维量测点群数据和连续照片的三维激光扫描仪和高画质相机，可以在短时间内进行隧道全线的断面形状量测。

根据喷射混凝土面的设计模型和 MMS 量测的喷射混凝土面点群数据编制热图进行差分解析（图 5-161），可掌握隧道全线的喷射混凝土面状况，从而进行断面评价，提高了施工质量。根据除去面的设计模型和 MMS 量测的喷混凝土面的三维点群数据的差分，计算除去面的浇筑面积，结合模板安装数据，可以事先计算出一个浇筑环节的混凝土量（图 5-162）。用反射强度（Intensity）表示喷射混凝土面的三维量测点群数据，能够确认钢架、锚杆的配置及漏水地点，据此，就能确认施工时的位置和数量，同时也能够记录漏水位置数据用于以后的维护管理（图 5-163）。根据喷射混凝土面和混凝土衬砌面的三维点群数据（图 5-164），进行差分解析，能够计算除去厚度。根据解析结果编制热图，进行面的评价，可确保隧道全线的衬砌厚度（图 5-165）。

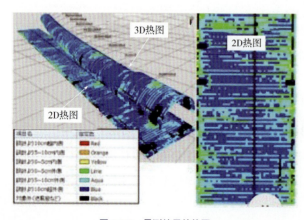

图 5-161　量测结果的热图

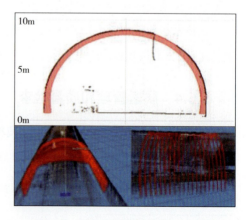

图 5-162　利用点群数据计算混凝土浇筑量

图 5-163　用反射强度确认钢架、锚杆位置

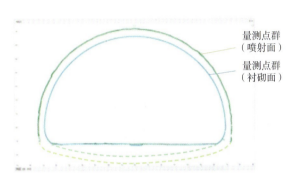

图 5-164　三维点群数据量测断面

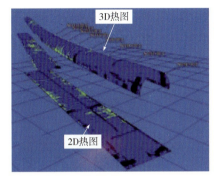

图 5-165　衬砌厚度热图

2）无人机的现场巡检取代传统的质量检查方式

在隧道洞内（非 GNSS 环境），利用自主飞行无人机进行数据收集、掌子面检查、影像的实时传送可替代传统的人员目视和手工检查的方式，见图 5-166。

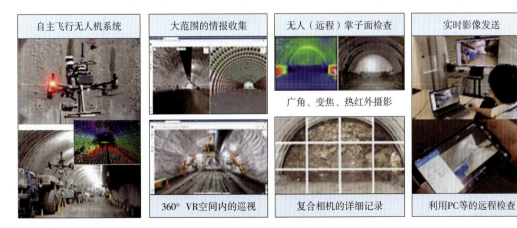

图 5-166　无人机的现场巡检

其特点如下：

（1）隧道全线巡视数据的获取和生成。

（2）获取数据、整理的效率化、高度化、迅速的数据共享。

（3）掌子面的无人（远程）检查。

（4）掌子面检查时的安全性，数据共享的实时化。

3）成品管理的量测

成品管理的量测包括日常管理的量测与特定区域的量测。

图 5-167 表示了将边坡动态观测的量测结果反映在三维模型中，利用三维模型及时掌握特定区域中的异常情况、问题发生的位置、同一地点的历史数据等。时间紧急时，及时获取上述数据对各方迅速达成共识有很大的帮助。

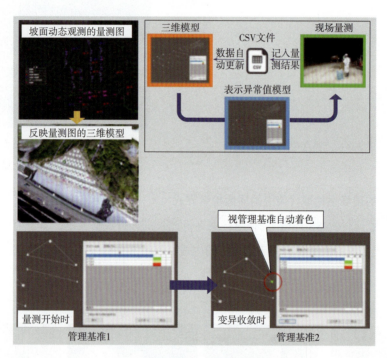

图 5-167　成品管理的量测示例

5.6.5　安全性技术

1）掌子面落石识别警报装置

掌子面落石识别警报装置可迅速准确地识别落石等掌子面上方落下物，如识别出 0.3s 落石落下距离 44cm，落下速度约 10km/h；0.5s 落下距离 1.2m，落下速度约 18km/h。同时要求不出现落下物以外动作的误报。其构成包括识别装置和警报装置，如图 5-168、图 5-169 所示。系统可在落下物发生 0.1s 内快速识别，发出警报（图 5-170）。

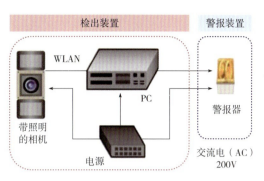

图 5-168 落石识别警报装置　　　　　图 5-169 落石识别警报装置构成

通过高速拍摄图像的能力可保证及时识别落下物，其原理是采用差分图像识别落下物，移动体的识别通过设定落石识别禁止区域来提高识别精度和速度（图 5-171、图 5-172）。该系统已现场试用，具有较大的推广应用空间（图 5-173）。

2）掌子面作业安全性系统（竹中土木❶）

该系统可自动监视隧道施工中的掌子面，

图 5-170 现场应用

捕捉掌子面崩塌预兆，告知作业人员危险，该技术能够提高掌子面作业的安全性，减少超挖。

该系统把隧道掌子面分割为 0.5m×0.5m 的网格，以 ±3mm 的精度量测网格的挤出位移。初期累积位移值达到预设阈值时，自动发出警报（图 5-174）。警报分为 2 类：一类让作业人员的安全帽锤发生振动，直接把掌子面危险状态告知作业人员；另一类把超过阈值的位移值及其网格用激光明示，告知危险状态的地点，同时把掌子面的位移数据（各网格的位移值）编制位移轮廓图和掌子面影像用 AR 表示，自动上传到云服务器，供有关各方共享（图 5-175）。

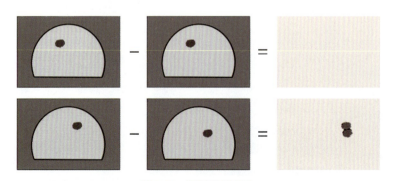

图 5-171 识别落下物原理

---

❶ 竹中土木：竹中土木株式会社，日本建筑承包商。

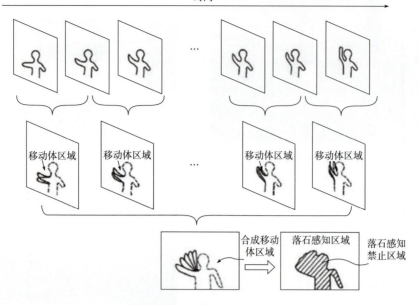

图 5-172 移动体识别方法

图 5-173 现场验证和落石识别试验

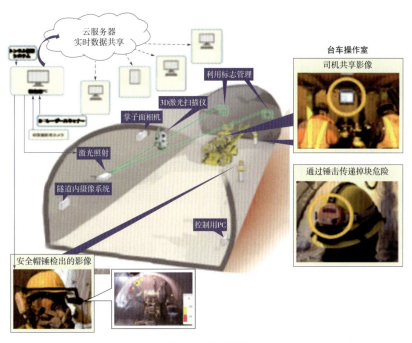

图 5-174 系统构成

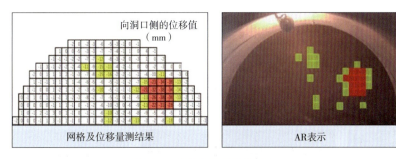

图 5-175 各网格的位移量测结果

施工中使用的机械列于表 5-2。

使用机械一览表　　　　　　　　　　　　　表 5-2

种类	名称	单位	数量
数据获取	3D 激光扫描仪	台	1
	掌子面相机	台	1
	系统操作电脑	台	1
	洞内 Wi-Fi		1
数据利用	可视化系统		1
	控制用电脑	台	1
	绿色激光	台	1
	安全锤	台	4
	电脑	台	1
	平板	台	1
	云服务器		1

现场采用效果如下：

（1）掌子面变异的识别时间从 285min 减少到 280min。

（2）危险告知时间从 5s 减少到 1s。

（3）实现省人化。

（4）缩短喷射时间，从 66min 减少到 60min。

（5）有关各方可共享情报。

3）掌子面投影图像（大成建设）

在掌子面喷射混凝土作业中，通过 3D 激光扫描仪和掌子面摄像机获取掌子面数据后进行可视化处理形成图像文件，图像文件在台车上的电脑中显示，同时通过激光投影到掌子面上，可清晰地反映历史数据和掌子面钻孔数据，从而形成最新的地质状态。基于此，指导开挖作业（图 5-176、图 5-177）。

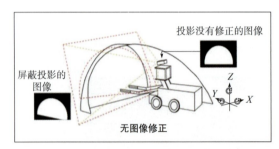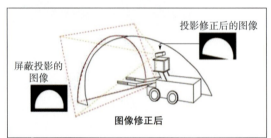

图 5-176　投影图像的生成

图 5-177　掌子面投影图像技术

该系统包括投影仪、控制器和小型电脑，上述设备放在保护箱内，加载在台车上（图 5-178）。该系统在钻孔台车开挖循环中的应用流程如图 5-179 所示，根据掌子面投影图像制定适宜的爆破模式，完成钻孔作业的远程操作。通过掌子面照片复原围岩，并用颜色定量表示围岩软硬，可以使得爆破装药合理化（防止过度装药或弱装药），确保安全性，提高施工质量和效率（图 5-180～图 5-182）。

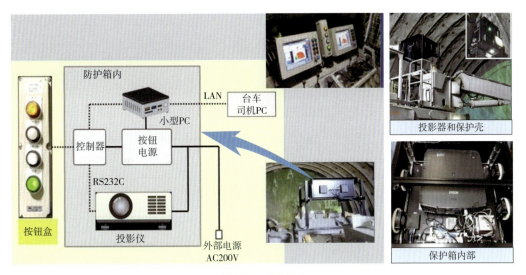

图 5-178 系统构成

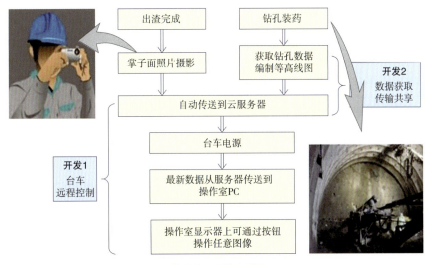

图 5-179 应用流程图

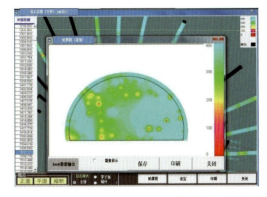

图 5-180 计算机地质分析图及显示器图像

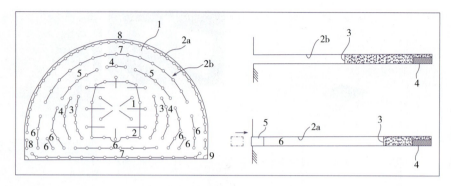

图 5-181 爆破模式的表示

注：数字代表爆破段别，同一数字起爆时间相同。

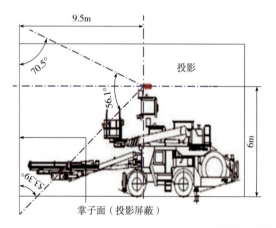

项目	参数
光源	激光
解析度	WUXGA
方式	3LCD方式
有效光束	12000-lm
尺寸（长×宽×高）	568mm×492mm×185mm
质量	21.8kg

图 5-182 现场应用案例

5.6.6 数字孪生技术

1）利用数字孪生技术实现隧道施工自动化

隧道施工实现自动化一直是个困难的问题，如 GPS 问题，复杂的地质和地下水条件使得设计称为"动态设计"，狭长隧道内部的作业多种多样，涉及的机械种类多，各种作业交叉，相互关系不是固定的。过去机械多数是依赖熟练的个人操作，技术的高低因操作者的能力而定，质量控制和进度管理受到人的因素影响。而利用数字孪生技术，可以在虚拟空间中，正确地再现"双胞胎"的数字隧道，实现了大型反铲、机械仰拱开挖的自动控制，尤其是搭载了三维激光扫描仪的四足步行机器人在洞内可自主步行量测仰拱混凝土厚度。这些机器不依赖 GPS/GNSS，而是通过数字孪生技术，在洞内实现了各种施工机械远程管理，自动运行（图 5-183）。

此外，过去隧道上部的检查需要高空作业车进行。如果实现无人化和自动化，施工精度、生产效率、安全性都会提高。

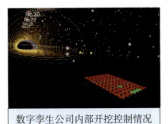

数字孪生公司内部开挖控制情况　　搭载ICT的大型反铲的仰拱开挖　　在四足行走的机器人上安装3D激光扫描仪，可以自主管理洞内形状

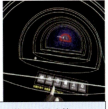

用VR看到的隧道内部、粉尘发生状况、风速等　　　　数字孪生利用VR确认内部情况

图 5-183　数字孪生技术概貌

数字孪生技术将来会成为隧道施工自动化的关键技术。三维模型的利用是数字孪生的基础，特别是加载了 AI 和机器人的量测、解析，可视化的三维模型，管理者和操作者都能够在 VR 空间的孪生隧道上进行操作、管理和控制各项工作，工作状态可见，工作记录完整，工作精度和确定性可以不断提高，前后阶段的工作有衔接有集成，不仅在本阶段工作提高了管理效率，对山岭隧道全生命周期的管理，降低病害，提高寿命更是大有帮助。当然，可靠和完善的三维模型才能实现精密的数字孪生，而精密的数字孪生必将大幅度缩减现场的负担和未来的运营成本。

2）T-iDigital Field（大成建设）

T-iDigital Field 基于信息物理系统（CPS）概念，将位于不同地点，进行多种判断的"人"，重型机械、地质、建筑物等"物"，安全、品质、进度等相关的"事"三种信息集成在云端，通过数字孪生技术，形成与现场同步的"双胞胎数字隧道"——可在现场外不同地点共享的"孪生隧道"。通过这项技术，可以准确掌握现场实时状态；分析预测与施工相关的各种问题，帮助解决或避免问题；防止错误、损失和浪费，提高隧道建设的生产效率。

T-iDigital Field 的架构（结构）呈图 5-184 所示的分层状，下层是现实空间中现场的原始数据部分，通过相机、传感器等设备获取各项数据，通过网络将数据集成到云端，通过上层的应用程序将数据添加并整合成工程人员能够判断的信息，可视化呈现。进一步对数据进行积累和分析，反复反馈，绘制出最优化图。这些应用程序就是网络空间上的数字现场，构建了连接真实现场和人类的孪生隧道。

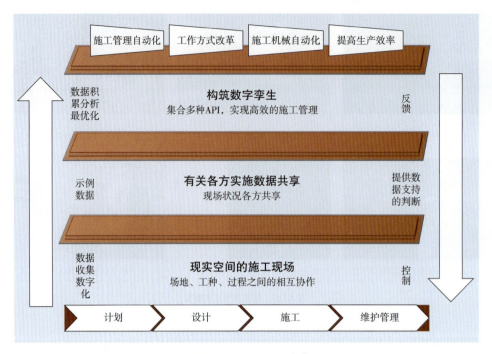

图 5-184 T-iDigital Field 架构

T-iDigital Field 可以把现场实时影像和各种传感器获取的数据可视化，有关各方可以任何时间、任何地点、立刻共享施工状况，从远程迅速而确实地进行施工管理（图 5-185）。

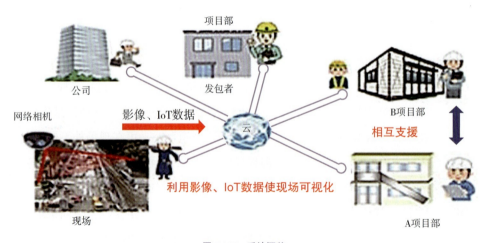

图 5-185 系统概貌

该系统包括现场的定点相机、反映作业状况的可穿载式相机、各种传感器（获取的施工机械位置和浇筑进展状况等 IoT 数据）以及支持施工可视化的应用程序等。以上信息均为实时影像，可在项目部的电脑屏幕、相关人员的智能手机平板和电脑等远程浏览（图 5-186）。

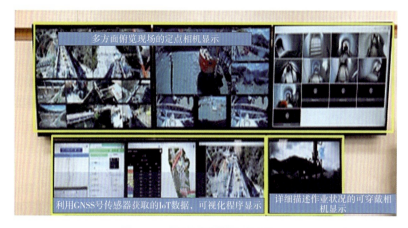

图 5-186　项目部监控器现场管理状况

施工中的阶段检查、材料确认、会议确认等必要管理节点可通过远程化实现。远程办公室电脑中显示了现场传感器、定点相机等多点多角度的实时数据，现场人员通过可穿戴相机等，与监理工程师、建设单位代表等一边通话一边通过摄像和语言描述对检查内容逐一确认。如此，不仅可以缩减人员移动的负担和会议的时间，也可留下会议记录、混凝土浇筑管理等文字记录，利于合同管理的履行（图 5-187、图 5-188）。

图 5-187　远程会议

图 5-188　远程混凝土浇筑管理

为加强安全管理，现场设置了多种警报装置，传感器和警报装置的设置会受到地点的限制，使得安全应对并不及时，常错过黄金时间。从预防观点看，仅靠警报器进行安全管理并不全面。为解决这一问题需要开发能够集成现场所有安全的警报，各方及时共享数据，并通过安全问题分析改善安全管理的自动化系统。

T-Digital Field 把有关安全的数据在云端集成进行一元化管理，开发了远程安全管理的应用程序（KIZUKIAI）（图 5-189、图 5-190）。KIZUKIAI 可远程实时确认、共享现场警报和安全数据。现场的各种警报（接近施工机械、吊车起吊状况、进入禁止区域、临时设备异常等），时间、地点、状况等数据均可远程地实时确认、共享。基于安全数据的记录，分析警报的发生时间及现场状况和产生原因，快速确认、验证和改善记录，优化作业步骤，编制改善安全的对策，提高现场的安全性。

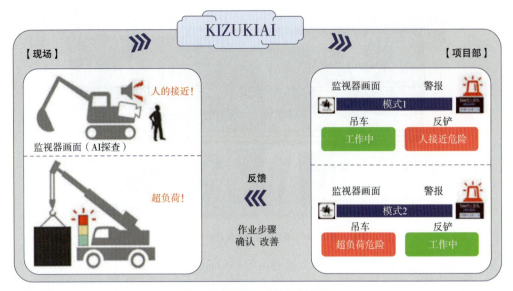

图 5-189 远程安全管理的应用程序

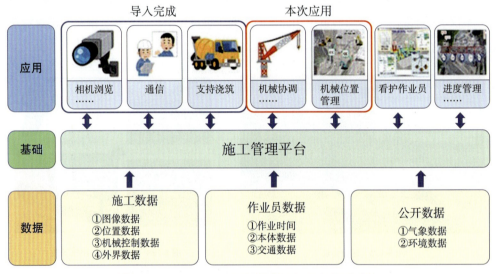

图 5-190 T-iDIgttal Field 获取的数据和导入的应用程序示例

T-iDIgttal Field 在 3 个 API 基础上,增加了能够管理施工机械与作业人员安全冲突和施工机械和管理作业人员位置、动线的功能,并通过了现场的性能验证。未来计划导入进度管理和作业人员动态管理等,构筑利用数字数据的现场集成管理系统。

5.6.7 管理系统

清水建设❶开发了利用 ICT、IoT、AI 等技术,对施工机械、围岩环境、作业环境、人的动作数据等进行集成、分析、共享和数字融合,开发出提高生产和安全管理的施工系统

---

❶ 清水建设:清水建设株式会社,日本建筑承包商。

（图5-191）。其目标是利用数字技术对所有的数据进行实时获取、分析、共享及制导。该系统包括掌子面安全监视系统、机械行动监控系统、人员身体数据管理系统、3D开挖评价系统和远程检查系统。

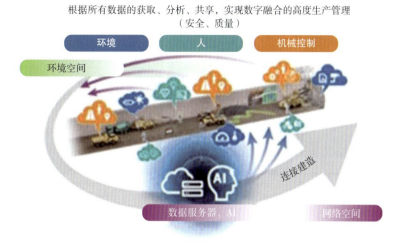

图 5-191　山岭隧道管理系统

掌子面安全监视系统采用毫米波雷达，监视根据位移及反射波求出的位相和主频率的变化，掌子面监视员能够早期掌握隧道开挖面的变化，超出设定阈值后及时发出警报（图 5-192）。

图 5-192　毫米波的掌子面安全监视

机械行动监控系统利用相机搭载激光雷达、热传感器和可视光传感器，可正确获取狭窄空间内机械及作业人员关于位置和动线的三维数据。据此分析机械的动作时间、作业人员和机械的接近状况等动作状态，对作业方法和作业环境进行评价，提高施工的安全性（图 5-193）。以上数据和分析均可可视化呈现。

施工人员过于集中作业时会降低对周围的认知，导致安全意识降低，是潜在的安全隐患。安全帽内侧设置的压电传感器可获得施工人员脑部的脉压波形，手腕上的腕带设置加速度传感器可获取施工人员运动量数据，人员身体数据管理系统可分析施工人员在作业中的生物力学状态、周围作业人员的集中度（周围认知水平）、疲劳度等，是安全管理中与作业内容和作业环境有关的有效数据（图5-194）。

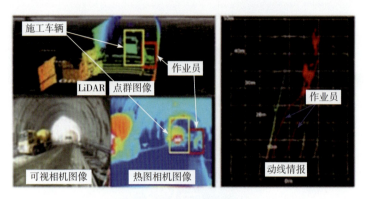

图 5-193　机械行动监控系统

 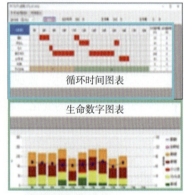

图 5-194　压电传感器和身体数据分析

在山岭隧道施工中，每一次开挖都要获取评价掌子面的观察数据。3D开挖评价系统合成数字相机拍摄的多个照片数据，进行点群化及坐标处理，可定量管理和评价开挖精度（图5-195）。

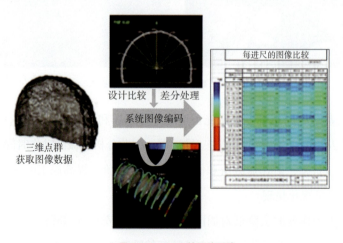

图 5-195　3D开挖评价系统

用三维模型系统集成上述数据,利用掌子面判定的 AI 技术和周边围岩的评价,能够进行更具体的数字形式的一元化管理(图 5-196)。

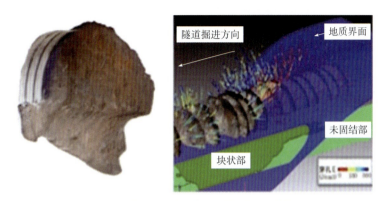

图 5-196　掌子面 3D 数据和三维模型的一元化管理

远程检查系统是针对项目部与施工现场分离的情况开发。通过图片、摄像、通话系统等,监理人员实时远程确认现场的施工状况,可实现从照片到管理表格等的高效检查和确认。同时,检查结果可即时保存和输出,使施工方的数据管理简便,减轻了编制表格的时间成本(图 5-197)。

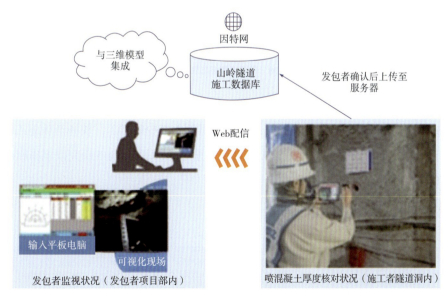

图 5-197　远程检查系统

5.7 环境技术

5.7.1 施工现场碳循环利用技术（DAC[1]）

施工中，CO_2 总排放量中约 13% 与主要材料的生产、施工机械的排放有直接关系。为保护环境，要积极促进低碳混凝土的应用、电动施工机械的引进，推进基础设施建设的脱碳化，制订行业内自发使用脱碳技术的制度（图 5-198）。

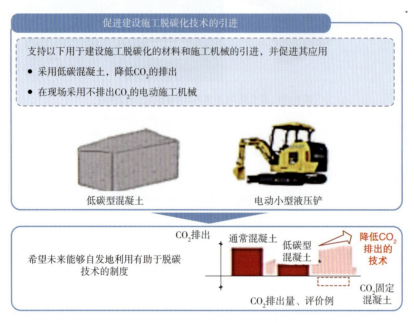

图 5-198　促进建筑施工脱碳化技术

现场施工机械和车辆尾气排放产生的 CO_2，如果能够在现场处理，CO_2 的排放量实质上可以为零。DAC 是实现零碳化的技术之一，可直接回收大气中的 CO_2，现场消除施工机械和车辆排出的 CO_2，并把回收的 CO_2 作为碳源再利用（循环经济）。目前的研究以容易回收 CO_2 的闭塞空间的隧道施工为对象。

该技术的工作步骤如图 5-199、图 5-200 所示。

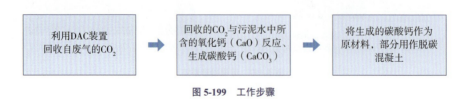

图 5-199　工作步骤

---

[1] DAC：Direct Air Capture，是一种通过工程系统从环境空气中去除 CO_2 的技术。

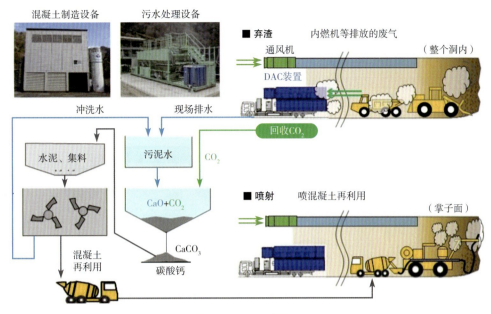

图 5-200　隧道中 CO_2 的回收再利用

5.7.2　污水处理智能调节系统

污水处理智能调节系统以污水处理设备内反应槽拍摄的黏胶形成状况影像和各水槽计测的浊度和 pH 值为基础，用 AI 分析判断，确定聚合氯化铅（PAC）、高分子、碳酸气等各种药液的最佳添加量并自动添加。

该系统组成包括两个部分：AI 污水处理自动调节系统和潜水泵监视系统。前者所用设备为网络摄像机，加载了影像记录装置和废水判断处置的应用程序；后者主要器材是 C3-less 室传感器和网关，数据可置于云端。

系统操作流程：首先对当地产生的废水进行测试，生成用于构建初期 AI 学习模型的教师数据。其次，利用 AI 的学习成果判断废水种类，选择适宜的初期处理方法，以 AI 的判定结果为基础，对当地产生的浊水处理方法进行分析和改善，自动控制药液添加。通过机器学习，智能系统会不断进化。系统获得的数据存储在云服务器上，可多处共享（图 5-201）。

当发现潜水泵的检测停止时，需要对此进行及时的人工修理或更换。

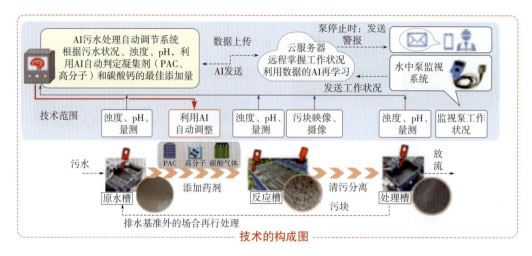

图 5-201　AI 废水处理调节系统

5.7.3　隧道施工产生的噪声处理方案优化

隧道施工产生的噪声，二维的噪声分析无法反映周边地形的反射和复合声音，因而，如何应对噪声一直是个难题。利用智能化技术，可对爆破噪声、爆破低频声及施工临时设备噪声的 3 次元噪声解析结果建模，对噪声处理方案进行优化比选。如图 5-202 所示，通过噪声图形视觉表现的解析结果，提高了施工临时设备计划和噪声对策核查的专业性和效率。

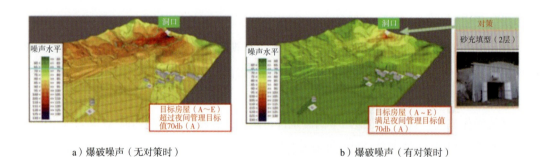

a) 爆破噪声（无对策时）　　　　　　　b) 爆破噪声（有对策时）

图 5-202　隧道施工噪声应对优化

5.7.4　安全及节能控制系统（TUNNEL EYE）

TUNNEL EYE（隧道之眼）是一种兼顾山岭隧道安全管理和节能控制的能源管理系统。该系统汇集了隧道内用电设备传感器的数据，如对入洞者和施工车辆的检测、测定作业环境 CO_2 浓度、照明和通风机等电气设备用电量等，根据上述传感器数据的分析，自动控制施工照明、通风机的开合和关闭，以实现安全节能的目标。

过去，照明设备中，配电盘每百米需要设置手动开关，通风机需要控制盘手动操作或利用灰尘传感器的模拟信号控制。该系统中，上述开关均可以根据环境条件自动开合，通过自动化和智能化手段能实现高效节能。同时，可对用电需求实时监控，实现用电量可视化，提高了施工人员的节能意识。在通风机控制中，系统可根据隧道内 CO_2 浓度自动控制通风设备输出功率，并实现 CO_2 排放量的可视化。图 5-203 ～图 5-205 展示了能源管理的设备、内容和控制方法。

图 5-203　照明、通风风机的自动控制与传感设备

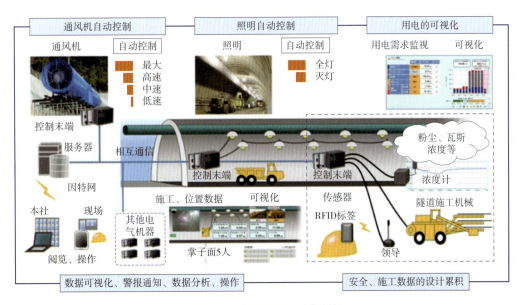

图 5-204　TUNNEL EYE 系统节能控制

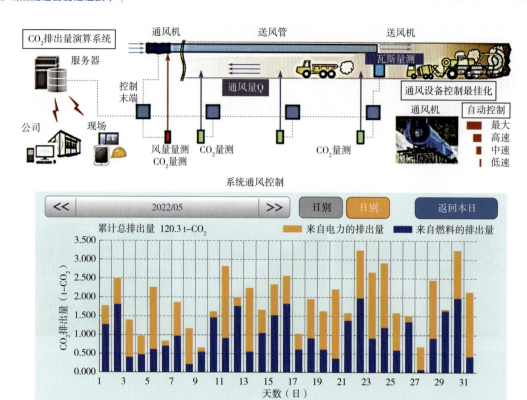

图 5-205 TUNNEL EYE 系统能源管理内容和控制方法

本章关注

- AI 技术、大数据和机器学习，极大助力了早期的风险识别，做好及时应对，使得诸多决策从模糊走向精准。
- 可视化技术、远程化技术使得传统的工作从穿工装走向了穿西装，现场工人走向大型机械。
- 远程化技术和大型机械的使用革命性地提高了作业的安全性。
- 本章介绍了一些应用案例，这些案例极大地解决了工程实践中的具体问题：
  ◎ 控制超欠挖，智能钻孔，爆破防护，爆破模式优化，钻孔远程化。
  ◎ 喷射混凝土远程化，量测和管理，锚杆专用机，钢架无人架设。
  ◎ 衬砌混凝土自动施工、自动施工机器人和自动监测。
  ◎ 数字量测系统和三维量测系统。
  ◎ 可视化技术、远程化技术、大数据和机器学习带来计划管理技术、质量监测技术、安全管理技术的升级，提高了项目管理的效率和精确性。
  ◎ 污水处理、碳循环、隧道噪声是建设环境必须考虑的事情。

INTELLIGENT CONSTRUCTION OF MINE TUNNEL

第6章

智能建造系统与数字化转型

走向未来：

- 智能化是个时代的问题。
- 新的时代必然有新的生产建设系统与之适应。
- 智能化的社会要求智能化的企业，企业的转型。

6.1 数字化转型

智能建造的目标是在建设生产管理各个阶段的三维模型基础上，建立数据平台，应用不断发展的信息化、智能化技术，变革建设生产系统和工作方式，提高劳动生产效率和建造安全性，延长构筑物寿命，创造新的价值。

这个目标不是一蹴而就的。建设领域的智能化分为以下三个阶段（图6-1）。

第一阶段是数字化（Digitizationg），完成单项作业的数字化，如在车辆中采用光学测量、GNSS测量、UAV测量等，是模拟和物理数据的简单数字化，目标是将"一切"转化为计算机可处理的数据。

第二阶段是数字应用（Digitalization），指利用ICT的技术系统化，如单位模型、ICT施工等，是技术和工作的数字化，通过利用数字化数据提高生产效率。

第三阶段是数字化转型（Digital Transformation，DX），指跨组织和工作流程的数字化，数据融合并产生新的内容，是企业和社会的变革。

图6-1 建筑领域智能化的三个阶段

上述三个阶段并不需要按部就班顺序进行，智能建造成熟的过程是三个阶段交叉发展的过程，是随着信息技术的发展，基于建造基本作业和痛点，众技术分布开花的过程，既是从下到上，亦是从上到下，由施工现场、企业、政府、科研机构合力推行而实现的。

我们将上述三个阶段统称为广义的数字化转型，分为业务和企业的转型两个层面，前者偏于技术和项目管理；后者偏于企业管理。业务层面的数字化转型包括数字技术和数字化技术的应用，后者是隧道建设全生命周期各阶段全方位使用数字化工具和系统的统称，它让我们的工作和工作方式变得与以往不同，转型为新一代的生产建设系统。企业的数字化转型则是在数字化转换、数字化升级基础上，进一步触及企业核心业务，以新建一种商业模式为目标的高层次转型。

数字化转型中数字化技术包括数字化改造、网络化协同和智能化升级，图6-2展示了数字化技术概貌，可以概括为以下三个方面：

（1）数据的收集、处理以形成有价值的数据。

（2）利用、服务于基础设施的智能化建造系统。

（3）创造新的工作方式、新的技术、新的价值。

图 6-2　数字化技术概貌

数字化技术的应用使得现场的组织、劳动者个人、材料、设备等通过数字连接在一起，在数字环境下，行政管理、项目管理、运营管理、维护管理效率化、智能化；出现重大灾害时，能够快速反应和及时修复，见图 6-3。

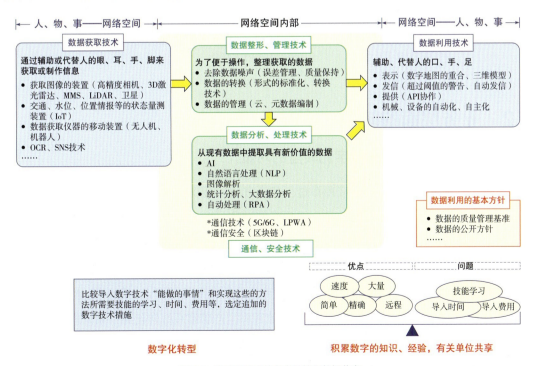

图 6-3　数字化技术的多方链接和数据共享

数字化技术服务于基础设施的智能建造将创造出新的工作方式、新的技术和新的价值。

毋庸置疑，数字化转型将给企业带来改变。美国的相关研究中，以量化的方式总结了数字化技术给隧道工程带来的优点，具体如下：

（1）数据标准和易于通信、分析和更新数据。

（2）成功的中标者往往是那些拥有最好数据的人或单位。

（3）数据是有价值的，在未来的项目中使用它可降低商业风险。

（4）数据驱动的施工机械有助于风险管理，减少对人工系统的依赖，并受益于更便宜的保险。

（5）整合系统并将数据连接在一起，以更好地沟通和快速响应隧道事件，从而降低风险，减少损坏和中断。

（6）减少组织规模，提高组织效率。

（7）整合和减少软件成本。

2017年，麦肯锡公司报告称，未来，5个关键领域将彻底改变建设行业，包括高清晰度测量和地理定位；5D信息建模；数字协作和移动性；物联网、高级分析、虚拟设计和施工。另外一些专家认为，当加上四个关键原则，即透明度和风险分担合同、投资回报取向、简单性和直觉、新的解决方案设计和变更管理，将提高生产力，缩小与制造业的差距，目前生产效率可以达到制造业的50%～80%。

在数字化转型的过程中，数字技术是基础，它引发和支持了技术的变革，工作的变革和企业的升级，最终支持整个基础设施建造的革新。截至目前，我们见到的智能建造现状中，多数企业信息化建设中数字化阶段尚未完成，数字化技术的应用多数停留在单点的应用或小系统的应用，完整的系统应用还是个理想，数据的融合更是需要企业和社会的共同努力。

6.2 业务层面的转型

6.2.1 数字化技术和数字化转型的对策

数字化技术在建设过程中的应用渗透了各个方面。云技术使快速、大规模的存储和处理成为可能，企业逐步向云端布局转型，实现降本增效。物联网技术使所有事物皆可联网。机器人技术既可通过实体机器人增强人类实际活动，也可通过软件实现基于规则的流程自动化。AI与大数据架构中机器学习和数据分析技术不断进步，数据利用从回顾性分析转向推论和预测。企业通过协同创新（众包和开源等新的协作方式）获取外部知识，创新变得高效而智能。XaaS❶（一切皆服务）将现有业务产品、工作流程和生产管理系统转化为一系列服务，供企业

---

❶ XaaS：是一个统称，代表"X as a service"、"anything as a service"或"everything as a service"。这一缩写指越来越多地通过互联网提供的服务，而不仅仅指本地或现场服务。云计算的本质就是 XaaS。

内外部使用。设计思维与敏捷交付把员工和客户体验放在首位，运用设计思维简化总结环节，可以更快应对各种变化并加快产品迭代。区块链作为去掉合约中间环节的共享账本技术，可提供值得信赖的保障和透明度。图6-4总结了建设过程中的数字技术。

图6-4 建设过程中的数字技术

注：TLS测量–指基于传输层安全（Transport Layer Security，TLS）数据的量测方式

日本提出的数字技术和与业务变革的关系见图6-5。

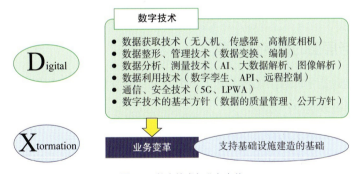

图6-5 数字技术与业务变革

数字化转型是企业经营的需要也是信息化技术走到今天的必然。为了达成上述目标，基础设施的建设生产全过程提出了以下对策：

（1）整合生产建设、维护管理的工作流。

（2）三维模型的对象和属性数据的标准化。

（3）生产建设过程中的即时确认和检查。

（4）投资估算、概预算的标准化。

（5）建立集成数据共享平台。

（6）大数据化与基础设施平台协作。

（7）促进人才培育。

图 6-6 介绍了一些基础设施建设领域中推进数字化转型的对策，包括变革基础设施的做法、用法以及数据的利用方法。利用的信息化技术主要是三维模型和数据平台基础上的可视化、自动分析、无人化、远程化等。

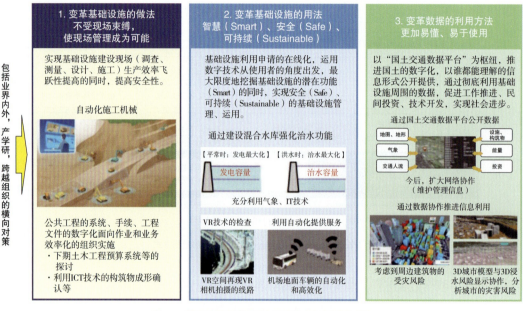

图 6-6 基础设施建设领域中推进数字化转型的对策

6.2.2 业务层面的数字化转型

山岭隧道智能建造中的数字化转型基于三个需求：减少人的作用和移动、构筑能够使用的数据管理系统、提高现场生产效率。

为此，业务层面的数字化转型归纳为行动（远程化）、知识和经验（实时共享）、物（可视化）三个方面的转型，分别对应建造过程中的人、专家和熟练工人的大脑和物，见图 6-7。

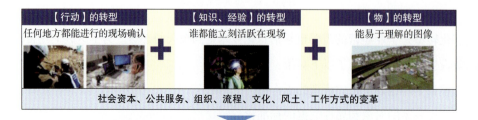

图 6-7 业务层面三方面的数字化转型

行动的转型指积极推进利用影像数据的监督检查,将面对面的建设现场工作方式转变为远程检查。远程化是行动的转型的重要内容,它使现场作业可在任何地方确认,摆脱了位置的限制,劳动者也可以远离危险的环境,见图 6-8。

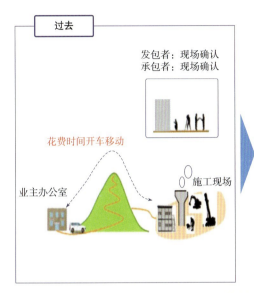
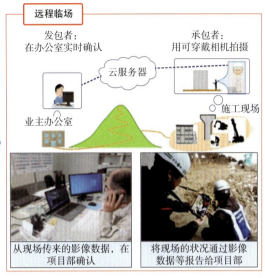

图 6-8 行动的转型

知识和经验的转型指规划和检查中利用 AI 的智能学习和判断,基于熟练人员的教师数据、机器学习。实时共享是知识和经验的转型的重要内容,聪明的大脑可以随时活跃在现场,见图 6-9。

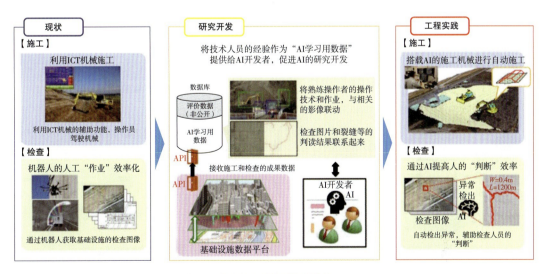

图 6-9 知识和经验的转型

物的转型指利用三维模型和可视化技术使得图纸平面表达的内部构造和组装形状变得一目了然,工程量和工程费用计量的自动化成为可能。见图 6-10。

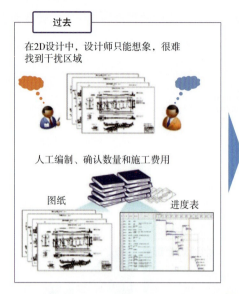
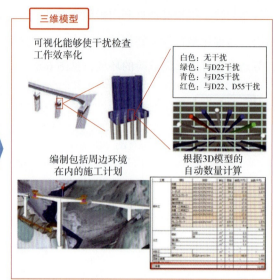

图 6-10 物的转型

技术的数字化转型应重点关注以下四个方面:

1)以三维模型核心推进建造过程的数字化

从计划、调查、设计早期阶段导入三维模型,之后利用于施工、维护管理阶段。三维模型在各阶段被追加、充实,不断完善,建造全过程相关人员之间均可实现数据共享,力求生产系统的高效和精确,并有效延长隧道的寿命。

三维模型使通常的图纸和人工作业数字化,并进行数据集成管理,有助于通过可视化数据早期进行项目研究,实现工作安排的最佳化和效率化,风险可视化可以及时发现风险、及时应对(图 6-11)。

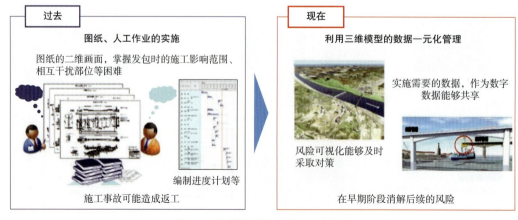

图 6-11 从纸面到模型的数据一元化管理

三维模型的利用使设计和施工协同工作,方便地进行细部确认和施工图的确认等,提高变更、确认的效率(图 6-12)。

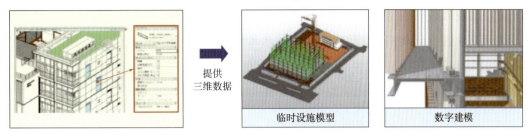

a）设计阶段的三维模型　　　　　　　　b）施工阶段的三维模型

图 6-12　三维模型设计、施工中的利用

当然，实现三维模型的利用需要解决的问题还有很多，如技术方面中模型数据的表现方法、模型详细度、交付数据形式等；制度方面中修改导入三维模型的基准、过程和全体共享的合同方式等；运用方面中各阶段的明确适用范围和数字人才的培育等（图 6-13）。

图 6-13　三维模型的利用中问题和解决路径

2）数据利用的软、硬件和数据平台

要意识到，智能建造并不是个单纯的项目问题，而是系统性的长期工作，涉及面广泛，关联性强，包括共同的基础性问题、社会问题以及需要采用的具体技术问题各个层面。

基于数据，首先要创造良好的数据利用环境，有利于数字化转型技术的应用，要建立各层面的数据平台和规则并链接起来。

数据利用环境中有四个重要的内容：

（1）构筑国家层面数据平台

现实空间事物映射成为网络空间的共轭数据，实现国家层面的全体共享。

（2）实现数据平台的共享与协作

利用获取的三维数据，构筑社会共享的技术和数据协作平台。

数据共享的规则中要明确关于数据利用的责任、解决问题的机制、数据属性的公开和可靠性的担保；明确对应安全问题的网络化/网络攻击的多样化。

（3）构筑公共项目的数据管理及平台

基于编码，施工过程数据的一元化管理能有效提高劳动者工作效率，全面掌握工程执行状况。

（4）推进数字化、远程化位置数据的共同规则（统一坐标）

共同规则包括统一坐标指南，通过航空重力测量、电子基准点的利用等，整合各阶段的位置数据，促进数据流通。

如果把社会基础比作软件的话，网络基础就是数据利用环境的硬件。简单说就是光纤维与高速、大容量回线的连接。利用三维模型和网络通信技术，通过高效网络传输，在建设生产过程中大力推行非接触性远程工作方式，实现生产系统远程化，提高了施工的安全性和生产效率（图6-14）。

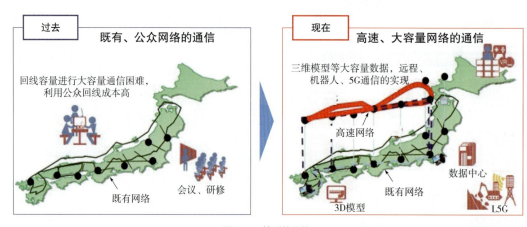

图6-14 转型的网络

数字化转型要求构建下一代网络基础设施，图6-15展示了可靠的数据协作基础。

在软硬件的基础上，全生命周期数据的收集及利用是数据化转型的第一步。其中，设计阶段，模型上加载了设计数据和来自不同软件的数据集成。施工阶段，利用三维模型和施工时的生产数据等数字化数据和可视化技术，在协同工作、问题决策、施工检查方面可以提高生产效率，在调查、监理工作中，更多的采用非接触、远程的工作方式，如利用无人机、卫星掌握受灾状况；利用卫星确认走行位置和作业的自动化；远程操作、自动化施工中利用图像解析和三维测量，实现成形管理效率化；利用无人机和水中声纳测深机解析三维测量、监督、检查、远程化；通过车载相机实时图像，AI快速判断损伤；激光检出系统发现异常，使维护管理效率化、省力化。维护管理中导入ICT技术，简化流程，提高效率。以上各阶段的数据集成于数据平台一元化管理，图6-16介绍了未来数字平台概貌。

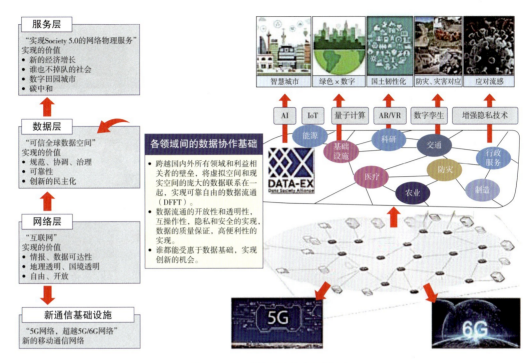

图 6-15　下一代的网络基础设施概貌

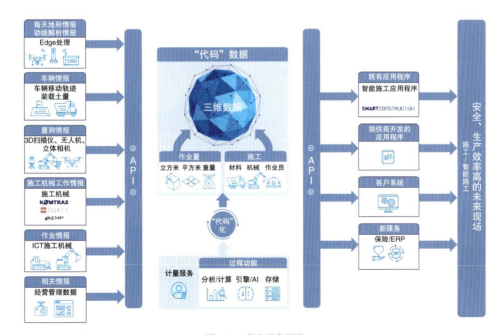

图 6-16　数字平台概貌

3）现场作业的自动化和效率化以及施工安全性的提高

5G 技术的发展促进建设现场向远程、非接触的工作方式转换，直指未来的无人化施工。导入 AI、机器人、机械自动化、自主化可以大幅度提高效率及节省人力。本书 1.2.2 节介绍了有魅力的智能化施工现场，图 6-17～图 6-20 进一步展现了施工现场的变革。

图 6-17 现场自动化和效率化

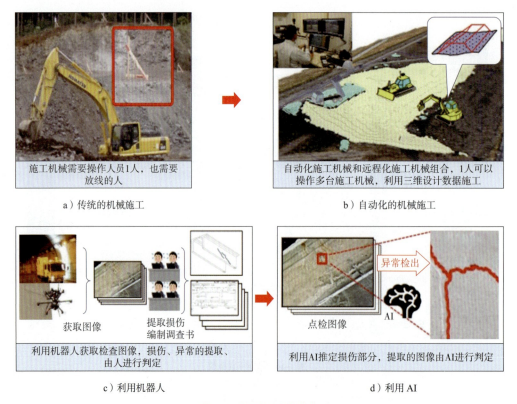

图 6-18 信息化技术的助力

利用网络物理系统（CPS）构筑施工管理平台（图 6-21），推进作业自动化技术，大幅度提高生产效率和施工安全性，进而实现工作方式的革新。

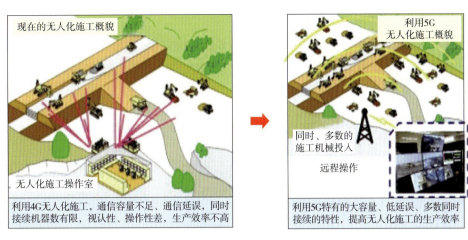

图 6-19 无人化施工（4G 与 5G 的对比）

图 6-20 利用穿戴设备助力劳动者

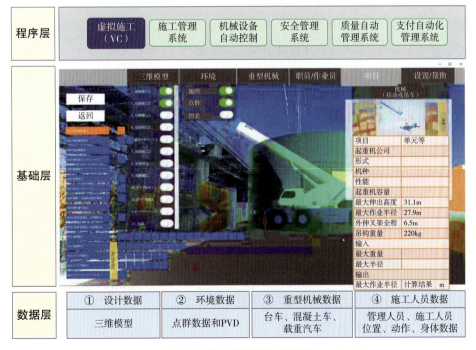

图 6-21 CPS 系统的施工管理平台

4）新技术的研发基地

实用新技术的研发有必要建设和健全实验基地和研发基地，重点研究放在利用 5G 通信、远程控制、AI 等技术的无人化施工和自主施工技术，制定成形管理、远程检查等要领和基准（图 6-22）。

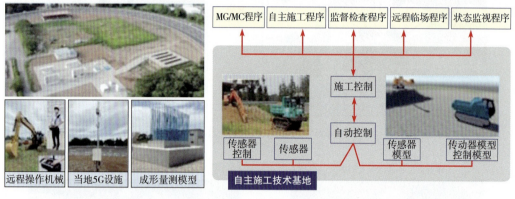

图 6-22　实验基地和研发基地

信息化、智能化技术无疑使现行技术得到了提高，同时也激发了新的技术和解决问题的手段，使得工程的确定性增加，这是数字化技术应用的结果。

6.2.3　新一代生产建设管理系统

谈到新一代的生产建设管理系统就不免要与原来的建设系统进行比较。新系统有两个基点：三维模型和数据平台。如果把建设项目的工作分为生产工作和管理工作，从前面章节的建设实践中，表 6-1 总结了新系统在生产环节和项目管理不同方面的变化。

在日本相关文献中，谈到未来 10 年智能系统应达到以下目标：

（1）数据共享平台，相关方任何地点可访问。

（2）云端的数据确认和数据机制的构建。

（3）三维模型之间的信息传递，设计、估算、投标和合同以三维模型为前提。

（4）创新灵活的招投标采购方式。

（5）除从传统相关产业获取数据和新技术外，形成更广泛范围的产业合作，制定相关产业进入制度，与研究机构合作推进技术开发。

（6）采用提高施工效率的设计，考虑维护管理（LCC）的设计。

（7）以数据应用为前提的高效施工管理、检查和验收。

（8）推进提高生产力和工作方式变革的可视化评价。

（9）推广 ICT 应用的样板工程。

（10）数字化转型，提升通信环境，提高知识管理水平。

新一代生产建设管理系统的变化 　　　　　　　　　　　　　表 6-1

生产	现在
设计	三维模型设计 + 地质调查水平的提高 + 实时数据的动态设计
地质调查	复合探测系统 + 掌子面智能评价
施工：作业循环	机械化、远程化、无人化、智能分析
管理	现在
设计管理	虚拟设计，动态变更
施工管理	虚拟施工模拟
采购管理	供应链系统
计划管理	虚拟施工（VD）模拟 + 跟踪
成本管理	区块链
安全管理	远程化、自动化、无人化、早期警示
风险管理	虚拟施工 + 风险监控
文档管理	电子化 + 数据平台
沟通管理	可视化 +VR 空间 + 数据共享
质量管理	图形数据分析、远程化检查、专家系统支持

为提高建设现场的生产效率，新一代系统重点考虑以下几个方面：

（1）高度利用数字技术的建设施工（施工管理和质量管理等）和维护管理。

（2）构筑良好的数据环境和基础数据平台，推进数据的一元化管理系统及生产过程全体数据的利用。

（3）数字化、智能化的技术改革。研究提高生产效率、提高现场安全性和创造新价值的新技术开发。

图 6-23 展现了系统组成及运行的概貌。

未来的智能建造是传统的设计施工和项目管理在信息化技术和智能化技术上的新生，图 6-24 展现了技术平台的概貌。

由此可见，新一代的生产建设管理系统是基于网络物理空间，以三维模型为载体搭建基础设施的数据平台，并以数据管理系统为基础对智能建造全过程进行管理。

三维模型带来的虚拟设计和施工（VDC）将实际建造过程在计算机中高仿真在线，使观察者可以更直观地发现并解决施工技术问题，有助于节省资金，提高质量和安全性。通过三维模型，在施工开始前检查施工项目的设计计划，并分析、模拟和优化施工方法。建立详细的进度计划和构造方法，提前发现问题，解决问题，并获得最佳的设计和施工方案，通过可视化技术显示复杂的区域。虚拟施工可以增加沟通和协作，减少返工；早期规划确保按计划施工；提高施工安全性；改善工程预算准确性；简化构筑物后期的维护管理，提高客户满意度。

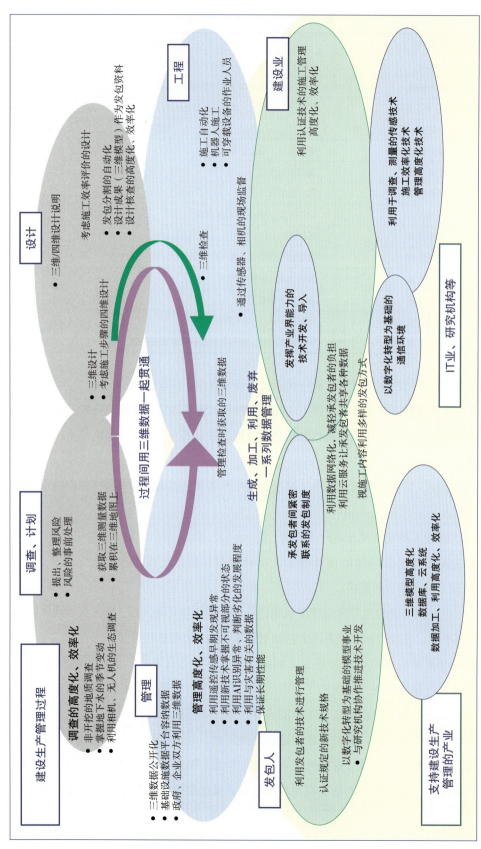

图 6-23 系统组成及运行的概貌

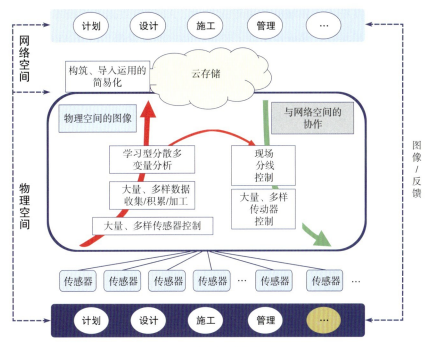

图 6-24　智能建造的技术平台概貌

三维设计、三维模型加上三维可视化、ICT 施工技术、远程化技术、VDC 以及未来基于 CPS 的数字孪生，这些都是我们现在可以想象的未来新一代的生产建设管理系统（图 6-25）。

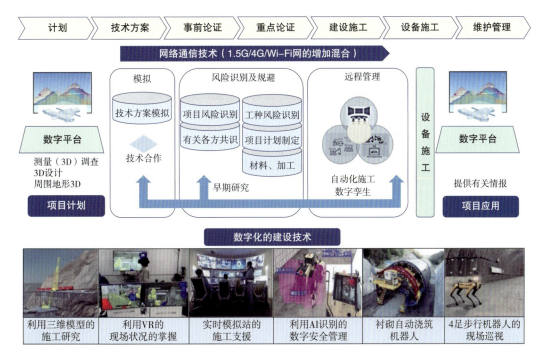

图 6-25　全过程数字化生产建设系统

CPS 基于人机交互技术各领域间数据连接技术、AI 间的数据连接技术和各项实用技术。利用 CPS 的可视性、扩展性、便捷性实现了三维空间的图像管理，以及 AI 进度、安全、质量等管理。CPS 只是底层的技术，真正的应用开始于数据平台和数据管理系统。从数据平台走向数据管理系统，这是智能建造的中台技术。而后，平台上加载了各种应用，无论是调查技术中的 AI、掌子面的判断，施工中的进度管理、安全管理、机械操纵和供应链管理中的区块链技术等。这些应用随着工程的需要不断扩张，可以视为独立的子系统，实际上他们都是基于共同的数据和同一个网络物理空间的模型。当这些应用集成在一起，以数字孪生的方式呈现，进行计算、推理、模拟或者预测，甚至决策。新一代的生产建设管理系统中设计、施工、采购、运维的传统系统升级为在数据平台上的智能量测、三维设计、虚拟施工技术＋现场自动自主施工、供应链采购、多方共享可视化沟通、远程专家支持等，这就将形成新一代生产建设管理系统，也就是最终的智能建造系统，如图 6-26 所示。

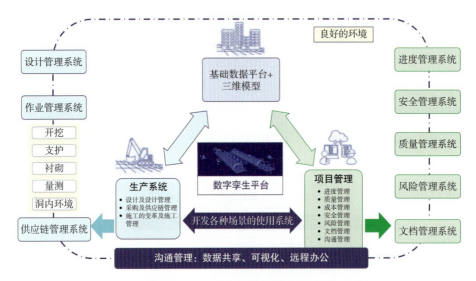

图 6-26 新一代生产建设管理系统概貌

需要注意的是，在这个过程中，数字化的进程与智能建造之间是生长和集成的关系（图 6-27）。

本章第一节谈到了智能建造的次第花开，就是这种生长和集成的过程。需要注意的是，在数据利用和不同应用集成的过程中还涉及社会的不同层面。所以说，智能建造是个可持续不断生长的过程，现场的点滴应用都在为最终的系统添砖加瓦，信息化的点滴进步反过来影响到现场的应用。加之科技的不断变化，实现更新和升级，最终成为提高生产效率的管理方式和工作方式，这就是智能建造的未来。

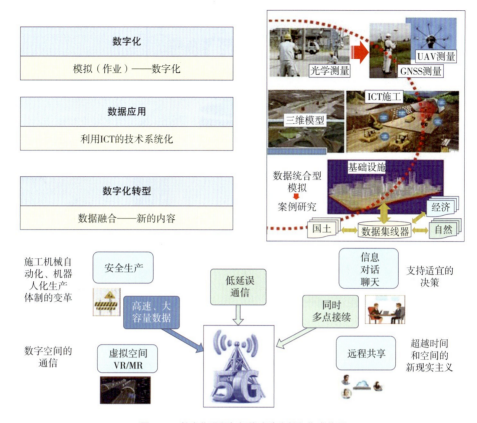

图 6-27 数字化进程与智能建造生长和集成关系

6.3 企业层面的转型

6.3.1 生产力和生产关系的重构

未来的数字化企业，业务和管理数据将完全数字化，经营者能够熟料使用信息化技术，快速进行经营判断和为客户提供价值，如图 6-28 所示。

数字化转型的本质是生产力、生产关系的重构。

数字化转型重要价值之一是将原本被零散丢弃、没有标准的数据通过数据采集、治理和加工，生成各种数据应用，如有观赏价值的数据大屏、数据可视化、数据分析、数据 AI。通过数据发现很多隐藏的客观事实和问题并找到解决办法，这是数据被视为第五大生产要素的价值。数字化转型使以前依赖人的生产力变成自动化、智能化的生产力，数据成为企业的重要生产要素和生产力。

同时，数字化转型能打破原来的信息隔离和信息垄断，使得人和人之间的合作，部门和部门之间的合作变得更透明、通畅，内部合作的可能性变得更大。管理问题可视化使得内部推诿降低，实现信息共享。当数字化转型打破了企业内部、内外部合作中原有的边界，相当于生产关系进行了重构。

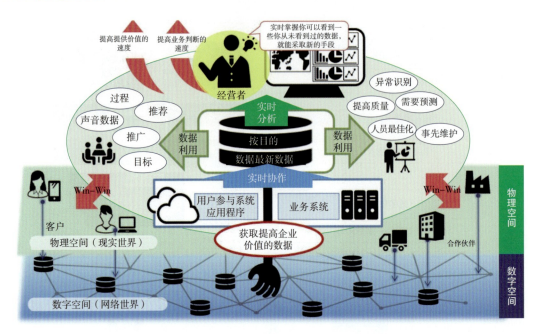

图 6-28 未来的数字化企业

数据从零散、非标准化的形态，被标准化的链接应用形成了生产力。数据生产力的应用需要生产关系的驱动，也就是数字化运营。数字化运营使数字化转型这个静止的工具真正发挥出数据的生产力。所以，要真正发挥数据的力量，就需要与之适应的生产关系，这就导致了企业的变革和转型。

企业实施数字化转型是一个使用数字化工具从根本上实现转变的过程，通过技术和文化的变革改进或替换现有的资源。其中，转型是关键，数字化是手段。包扩企业信息化基础构件的转型、内部应用的转型和业务流程的转型。企业数字化的起点各不相同，世界上没有通用的数字化转型框架、操作手册或路线图。转型的开始可以是任何起点，之前要重新思考现有的软件、开发方法、业务流程和人员职责，明确自己的位置。可能是颠覆性的全部，也可能只是增加几个功能，取得渐进式、增量式和迭代式的进步。实现数字化转型是一项长期战略，而非短期战术，需要不断地进行文化和技术调整，才能取得持久的成功。

数字化转型不是一个从开始到结束的"项目"，而是一个持续变革的过程。持续的数字化变革会面临很多问题。认为数字化就是上系统，改善某条业务线，跟着纯硬件供应商或没有行业经验的开发商去搞数字化的企业，很容易把数字化转型做成信息化，达不到转型的意义。企业数字化转型不是从0到1，而是从1到100。转型是一个过程，技术从IT到DT（数据处理技术），场景从简单到复杂，应用从局部到广泛，持续优化，逐步成长。

在数字化转型过程中，要随时平衡数字化成本与效益的关系。软件和硬件的投入必须获得真正的回报才可持续。根据麦肯锡全球研究所的研究，工程和建筑中的数字化转型可以提高15%的生产率，降低成本4%～6%，这些回报源于：

(1）减少组织的规模。

(2）更好的风险管理。

(3）增加高质量的投标人。

(4）降低不确定性（使用累积数据）。

(5）流程重塑。

(6）减少设计变更。

(7）减少与地质（围岩）有关的索赔。

(8）利用数据优化和持续改进。

(9）控制时间和成本的支出。

(10）基于 AI 的风险预测和更新。

6.3.2 企业转型的战略、阶段、对策和评价

1）战略和阶段

智能制造也好、智能建造也罢，不能停留在对于智能的一种偏爱或者是对于制造（建造）某种（智能）特征的片面追求，不能因为"智能"两字，迷失了目标。对于数字化转型来说，借助于数字化的手段来进行企业的变革和提升是最终目的。

数字化转型的最终目标是数字化企业。这就意味着企业需要构建围绕"数字化"的运营和管理模式。外界的变化会逼迫企业持续成长。随着企业的成长，智能系统也会阶段性地成长。为此，企业需要制定适宜的成长路线图，也就是企业的数字化战略。这个路线是不断变革的，其间，生产管理系统不断变革、迭代优化才能达到最终的目标。图 6-29 展现了既有系统和新系统在这个过程中此消彼长的关系。

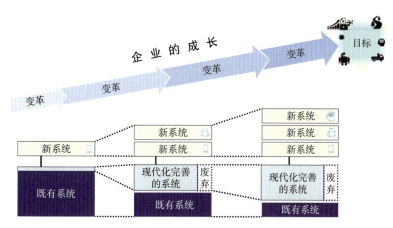

图 6-29　企业和系统的成长

在向数字企业变革的过程中，首先要摆脱传统企业文化的束缚，制定数字化战略短期、中期、长期目标，注重人才的培养（图 6-30）。

图 6-30 向数字化企业变革的过程

注：CIO—首席信息官；CDO—首席数据官。

为有效实现数字化转型，企业应从发展战略、新型能力、系统性解决方案、治理体系、业务创新转型五个方面构建系统化、体系化的价值体系，务实有效推进数字化转型进程，见图 6-31。

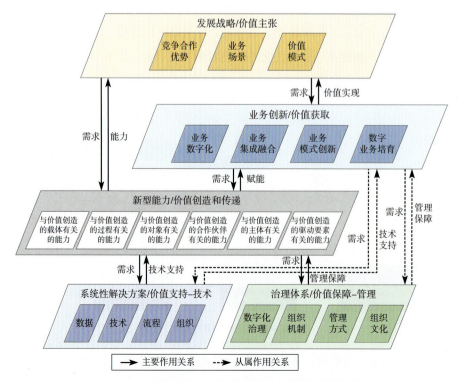

图 6-31 价值体系优化、创新和重构的五个方面及其关联关系

企业的数字化转型分为初始级、单元级、流程级、网络级、生态级五个发展阶段。各阶段的发展战略、新型能力要求、系统性解决方案建议、治理体系和业务创新转型内容列于图 6-32。

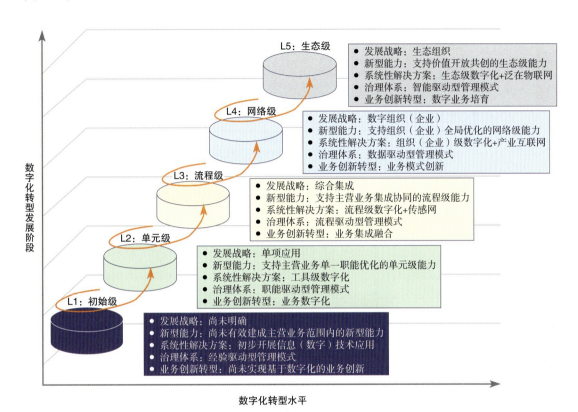

图 6-32 以数据为关键驱动要素的数字化转型发展阶段要求

2）对策和评价

企业数字化转型的成熟，无论是技术还是管理，无外乎是都是从开始到试行最后走向推广应用。我们把这个过程分为初始期、试行期和实施期三个时期。初始期是数字化转型开始着手的事情，这一时期针对现状危机，着手探讨公司可能涉足的数字项目模式。试行期是基于几个项目模式的尝试和成果验证，积累经验并不断修正。实施期是在技术成熟后，对应用前景和效果好的项目及模式，进行推广应用，并涉及其他公司的合作，用户的渗入等。

数字化转型在不同时期有不同的目标，在各个时期，其成熟度应该有一个评价标准，图 6-33～图 6-35 介绍了不同时期的基本对策。

图 6-36 展示了广义范围的各阶段成熟期的评价内容。

按输入输出分类的示例

输入	• 对数字化的危机感 • 基于本公司优势的需求 • 顾客的需求（表面化需求）	• 候选事业创意 • DX推进组织的创始 • 成员安排 • 进一步的信息收集（海外示例和技术信息等）	• 服务（beta版） • 顾客自身也没有意识到的需求 • PoC带来的经验值 • 成员的成功体验 • 与其他公司合作 • 与其他业务合作
输出	• 候选事业创意 • DX推进组织的创始 • 成员安排	• 服务（beta版） • 顾客自身也没有意识到的需求 • PoC带来的经验值 • 成员的成功体验	• 服务（正式启动） • 顾客忠诚度（热爱、忠诚） • 生态系统（周边服务、使用环境等）

失败的场合返回（反复进行）　　失败的场合返回（反复进行）

成功的场合探讨下一个想法

图 6-33　初始期基本对策

注：PoC-概念验证。

按措施分类的案例（访谈示例）

外部协作	• 他们帮助我们寻找机遇 • 他们帮助我们建立人际网络	• 与拥有数字技术和敏捷开发等技能的外部企业合作 • 探索概念性产品，寻找具有共同目标意识的伙伴	• 与DX领先的企业密切合作，共同繁荣 • 增加对等立场上的合作，建立双赢关系（而不是分包等）
人才确保	• 聘请外部人才，输入新风 • 尝试数字技术，找到感觉	• 培养事业设计、金融、数码技术等各领域的专家 • 提高每个员工的素养 • 招聘外资企业出身的经营者	• 适应事业规模扩大的增员 • 适应事业内容高度化的各种专门人才（法律、技术、会计等） • 数字专业职位的创设
风土文化	• 激活交流的"场所"，在办公室内或网上 • 通过学习会建立公司内部的人际网络	• 树立成功的形象，评价坚持到底的坚强意志 • 为了尽快获得成功，尽早失败 • 尽可能不制造或利用失败软件（SaaS等）	• 通过工作中的培训（OJT）传承对数字商务的努力姿态等 • 从普通事业向数字事业转换的方向

图 6-34　试行期基本对策

对策例（采访示例）

经营层	• 创建DX推进组织	• 看清各PoC的最终撤返线及正式实施的升级线	• 不拘泥于计划，允许移动
经理	• DX推进组织与其他部门的渠道，开通成员技能可视化	• 对各PoC进行目测，早期阶段判断退出、实行，及早进入下一个阶段 • 让成员积累成功体验	• 设定KPI，关注投资回报率
现场负责人	• 把想法带到其他部门 • 营造容易商量的氛围	• 基于几个事业改善想法反复尝试，确认公司内的反应，同时提高公司内的经验值	• 公司内部成员的参与和意识
构筑施策	• 聘请外部人才，引入新风 • 尝试数字技术挖掘感觉 • 在办公室和网上建立激活沟通的"场所" • 通过学习会建立公司内部的人际网络	• 培养数字技术等方面的专家 • 与拥有数字技术和敏捷开发等技能的外部企业合作 • 提高每个员工的素养 • 为了尽快获得成功，尽早失败 • 尽可能不制造或利用失败软件（SaaS等）	• 数字专业职位的创设 • 继承通过OJT改善事业对策

图 6-35　实施期基本对策

注：KPI-关键绩效指标。

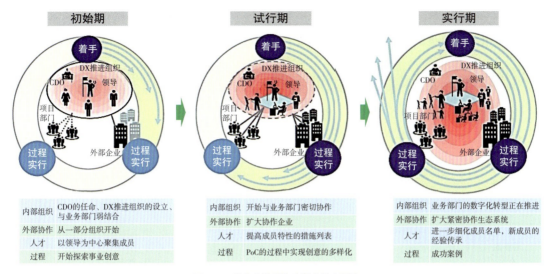

图 6-36 数字化转型各阶段成熟度评价

注：PoC–Proof of Concept，概念验证；CDO–首席数据官。

如何定义数字化转型的成功？可以简单地从数字带来的新价值这个角度去思考，从"熟练使用数字"走向"数字正因为如此"。由开放集团❶提供的 DPBoK（Digital Practitioner Body of Knowled）矩阵总结了数字化转型成功的关键，列举了 7 个要素，阐述了对所有要素同时推进变革的重要性，任何要素缺一不可（图 6-37）。

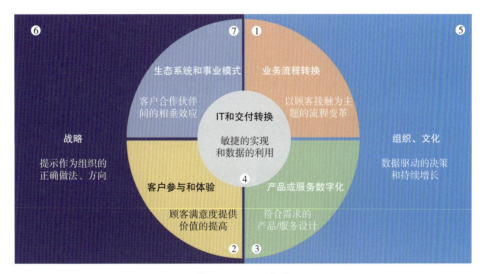

图 6-37 DPBoK 矩阵

3）数字化人才的培养

数字化人才不足的问题已有多年，现有的数据相关人才多偏于数据库的技术人员。

对企业而言，尽管数字化转型中很多业务是外包业务，但是为了实现数字化转型，所有的

---

❶ 开放集团：The Open Group，是一个全球性联合机构，旨在帮助企业通过技术标准实现业务目标。

企业人员都要学习数字化知识，培养数字化素养。特别是在用户企业（建设业、制造业等）中担任数字化转型推进工作的人才，在理解整个社会和行业变革的基础上，更需要专业的知识和能力。

数字化转型工作中需要的数字化人才具体可分为企业数字化管理人才、架构师、数据分析师、软件工程师和网络安全专家等（图6-38）。

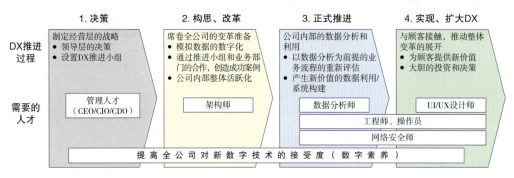

图6-38 DX推进过程中需要的人才

注：UI-用户界面；UX-用户体验。

数字化转型项目推进过程中，数据分析师肩负了公司内部数据分析和利用的重要职责，其需要对公司管理流程、业务流程有深刻的理解，才能发挥作用，是实现数字化转型的重要角色。把数字化转型过程分为启动、方法设计、数据（收集、分析和可视化）和嵌入业务四个阶段，数据分析师的实际业务贯穿全部过程（图6-39），因此，在人才需求优先度上，排在首位。

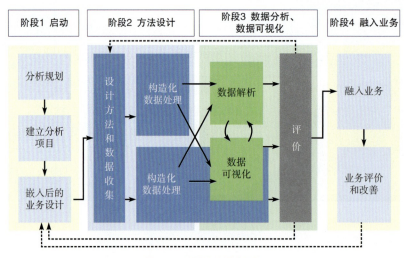

图6-39 数据分析师的工作

行业和企业内部独立培养数字化人才并不容易。通用技能的培养要基于行业、学校、政府合作的人才培养规划有序推行。数字化人才培养的基本对策包括确定需求，发掘人才，发展人才适合的环境；把握人工智能的应用能力；资格认证；大学和高中早期开始；完善学校教育环境等等。

数字化人才应该掌握的通用性数字技能、规定技能标准等可以与高等院校合作。高等教育机构开设 IT 综合战略、数据人才评价的框架、仿真、信息化基础、智能建造等课程。对企业而言，与院校合作的培养目标是实践型人才。

图 6-40 简述了一个数字化人才培养的框架。

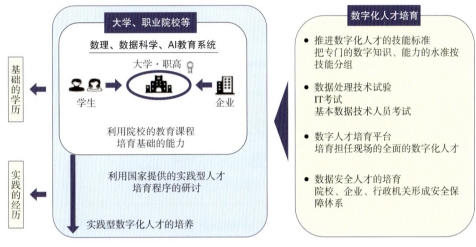

图 6-40　数字人才培养框架

通过国家资格考试，可以大力培养合格的数据处理人员。数据处理人员的岗位需求和知识结构见图 6-41。其中知识和技能涵盖了从构筑和运用数据系统的"技术人员"到利用数据系统的"最终用户（利用者）"，是资格考试的主要内容。

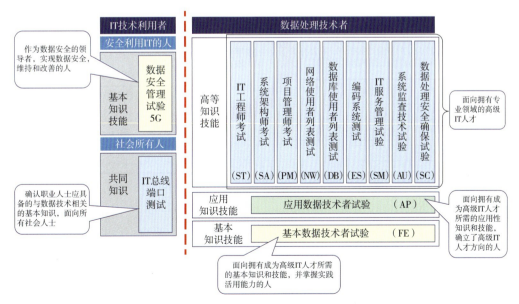

图 6-41　数据处理人员岗位和的知识结构

企业内部建立数字人才培养平台，可以为企业培养更多的实战型的应用人才，为此，平台除了教育内容的汇集外，还应提供案例研究教学和组织现场研修。

下面以某企业教育平台的案例进行介绍。该企业教育平台分3各层级，见图6-42。

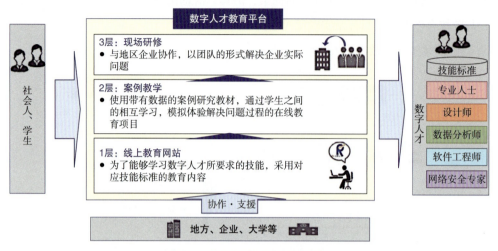

图6-42 企业内部数字人才培育平台

第1层提供了线上教育网站，人才要求的技能以自学为主，门户网站中提供学习目录和讲座，标注技能标准的分类领域和水平，内容多来自行业协会和大学，见图6-43。

图6-43 线上教育网站

第2层是案例库，用于类似经验的实践学习，为在线学习。平台不设讲师，社区内学员们可以互相教、学。使用的案例教材附有实际数据，可模拟体验企业导入数字技术后的工作流程。目标是学员在2个月左右的时间里掌握企业中解决问题的方法。

第3层是针对解决问题的现场研修，招募对数字化转型推进有实际课题的中小企业等。通过由听课生组成团队与企业进行为期 2 个月左右的联合工作，完成致力于数字技术实施的在线研修项目，见图 6-44。

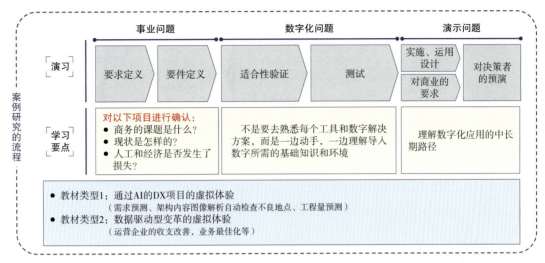

图 6-44　案例研究的流程

该平台不仅仅包括项目设计和数字技术、培训等内容，还提倡与相关企业员工的交互和向经营层的提案等，通过活跃的社群，使培训人员掌握更具实践性的数字化转型的推进能力。

6.3.3　日本会社的数字化转型介绍

日本在提出了智能社会 Society5.0 构想的大背景下，不同领域大力发展相关的智能化技术并提出山岭隧道生产建设中的智能化。相关企业纷纷进行数字化转型，分别提出了各自的愿景和战略，下面简要介绍供参考。

1）西松建设

西松建设的数字化转型愿景见图 6-45。

2）竹中会社

竹中会社提出的数字化转型目标是通过数字化变革提高生产力并创造价值。在推进工作方式变革方面，数字化变革是提高生产效率的核心，与此同时，为客户和社会提供具有新的价值的服务。为此，采取开放的态度，广泛开展行业内外的合作，在现有解决方案基础上进一步推进技术进步（图 6-46）。

3）熊谷组

熊谷组的数字化转型战略见图 6-47，包括提高数字基础、数字业务和数字人才管理；利用三维模型，提高施工效率，实现自主自动施工战略；支撑数字孪生和基础设施管理。

与此同时，还制定了行政、工作流、土木工程和社会服务四个方面的发展蓝图（图 6-48）。

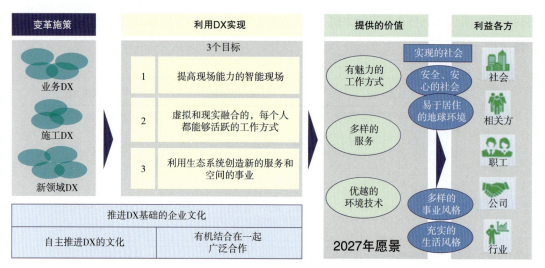

图 6-45 西松建设的数字化转型愿景

图 6-46 竹中建设的数字化解决方案

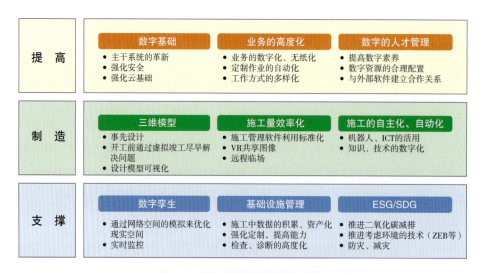

图 6-47 熊谷组的数字化转型三大战略

注：ZEB—净零能耗建筑。

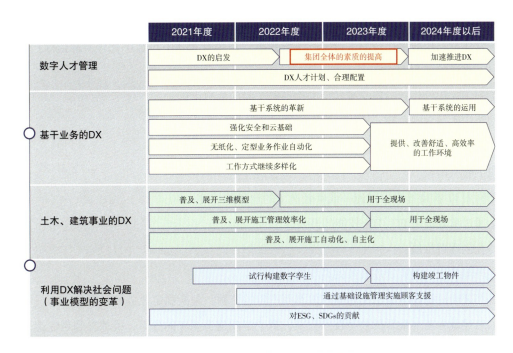

图 6-48　熊谷组数字化转型四方面发展蓝图

注：ESG—环境、社会和治理；SDGs—可持续发展目标

4）应用地质集团

应用地质集团以在巨大的社会变革时代中持续成长为目标，从 2018 年开始推进数字化转型对策，将 AI、ICT、云技术全面导入项目活动和工作方式变革中，从传统的项目模式到创造新项目模式，对企业整体进行巨大变革。图 6-49 介绍了中期经营计划中以数字化转型为核心的创新战略。

图 6-49　中期经营计划中以 DX 为核心的创新战略概念图

5）东急建设

东急建设利用数字化转型进行生产系统变革，2030 年提出三个数字化转型的目标：

（1）多样的工作方式

①利用远程操作、远程支援扩大工作场所、时间的自由度。

②边工作边实现自我，提高工作和生活的平衡感。

③适合每个人的工作方式。

（2）能力增长

①利用 IT 扩展能力，加速一线年轻员工的业务熟练度。

②通过重置促进 IT、DX 技能的开发。

（3）创造新价值

①环境技术、能源管理服务的高度化。

②部署通过提高本职工作的生产效率而产生的资源，包括稳定业务的自动化。

东急建设希望与最新的数字技术为友，携手走向建造系统的变革，挑战并超越建造系统现有的框架。公司数字化转型的主题以知识为轴，按内部、外部和知识的深化、探索划分了四个象限，见图 6-50。

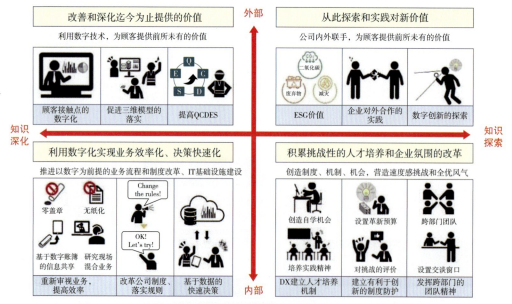

图 6-50 东急建设数字化变革的主题

注：QCDES－Quality, Cost, Delivery, Effective, Service, 质量、成本、交付、效率及服务五维模型。

按照各阶段变革主题的目标，总结了导入、试行、实施阶段的变革项目和具体内容，如图 6-51 所示。

促进数字化和效率化、自动化技术的利用

现场业务数字化
- 3D技术的高度化，采用影像解析的施工管理效率化
- 有助于现场QCDES管理的高度化、效率化的各种转型，ICT工具的开发，利用和标准化
- 利用机器人技术与施工有关情报的数字化
- 安全、质量等与施工有关情报的数字化可视化
- 开发利用无人机械的自动化技术、资材自动搬运系统
- 预制构件工厂生产过程自动化
- 开发并导入沟通工具，实现实时信息共享
- 利用高速通信技术5G的远程操作、远程技术的高度化
- 积累数据利用Web化、一元化、提高效率

管理业务数字化
- 人力、财务数据的数字化、一元化
- 利用RPA的定性业务自动化
- 继续推进无纸化、云化
- 利用工作流程的系统化、可视化、提高效率

数据利用和构建数据基础

- 安全、质量管理中数据一元化和分析
- 导入AI知识管理工具，提高质量管理、安全、质量相关大数据的实时分析
- 业务活动中积极利用数据
- 充分利用业务系统，让事件管理、客户管理高度化
- 施工中推进数据的利用
- 构建数据统合平台，实现现场数据共享和一元化
- 设计、预算、施工中推进数据的利用
- 通过三维模型实现设计和预算联动，通过简易概算系统实现预算快速化
- LCS事业中的施工数据和服务数据协作
- 利用数据协作、业务情报、价值情报、情报等共享
- 成本、精度、生产业绩的可视化，使施工管理效率最大化
- 导入实时施工管理系统、人的管理系统

培养数字化人才

- **职业的IT技能教育**
- **高素质IT、DX人才的培育、录用**
- 积极实施职业招聘和合理配置
- 强化系统开发管理能力，数据分析能力、人工智能应用能力、网络管理能力的人才培养
- **导入、利用教育一元化系统**
- 通过系统的利用，加速重置
- 利用在线学习实现不选择时间和场所的教育

图 6-51 重点措施

注：QCDES-Quality、Cost、Delivery、Effective、Service，质量、成本、交付、效率及服务五维模型。
RPA-Robotic Process Automation，机器人流程自动化技术。
LCS-life Cycle Simulator，全生命周期仿真。

为了提高全公司的数字素养以及数字化人才培养，推进企业文化改革，东急建设制定了相关制度。常年进行招聘，并注重内部人才培养，主要举措如下：

（1）推荐参加"IT证书考试"

以提高全人体员工的数字素养为目标，鼓励学习IT相关基础知识，推荐参加IT证书考试。

（2）举办面向中坚的"数字基础知识研修"

面向中坚员工举办促进数字化转型相关数字基础知识的集体研修。

（3）数字知识的自我学习计划

为促进全体员工学习，提供可以根据自身学习水平选择在线学习的大量课程（讲座）。

按照各个变革主题的目标，从全公司最适合的角度分阶段推进，见图6-52。

6.4 日本山岭隧道智能建造系统近年成果

日本提出的山岭隧道生产建设中的智能化目标，集国家、各大企业、社会研究机构之力，以产学研方式将这一大目标分解为有具体承担主体的研究方向——具体指向的数字化技术，之后，在具体项目中通过试点对取得的成果进行验证。

基础建设领域实现智能建造系统的开发分解为以下内容：

（1）数据平台和数据利用系统的开发。

（2）规格化管理系统和新架构形式的创建。

（3）网络空间的虚拟建设系统开发和新实施系统的创建。

（4）供应链管理系统的开发和新项目的创建。

（5）建设生产管理系统的重构和各种支持制度。

（6）智能建造系统学的系统化与教育系统的开发。

面对山岭隧道劳动力不足、作业环境严酷的问题。从实用成果的角度看，山岭隧道建设智能化最终要解决智能化管理系统和无人化工地两个问题，各大企业为此做了很多工作。

竹中会社研发的"建设数字平台"架构见图6-53，该平台是数据湖和IoT、BI、AI技术共同发挥功能的数据基础以及应用程序群的集成平台。在数据集成方面，它集成了全过程数据和项目技术管理数据，既包括规划、设计、报价、施工管理、运维服务的数据，也包括项目各阶段、各专业、人员、机械和材料等工作相关的所有数据，还包括人事、财务等工作相关的所有数据；同时实现了数据可视化；此外，它还将以往相关方各自积累的数据集中到"建设数字平台"，集成了历史数据以及上下游合作公司数据（如材料的搬运、安装等数据）。该平台对数据进行一元化管理，可利用AI进行项目管理，通过AI进行智能分析和预测。

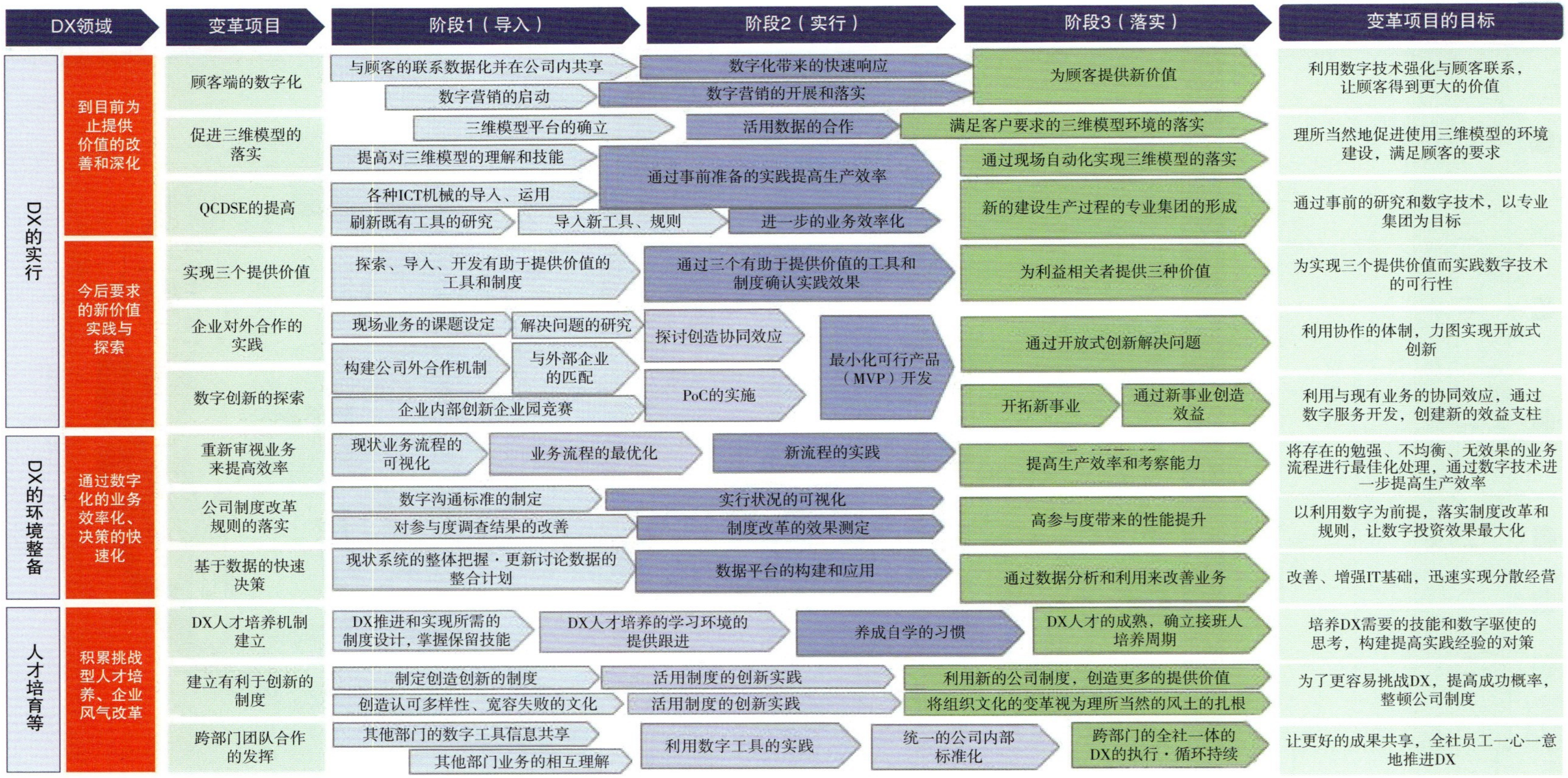

图 6-52　各阶段变革主题的目标

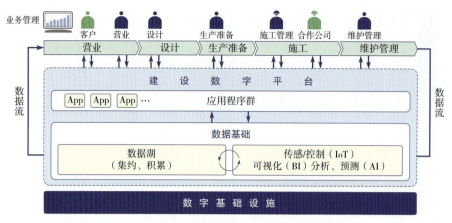

图 6-53 "建设数字平台"架构

"建设数据平台"链接三维模型，其上加载了开发的各种应用程序，可通过数字孪生技术实现多方面业务中对数据的高度利用。

大成公司数字化转型包括生产过程、基础设施和服务决策的转型。生产过程的转型指变革生产系统，实现大规模提高生产效率和降低成本；基础设施的转型指利用数字经营变革组织、流程、企业文化，实现决策的迅速化。服务决策的转型指创造性的服务，提高建设事业及周边领域的竞争力。为此，大成公司构筑了数字孪生平台（图6-54），将建设生产和运营全过程集成在该平台上，并加强外部各方协作，积极培养数字化人才。

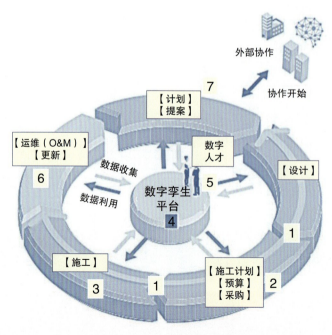

图 6-54 大成公司的数字孪生平台

该平台具体包括：

（1）构建利用三维模型的设计、施工协作的数字孪生。

（2）改善采购数据提供系统。

（3）利用最先进的数字技术，让生产系统可视化和效率化。

（4）构建统合平台。

（5）确保数字人才和确立轮换制度。

（6）维护（O&M）领域的事业化。

（7）以数据为基础，在最佳时机提出方案的营业模式变革。

户田建设构建了新型工作的基本框架（CLOSED LOOP）（Solution×Data×Management），推动企业的持续性增长，见图6-55。

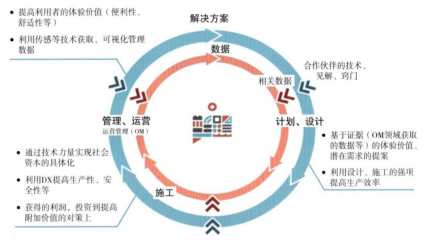

图6-55 户田建设的新型工作框架

大林组开发的山岭隧道综合系统"OTISM"大幅度提高山岭隧道施工的生产效率，系统构成见图6-56。

图6-56 大林组的山岭隧道综合系统"OTISM"

应用地质集团的"地质情报 ICT 平台"汇集了公司内部积累的数据和知识，是业务效率化和高度化、工作方式改革的核心，同时也是创造新项目模式的基础。由业务效率化领域、公司内部知识/通用数据汇集领域、服务业务扩大领域 3 个领域构成，通过所有这些信息的协同进行综合管理和运用（图 6-57）。

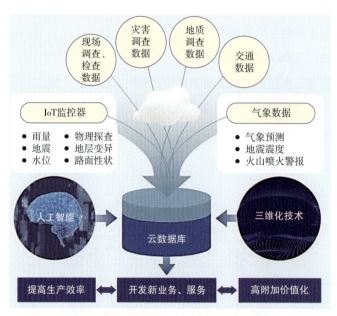

图 6-57　应用地质集团的"地质情报 ICT 平台"

6.4.1　鹿岛建设开发的 A⁴CSEL 系统和 KMC 系统

鹿岛建设数字化转型提出了三个核心目标（图 6-58）：

图 6-58　鹿岛数字化转型的三个核心目标

（1）作业的半机器人化

通过人和机械的协作提高生产效率。材料运搬等独立作业和喷射衬砌等艰苦作业中大力推进机械化，特殊构件的施工和需要动态调整的作业仍然需要人力进行。

（2）管理的半远程化

通过现场确认与远程管理协同对现场管理进行改革，可确认作业进度状况，并与相关方共享数据。

（3）生产过程全数字化

基于三维模型，全部生产过程数字化以提高生产效率。利用三维模型，详细的技术规格和图纸干涉地点的变更迅速化，施工机器人和现场管理工具的协作、各类报表的自动编制极大地节省了人力。

鹿岛建设的智能建造技术见图 6-59。

① 钢筋骨架焊接机器人
② 无人机自动巡回系统
③ 耐火衬砌喷射机器人
④ 搬送管理系统
⑤ 混凝土挤压机器人
⑥ 现场监控系统

⑦ 外装安设辅助机
⑧ 健康管理支持系统
⑨ 减轻疲劳辅助工具
⑩ 三维模型/成形管理检查协作系统
⑪ 钢筋骨架精度监控系统
⑫ 三维模型/VR 利用

⑬ 材料位置、进出库监控系统
⑭ 三维模型/AR 检查系统
⑮ 人脸认证进出场管理系统
⑯ 三维模型/钢筋加工协作系统
⑰ 技能传承系统
⑱ 可穿戴式设备

图 6-59　智能建造技术

目前，还有很多技术在测试和推广使用。如降低超挖量系统，减少爆破开挖中的多余超挖，超挖比过去降低 40% 以上；掌子面崩落的振动监视雷达系统，采用振动可视化雷达技术，监视开挖断面，发现掌子面崩落预兆时，发出警报，提醒人员退避，降低因掌子面崩落造成的人员伤害；衬砌混凝土自动捣固系统，在移动式模板上配置模板捣固器，自动控制浇筑混凝土高度；人体动作监视系统，采用特殊相机，获取在狭窄的隧道内的机械和人员的位置和动线的三维数据，评价、分析作业方法和作业环境，监视不安全动作；实时远程会议系统用于人员远程实时确认检查数据，进行质量、成形检查。

智能建造管理系统是多种技术的组合，本节介绍其中的机械自动化和进度管理系统。

1）以施工机械自动化为核心的建设生产系统（A^{4}CSEL）

A^{4}CSEL（Automated/ Autonomous/ Advanced/ Accelerated Construction System for Safety, Efficiency, and Liability）以建设机械自动化技术为核心，首先在大坝工程中应用，而后扩展到隧道、航空工程等领域。A^{4}CSEL 在山岭隧道中的应用，涵盖了从钻孔、装药、爆破、弃渣、修凿、喷射混凝土、打设锚杆等一系列作业。由于实现掌子面周边无人化及有效率地进行各种作业，施工机械实现自动运转，大幅度提高了安全性和生产效率。其应用概貌见图 6-60、图 6-61。

A^{4}CESL 系统具有自动化程度高、自主运行、先进、高效等特点。与采用遥控技术操作施工机械的生产系统不同，A^{4}CSEL 系统是施工人员通过平板进行预设指令控制，施工机械自动运转的系统。此系统最大特点是施工机械上搭载量测装置和控制计算机，以熟练技能工人的实际操作数据为教师数据，通过 AI 强化学习后形成施工机械的最佳控制方案，进而实现施工机械的自主自动工作。该系统仅通过控制室传递的作业指令就可实现机械的自动化施工。

所谓自动化机械，是指能按照操作数据定量化分析，生成符合实际工况和施工需要的作业流程和作业步骤、机械组合的最佳化施工策略。对先进的自动化机械来说，编制有效率的、适合自动运转的施工计划、管理方案至关重要。只有施工全过程各要素最优化匹配，机械才能发挥最佳的性能，进而大幅度提高现场的安全性和生产效率，提供高品质的基础设施。自动化机械使劳动集约型的现场逐步向着知识集成、数据集成的工厂化现场进化。

图 6-60 A⁴CESL 系统应用概貌

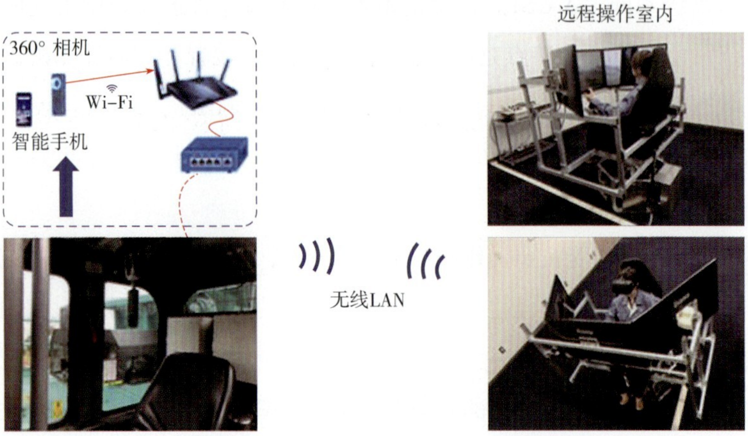

图 6-61 A⁴CSEL 在隧道中应用

A^4CESL 包括以下子系统：

（1）掌子面 1 人化系统

在山岭隧道现场，一般是按照 6 个作业步骤（图 6-62）循环施工。系统开发时，按施工特征分别进行自动化研究，对应开发了电脑钻孔台车、自动装药机、自动挖掘机、自动锚杆打设机、自动喷射机、自动反铲。施工循环作业只需 1 人在中央控制室远程操作即可完成，大大提高了生产效率和施工安全性。

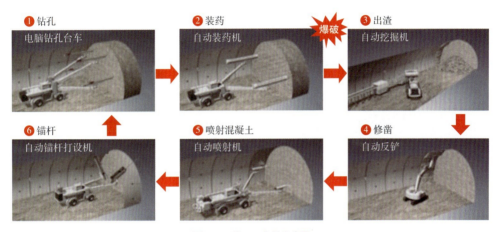

图 6-62 施工 6 个作业步骤

（2）混凝土自动喷射系统

开发的自动喷射机可根据视喷射位置和范围、厚度、喷射面的形状设定喷嘴对应的位置、态势和喷射路径等，喷嘴和钻臂可自动进行喷射。目前还增加了喷射厚度的量测管理，确立了实际作业的步骤和方法。图 6-63 为模拟隧道内喷射作业自动化验证试验。

（3）衬砌自动浇筑系统（见第 5 章相关内容介绍）

（4）智能掌子面系统

图 6-63 喷射作业自动化验证试验

利用图像解析技术预测掌子面崩落危险，实现地质实时可视化；利用电脑钻孔台车的钻孔数据实时预测掌子面前方地质状况，可对掌子面和前方 5m 内的地质状况进行智能判断，如图 6-64～图 6-68 所示。

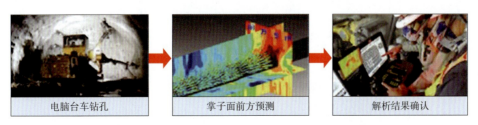

图 6-64 电脑钻孔台车的钻孔数据的三维实时地质预测系统

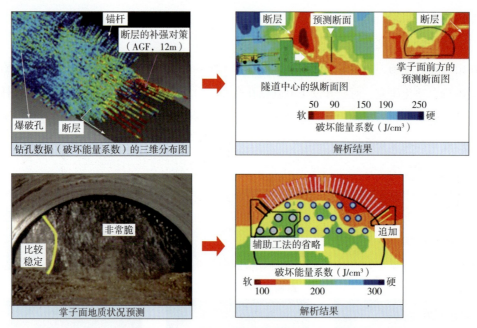

图 6-65 钻孔数据（破坏能量系数）的三维分布图和地球统计学的解析结果

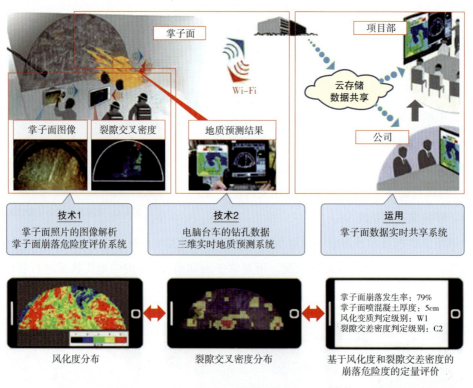

图 6-66 掌子面崩落危险度评价系统

图 6-67 实时确认掌子面解析结果

图 6-68 收集崩落数据

该系统特征如下：

①根据掌子面照片的图像解析，定量评价掌子面风化度和裂隙交叉密度。

②基于掌子面照片及其崩落状况数据库，进行崩落危险度的定量评价。

③通过确认的解析结果，及时调整喷射混凝土厚度，有助于防止掉块的风险。

④根据爆破和锚杆施工时的钻孔数据，获取掌子面前方和隧道周边高密度地质情报的破坏能量系数。

⑤在地质预测和可视化中，利用了能够反映地质空间分布特征的地球统计学工具进行高精度的预测。

⑥把解析变量最佳化，实现掌子面前方和隧道周边 5m 内地质状况的高精度可视化。

2）数字孪生的 KMC 系统

KMC（Kajima Mirrored Construction）系统是数字孪生技术在项目管理中的应用，也是未来智能建造的关键技术，数字孪生、智能决策、数字工具、自动自主的施工机械将构成数字化转型的基础（图 6-69）。

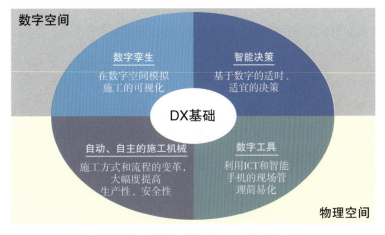

图 6-69 数字孪生是数字化转型的基础技术之一

KMC 系统的数据利用如图 6-70 所示。

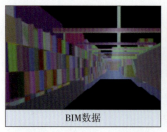
BIM 数据

点群数据

BIM 和点群数据生成的成形图像

差分检出的进展确认

现场的Web相机影像按1h间隔表示

图 6-70 KMC 系统中的数据利用

KMC 的功能特点如下：

①积累的一次数据可以组合生成各样的二次数据，用这些数据可以把施工中的构筑物可视化，也能够掌握施工的进展。例如，BIM 与用激光扫描仪获取的点群数据重合比较，可以生成用颜色划分施工完成部分的图像。同时，也能计算出每一构件的施工进度（数字数据）。

② KMC 生成的成形图像，用独自开发的专用三维浏览器进行浏览。相机图像也能从云服务器上浏览。在现场设置的相机上传到 KMC 的影像数据，不仅能够实时通信，也能够根据图像解析技术用颜色划分变化的地点。

③积累的空间数据赋予使用时间后，能够反映建设现场每天的变化，作为共轭数据大幅度提高施工管理、远程管理的效率。

KMC 系统用于进度管理，能够利用智能建造的共轭数据，实现以施工构件为单位的进度状况数值化、可视化表达。KMC 把开工前编制的三维模型和施工现场传感器获取的空间数据集合在云端形成一元化管理的数据库，导入现场可以反映出每天变化的现场共轭数据，利用于施工管理、远程管理、自动搬送机器人等，如图 6-71 所示。

KMC 系统实现了以下目标：

（1）数字孪生技术的利用（图 6-72）

①施工过程可视化和开工前的虚拟竣工（VC）

将三维模型和工程管理协作，在数字空间上模拟所有的施工过程即虚拟竣工。视施工环境，在虚拟环境中，综合考虑对施工相关的影响因素的变化，制订动态变化的施工计划，进行模拟施工中的管理和实时修正，通过高速的 PDCA 循环实现最佳的施工计划，可大大减少施工中的返工和浪费。

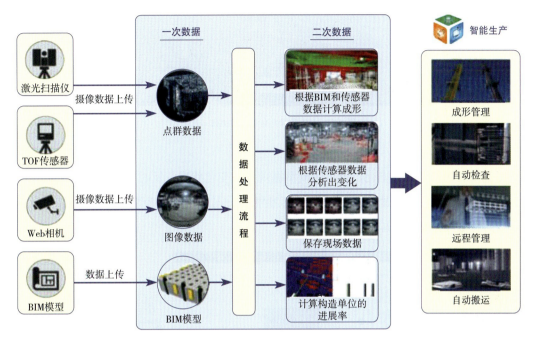

图 6-71　KMC 系统概貌

注：TOF-飞行时间测距。

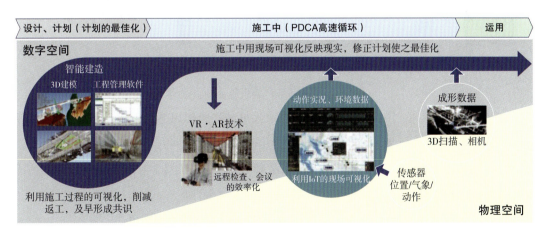

图 6-72　数字孪生的实现计划的最佳化

②项目多方共享的 VR 空间

项目有关各方可远距离在 VR 空间内共享三维模型、点群数据、现场摄像机直播影像等，就像在建设现场一样进行交流和讨论，大大节约了沟通成本，提高了信息的可靠性（图 6-73）。

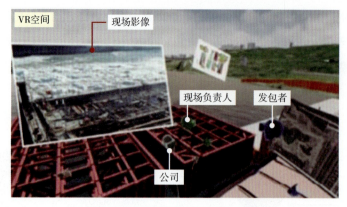

图 6-73　VR 空间内确认施工状况、进展

③现场的高度可视化

为提高现场管理的效率化，要求时刻掌握现场的变化状况，及时指导下一步行动。KMC 将人和物、施工机械的位置以及工作状况等实时数据，与气象和交通等环境数据连接，从而实现现场的高度可视化（图 6-74）。

图 6-74　现场的可视化

（2）基于技术人员经验知识的 AI 决策

技术人员的经验知识非常重要，是隐形的知识财富，把与施工相关的各种各样的业绩和经验数字化，以此作为教师数据，通过机器学习，可以构建智能的决策机制，使决策更加合理。

（3）与 WBS 关联的数据平台

将现场和个人所拥有的生产数据（步骤、进度、成本等）和关键技术，与通用的土木工程标准 WBS 相关联形成的数据库，除了可以实现高水平的计划和优化成本外，还能通过数据间的协作和 AI，在必要时提供必要的数据（图 6-75）。

图 6-75　WBS 数据平台概貌

注：DB–Database（数据库）。

（4）与 A^4CSEL 关联的自动施工

A^4CSEL 是根据优化的计划和作业数据，指挥多台自动化施工机械进行自动施工。以某工程为例，在施工高峰期由 5 个机种 23 台自动化施工机械协同工作，实现连续昼夜最大 72h 的混凝土浇筑，如图 6-76 所示。

图 6-76　施工机械化、自动化

（5）管理简易化

利用 ICT 实现现场管理业务的自动化、远程化、无纸化。通过相机和传感器可远程管理现场状况，提高生产效率和安全性。数字一元化管理的 DX 基础"箱"，实现人、数据和工具通过智能手机连接，如图 6-77 所示。

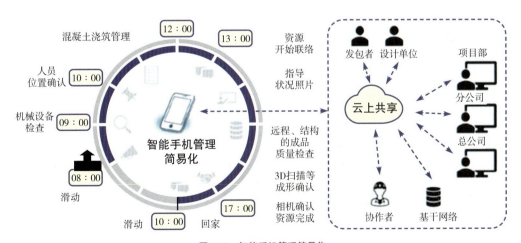

图 6-77　智能手机管理简易化

6.4.2　西松建设开发的山岭隧道人工智能解决方案

为解决山岭隧道施工的施工质量、围岩评价、安全、健康等问题，西松建设着手开发山岭隧道的 AI 应用，如图 6-78 所示。

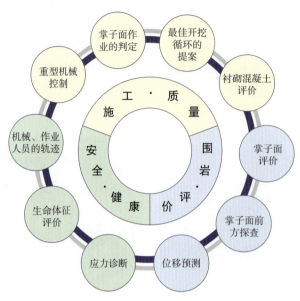

图 6-78　山岭隧道的人工智能解决方案

下面重点介绍远距离施工 Tunnel RemOS-WL 系统和掌子面评价 DRISS 系统，以供参考。

（1）山岭隧道远距离施工系统（Tunnel RemOS-WL 系统）

山岭隧道远距离施工系统由远距离操作系统、影像、操作信号通信系统及安全走行管理系统等构成（图 6-79）。

图 6-79　系统构成及工作流程概貌

①远距离操作系统

操作室设有远程操作装置。轮胎式装载机远距离操作装置采用可无线连接的手柄或脚踏板操作机械动作。远距离操作室中配置有与实机同样规格的操作座舱及监视器（9 个画面），可一边全方位监视现场画面，一边远距离操作。机械动作时的振动和声响也可以传入座舱，操作室内的远程操作具有几乎与现场相同的环境感受（图 6-80）。

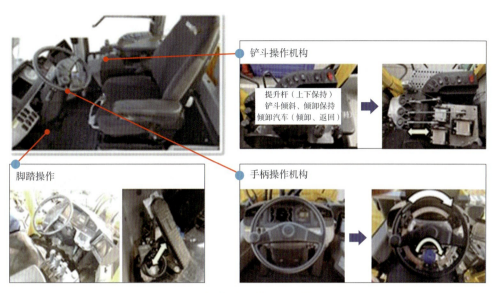

a）座舱及手柄、脚踏操作机构

b）远距离操作室外观

c）远距离操作室监控画面

图 6-80 系统设备概貌

②影像、操作信号通信系统

轮胎式装载机上安设 7 台高清相机，影像数据无线传输到远距离操作室，操作信号再传送到轮胎式装载机。部分数据显示在座舱监视器上，并作为运转数据积累到数据中心（图 6-81）。

③安全走行管理系统

为确保远距离操作时安全走行，轮胎式装载机上配置有自动紧急停止（制动、引擎停止）的系统。在 AI 识别人员异常接近或事故发生时通过无线控制自动进行紧急停止，也可从座舱强制停止动作。轮胎式装载机周边的安全状况和洞内设备是否接近，也能够从远距离操作室的座舱监视器确认。

图 6-81 影像、操作信号通信系统

④采用本地 5G 远程方式控制

使用本地 5G（L5G）的轮式挖掘机远程操作系统见图 6-82、图 6-83。

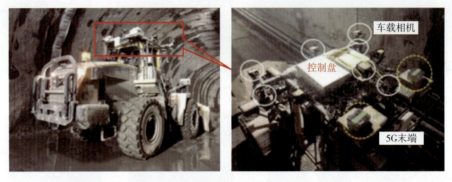

图 6-82　远程操作系统（轮式挖掘机单元）

图 6-83　本地 5G 分离型移动
　　　　基站（洞内固定单元）

轮式挖掘机单元设置在挖掘机上，由 7 台车载相机（前后进时分别使用 5 台）及 5G 末端、控制盘等构成。洞内固定单元由 L5G 天线、设置在高空作业车上的 L5G 分离型移动基站和洞内相机等构成。掌子面后方的高精细影像数据，从 L5G 末端有线传送到远程操作室的同时，远程操作信号也用同样的通信设备从远程操作室传送到轮式挖掘机。

为确保远程操作时的安全走行，轮式挖掘机备有自动紧急停止系统。紧急停止是当 AI 识别到的人异常接近和无线发生故障时的自动动作，也可以采用携带式按钮进行紧急停止。

该系统在模拟隧道进行了远距离操作试验，如图 6-84、图 6-85 所示。

试验中，对轮式挖掘机的洞内走行、运送开挖弃渣和投入矿车等作业进行远程操作（图 6-86），进行了在狭隘洞内有人运转的高速走行（20km/h）和开挖弃渣投入等远程操作。

图 6-84　远距离操作试验状况（全景）

图 6-85　远距离操作试验状况（模拟隧道）

图 6-86　远程施工（无人化施工）的试验

（2）掌子面评价 DRISS 系统

为确保山岭隧道施工的安全性，在掌握掌子面地质状况的基础上，研究掌子面稳定性和支护合理性是很重要的。为此，至少要进行每天一次的掌子面目视观察，据其状态、风化变质等规定的项目，对掌子面进行评价。

"DRISS"（Drilling Survey System）是用凿岩机钻孔时的液压和速度的施工数据定量评价掌子面前方围岩软硬的系统。掌子面观察簿上的抗压强度，是根据目视观察和锤打击结果判定的，受主观影响，有一定的离散性。为此，将 DRISS 获取的围岩强度（以下称为 DRISS 围岩强度）加入教师数据中，作为判定项目之一，能够更客观地进行评价。DRISS 围岩强度分为 8 级判定，结合观察簿的形式中分为 4 级或 6 级表示（表 6-2）。

DRISS 围岩强度的评价分级　　　　　表 6-2

区分		DRISS 围岩强度（MPa）	>100	50～100	25～50	20～25	10～20	5～10	3～5	<3
		学习、判定	1	2	3	4	5	6	7	8
区分	表示	国土交通省、JRTT 形式	1	2			3		4	
		NEXCO 形式	1	2	3	4		5		6

注：国土交通省－日本的中央省厅之一；JRTT－日本铁道运输机构；NEXCO－日本高速公路机构。

系统利用 AI 进行的自动评价，有助于提高目视观察评价的准确性。相比过去的观察，时间长且偏于观察者的主观评价，采用本系统后，可基于多个观察者的评价结果构筑、更新 AI，在短时间内输出客观的评价结果。

掌子面照片和评价结果以"掌子面观察簿"的形式输出。系统以掌子面观察簿的照片和评价结果作为教师数据，进行"有教师的机器学习"。掌子面观察输入照片后，系统内部计算出各评价的概率，并输出概率最高的判定结果。

系统由平板电脑、云服务器、多个 PC 终端构成（图 6-87）。分现场（洞内、项目部）、总部和云端三个部分。洞内负责采集数据并形成 AI 评价，项目部用于浏览和形成记录文件，总部进行学习模型更新，提高现场 AI 判断的准确性；数据之间的传送通过云端。现场采集的数据主要是掌子面的拍照，并人工输入现场人员认为必要的其他信息，AI 评价是可视化的。为保证 AI 判定的进度，相机像素应在 800 万以上。远程和近程的项目管理人员均可根据不同权限浏览编辑。机器学习有赖于公司的学习模型，因此，存在着学习模型的不断更新和及时向现场提供新的学习模型，也就是更准确的 AI 判断。系统操作几乎都是在平板电脑上运行的。平板电脑获取照片后进行 AI 评价，评价结果也显示在平板电脑上。观察者的人工评价记录在现场及时录入平板电脑。软件获取的照片和评价结果保存到云服务器上。

AI 学习的数据是 DRISS 系统中的围岩强度和错视诱发图像特征强调系统中加工的掌子面照片，如此保证了系统的独立性。

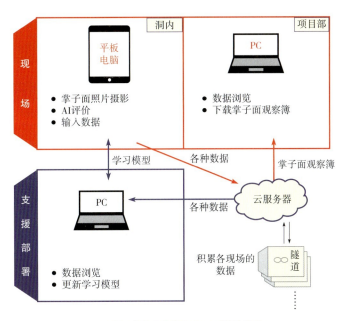

图 6-87　掌子面评价 DRISS 系统的构成

VIS 是采用浮雕效果处理的图像处理系统，经过错视诱发处理，图像全体鲜明化，强调各种图像特征，能提高裂缝的判读性。用 VIS 加工的强调裂隙的掌子面照片（以下称为 VIS 照片）输入到 AI，与通常的掌子面照片比（以下称为通常照片），可以提裂隙状态、裂隙形态等的判定精度（图 6-88）。因此，通常照片和 VIS 照片作为输入数据，掌子面观察簿的各评价分级和 DRISS 围岩强度作为输出数据，可用 4 类进行判定，进而提高判定精度。系统的判定概貌见图 6-89，操作步骤见图 6-90。

图 6-88　VIS 的掌子面照片加工

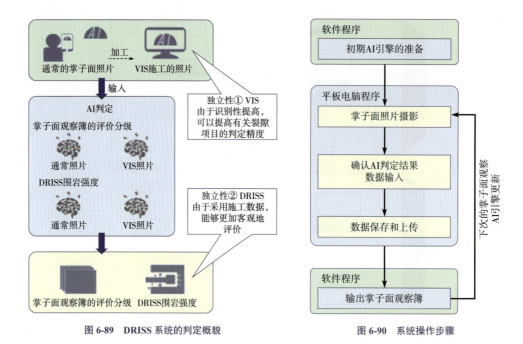

图 6-89 DRISS 系统的判定概貌　　　　图 6-90 系统操作步骤

① 准备初期 AI 算法

随开挖的进行，利用评价结果和掌子面照片掌握教师数据更新 AI 算法，因为开挖初期的数据量不多，系统导入时要根据过去的其他现场的数据确定合适的 AI 算法。特别注意，初期算法的选择对开挖初期的判定精度影响很大，要选定与现场围岩性状相近的项目。掌子面观察簿数据的收集情况见表 6-3。

掌子面观察簿数据的收集情况　　　表 6-3

现场 ID	观察簿形式	地质			观察簿页数
		岩类	硬	软	
001	国土交通省	燧石、粘板岩			
002		花岗闪绿岩、流纹岩			
003		花岗闪绿岩			
004		凝灰岩、流纹岩			
005		砂岩、泥岩			
006		砾岩、凝灰岩			
007		风化页岩			
008	NEXCO	花岗岩			
009		安山岩、花岗岩			
010		粘板岩、花岗岩			
011		安山岩、流纹岩、凝灰岩			
012		千枚岩			
013	JRTT	凝灰岩			
014		砂岩、泥岩、砾岩			

注：国土交通省、NEXCO、JRTT 同表 6-2。

②掌子面照片的摄像

掌子面观察时，利用平板电脑中的专用软件拍摄掌子面照片（图6-91）。

AI判定时，要从摄取的照片中，手动提取掌子面照片（图6-92）的左肩部、拱顶、右肩部，掌子面的划分可在系统内部自动划分。

图6-91　掌子面照片摄像

图6-92　掌子面提出（操作框的位置和大小）

③ AI判定结果的确认，数据输入

照片摄像数秒后AI进行判定。据通常照片和VIS照片的判定结果，断面划分的评价只表示了分割数的结果。在个别编制的画面中，可按项目浏览AI的判定结果。同时，上述结果能够反映出编写掌子面观察簿职员的判定结果。基础情报画面能输入观察者名和岩石名等数据。

上述判断和结果都与网络环境优良与否无关。

④数据保存和上传

AI的判定结果和职员的输入数据保存在软件中，在网络环境下能够手动上传到云服务器。上传的数据可用于编制教师数据、账表等。

⑤掌子面观察簿的输出

上传到云服务器的数据，通过软件能够进行浏览、编制。

6.4.3　五洋建设开发的数据共享系统（i-PentaCOL/3D）

五洋建设开发的智能建造系统（i-Construction）目标是推进施工现场生产效率提高20%，系统包括了3D测量、无人机、前方探查云共享、远程检查、AR检查、动线量测、数据共享系统（i-PentaCOL）7个子技术，由7家企业共同开发。其中，i-PentaCOL系统是各技术的基础平台，也是数据集成和分析的平台。各子技术不同的量测数据在i-PentaCOL系统上集成，存储于云服务器上，同时满足发包者和相关方共享以及不同系统间的数据流转和利用。

五洋建设率先开发了矿山法隧道围岩和支护数据一元化管理系统——"Penta-NAISS"，大幅度缩减了量测数据的分析时间和人力，及时将数据反馈到下一阶段的施工中，同时进行施工数据的管理。如图6-93所示，"Penta-NAISS"在平台上集成了各种量测数据相关分析的子系统。

其一元化的量测数据管理可以直接输出各数据的相关图形和沿隧道纵向的量测数据，实现数据可视化。还具有多种最终位移值预测方法，迅速修正支护模式和研究异常对策等分析功能。五洋建设在北海道新干线隧道工程中，对此系统进行验证，取得了良好的结果。未来还将继续开发与掌子面前方探查数据和孔内倾斜计、伸缩计等特殊量测数据对应的子系统；与衬砌初期检查记录等维修管理数据对应子系统；构筑能够对多数隧道施工数据进行一元化管理的数据库和数据管理系统。

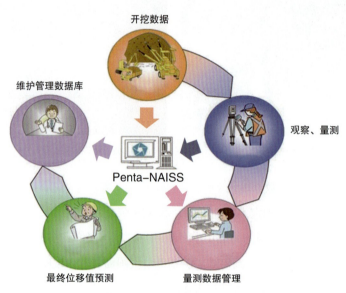

图 6-93　Penta-NAISS 系统概貌

在此基础上，根据现场需求，五洋建设进一步开发了更全面的现场数据收集和共享的数据系统，即 i-PentaCOL/3D，其数据管理流程示于图 6-94。

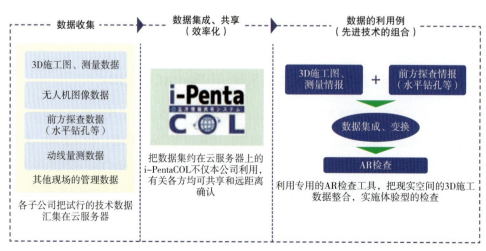

图 6-94　i-PentaCOL/3D 的数据管理流程

PentaCOL/3D 系统概貌如图 6-95 所示。

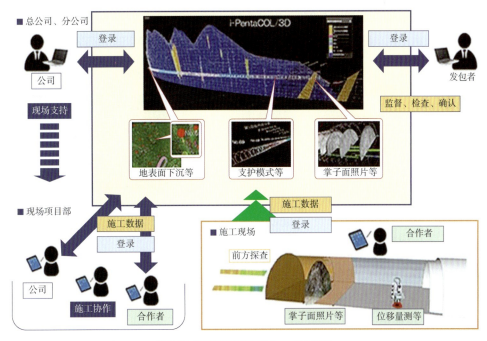

图 6-95 数据共享系统（i-PentaCOL/3D）

PentaCOL/3D 系统的特点如下：

（1）可以同时进行动态观测和 3D 面测量，节省人力

过去，动态观测多使用全站仪（TS）量测，衬砌混凝土成形量测则使用钢卷尺等测定。目前，采用带有 3D 扫描仪的 TS（MS60），只要把量测器安置好，就能够自动检出机器的位置坐标，在后方进行汇总和成形量测（图 6-96）。

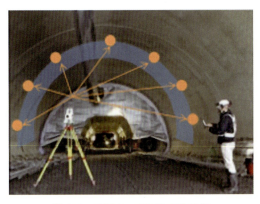

图 6-96 采用 MS60 的自动量测状况

（2）采用无人机技术巡检，提高效率

在不采用高空作业车和不能目视检查的地点，采用无人机获取检查图像能够确定特定衬砌混凝土裂缝的位置，随后，将无人机拍摄的连续照片进行 SFM[1] 解析，生成 3D 模型，编制展

---

[1] SFM：Struct From Motion，运动重建结构，是一种新的高精度三维形态模型数据获取技术。

开图，能够检出裂缝宽度，如图6-97所示。

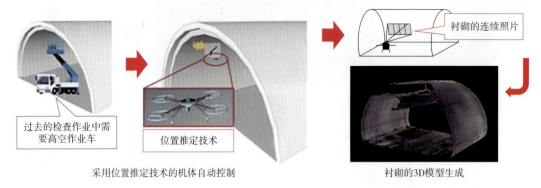

图 6-97 无人机巡检

（3）采用远距离检查技术，提高业务效率

使用通信系统，在PC和平板电脑上实时呈示现场影像和声音，能够在远距离地点进行检查和阶段确认。现场人员使用智能眼镜（带有相机的眼镜）和办公室的工程师联动，提高了业务效率，如图6-98所示。

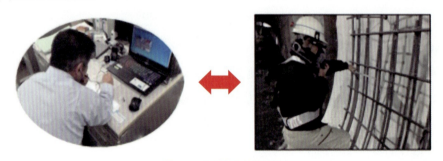

图 6-98 远程检查实施状况

（4）实现施工数据一元化管理

在施工中，可以把钻孔探查及水平钻孔柱状图、现场每天管理的掌子面图像、3D面测量获取的衬砌成形的点群数据和热图等进行统一管理，同时也能够把远距离检查的实施结果上传到云服务器共享。

6.4.4 清水建设开发的隧道智能施工管理系统

清水建设开发的隧道智能施工管理系统由多种要素技术及其组合构成的，如图6-99所示。该系统包含以下子系统：

（1）降低超挖量系统

该系统可减少爆破开挖中多余超挖，将超挖发生的概率控制在40%以下，极大提高了生产效率。

（2）掌子面崩落振动监视雷达系统

该系统采用振动可视化雷达技术，监视开挖断面的振动。当发现掌子面有崩落预兆时，及时发出警报，组织人员退避。据此，可以达到减少因掌子面崩落造成的人员伤害。该系统由频率 76～77GHz 的毫米波雷达和数码相机构成的测定系统、PC、硬盘等构成。在系统中，雷达一边搜索掌子面的面位移，一边捕捉以 0.1mm 为单位的振动动态、围岩应力的状态变化和监视掌子面岩块的振动状况。掌子面位移状况可实时在 PC 上用位移值、位移速度的面分布图表示。掌子面影像配合可实现可视化。捕捉崩落预兆时，在监视器发出警告声，分注意、警告、退避 3 种状态。

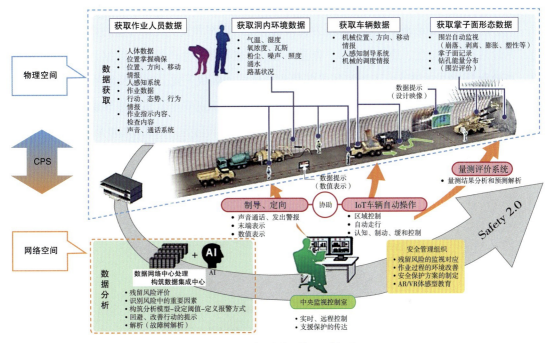

图 6-99 隧道智能施工管理系统概貌

（3）安全动作监视系统

该系统采用特殊相机获取在狭窄洞内的机械和作业人员的位置和动线数据，利用三维数据评价、分析作业方法和作业环境，监控不安全动作，提高施工的安全性。

（4）衬砌混凝土自动捣固系统

过去，混凝土捣固要在狭窄的作业空间内移动，作业负担重，易发生因注意力降低产生的事故。该系统在移动式模板上配置 60 台模板捣固器，自动控制浇筑混凝土高度，进一步提高了安全性。

（5）实时远程会议系统

通过平板电脑，管理人员可远程观看影像，检查数据。

迄今为止，建设现场的生产还是把现场管理者、技术人员、监理人员积累、分析的数据作为经验值，传达指令到生产者和相关方共享，但各方技术能力，对数据的理解和调整能力是不同的，因此，使得现场生产成为一个模糊的生产体制，也是一个事故散发的体制。山岭隧道施工中，随着工法优化和作业机械化的发展，隧道施工生产效率和安全性大为提高，但开挖作业仍然采用固定的人员和机械编组，在开挖地点反复进行循环作业。与其他工种相比，安全风险仍然较高。

采用数字技术组合的管理系统可以降低残留风险的不确定性和人为的重大风险，实现了对建设现场生产活动大三要素（机械、人、工作环境）中，人和机械的位置、移动、工作状态数据，影响人、机械作业环境的实施监测数据，以及对生产指令的 PDCA、评价和庞大的数据解析，可以更稳定地提高生产效率和安全性。

清水建设智能隧道施工管理系统是为提高现场生产效率和安全性而开发的数字孪生管理系统，其包括安全、卫生、质量、成形、作业环境、进度等各种生产管理。数据、可视化、机械化、自动化、AR/VR 技术、人工智能等各种信息化技术集成于此。利用最新的数字技术，监测人、机械、生产环境状态，通过 AI 风险情报的评估，识别安全状态，指导现场作业，在有安全隐患出现时，及时对人和机械发出指令干预和纠正不当行为，如图 6-100 所示。

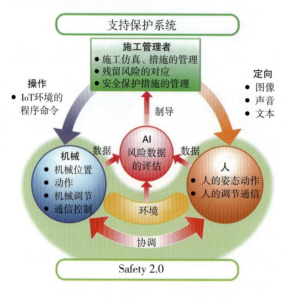

图 6-100 施工管理中 AI 风险情报的评估

隧道劳动灾害与死亡有关的重度灾害主要是掌子面崩落灾害和重型机械接触灾害两类。重型机械接触灾害的防止对策，已有许多规定，警报器、传感器、相机等技术在提升施工安全性方面发挥了不小作用。

基于上述技术开发的对重型机械接触灾害进行 AI 分析的系统（图 6-101、图 6-102）。首先要明确机械和人员之间的位置，通过超宽带（Ultra Wide Band，UWB）位置测定与智能天线同时进行量测。UWB 测位系统设置在隧道侧壁高 4m 的位置，间隔 20m；智能天线提供精确时间数据；二者结合能够获得误差 30cm 以下的坐标数据。与开挖有关的人员及重型车辆分别设置发光标志，防止接触。隧道内由于电波的乱反射，传感环境恶劣，图像的位置测位要用混合方式进行验证。UWB 受多通道影响，同时也受人为错误、洞内环境、喷射机停止或移动状态等多重因素影响，在确定人和机械定位的算法时应予以考虑，如为积累防止人为错误的数据，有必要开发根据注意意识和交感神经的状态及案例能预测心身状态的算法。

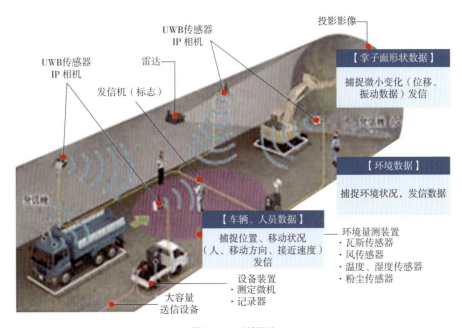

图 6-101　系统概貌

图 6-102　现场设施

根据山岭隧道事故手册以及相关案例资料，可将与重型机械接触灾害分为不同的危险模式，表 6-4 列举了 15 个危险模式。实际施工中根据获取的数据与危险模式比照，可以快速确认可能的危险，提前警示，消除安全隐患。

与重型机械接触灾害的危险模式　　　　　　　　表 6-4

序号	危险模式名称	识别有无	识别精度
1	进入弃渣作业禁止入内的区域	有	高
2	进入车辆走行路	—	—
3	重型机械后面	有	高
4	重型机械离开时	有	高
5	靠近停驶的重型机械进行作业（操作人员在操作室中）	有	高
6	重型机械紧急出发时	有	中
7	重型机械移动前不能确认周围状况	有	高
8	没有保持规定的照度	有	低
9	洞内的施工机械移动，最高速度超过 10km/h	有	中
10	洞内气温超过 37° 的地方	无	低
11	在掌子面长时间停留	无	高
12	换气不充分场合的作业	无	低
13	因病等停留在一处	有	中
14	WBGT 值超过基准值	有	低
15	重型机械、车辆的折返中作业人员靠近	—	—

注：WBGT－湿球黑球温度，是综合评价人体接触作业环境热负荷的一个基本参量，单位为℃。

6.4.5　熊谷组开发的无人化施工系统

熊谷组开发的无人化施工系统可实现现场机械的 IoT，实现项目管理一元化，如图 6-103 所示。

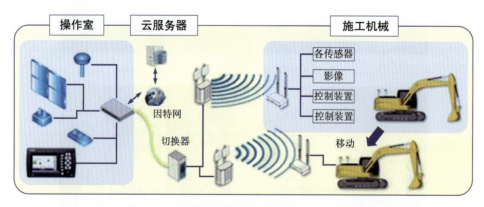

图 6-103　无人化施工系统概貌

该系统的应用包括以下几个方面：

（1）施工机械可视化管理，通过搭载传感器，实时掌握现场工作状况（图 6-104）。

（2）利用无人机传送影像数据，消除定点相机影像死角，提高施工可达性。

（3）利用 AI 控制机械自动走行，实现作业自动化，提高了生产效率。

（4）利用 AI 控制的流程（图 6-105）。

(5) 利用 VR 的远程操作。

(6) L5G 网络连接。

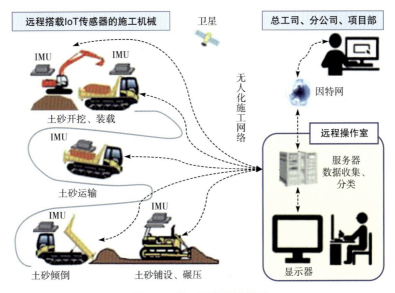

图 6-104 施工机械可视化管理

注：IMU—惯性测量单元。

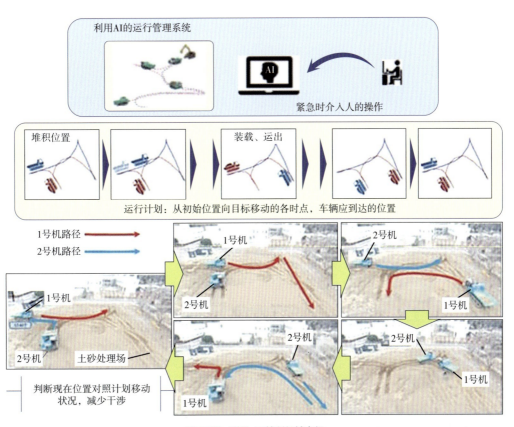

图 6-105 利用 AI 控制机械走行

本章关注

- 仰望星空,脚踏实地。
- 集腋成裘,聚沙成塔。
- 上下齐心,众志成城。
- 一步步走向新的生产建设系统,走向未来!

名词术语对照

缩略语	中文	英文全称
AR	增强现实	Augmented Reality
BIM	建筑信息模型	Building Information Modeling
BoQ	工程量清单	Bill of Quantities
CDE	公共数据环境	Common Data Environment
CIM	城市信息模型	City Information Modeling
CPS	信息物理系统	Cyber Physical Systems
DT	数据处理技术	Data Technology
DX	数字化转型	Digital Transformation
GIS	地理信息系统	Geographic Information System
GNSS	全球导航卫星系统	Global Navigation Satellite System
ICT	信息与通信技术	Information and Communications Technology
IMAPS	数据质量管理模型	Interoperability Maturity Assessment of a Public Service
IMU	惯性测量单元	Intertial Measurement Unit
IoT	物联网	Internet of Things
LCC	全生命周期成本（维护管理）	life Cycle Cost
LiDAR	激光雷达	Light Detection and Ranging
ML	机器学习	Machine Learning
MMS	移动量测系统	Mobile Mapping Systim
MR	混合现实	Mixed Reality
OSV	现场可视化监测	On-Site Visualization,
PSM	低功耗模式	Power Save Mode
PVD	图片和视频数据	Photo & Video Data,
RFID	射频识别	Radio Frequency Identification
SLAM	即时定位与地图构建	Simultaneous Localization and Mapping
VC	虚拟施工	Virtual Construction
VDC	虚拟设计与施工	Virtual Designand Construction
VR	虚拟现实	Virtual Reality

机构简称对照

简称 / 缩略语	中文全称
DAUB	德国隧道委员会
DigiTUN	挪威数字化隧道工作组
JRTT	日本铁道运输机构
NADAG	挪威国家围岩调查数据库
NEXCO	日本高速公路机构
NFF	挪威隧道协会
NGU	日本名古屋学院大学
奥村组	日本奥村组土木兴业株式会社
大成建设	日本大成建设株式会社
大林组	日本大林组株式会社
东急建设	日本东急建设株式会社
户田建设	日本户田建设株式会社
鹿岛建设	日本鹿岛建设株式会社
清水建设	日本清水建设株式会社
首都高速道路	日本首都高速道路株式会社
五洋建设	日本五洋建设株式会社
西松建设	日本西松建设株式会社
应用地质	日本应用地质株式会社
竹中建设	日本竹中建设株式会社

Reference 参考文献

[1] 丁烈云. 数字建造导论 [M]. 北京：中国建筑工业出版社，2019.

[2] 徐卫国. 数字建筑设计理论与方法 [M]. 北京：中国建筑工业出版社，2019.

[3] 袁烽，门格斯. 建筑机器人：技术、工艺与方法 [M]. 北京：中国建筑工业出版社，2019.

一本书的修行

能和父亲一起写这本书是我的福分,也是因为他的年岁对这个数字化时代的变化只能浅尝而止,时代决定了我比他好很多,我闺女也会比我好更多,但我们仍都是门外汉。

并不是我们要鼓吹什么"智能化",而是这个时代推着你往前走,无论是环绕周围的手机通信、云、网络会议、手机银行、电子支付、人脸识别、智能推送、电子文档、人机交互技术,等等,还是看不见、弄不懂的技术洪流,这个时代往前走,基本什么都会往前走。

正好,我家老爷子除了有对行业的情怀、知识水平和聪明的大脑以及对新鲜事物的渴望和好奇心,他的着眼点就是想看什么东西对他熟悉的东西有用?使得他热爱的事业(隧道行业),设计变得更准确,施工变得更安全,隧道变得更长寿。

毋庸置疑,父亲写书是个熟练的老手。但这本书对一个九十多岁的老人而言,仍是一个不小的挑战。父亲是1932年生人,2020年开始对山岭隧道的智能建造感兴趣,然后就开始了每天约4个小时的工作,他希望我们不要只是做隧道大国,要变隧道强国;他希望这个"强"不是口头自封的,而是点点滴滴之后变成真的"强"。而他,愿尽自己所能,为大家"搬"点东西,想点问题,他心里有行业,有大爱。

在这个行业里,我其实离得不远不近,我有个地下工程的博士学位,有过地铁设计的经历,然后干过很多年国际工程咨询和项目管理,当业没做过山岭隧道,是个外行,最多算客卿,写这本书,只是因为我是父亲的女儿,也学过这行,算是拔高了。我有很多师兄弟如此优秀、努力,为行业兢兢业业,添砖加瓦,非常繁忙。我想总归自己也算是有基础的,如果自己肯多读点书,多动点脑,多分享一些,也许能帮大家省点学习的时间。我还有个女儿,受过很好的美术训练,我想出本好看的书(也许还不够完美),总归她也得出点力。

总之,前面有隧道老头挑出来对行业有用的案例,总结了32字箴言,后面有个干笨活的闺女,画图的外孙女。再加上出版社鼎立相助,此书终得出版。

本来只是客卿，但这本书，对我，是修行。

最初，想得很简单，以为工作范围就是做点排版，帮着成书。然而在出版过程中，被进程推着往前走，从不想看，到不想懂，到觉得需要改，再觉得需要添加，最后又觉得是否必要，否定之否定，尽管一改、二改、三改甚至四改，直到交初稿之后，仍然在边排版边修改。这个过程中，我常常很是纠结：怕自己拉低了父亲的层次，又担心父亲写得不够清楚别人不懂。改来改去，又怕排版人员嫌烦。否定之否定的往前走，一会担心浅了，一会担心深了，其实就是我这个写书"新手"的内心，这也说明当认知提高后就希望变化，但变化后又担心初心是否偏差，可否偏差。所以，要反复内观自己心在哪里，脑在哪里。

2020年疫情期间，当所有事情都停摆后，对写作是巨大的利好。之前走来走去的状态无须克服就自然消失啦。每天坐在电脑前几个小时变得越来越自然。当然，不全是写作，实际上关于智能和智能建造的内涵和外延就是相当丰富和有趣的世界，让人沉迷。

何谓修行？

修行是指具有自我意识的客观存在，为了实现自主进化这一目的而主动对自身施加的一系列约束的总称。修，纠正；行，去做。

这个过程其实就是心变得安静。心变得安静，就不急于完成事情，就会想很多事情。

心安也是安心，首先要把心放在一个稳定的地方，做到自洽，这是意识和认知；然后就有条件做点耐心的事情，耐心去做，这是行。同样的事情，花的时间并不见多，效率却是高的，有一步一步往前"次第花开"的感受，于是更加笃定和心安，外界很多曾让自己在意或波动的事情变得弱化和很少波动，持续且耐心地完成想做的事情。

对父亲而言，看书写作是他的日常；对我，是要克制非常多的习惯、干扰和欲望才能安静地坐在电脑前，心无旁骛地思考，这个历程其实就是很大的修行。这个历程包括了开始、转变、学习、思考、安静、执行、平衡，等等。

"开始"是最重要的，而后是转变"认知"。决定做，动手做，承认不会，从头学习，然后发现，其实什么都还可以做。多数事情做不成还是不想，不是不能；做不好多是想轻易完成。

学习这件事一直是伴人终身的，也是一个习惯。细分起来，有些旧知识是温习，有些相关知识是扩展，有些则是崭新的内容，新的知识，这部分的学习需要一点自我激励。坊间常说成为专家要投入10000小时，不过这里有8000小时可能是比较共同的，属于基础和综合性的能力。所以，学点新知识，并不像想象的那么难，因为我们都有一套成熟的关于学习的方法论。

动脑筋地做，有标准地做是自我的要求，这涉及初心，就是为什么要做这件事。这本书的初心无关乎完成任务，也没有很多人参加。尽管是陪父亲完成的这本书，但是，我是对未来生活有向往的人。我看过一张照片很受触动，就是做石墨研磨的工程师，带着防护面具，手是黑黑的"爪子",然后一个在做一条工业智能流水线项目的创始人说：我创业也是为了工程师值当更好的环境和条件。关于智慧工地和无人工地，我也是这么想的。我希望自己同行的兄弟姐妹们，在安全的条件下，跟上时代，穿着西服，体面干净地工作，享受一本好读、好看的书籍。

认知和观点应该是科技工作者永远的追求，这需要持续不断地思考、提炼。思考是无穷尽的，浩瀚的另外一个世界，能让人有缓慢而坚定向前的感受。自然，修改也可以是无穷尽的。修改到什么程度是合适的？这是难解的问题。是关于完成和关于标准的平衡，其实没有最好，只是分享和表达，这也是教材书籍与一般书籍不同的地方。

人这一生，7～21岁是专门的念书时间，之后，就是要在完成工作后找出时间学习，边学边干；日常生活的繁琐和想要有完整时间思考和修改，一直是我面临的最大的挑战。写作需要封闭，认知需要开放，家庭生活琐事不断，实际上，能坐下来写作就是件很奢侈的事情。

当然，这个挑战是关于平衡的，在多任务之间和在一定时间段之间。我发现：自己是懒惰的。我会写会画会说会想会查资料会外语会软件，但是常常懒得开始。还会用一种自以为是的推进，一种项目管理的错觉麻痹自己（当然会 guilty）。所以，克服懒惰，保证不间断，不突击，形成规律，花费了不少时间。这期间，慢慢也把别的事情放掉了，重点突出啦，想着有生之年慢慢写点东西，挺好。于是我意识到写作也是对话，和帮助你的资料对话；和未来的读者对话；和你自己对话。这种对话有自己的快乐，和不打扰你的 something、somebody 打交道，类似我们的虚拟世界，这里可以有完整对话，自我否定和自我修正，自有快乐。大脑休息的时候我阅读了大量的文学作品，对文字的理解也在加深，博士毕业以后这么集中精力和大量的文字打交道着实辛苦。因为坚持，慢慢变得耐心，对绕口的问题，对难看的图，不再烦躁、抱怨，力图寻找外援，也就让事情变得简单。工作量大固然是个问题，但更麻烦的是不知道如何工作或者不知道最终是什么样子？好在可以学习，少想，多做。非常多的事情做着做着就清楚啦，只要是真的想做，不是想着交作业。

注意力就是一种能量，绝对不能被发散。心无旁骛，做到便是修行。

看着还是那个自己——要买东西，要出去玩，要见朋友，要吃要喝，但是心里缓缓有点不同，就是接受意外和困难，有耐心面对，对外界要求降低，自我甚至孤独。当然，其实是没有做到的，但是愿意慢慢感受内在的一点点变化着。静则定，定则慧。

感谢这段经历，让我更好地认识自己。

吴问群

2024年5月19日于北京